新世纪公共管理系列教材

现代行政法学

XIANDAI XINGZHENG FAXUE

主 编 ◎ 宋 超
副主编 ◎ 王晓燕
　　　　　王 菁
　　　　　章亚梅

首都经济贸易大学出版社
Capital University of Economics and Business Press
·北京·

图书在版编目(CIP)数据

现代行政法学/宋超主编.—北京:首都经济贸易大学出版社,2014.9
ISBN 978-7-5638-2232-4

(新世纪公共管理系列教材)

Ⅰ.①现… Ⅱ.①宋… Ⅲ.①行政法—中国—高等学校—教材 Ⅳ.①D922.1

中国版本图书馆 CIP 数据核字(2014)第 111603 号

现代行政法学
宋超　主编
王晓燕　王菁　章亚梅　副主编

出版发行	首都经济贸易大学出版社
地　　址	北京市朝阳区红庙(邮编100026)
电　　话	(010)65976483　65065761　65071505(传真)
网　　址	http://www.sjmcb.com
E-mail	publish@cueb.edu.cn
经　　销	全国新华书店
照　　排	首都经济贸易大学出版社激光照排服务部
印　　刷	北京泰锐印刷有限责任公司
开　　本	710毫米×1000毫米　1/16
字　　数	462千字
印　　张	26.25
版　　次	2004年9月第1版　2014年9月第1次印刷
印　　数	1~3000
书　　号	ISBN 978-7-5638-2232-4/D·148
定　　价	40.00元

图书印装若有质量问题,本社负责调换

版权所有　侵权必究

前言

在建设社会主义法治国家的基本方略背景下,我国的行政法治建设逐步走上正轨,几乎每一部涉及行政管理法律的制定和实施过程均会牵动着全社会的神经。与此同时,《行政法学》也成了法学中的显学,着力关注社会热点,解决社会难点。然而,中国又是一个比较缺乏法治传统和法治基础的国度,在行政法方面尤其如此。如何将先进的理念、制度与中国的社会实际有机结合,无疑是面临巨大挑战的艰巨任务。所幸的是,十八届三中全会通过的《中共中央关于全面深化改革若干重大问题的决定》,再次吹响了"推进法治中国"的号角,提出的"健全法规、规章、规范性文件备案审查制度""整合执法主体,相对集中执法权,推进综合执法""完善行政执法程序,规范执法自由裁量权,加强对行政执法的监督""建设法治政府和服务型政府"等举措,为中国行政法学增添了诸多亮彩,也是中国行政法学今后必须努力攻关的重大课题。

本教材试图在理性与现实之间找到一个结合点,既完整地向学生阐释先进的行政法理念,又要从中国社会实际出发,用理论指导和解决我们的实际问题。作为教材,编者力图在向学生介绍行政法与行政诉讼法的基本概念、基本原理、基本制度和法律规定,更多地尊重法条和通说,而不是单纯采用作者的观点和讨论争议性的问题。此外,借鉴了当今行政法学界的教育经验,将行政法理论与实务结合起来阐述问题,意欲通过丰富的案例内容和平实的表达方式,增强教材的针对性、可读性、通俗性和适用性。

本教材由宋超教授提出写作大纲,以下编者进行了具体分工:

宋超教授负责第一章、第二章、第九章、第十一章。

王晓燕副教授负责第三章、第四章、第五章。

王菁博士负责第六章、第七章、第八章。

章亚梅副教授负责第十章。

本教材适合作为法学专业、公共管理类专业本科教学(含独立学院相关本科专业教学)和相关专业研究生教育的教学参考资料。

本教材得到南通大学教材建设项目资助、南通大学教改成果培育项目及南通大学杏林学院教材建设项目资助、南通大学行政管理重点专业资助,对此一并深表感谢!

在本教材编写过程中,参考了一些国内外学者的著作和相近教材,在此表达我们诚挚的谢意。本教材的出版得到了首都经济贸易大学出版社的大力支持,尤其是王玉荣副编审倾注了大量心血,为此,谨向这些善良又热情的人们表示衷心的感谢!

虽然各位编者已经尽了最大的努力来编写所承担的内容,但要编写出一本让各类读者都满意的教材实属不易。因此,衷心希望学界同仁和诸位读者提出真诚的批评和建设性的建议。

宋超

2014 年 8 月 4 日

目录

第一章 行政法概述 … 1
【引导案例】… 1
第一节 行政与行政权 … 1
第二节 行政法的含义 … 13
第三节 行政法的地位与作用 … 22
第四节 行政法律关系 … 26
第五节 行政法的基本原则 … 31
第六节 依法行政与依法治国 … 47
【复习思考题】… 59
【引导案例解析】… 59
【练习案例一】… 60
【练习案例二】… 61

第二章 行政法主体 … 63
【引导案例】… 63
第一节 行政法主体的概念 … 63
第二节 行政主体基本理论 … 65
第三节 行政机关 … 72
第四节 被授权组织 … 79
第五节 受委托组织 … 82
第六节 行政公务人员 … 84
第七节 行政相对人 … 96
【复习思考题】… 101
【引导案例解析】… 101

1

【练习案例】……………………………………………………… 102

第三章 行政行为概述 105

【引导案例】……………………………………………………… 105
第一节 行政行为的概念与特征 ………………………………… 105
第二节 行政行为的内容与分类 ………………………………… 109
第三节 行政行为的成立、生效和合法要件 …………………… 114
第四节 行政行为的效力 ………………………………………… 118
【复习思考题】…………………………………………………… 119
【引导案例解析】………………………………………………… 120
【练习案例】……………………………………………………… 120

第四章 抽象行政行为 121

【引导案例】……………………………………………………… 121
第一节 行政立法 ………………………………………………… 122
第二节 其他抽象行政行为——制定其他规范性文件行为 …… 130
【复习思考题】…………………………………………………… 133
【引导案例解析】………………………………………………… 133
【练习案例一】…………………………………………………… 133
【练习案例二】…………………………………………………… 134

第五章 具体行政行为 135

【引导案例】……………………………………………………… 135
第一节 具体行政行为概述 ……………………………………… 135
第二节 行政许可 ………………………………………………… 137
第三节 行政处罚 ………………………………………………… 145
第四节 行政强制 ………………………………………………… 158
第五节 其他具体行政行为 ……………………………………… 174
【复习思考题】…………………………………………………… 180
【引导案例解析】………………………………………………… 181
【练习案例一】…………………………………………………… 181
【练习案例二】…………………………………………………… 182

第六章　行政合同与行政指导 ··· 183
【引导案例】 ··· 183
第一节　行政合同 ··· 183
第二节　行政指导 ··· 201
【复习思考题】 ··· 208
【引导案例解析】 ··· 208
【练习案例】 ··· 209

第七章　行政程序 ··· 211
【引导案例】 ··· 211
第一节　行政程序概述 ··· 211
第二节　行政程序的基本原则和主要制度 ··························· 218
第三节　行政程序法 ··· 242
【复习思考题】 ··· 248
【引导案例解析】 ··· 248
【练习案例】 ··· 249

第八章　行政责任 ··· 251
【引导案例】 ··· 251
第一节　行政违法 ··· 251
第二节　行政不当 ··· 259
第三节　行政责任 ··· 261
【复习思考题】 ··· 272
【引导案例解析】 ··· 272
【练习案例】 ··· 272

第九章　行政赔偿 ··· 275
【引导案例】 ··· 275
第一节　行政赔偿概述 ··· 275
第二节　行政赔偿的程序 ··· 283
第三节　行政赔偿方式和计算标准 ································· 287
第四节　行政追偿 ··· 290
【复习思考题】 ··· 291

【引导案例解析】 291
【练习案例】 292

第十章 行政复议 295
【引导案例】 295
第一节 行政复议概述 295
第二节 行政复议范围 304
第三节 行政复议机关及管辖 308
第四节 行政复议参加人 312
第五节 行政复议程序及决定 315
【复习思考题】 323
【引导案例解析】 324
【练习案例】 324

第十一章 行政诉讼法 327
【引导案例】 327
第一节 行政诉讼概述 328
第二节 行政诉讼受案范围 342
第三节 行政诉讼管辖 352
第四节 行政诉讼参加人 359
第五节 行政诉讼证据 374
第六节 行政诉讼程序 381
第七节 行政审判的法律适用 394
第八节 行政诉讼的判决、裁定与决定 396
【复习思考题】 403
【引导案例解析】 403
【练习案例一】 404
【练习案例二】 404

参考文献 406

第一章 行政法概述

【引导案例】

王某、张某、刘某、马某系某市煤炭技工学校的学生，王某和张某在2006年4月30日的数学考试中，有抄纸条作弊的行为；刘某和马某在5月2日的电子技术和机械基础科目考试中，有抄纸条作弊的行为。2006年5月3日，该校依据劳动部颁发的《技工学校学生学籍管理规定》，作出某煤技校（2006）18号文，对4名学生作出了责令退学、注销学籍的处理决定。该4名学生不服，向某区人民法院提起行政诉讼，请求撤销学校的处理决定，恢复学籍。

行政法是典型的公法，它属于调整行政机关系统内部以及行政机关对外行使职权活动中发生的社会关系的法，是我国法律体系中一个独立的法律部门。随着我国法治建设的深入、市场经济体制的确立和发展、政府职能的进一步转变，国家治理越来越多地运用法律手段来调整社会生活，要求国家管理者和被管理者都按照法律法规的内容开展活动，尤其要求各级行政机关和公务人员严格依法行政，保证行政行为的合法性与合理性。因此，行政法对于保证行政权的有效运作，保障公民的合法权益，促进社会发展与繁荣，必将发挥着十分重要的作用。

第一节 行政与行政权

一、行政的概念与特征

行政法，简单地说是有关行政的法。因此，要阐述和研究行政法，首先要把握行政的含义、特征、内容，也即必须首先回答什么是行政。

"行政"一词的英文是 Administration，源出于拉丁文 Administrare，就其字面意思而言，带有经营、管理及执行的意义，一般理解为"事务的执行"。现在人们除将其译成"行政"外，有时也译成"行政机关""管理""执行"等，但比较统一的译法是"行政"。然而，由于行政本质的多样性、多义性和复杂性，人们对"行政"的理解往往也存在分歧。

（一）西方学者对行政的认识

1. 消极说。"消极说"是指对行政的概念不作正面的阐述，而是消极地将国家权力的作用中不属于行政的部分予以去除，故又称"去除说"。这一学说以权力分立为基础分析行政，认为国家职能分为立法、行政、司法三大类，它们分别属于不同的机关，行政机关从事的行为就是行政，这即是所谓的形式意义上的行政；而实质意义上的行政则以权力和职能内容与性质为标准，认为行政是除立法、司法作用以外的其他一切作用。这一观点的主要代表是德国学者耶林纳克（Walter Jellinek）、哈莱克（Jullias Hatschek）和日本学者美浓部达吉。耶林纳克在其《行政法》一书中指出，行政是包含除立法、司法以外的一切国家作用。哈莱克在其《德国行政法教科书》中指出，行政即非司法、非立法之一切作用。美浓部达吉在其《行政法摄要》中指出，行政即于法律以下的国家行为中除去司法行为的部分。这一观点由于与三权分立之原则比较吻合，曾为早期资产阶级学者普遍接受。但"除外说"在其表达方式上存在很大缺陷，它未对行政概念作正面的定义，使人无法确知行政的含义，因为它实际上未能反映出行政的实质内容。

2. 积极说。由于消极说不全面完整，不能满足人们对行政的认识，因此学者们尝试正面对行政加以定义，故这种概念的阐述称为"积极说"。"积极说"有种种表述，现略举以下几例：

（1）国家意志执行说。这种观点以美国学者古德诺（F. J. Goodnow）为代表，他从政治与行政关系的角度分析行政这一现象，认为"政治是国家意志的表现，行政是国家意志的执行"。古德诺在其著名的《政治与行政》一书中指出："在一切政治制度中，只有两种基本的功能，即国家意志的表现和国家意志的执行。前者谓之为政治，后者谓之为行政"。古德诺将行政的功能看作是"执行适当权力机关所宣布的法律或意志"，并认为政治是决策，科学和效率在这里只能发挥有限的作用，而行政是执行，经济和效率是其主要指标。这种观点从政治与行政之间关系的角度去分析行政的性质和作用，认为行政是执行权力机关颁布的法律或意志。这一观点在政治学、宪法学、行政法学发展上都具有积极意义,因为它已开始对国家活动进行分类,并把行政活动限于一定的范围之内,所以这一观点在第二次世界大战前曾风行一时。但是,这种观点未免带有形而上学之嫌。因为现代行政的政治性,行政与政治的密切关系仍不容忽视,同时这种观点对国家权力的划分仍不够细密。第二次世界大战后,这一观点逐渐为其他学说取代。

(2) 公共利益、公共目的说。有学者提出,"行政只能加以描述,而无法予以定义"。因此后来不少行政法学者努力从各个方面正面描述行政,如德国学者耶林纳克认为:所谓行政者,系指在政府之下,国家机关或其他公权力主体对于个别事件中为创设或消除若干新事物而采取的行为。日本著名行政法学者田中二郎认为:"近代国家之行政是在法之下,受法之规制,并以现实具体积极实现国家目的为目标,所为的整体上具有统一性之继续、形成的国家活动。"学者们普遍认为:行政的最主要特征是实现公共利益、达到公共目的的国家行为。我国台湾地区行政法学者蔡志方认为:行政有四个特征:①行政为社会之形成;②行政以追求公益为导向;③行政积极针对未来而形成;④行政法为用具体之措施,以规范个案或实现一定之计划。[①] 他强调行政以公共利益为取向,实现国家的公共目的。

(3) 综合特征式。台湾著名行政法学者翁岳生主编的《行政法》一书中认为:①行政是广泛、多样、复杂且不断形成社会生活的国家作用,具有形成性与整体性;②行政是追求利益的国家作用;③行政是积极主动的国家作用;④行政应受法的支配——合法性与合目的性都兼顾;⑤行政的运行应注意配合及沟通;⑥行政系作具体决定的国家作用。该书还将行政分为:公权力行政及私经济行政;干预行政、给付行政与计划行政;内部行政与外部行政;国家行政、地方行政与委托行政等[②]。可见对行政含义的不断深入研究是行政法学的永恒任务,也是研究的起点与重点。

(二) 我国(内地)学者对行政的认识

在我国,人们对行政的理解并不一致,行政一词在不同场合被赋予不同的含义。但内地学者多援引马克思对行政本质的论述作为认识行政的基本观点,并以此为基础进行引申和发挥。马克思在其早期著作《评"普鲁士人"和"普鲁士国王社会改革"》一文中曾对行政的本质作过简明扼要的揭示,马

[①] 蔡志方:《行政法三十六讲(普及版)》,中国台湾(作者自行出版),1997年全新增订版,第19页。

[②] 翁岳生:《行政法》(上册),中国法制出版社,1999年版,第11~31。

克思指出:"所有的国家都在行政机关无意地或有意地办事不力这一点上寻找原因,于是它们就把行政措施看作改正国家缺点的手段。为什么呢?就因为行政是国家的组织活动。"学者们都以此认为马克思的这一论点既揭示了行政的本质,又划定了行政的范围。根据马克思对行政本质的理解,行政具有以下两个主要特征:第一,行政是国家的组织活动,也即行政的主体是国家,而不是其他任何私人团体和社会组织。只有国家、国家机关才有权进行行政活动。第二,行政是与国家立法、司法等活动相区别的一种组织活动。也即行政并不是国家的所有活动,它是以组织、指挥、协调、执行等为主要活动方式的、对国家事务进行组织管理的活动。行政的基本功能是执行法律,具有国家意志性、从属法律性、执行性、强制性、直接性和连续性等特征,这就把行政的基本特征揭示出来了。

以马克思关于行政概念的上述揭示为基础,我们认为,行政是国家行政机关和法律、法规授权组织依照宪法和法律,运用国家行政权力,为实现国家行政职能对国家和社会事务进行组织和管理的活动。从行政法的意义上讲,行政主要指国家行政机关进行的用以处理社会公共事务的组织、管理、决策与调控活动,同时也包括国家行政机关所进行的准立法与准司法活动。

二、研究行政的两门学科

以行政为研究对象的传统学科是行政学和行政法学,产生这两门学科是由行政的特点所决定的。

首先,行政管理作为国家的管理活动之一,在现代社会是一种法律的管理,法律是国家实施行政管理活动的主要依据和手段。从法治高度,特别是从保障行政相对人合法权益角度研究行政管理的法学学科即是行政法学。

其次,行政管理又是整个社会管理活动的一个方面,作为一种社会管理活动,它又必须符合管理对象自身的客观规律,也就是说,行政管理与其他的管理活动一样,必须是一种科学的管理。从科学的角度研究行政管理的原则和方法,以提高行政管理效率的管理学学科即是行政学。

行政法学和行政学的发展表明,行政管理的法律化与行政管理的科学化在很大程度上是紧密联系、不可分割的。在行政法学中,有相当一部分是以科学的行政管理的原则和方法作为内容的,行政法只有不断吸取科学的行政管理原则和方法,才能使行政管理法规更具操作性和可行性,才能推动行政管理效率的不断提高。反之,科学的行政管理亦需要法制化,这样才能使科学的原则和方法具有稳定性。因此,在现代社会,科学的管理与法律的管理是不可分离的，因此，这两门学科相互影响，比翼双飞。

三、行政权的含义和特征

（一）行政权的含义

行政法及行政法学上的每一个原理、原则几乎都可以在行政权上找到它的起因和归属。例如：行政主体其实就是行使行政权的组织；行政权运行的外在表现形式就是行政行为；行政法律关系其实就是行政权的运用和行使所引起的法律关系；行政法律责任可以认为是行政权行使所引起的法律后果。总之，行政法所涉及的所有问题，无一不与行政权的存在有着密切的联系。因此可以说，行政权是全部行政法学的基础和中心范畴。

行政权一词是国家权力分立的产物，其最初含义指的是除立法权、司法权之外的国家权力，尽管近现代各国都在使用行政权一词，但各国学者及立法对行政权的理解并不完全一致。

在西方，比较有代表性的对行政权的权威解释者是著名法学家布莱克（Black），他认为，"行政权即执行法律的权力。它是总统根据联邦宪法第二条的规定所享有的广泛权力……它区别于制定法律及对法律纠纷裁判的权力。"[①] 这是一种典型的基于三权分立基础上的对行政权的理解。在国内，对行政权的提法也不一致，有的用"行政管理权"，有的用"行政权"，有的用"行政权力"，同时在对行政权内涵的理解上也存有分歧。

（二）行政权的特征

本书认为，行政权是指行政主体（主要是国家行政机关）执行法律、管理国家事务和社会事务的权力，是国家政权的一个重要组成部分。在现代社会，行政权表现出以下几方面的特征。

1. 行政权的法律性。行政权的法律性包含以下几方面的内容：

（1）行政权只能由法律产生，即由法律设定。"权自法出"是法治社会的基本标志。法律之外的一切和行政管理相关的权力，如确属需要，应尽快法律化，而不能使其游离于法律之外，如果对社会有害无益应尽快通过法律手段予以取缔。

（2）行政权只能由法律规定的机关和组织行使。未经法律授权或者行政主体合法委托，其他任何组织、团体和个人都不得行使这一权力。

（3）行政权的内容必须和法律的规定相一致，即行政权的内容必须合法。

[①] 张焕光著：《行政法学原理》，劳动人事出版社，1989年版，第18页。

（4）行政权的行使必须符合法律规定的程序。

2. 行政权的执行性。行政权区别于立法权及司法权的最本质特征就是它的执行性，即行政权本质上是一种执行权，其执行的内容是国家法律和权力机关的意志，如我国宪法明确规定，国务院是最高权力机关的执行机关，地方各级人民政府是同级人民代表大会的执行机关。这表明了行政权对国家意志的服从性和执行性。此外，需要注意的是，随着委任立法的产生，行政机关所执行的内容，已不仅限于权力机关制定的法律，行政机关根据授权或依职权所制定的行政法规、行政规章等，也是行政权的执行内容。但从本质上来说，行政机关制定法规、规章的目的和内容正是执行法律。

3. 行政权的强制性。权力之区别于权利的显著特征就在于它是一种支配力量，它以国家强制力为最后保障，行政权也不例外。行政权在一定条件下，可以表现出强制力。强制力表现在以下两方面：一方面，行政权的运用和行使一般不为相对人的意志和行为所左右，也即是说，不管相对人是否同意或协助，都不影响行政权的作用。另一方面，当行政权的运用遇有抵触时，行政主体可以使用法律规定的手段和方式排除对行政权行使的妨碍以保证行政权内容的实现。

4. 行政权的不可处分性。行政权的不可处分性是指行使行政权的主体在无法律规定情况下无权自由处分所享有的行政权。它包括三方面的内容：其一，行政主体不得自由转让行政职权，除非符合法定条件并经过法定程序；其二，行政主体不得自由放弃行政职权，否则视为失职行为，要承担相应的法律责任；其三，行政权可以表现为羁束行政行为，也可以表现为自由裁量行为，即使是自由裁量行为，也要受到法律制约。行政权的不可处分性是由行政权的目的和性质所决定的。行政权行使的目的是为了满足国家利益或社会公共利益，而不是为了满足或实现行政主体自身的需求，因此，擅自处分行政权必然损害国家利益或社会公共利益。行政权具有职权和职责的双重法律属性，体现了职权与职责的统一。例如，税务机关的征税，相对于纳税人来说，税务机关的征税是法律授予的一项职权，但相对于国家而言，征税又是税务机关对国家应尽的义务和职责，放弃职责即意味着失职。

四、行政权的构成要素

任何一项行政权的构成都应具备三个基本要素，即权力主体、权力内容和权力范围。

（一）权力主体

权力主体即权力的享有者，它表明这一权力应归属于谁、由谁实际行使。在现代各国，行政权通常的主体是国家行政机关，但在特定情形下，经法律法规授权，非行政机关的其他组织亦可以行使部分行政权。

（二）权力内容

行政权是一个抽象的法律概念，在实际生活中它必须被分解成若干不同的行政职权并配置给相应的行政主体才能实际操作。因此，权力内容所表明和记载的是权力的内在要素，它不仅使行政权能实际运用和操作，而且使不同的行政职权之间相互区别。

（三）权力范围（行政权限）

权力范围亦即行政权的权力界限，它包括行政权的地域范围、事务范围、层级范围和时间范围。地域范围所表明的是权力行使的地域界限；事务范围所表明的是权力适用的对象范围，包括该权力应作用于哪些人或应作用于哪些物；层级范围所表明的是不同行政等级的行政主体使用权力的不同层级的界限和力度；时间范围所表明的是权力行使的时间界限。

五、行政权的分类

行政权可以从多种不同的角度对它进行分类。

（一）中央行政权和地方行政权

这是以行政权管辖的地域范围为标准所做的划分。

中央行政权指的是由最高国家行政机关行使的其效力及于全国范围的行政权，地方行政权则是指地方各级行政机关及其他行政主体所享有的其效力仅及于行政主体所管辖的地域范围内的行政权。

（二）行政立法权、行政执法权、行政司法权

这是以行政权的性质为标准所做的划分。

行政立法权是指行政主体针对不特定对象制定具有普遍约束力的行为规则的权力；行政执法权是指行政主体将法律的一般规定适用于具体的、个别的管理对象并作出具有一定法律效力的行政决定的权力；行政司法权是指行政主体以第三人的身份处理和裁决发生在当事人之间的争议纠纷的权力。

（三）羁束行政权和自由裁量行政权

这是以行政权受法律法规的拘束程度为标准所做的划分。

羁束的行政权是指法律法规为行政权的行使规定了明确的范围、方式和程度，行政主体只能严格依法行使该权力而不能掺入自己的主观意见的行政

7

权；自由裁量的行政权是指法律法规为该权力的运用和行使留下了一定的范围和空间，行政主体在实际运用该权力时，可以基于行政目的通过自由判断、自主选择作出一定具体行政行为的权力。

（四）行政管理权和监督行政权

这是以行政权的功能为标准所做的划分。

行政管理权是指行政主体依法对行政事务和社会事务进行组织、管理、监督、协调和服务的权力；监督行政权是指对行政管理权的运用和行使依法实施法律监督的行政权，如监察权、审计权、行政复议权等。

（五）外部行政权和内部行政权

这是以行政权作用对象为标准所做的划分。

内部行政权是指作用于行政系统内部的各机构、组织之间以及行政机关与公务人员之间的权力；外部行政权是指作用于行政系统外的行政管理相对人的权力。

六、行政权的内容

（一）行政立法权及行政决定、命令权

1. 行政立法权。行政立法权是指行政机关制定、发布行政法规、行政规章的权力。在我国，行政机关立法权的取得有以下三种情形：

（1）宪法与有关的组织法所规定的行政立法权，即通常所说的职权立法权，如《宪法》第89条第1款规定：国务院"根据宪法和法律……制定行政法规"；第90条规定："各部、各委员会根据法律和行政法规、决定、命令，在本部门的权限内，发布……规章"；再如《中华人民共和国地方各级人民代表大会和地方各级人民政府组织法》第51条第1款规定："省、自治区、直辖市以及省、自治区的人民政府所在地的市和经国务院批准的较大的市的人民政府，可以根据法律和国务院的行政法规制定规章"。

（2）其他法律所授予的立法权，即全国人民代表大会及其常务委员会，可以通过自己的决定授予国务院或地方权力机关以立法权，这种立法权称为一般授权立法权，如《中华人民共和国矿产资源法》第48条规定："本法的实施细则由国务院规定"，这一规定属于一般授权立法。

（3）最高国家权力机关特别授予的立法权，这是指全国人民代表大会及其常务委员会将自己职权范围内的立法事项授予国务院或国务院提请授予的下级人民政府或地方权力机关，这种立法通常称为特别授权立法，如1985年4月六届全国人大第三次会议通过的《全国人民代表大会关于授权国务院在经济体制改革和对外开放方面可以制定暂行的规定或者条例的决定》，1994年3月八届全国人大第二次会议通过的《关于授权厦门市人民代表大会及其常务委员会和厦门市人民政府分别制定法规和规章在厦门经济特区实施的决定》等。

2. 行政决定与行政命令权。在行政法上，行政机关行政决定与行政命令权的行使既可以针对不特定对象进行（如2013年12月11日国务院第644号令公布《国务院关于修改〈全国年节及纪念日放假办法〉的决定》），也可以针对特定对象进行（如2009年8月10日国务院第558号令发布的任命崔世安为中华人民共和国澳门特别行政区第三任行政长官的命令），但我们这里所讲的行政决定与行政命令指的是行政机关依照宪法及组织法的规定针对不特定对象制定和发布具有普遍约束力的决定和命令的权力，《宪法》第89条第1项规定国务院"根据宪法和法律……发布决定和命令"；《中华人民共和国地方各级人民代表大会和地方各级人民政府组织法》第35条、第36条规定县级以上地方各级人民政府和乡、民族乡、镇的人民政府可以依法发布决定和命令。

行政决定与行政命令权不同于行政立法权，因为根据行政决定与行政命令权所产生的行政决定与行政命令不属于行政法规或行政规章的范畴，但它也具有普遍的约束力，是行政机关实施行政管理的一种重要形式，它们对行政主体及相对人的行为具有同样的约束力，如2010年4月17日国务院发布的《关于坚决遏制部分城市房价过快上涨的通知》即为一典型的行政命令，这一命令虽不是行政法规，但它同样具有约束力。

这里需要注意的是，行政机关发布的行政法规及行政规章也都采用行政命令的形式，因而，有时行政立法权与行政命令权不容易区分，而且有学者甚至将行政命令权等同于行政立法权（如我国台湾地区的行政命令权指的主要就是行政立法权）。本书认为，从我国宪法及法律的规定看，除行政立法通常采用行政命令的形式外，确实存在着独立于行政立法之外的行政命令权，至于行政命令与行政立法的划分标准，我们认为主要以文件的内容，并结合形式及名称加以确认。一般来说，法规或规章从内容、结构到形式都具有法律规范的明显特征；而行政命令一般都不具有法律规范的明显特征。

（二）行政执法权

行政执法权是指行政主体将法律的一般规定适用于具体的、特定的管理对象并作出具体行政行为的权力。在行政法上，行政执法权的主要内容有以下几方面：

1. 行政许可权。许可权是指行政主体根据公民、法人或者其他组织的申请，经依法审查，准予其从事特定活动的权力。在社会活动特别是经济活动中，有些活动关系到社会的公共安全或公民的人身、财产权益，要求从事该活动的相对人必须具备一定的条件，或者为了有限资源合理配置，需要对相对人的活动予以严格的限制，或者有些活动涉及国家的整体利益，国家需要进行必要的调控，这种情况下法律通常的做法就是设定许可证制度加以干预和管理，而行政主体依据法律的规定所取得的这项权力就是行政许可权。许可权是一项依申请始得行使的权力，在内容上它由审查权、拒绝或准许权、变更权等一系列权力所构成。

2. 行政确认权。确认权是指行政主体根据公民、法人或者其他组织的申请依法对相对人的某种法律事实、法律地位、法律资格、权利、义务及特定的法律关系予以确认的权力。在法律上，对相对人法律地位或权利义务关系的确认有六种形式：一是通过行政登记予以确认；二是通过行政鉴定确认；三是通过公证确认；四是通过律师见证确认；五是通过司法诉讼确认；六是通过仲裁确认。在六种确认制度中，行政登记确认和行政鉴定确认属于行政权的作用，是行政确认权的运用。

从内容上看，行政确认的内容包括：

（1）对某种法律事实的确认，如出租车的出城登记。

（2）对主体资格或法律地位的确认，如企业登记、事业登记、党派团体的登记、户籍登记都是对主体资格的确认。

（3）对权利的确认，如房屋所有权的登记，对土地使用权的登记，对抵押权、质押权的登记，对专利权、商标权、著作权的登记。

（4）对义务的确认，如税务登记。

（5）对法律责任的确认，如交通事故的认定。

（6）对法律关系的确认，如婚姻登记、医疗事故的鉴定。

3. 行政征收权。征收权是指行政主体向相对人征收税款及其他财产、费用的权力，其中征收税款等属于国家强制、无偿参与国民收入及调节经济活动分配的一种手段。在实践中，征收权行使的范围包括税收征收、资源费征收、建设资金征收及管理费征收等。在我国，目前部分征收权显得比较混乱，需迫切改革，并需要由立法严加规范。

4. 监督检查权。监督检查权是指行政主体依法对单位及个人遵守国家法律法规、执行行政决定的状况进行监督检查的权力。其作用的范围几乎涵盖了社会生活的所有领域，诸如对市场交易中的竞争行为的监督检查、产品质量监督检查、价格监督检查、财政税收检查、资源开发使用检查、环境保护监测检查、防火检查、治安检查等。监督检查权在实际运用过程中又往往由查阅权、查看权、复制权、询问权、查核权、查验权、检测权、扣押权等一系列程序性权力所组成。

5. 行政强制权。行政强制权是指行政主体为了实现行政目的，对公民、法人或者其他组织的人身、财产和行为采取的强制性措施的权力。根据我国行政强制法规定，在行政管理中，行政主体强制权的行使主要包括两种情形：一是行政强制措施，即行政机关在行政管理过程中，为制止违法行为、防止证据损毁、避免危害发生、控制危险扩大等情形，依法对公民的人身自由实施暂时性限制，或者对公民、法人或者其他组织的财物实施暂时性控制的行为。其种类有：限制公民人身自由；查封场所、设施或者财物；扣押财物；冻结存款、汇款；其他行政强制措施。二是行政强制执行，即行政机关或者行政机关申请人民法院，对不履行行政决定的公民、法人或者其他组织，依法强制履行义务的行为。其方式有：加处罚款或者滞纳金；划拨存款、汇款；拍卖或者依法处理查封、扣押的场所、设施或者财物；排除妨碍、恢复原状；代履行；其他强制执行方式。

6. 行政处理及行政处罚权。行政处理及行政处罚权是行政主体对违反行政法规定的相对人实施的处理及处罚的权力。广义上说，行政主体对违法相对人处理包括处罚，处罚是对违法行为的处理情形之一，但本书这里所指的处理权是指行政主体在行政处罚之外所实施的补救性措施的权力。行政处理权与行政处罚权的区别主要在于：行政处理权仅具补救性，不具行政法上的惩罚性，而行政处罚权的行使旨在制裁相对人的违法行为，因而，行政处罚权的行使对相对人具有明显的惩罚性和制裁性。实践中行政处理权行使的表现形式主要有责令改正、责令更正、责令停止违法行为、责令重新安装、责令停止侵害等。

（三）行政司法权

行政司法权是指行政主体以第三者的身份居间裁决民事及行政争议纠纷的权力。行政司法权在我国的主要表现形式有行政裁决、行政复议、行政仲裁（如劳动争议仲裁）与行政调解。四项权力中又以行政裁决和行政复议最为引人注目。

1. 行政裁决权。行政裁决权是指行政主体裁决民事争议纠纷的权力。在我国，行政主体的行政裁决权分散规定在各单行的法律法规之中，譬如《土地法》规定，县级以上人民政府可以处理和裁决发生在全民所有制单位之间、集体所有制单位之间以及全民所有制单位与集体所有制单位之间的土地所有权和土地使用权的权属争议纠纷。类似的裁决权在《森林法》《草原法》《矿产资源法》《商标法》《专利法》《医疗事故处理条例》等法律法规中均有规定。

2. 行政复议权。行政复议权是行政主体居间解决行政争议纠纷的权力，它是法定的行政复议机关应相对一方当事人的申请，审查行政主体所作的行政行为的合法性和合理性，并作出相应裁决的权力。行政复议权既是一项行政司法权，又具有行政监督权的性质，是对下级行政主体行政行为的法律监督。

3. 行政仲裁权。行政仲裁权是行政主体依仲裁程序裁决个人之间、组织之间或者个人与组织之间民事争议的权力。在《仲裁法》颁布实施前，经济合同、劳动合同等争议多通过行政仲裁解决，而有关民事权属争议、侵权赔偿争议则多通过行政裁决解决。《仲裁法》颁布之后，原行政机关主管的仲裁绝大部分转交给独立于行政机关之外的民间仲裁机构处理，现仅有劳动争议等不多的仲裁形式属于行政仲裁。

4. 行政调解权。行政调解权是行政主体在争议双方当事人意愿的基础上主持调解双方间争议纠纷并达成调解协议的权力。如：《道路交通安全法》第74条规定："对交通事故损害赔偿的争议，当事人可以请求公安机关交通管理部门调解，也可以直接向人民法院提起民事诉讼。"《治安管理处罚法》第9条规定："对于因民间纠纷引起的打架斗殴或者损毁他人财物等违反治安管理行为，情节较轻的，公安机关可以调解处理。"这里均是有关行政调解权的相关规定。

（四）行政监督权

行政监督权在我国行政法上有两种理解：一是指行政主体对相对人遵守行政法规定的行为和活动所进行的监督；二是行政主体对其他行政主体的执法活动和执法行为所进行的法律监督。我们所指的行政监督权指的是后者。在我国，这种行政监督权主要由以下权力构成：

1. 行政监察权。行政监察权是指行政监察机关对国家行政机关、国家行政机关工作人员及由行政机关任命的其他人员遵纪守法和履行职责的情况进行监督检查，并对监察对象的违纪违法行为给予相应处理和制裁的权力。

2. 审计权。审计权是指国家审计机关对本级人民政府各部门、下级人民政府、国家金融机关、全民所有制单位以及其他有国有资产单位的财政、财务收支的真实、合法、效益进行审核、检查并提出审计报告，作出支持合法行为、抑制和处理违法行为决定的权力。在我国，审计监督由国家审计监督、部门和单位的内部审计监督以及社会审计监督三部分所组成，其中国家的审计监督权是行政监督权的重要组成部分，其审计监督的对象主要是各级政府的财政收支活动及其结果。目前审计的内容主要是财政、财务收支和审核是否违反财经法纪。审计机关作出的审计结论和决定具有法律效力，被审计的单位和有关单位应当执行；被审计单位拒不缴纳应缴纳违法款项、罚款的，审计机关可以通知银行扣缴。

3. 行政复议权。行政复议权除具有行政司法权的功能之外，还具有行政监督权的功能，是上级行政机关对下级行政机关的执法行为及执法活动行使监督权的主要形式之一。上级行政机关经过对提起行政复议的行政行为的审查，对于违法的具体行政行为可以决定撤销变更或确认违法，并可以责令被申请人重新作出具体行政行为；对于申请人不履行法定职责的，可以决定其在一定期限内履行；对于被申请人作出的具体行政行为侵犯申请人的合法权益造成损害，申请人要求赔偿的，可以责令被申请人依法负责赔偿。

第二节 行政法的含义

一、行政法的含义

对行政法的理解，有必要区别古代意义和近代意义的理解。如果认为行政法就是有关国家管理的法，或国家行政管理的法制化，那么古代就有行政法。而近代意义上的行政法，则是指国家划分出独立的行政职能之后，有关行政权行使及监督行政权行使的法，才称为行政法。目前国内外学者所称行政法，大多取近代行政法定义。

（一）两大法系国家学者对行政法的不同认识和理解

1. 大陆法系国家学者对行政法的认识。大陆法系国家的行政法及行政法学是在法国等国家建立起行政法院、行政诉讼及行政赔偿制度的基础上产生发展起来的。最早把行政法的认识从一堆杂乱无章的法规、法令中整理出来并使之成为一门独立的法律学科的是德国学者奥托·迈耶（Otto Mayer, 1846~1924年）。他在研究了法国大革命前后的行政法律制度后于1886年出版了《法国行政法基本理论》一书，他认为："行政法即关于行政之法，属于行政之法。"

当代大陆法系学者则多从本国行政法制度的实际及各自对行政法的理解

去定义行政法。如法国行政法学家瓦林（S. Worli）认为："行政法不仅包括行政权及其行使的程序和原则、公民在受到行政行为侵害时的救济措施，还包括行政机关的组织形式、行政机关颁布规章的权力及程序、文官制度、政府对财产的征用和管理、公共事业。"①

荷兰法学家克鲁尔（Kivwer）说："在荷兰人看来……行政法通常是宪法的延伸和具体化，它主要是关于政府行政和对行政的司法审查。"②

土耳其中东技术大学行政学系教授罗拉（Rona）认为："行政法是公法的一个部门，它是调整行政机关同公民之间的关系，规定国家官员的法律地位以及公民在同作为国家代表的政府官员交往中的权利和义务的法律规范的总称。同时，行政法也规定义务的程序，简言之，行政法是建筑于行政活动和行政决定基础上的法。"③

日本在明治维新以后，其行政法律体系主要是按大陆法系特别是德国的模式建立起来的，因此，其行政法的概念烙上了大陆法系的印迹，如早期对日本行政法最具影响力的著名法学家美浓部达吉即认为："行政法者，为国内公法之一部分，规定行政权之组织及行政权主体的国家或公共团体与其所属人民之关系之法。"④ 这是第二次世界大战前日本最具权威的观点，第二次世界大战后，日本行政法按英美模式，特别是按美国行政法的模式进行了改革，这从日本行政法含义的变化可以看出，如名古屋大学教授室井力认为："从广义上讲，行政法是指行政组织、作用以及处理与此有关的纠纷乃至行政救济的法。"⑤

从总体上说，大陆法系行政法的概念一般包括以下几个要点：

第一，行政法为国内法，以示行政法与国际法的区别，但由于国际法中有国内法效力的法规日益增多及国际法与国内法逐渐融合，现在的大陆法系国家已不十分强调行政法为国内法了。

第二，行政法为公法，以示行政法与私法的区别。

第三，行政法是规范行政权的法，因而，行政法与宪法不同，与规范立法权的立法法及规范司法权的司法法亦须区别。

2. 英美法系国家学者对行政法的理解。早期的英美法系国家特别是英国

---

① 转引自［美］施瓦茨著：《行政法》，1976年，波士顿版，第2页。
② ［荷］克鲁尔：《荷兰法概况——外国学者手册》，1989年出版，第383页。
③ 《土耳其法律概况》，1978年安拉英文版，第53页。
④ ［日］美浓部达吉著：《行政法撮要》，商务印书馆，1943年版，第32页。
⑤ ［日］室井力主编：《日本现代行政法》，吴薇译，中国政法大学出版社，1985年版，第14页。

由于受到戴西（A. V. Dicey）的影响不承认有行政法，因为他们把行政法理解为行政法院进行行政诉讼的法，故而行政法被斥之为"是法国的东西，是保护官吏特权的法律"。但这种误解并没有妨碍学者们的研究，在英美法系国家中，最早把行政法作为独立的法律部门进行研究并使之成为一门独立学科的，是19世纪末20世纪初美国著名的行政法学家古德诺（F. J. Goodnow），他在1893年出版的《比较行政法学》一书中写道："行政法是公法的一部分，它规定行政机关的组织和职权，并规定公民在受到行政行为侵害时的行政救济。"他的观点显然受到大陆法系学者观点的影响。在英国，最早出版行政法专著的行政法学家波特（F. J. Port）也有类似观点，他在《行政法》一书中指出："行政法由这样一些法律规范组成：这些规范的最终目的是适用和执行公法。"此外，他在阐述行政法与宪法的关系时提出了一个独到的观点，他认为"宪法规定政府组织的静态，行政法规定其动态"。

在实际建立起行政法律制度的当代，英美法系学者多根据本国行政法的实际情况去定义行政法，比较典型的如英国著名法学家韦德，他认为："行政法的定义，首先，可以概括地说，它是关于控制政府权力的法律，这是问题的中心……行政法的主要目的就是控制政府的权力不越出它们的法律规范，以此来保护公民不因权力滥用而受到侵害，强有力的权力机器必须防止走向乱砍乱杀。"[①]

美国当代行政法学家伯纳德·施瓦茨则认为："行政法是管理政府行政活动的部门法。它规定行政机关可以行使的权力，确定行使这些权力的原则，对受到行政行为损害者给予法律补偿。"[②] 这个定义把行政分为三部分：①行政机关所具有的权力；②行使这些权力的法定条件；③对不法行使行政权力的救济。

总之，英美法系行政法在其发展过程中形成以下主导性特点：

第一，行政法为控权法。

第二，行政法为程序法。

第三，行政法主要是对行政行为进行审查。

3. 两大法系国家学者对行政法认识的差异。

（1）大陆法系国家行政法的概念较英美法系行政法的概念要宽泛。大陆法系国家的行政法是关于公共行政的法律，其范围不仅包括行政权、行政权

---

① ［英］韦德著：《行政法》，英文1982年第五版，第4页。
② ［美］施瓦茨著：《行政法》，徐炳译，群众出版社，1986年版，第3页。

的行使及其行政救济，而且还涉及行政机关的组织、法律地位、行政规章制定权的行使及其限制，以及公务员法、公共财产的征用和管理、公共事务和行政责任（分为合同责任、准合同责任和侵权责任）等方面。

英美法系学者则认为，有关行政机关的组织、公务员制度等属于政治学、行政学研究的范畴，他们从传统的控权理念出发，将行政法定义为控制政府权力的法律，在内容上多将行政法理解为行政程序和司法审查的法律，而不是实体法律，因此，英美法意义上的行政法实际上是一种管理管理者之法，而不包括管理法。

（2）大陆法系在公私法划分的基础上将行政法界定为公法的一个法律部门，而英美法系因为没有公私法的明确划分，因而，行政法不构成一个区别于普通法的特别的法律部门。

（3）两大法系在法律适用上的不同。大陆法系国家，由于存在严格的公私法的划分，因而，审理公法案件的法院系统和审理私法案件的法院系统是分立的。以法国为代表的大陆法系国家行政法的最大特点是行政诉讼不是由普通法院而是由与普通法院相分离并自成体系的行政法院审理，行政法院在审理行政纠纷案件时也是根据行政上的要求而使用与普通法不同的特别法，即适用专门的行政法规则。

而在英美法系国家，由于不存在公私法的划分，因而，公民与政府之间的关系，以及公民之间的关系受同一法律支配，受同一法院管辖。英美法系行政法的最大特点是行政诉讼像民事诉讼一样都由普通法院管辖，适用同样的法律规则，没有独立的行政法院体系，行政法也不构成一个和普通法律相独立的法律体系。

（二）我国学者对行政法的认识和理解

自20世纪80年代后期以来，学者提出的较有影响的行政法概念主要有"单一关系调整说""两种关系同时调整说""行政权力双向规范说"等。目前较为普遍、权威的一种观点认为：所谓行政法，是指对行政活动过程特别是行政权力运行过程加以规范、监督与补救，调整行政与监督行政的主体及其行为所形成的社会关系的有关法律规范和原则的总称。这是一种广义的概念，既调整行政关系又调整监督行政关系，即规范行政权力运行过程和规范监督行政权力运行过程。狭义的行政法，则指与行政主体行使行政权力、实施行政管理及其损害救济有关的法律规范和原则的总称，也即调整行政关系或者说规范行政权力运行过程的法律规范和原则的总称。

理解行政法概念，至少应把握以下几点：

1. 行政法是国家重要的独立的法律部门之一，属于公法范畴。
2. 行政法规范的重点和核心是行政权，其最主要功能是规范行政权的行使。
3. 行政法调整的是因行政权的行使所引起的各种社会关系，包括行政关系和监督行政关系。
4. 行政法规范的内容包括行政权主体、行政权内容、行政权行使以及行政权运行的法律后果等方面。
5. 行政法的存在是为了控制、规范和保障行政权的运行。

二、行政法的渊源与分类

（一）行政法的渊源

行政法的渊源，是指行政法律规范的根本来源和外部表现形式。在不同的国家，行政法的渊源不尽相同。例如，法国行政法绝大多数来自最高行政法院的判例（这在大陆法系国家中是非常特殊的），而我国行政法却来源于有关国家机关所创制的抽象性规范。我国行政法的渊源分为一般渊源和特别渊源。一般渊源包括：①宪法；②法律；③行政法规；④地方性法规（含一般地方性法规、自治条例和单行条例、经济特区法规、特别行政区立法）；⑤规章（含部门规章、地方政府规章与联合规章）。特别渊源很多、很分散，效力等级往往视其与一般渊源的关系而定，包括：①法律解释（含立法解释、行政解释、司法解释、地方解释）；②联合法律文件（如过去常见的党政联合发布的文件，这种做法已逐渐减少）；③国际条约（但保留条款除外）[①]。此外还有军事法规、军事规章。

1. 宪法。宪法所包含的行政法律规范通常原则性较强，涉及行政权力的取得、行使及对其进行监督的根本性问题的规定。主要包括：

（1）关于行政权力的来源和行使权力的基本原则之规定，如规定政府由本级人大产生和对它负责并报告工作，行政机关实行民主集中制；

（2）关于行政机关的法律地位和行政体制之规定，如规定地方各级人民政府既是地方各级国家权力机关的执行机关，又是地方各级国家行政机关；

（3）关于行政组织及权限之规定，如规定各级政府的设立程序、职责权

[①] 在我国，国际条约一般需要通过立法和行政立法转化为国内法加以实施。我国加入世界贸易组织（WTO）等许多国际组织后，由于加入的国际条约和作出的对外承诺日益增多，如果转化工作跟不上，国际条约与国内法的冲突问题会日益突出。

限等制度；

(4) 关于公民权利与行政权力的关系及处理原则之规定，如公民受到行政机关侵害时有权获得赔偿等。

2. 法律。狭义的法律，是由全国人大及其常委会制定的。法律中凡涉及行政权力的设定及权限、行使及运用，对行政权力加以监督和在受到行政权力侵害时予以补救的规范，均属行政法律规范。它们是行政法最重要的渊源之一。

3. 行政法规。行政法规是国务院制定的一类规范性文件的总称，它是对比较原则的法律规定加以具体化的主要形式之一，数量较大。其效力仅次于法律，高于地方性法规、部门规章和地方政府规章。行政法规不得与宪法和法律相抵触，必须按法定程序制定。

4. 地方性法规。地方性法规是由省、自治区、直辖市以及"较大的市"① 的人大及其常委会制定的，其中有相当一部分涉及行政机关权力的取得、行使以及对行政权力进行监督等问题，与行政权力行使过程中行政相对人的权利和义务有关。地方性法规是地方行政机关行使行政权力的重要依据之一。

5. 自治条例和单行条例。自治条例和单行条例是民族自治地方权力机关按照法定权限并依照当地民族的政治、经济和文化的特点所制定的一类规范性文件。其制定程序中有明确的按级报批和备案的规定。它与地方性法规一样，所包含的法律规范多数是行政法规范，因而也是行政法的重要渊源。

6. 规章。也称行政规章，分为部门规章和地方政府规章，前者是由国务院组成部门和一部分具有行政管理职能的直属机构依法制定的，后者是由省、自治区、直辖市、较大的市的人民政府依法制定的。在一些特殊情况下，有规章制定权的主体联合制定的行政规章也被称为"联合规章"。在实践中，规章涉及的面广、量大、使用频率高，这是其他形式的行政法渊源无法相比的。但需要指出的是，规章的效力不及前述那些法律渊源，目前在我国的司法审查中不能作为审判"依据"，而只能被"参照"适用。

7. 国际条约。我国参加和批准的国际条约（但保留条款除外），凡内容涉及行政法的，也是其重要渊源。而且，随着国际交往的范围扩展、频率加大，此类渊源将会越来越多，但一般需要转化适用。

---

① 在我国，"较大的市"系专门的法律用语，指享有一定的地方立法权和行政立法权的市，包括省、自治区人民政府所在地的市，经济特区所在地的市，以及经国务院批准的若干较大的市。

8. 法律解释。有权机关对法律、法规、规章所作的解释，包括立法解释、司法解释、行政解释和地方解释，凡涉及行政法的，通常也作为行政法的渊源。

9. 其他行政法渊源。这包括行政机关与其他有立法权和行政立法权的机关联合发布的法规、规章等文件。此类渊源的产生有特殊的国情和时代背景，今后将会逐步减少。

需要注意的是，在我国特别行政区适用的行政法渊源（包含各层次的规范）有其特殊性，包括其"原有法律"和"特别行政区立法机关制定的法律"中的行政法规范，都只适用于该特别行政区。

还要指出，各层次法律文件中的大量行政法律规范在适用中难免发生冲突，解决冲突的基本原则或者说行政法律规范的冲突解决机制是：①宪法中的行政法律规范具有最高效力；②下位法服从上位法（含同级行政立法服从同级人大立法）；③如系同一机关制定的法律规范，则特别法优于一般法，新法优于旧法，难以判断的冲突由制定机关（或其常设机构）裁决；④如系"效力等级相同"的法律规范，则规章之间的冲突由国务院裁决；部门规章与地方性法规之间发生冲突不能确定如何使用时，分为两种情况：由国务院裁决适用地方性法规，或因国务院认为应当适用部门规章而由国务院提请全国人大常委会裁决；省级政府规章与省内较大市地方性法规之间的冲突，由该省级人大常委会裁决。

再有，关于行政法渊源中的尚有几个问题值得关注：

第一，关于判例的法律地位。由于受到大陆法系及苏联法律的影响，判例在我国一直不具有法律地位。但近年来，随着我国改革开放的深入，判例的作用正在为人们重新认识。体制改革带动社会关系的快速变化，一方面要求立法应适应这些变化，但同时又要求保持社会机制的稳定，在这方面，判例能发挥其独特的作用。一方面，这种个别的、极具针对性的判例能弥补因法律的原则规定所带来的缺陷和不足，并能够解决目前行政诉讼中所遇到的诸多困难，譬如因地方干扰所造成的枉法裁判；另一方面，判例不断积累后在时机成熟时又可以将其所体现的基本原则上升为成文法。事实上，近年来最高人民法院在其公报上陆续公布的一系列典型案例，对下级法院同类案件的审理具有重要的参照作用，某种意义上可以将它们视作行政判例的雏形，承认判例并适当发挥判例的作用对我国行政法的发展具有重要的推动作用，也有利于我国内地的法律与我国香港、澳门地区的法律制度以及国外法律制度的接轨。

第二，关于行政规章以下的其他规范性文件的法律效力。关于规章以下的其他规范性文件是否为我国行政法的渊源，目前学界存有争议：一种意见认为，凡国家行政机关颁布的行政管理文件，无论是规范性的还是非规范性的，都是行政法的渊源；另一种意见则认为，只有法律授权的特定国家机关颁布的法律文件才是行政法的渊源。

本书认为，尽管规章以下的规范性文件在其辖区内为行政管理的依据，但因它们不具有法的本质特征，且在行政诉讼中没有实质的作用，有些规范性文件甚至成为违法行政的源头，因而，不应将它们纳入行政法的渊源。

第三，关于党和国家行政机关以及国家行政机关与群众团体联合发布的行政规范性文件能否成为行政法的渊源的意见。在我国过去和现在，都有中共中央和国务院联合颁布的规范性文件以及国家行政机关与群众团体联合颁布的规范性文件。对这类规范性文件，有的学者采用全部肯定的态度，有的则相反。

我们认为，这样的规范性文件随着政治体制改革的深入，党政不分现象的逐步消除，今后将会逐步减少或不再存在。但在目前及今后一段时期内，这类规范性文件仍会在一定范围内存在，并涉及一定行政管理问题，调整一定的行政关系，因此，在一定情况下仍是我国行政法的特殊渊源，对其复杂性应作进一步分析与定位。

（二）行政法的分类

行政法的内容十分广泛，可按不同的标准进行划分。分类是为了更好地认识行政法。当代行政法有多种分类方式。

1. 以行政法的功能作用为标准，可分为三类：第一类是关于行政组织和人员的法律规范，包括行政组织法和行政人员法（如公务员法）；第二类是关于行政主体的行为的法律规范，包括各种专门领域的行政作用法，其数量特别多；第三类是关于对行政进行监督和对行政相对人进行救济的法律规范，包括审计法、行政监察法、行政复议法、行政诉讼法、行政赔偿法等监督救济法，此类法律规范的比重越来越大，作用日益重要。

2. 以行政法调整对象的范围为标准，可分为一般行政法与特别行政法。前者也称为行政法总论或总论行政法，如行政法基本原则、行政组织人员法、行政行为法、行政程序法等；后者也称为行政法分论或分论行政法、部门行政法，如工商行政法、技术质量监管法、金融监管法、教育行政法、科技管理法、文化管理法、卫生行政法、公安行政法等各个领域的行政法。

3. 以行政法规范的性质为标准，可分为实体行政法（也即行政实体法）和程序行政法（包括行政程序法和行政诉讼程序法）。前者是关于行政法律关系当事人的地位、资格、权能、责任等实体内容的行政法规范的总称；后者是关于行政行为程序和行政诉讼程序的行政法规范的总称，或者说是实施实体法的程序性行政法规范的总称。尽管二者有所交织，但现在还是能大致分开的。其中，行政程序法是最富有当代新行政法特色的一类行政法规范。

三、行政法的特征

与其他部门法相比，行政法在形式上和内容上都具有一些显著而又相互关联的特征，行政法学界对此已有比较一致的认识。这些特征主要表现为形式上的特征和内容上的特征。

（一）形式上的特征

1. 尚无统一、完整的实体行政法典。由于行政法涉及的社会生活领域十分广泛，内容纷繁复杂，技术性和专业性较强且行政关系变动较快，因而难以制定出一部包罗万象、完整统一的实体行政法典。虽然多年来国内外都有人提出，像民法、刑法等部门法那样制定一部包容整个行政法领域的实体行政法典，甚至人们也作过尝试，但迄今尚未获得成功。[①] 尽管尚无完整统一的实体行政法典，但这并不能成为否定行政法存在和发挥作用的理由。而且这一特征随着现代电子技术的发展，今后会不会发生飞跃性变化，有否可能通过采用电子版行政法典的方式获得突破加以改变，现在尚难预料。

2. 有统一的行政程序法典。众所周知，民事、刑事等法律部门都有一部与实体法典相对应的诉讼法典；而与之相比较，自19世纪末期以来，越来越多的国家在其行政法体系中不但有一部行政诉讼法典，同时还有一部行政程序法典（尽管没有统一完整的行政实体法典），而这种情况在民事、刑事等法律部门是不存在的。可以说，这是与前一特征紧密联系的形式上的又一重要特征。对此，已有学者进而提出，鉴于不少国家的行政程序法典中已融入了大量的行政实体规范，加之现代电子技术超乎想象的飞速发展，将来有无可

[①] 德国威敦比克邦曾用11年的时间制定过一部包括行政实体法一般原则的《德国威敦比克行政法典》，该法典共4编224条，包括行政法的主要方面，于1936年通过，后因希特勒上台而未实施。这可能是尝试制定实体行政法典的唯一实例，尽管未获成功。参见应松年主编：《行政法与行政诉讼法词典》，中国政法大学出版社1992版，第209页。此后，1994年荷兰出台了一部基本行政法典，但其实也是类似于我国《民法通则》那样的行政法通则，有部分章节还仅是一些框架，仍不是真正意义上的实体行政法典。

能出现统一完整的行政法典现在尚难预料,故不宜过早就下绝对否定的结论。

3. 行政法规范及其存在形式特别多。这是因为,制定行政法规范是采取多级分别立法的方式,其制定机关甚多,效力层次不同(法律、法规、规章等),行政法规范及其存在的法律形式和法律文件的数量特别大,居各部门法之首。

(二)内容上的特征

1. 内容广泛、数量庞大。现代行政活动领域十分广泛,已不限于传统的治安、税收、军事、外交等方面,还扩展到经济、科技、文化等社会生活的各个方面,这些方面发生的社会关系需要行政法加以调整,这就决定了行政法有着广泛的内容,庞大的数量,涉及领域几乎覆盖全社会。

2. 易于变动、稳定性弱。行政立法的稳定性较弱,主要体现在以行政法规和规章形式表现的数量巨大的这一部分行政法规范,相对而言不够稳定。其原因在于,当代社会生活节奏加快,各种社会关系处于不断变动之中,因而具有调整这些社会关系之功能的行政法规范就呈现出较强的易变动性。

实体规范与程序规范交织共存。这一特征不仅表现在我国《行政诉讼法》这一程序行政法中包含了许多实体性规范,而且表现在我国行政法中还存在一类特有的行为规范即行政程序规范,这是根据行政民主、法治、科学、效率的要求而对行政机关依法行使职权所作的特别程序约束。行政实体性规范与行政程序性规范如此紧密地交织共存于一个法律文件中,在实施和考察行政活动时难以将其截然分开,这种现象可说是行政法区别于民法、刑法等法律部门的一个重要特点。

第三节 行政法的地位与作用

一、行政法在法律体系中的地位

行政法在法律体系中的地位主要是指它在法律体系中的角色及与其他部门法的关系。关于行政法在法律体系中的地位,我国法学界的看法比较一致,即认为"行政法是仅次于宪法的独立的法律部门"。作为一个独立的法律部门,它与其他部门法既有密切联系,又有严格的区别。

(一)行政法与宪法

行政法与宪法有着非常密切的关系,以至西方有学者将行政法谓之为"动态的宪法"。在我国,行政法与宪法是两个不同的法律部门,它们的关系具体体现在以下两方面：

1. 从属关系。从属关系指的是行政法从属于宪法，行政法的效力低于宪法，行政法制定和实施均不得违反宪法的规定及原则；宪法是行政法的立法依据，行政法是宪法最重要的、最具体的实施法。

2. 部分重合关系。部分重合关系指的是宪法的许多条款、内容，诸如关于国务院及地方各级人民政府的机构设置、职责权限、活动原则等本身就是行政法规范。

3. 补充发展关系。行政法作为一个独立的法律部门，有其独特的功能与贡献；它对宪法原则予以具体化，并对符合宪法方向和精神的许多变化了的社会关系及行为予以规范，在一定程度上推动着宪法的发展。

（二）行政法与民法

总的来看，行政法与民法分别调整社会的纵向关系及横向关系，作为两个独立的法律部门，它们的区别是显著的。

1. 调整对象不同。行政法调整的是因行政权的行使所发生的社会关系，即纵向的社会关系，而民法调整的是平等主体之间的人身关系及财产关系，即横向的社会关系。

2. 法律原则不同。合法原则、合理原则、程序公正原则、权力制约原则等构成行政法基本原则；而平等、自愿、公平、等价有偿、诚实信用等则构成民法的基本原则。

3. 法律责任不同。行政处罚、行政处分、行政赔偿等体现为行政法律责任；而停止侵害、排除妨碍、违约金、赔偿金等为民事法律责任的基本表现形式。

4. 纠纷的解决机制不同。行政复议、行政诉讼是解决行政争议纠纷的主要方式；而协商、调解、仲裁及民事诉讼是解决民事争议的方式。

同时，行政法与民法之间的联系亦是不可忽视的，由于现代社会关系的复杂性，任何国家都不可能使用单一的手段调整社会关系，因而，如果民事关系调整中采用行政法手段，则民事法律中可能蕴含了行政法规范，即所谓的"私法公法化"（如公司法、产品质量法等传统上属于民商法，但这些法律中又蕴含了大量的行政法规范或运用行政法的调整方式），而在一些行政法律制度中也蕴含了诸多民事法律规范及民法手段，即所谓的"公法私法化"（如反不正当竞争法为行政法，但其中蕴含了很多关于因实施不正当的竞争行为而给他人造成损害的民事赔偿的法律规定），因此，行政法与民法之间既互相区别又互相联系。

（三）行政法与刑法

行政法与刑法作为两个独立的部门法，分别从不同的角度和范围去规范和调整人们的行为：刑法确认的是犯罪行为及其对犯罪行为的处罚；而行政法确认的是行政违法行为及其对行政违法行为的法律制裁。行政法与刑法的联系及区别的困难在于，行政违法与犯罪之间在多数情况下并没有截然的界限（我国违法行为向犯罪转换的情形有三种：一是以数额为标准，如贪污、受贿；二是以结果为标准，如伤害程度；三是结合各种情节认定，如扰乱社会秩序的行为），如不能准确把握行政违法与犯罪之间的"度"，实践中既有可能一方面将某些违法行为作为犯罪行为处罚，另一方面又有可能将某些犯罪行为作为违法行为处理了，所以，认真研究行政违法与犯罪之间的界限是行政法与刑法的共同任务。同时，由于从行政违法到犯罪其社会危害程度逐步加重，因而，刑事责任与行政责任不仅应当相互衔接，而且从行政责任到刑事责任应由轻至重，这也是我国立法上应注意的[①]。

（四）行政法与经济法

自经济法在我国产生起，有关经济法的性质、地位及经济法与行政法的关系一直是法学界讨论的话题。但由于经济法的调整对象长期处于纷争之中，因而，关于经济法与行政法的关系的争论长期没有结果，直到1992年，经济法学界才逐渐从争执不休的状态中摆脱出来。有学者从市场经济与国家干预经济的角度去定义经济法，把经济法定性为国家干预经济的法律，把经济法的调整对象界定为国家干预经济所形成的各种社会关系即经济管理关系；在调整手段方面，将经济法手段理解为经济手段，而将行政法手段理解为以命令服从为特点的行政手段；在价值取向上，认为经济法所追求和实现的是社会公共利益，而行政法所追求和实现的是国家利益；在历史背景方面，认为行政法是资本主义胜利后在依法治国的原则推动下产生的，行政法是政治法，而经济法则是在资本主义从自由走向垄断的过程中产生的，是国家干预经济的产物。

本书认为，国家干预经济的本质是公权力（行政权）的作用，而基于行政权的作用所形成的社会关系即是行政关系，在经济管理领域国家运用权力干预、调控市场所形成的社会关系与国家运用行政权在其他领域进行干预和

---

① 2013年12月28日全国人大常委会正式通过了《关于废止有关劳动教养法律规定的决定》，意味着已实施50多年的劳教制度被依法废止。但行政处罚与刑罚如何有效衔接，仍然需要认真研讨和加强立法研究。

管理所形成的社会关系之间本质上没有区别，它们都属于行政管理关系的范畴，而凡是调整行政管理关系的法律即是行政法，因此，规范国家干预经济的经济行政法本质上属于行政法，经济行政法作为一个独立的法律部门是不存在的。但需要说明的是，对经济法作为一个独立的法律部门的否定并不意味着对经济法学研究成果及经济法存在价值的否定，而是要求经济法学的研究应当转换视角，即将经济行政法放在行政法这个大的框架内，将它作为行政法的一个分支学科并相对独立地加以研究，利用经济法学的研究成果，汲取行政法的基本原理，这样才能解决长期以来困扰经济法学研究的基本问题，从而科学地构建经济法的理论体系。而从行政法的角度看，从一般理论问题走向具体实践问题、从基本行政法走向部门行政法，亦是行政法学及行政法发展的必然要求。对经济行政法的研究必将大大丰富和完善一般行政法理论。

二、行政法的作用

行政法的作用是多方面的，总体来说是"双保"：通过监督行政权力来保护行政相对人的合法权益（一些西方国家称为控权），这是重点；通过保障行政主体有效行使职权来保证行政效率（一些西方国家称为保权）。近十多年来我国制定的行政法律、法规、规章（如《行政许可法》《行政处罚法》《行政复议法》《行政诉讼法》等法律的规定），基本上体现了这一精神和原则。

（一）保护公民、法人和其他组织的合法权益

由于行政权力具有强制性、自我扩张性等特点，国家行政机关及其工作人员在行使行政权力的过程中，极易侵犯公民、法人或者其他组织也即行政相对人的合法权益。为了保障行政相对人的合法权益不受行政侵害，及时为遭受侵害的行政相对人提供救济，有必要建立一整套保障行政相对人合法权益的法律制度，行政法就是其中最具有用的法律制度。例如，行政复议制度为受到侵害的行政相对人提供了寻求行政机关救济的渠道；行政诉讼制度为行政相对人提供了寻求司法救济的渠道；国家赔偿法为遭受国家违法侵权损害的行政相对人提供了获取赔偿的多种渠道。这一系列行政法律制度有助于保护行政相对人的合法权益。从这一点看，行政法不仅能够起到维护公共利益和社会秩序、监督行政权力的作用，而且能够为在国家行政管理中处于弱者位置的行政相对人提供有效的权利保障。从这一角度可以说，行政法也是一种人权保障法。

（二）监督行政权力主体，防止其违法行使行政权力

法律赋予行政机关及其他主体行政权力，以维护社会秩序和社会公共利益。然而，由于行政权力客观上存在易腐性、扩张性以及对个人权利的优越性和侵犯性，故须对行政权力加以监督和制约。在各类监督方式中，最为有效或直接的监督是行政法监督。行政法通过规定行政权力的范围、行使方式及法律责任等，可以有效监督行政权力主体，防止其违法行使行政权力。诸如行政复议、行政诉讼、国家赔偿等监督与救济制度，对于防止和纠正行政机关超越职权、失职渎职、贪赃枉法、滥用职权、不当行政等具有十分重要的作用，这是其他法律部门无法替代的。

（三）保障行政权力合法有效行使，维护社会秩序和公共利益

现代社会中，随着经济文化事业的不断发展，出现了越来越多的社会问题，诸如环境污染、人口膨胀、社会治安不良、产品质量缺陷、资源环境破坏等，已经成为制约经济发展、损害私人或公共利益、破坏行政管理秩序的严重社会问题，亟待政府出面解决。政府解决此类问题的主要手段之一就是行使行政权力。行政机关通过行政立法、行政执法及行政司法（裁判）等各种手段，能够有效地规范、约束行政管理相对人的行为，促使其积极履行行政法义务，制止危害他人利益和公共利益的违法行为，建立和维护行政管理秩序，确保行政机关充分、有效地实施行政管理，维护社会和公共利益。简言之，现代行政法将行政权力赋予行政机关及其他行政主体，保障行政权力合法有效行使，以维护行政管理秩序和社会公共利益。

第四节　行政法律关系

一、行政法律关系的含义

法律关系是法律在调整人们行为的过程中所形成的权利和义务关系，它是人们相互之间结成的各种社会关系中的一种特殊的社会关系。不同的法律调整不同的社会关系，而当社会关系受不同的法律调整时即形成不同的法律关系。行政法律关系是指行政主体在行使行政职权或接受法律监督的过程中所形成的由行政法律规范所调整的权利、义务关系。行政法律关系不同于行政关系，行政关系一般是行政法律关系产生的前提和基础，而行政法律关系则又是行政关系被法律规范调整的结果。

二、行政法律关系的分类

行政法律关系有各种分类方法。例如：有的学者以此种关系的目的为标准，认为可将行政法律关系划分为积极关系和消极关系；有的学者以此种关系是否体现本质属性为标准，认为可将行政法律关系划分为行政实体法律关系与行政程序法律关系；有的学者以此种关系中是否有权力作用为标准，认为可将行政法律关系划分为权力关系与非权力关系；还有的学者从交叉综合的角度将行政法律关系划分为抽象与具体、实体与程序、自律与他律等几对行政法律关系等。我国行政法制实务界和行政法学界普遍认同的一种主要的划分方法，是将行政法律关系划分为外部行政法律关系与内部行政法律关系，而且分别有不同的调整方式。但由于这种划分方法存在某些缺陷且受到一些批评故这里对此仅略加讨论。

（一）外部行政法律关系

外部行政法律关系是指行政主体在行政活动中与相对一方所发生的法律关系，是最主要的行政法律关系。其成立条件是：①一方当事人是行政机关或法律法规授权的组织；②双方当事人没有行政隶属关系；③双方当事人的地位不对等；④行政主体一方依法拥有优先初步解决行政争议的权力。一般认为，外部行政法律关系是基于各类行政作用法的调整所形成。

（二）内部行政法律关系

内部行政法律关系是指在行政活动中发生于行政机关内部的法律关系。它包括行政机关之间的行政法律关系和行政机关与公务员之间的行政法律关系及行政监察法律关系。其成立条件是：①双方当事人都是行政机关或有行政隶属关系；②这种关系具有层级节制和命令与服从的性质；③行政主体一方拥有解决此类争议的排他性权力。一般认为，内部行政法律关系是基于宪法、行政组织法、公务员法、监察法的调整所形成的。

三、行政法律关系的特征

行政法律关系作为法律关系的一种，具有其他法律关系所共有的普通特征，但这里所讲的行政法律关系特征是特指行政管理法律关系所独具并使之区别于其他法律关系（特别是民事法律关系）的一些典型特征。行政法律关系的特征主要表现在以下几方面：

第一，从法律关系主体的构成看，行政法律关系双方当事人中，必有一方是行政主体，即必有一方是行使行政管理权的行政机关或法律法规授权的组织，否则不构成行政法律关系。

第二，行政法律关系当事人双方的地位不对等。此特征也被称为行政法律关系的单方面性，即国家行政机关单方面的意思表示常可引起行政法律关系的产生、变更和解除，而无须征得相对人的同意。但这种不对等性并不表现在监督行政的法律关系中。

第三，行政法律关系当事人的权利义务基本上由法律规范事先规定，一般来说不能由当事人相互约定和自由选择，当事人只能依法享有权利并承担义务。但行政合同的出现，是此特征的一个例外，因为行政合同双方当事人可进行一定程度的协商让步和权利义务约定。

第四，行政法律关系当事人的权利义务具有相对性和统一性。在行政法律关系中，当事人的权利和义务出现许多交叉重叠，难以截然分开，这与民事法律关系的情况有所不同。尤其是对于国家行政机关而言，这种相对性表现得更为明显：法律授予行政机关的职权，同时也是一种职责，职权与职责犹如刀刃与刀背的关系，二者是统一的、不可分割的，行政职权既是其可以行使的权力，又是其必须行使而不得放弃的，也即是其必须履行的职责，否则就是行政失职，将承担法律责任。

第五，行政法律关系引起的争议大都由行政机关或行政裁判机关依照行政程序或行政司法程序加以解决，只有在法律明文规定的情况下才通过司法程序解决。这是由于此类争议所涉问题的专业性、技术性强，宜先由专业性强的行政机关或行政裁判机关来解决争议。而且事实上，各国都在寻求司法之外解决此类争议的更多更有效的渠道，以提高行政争议解决效率，同时行政相对人也不丧失最后通过司法程序解决行政争议的选择机会。体现此特征的如英美法系的行政裁判所、大陆法系的行政法院以及我国的行政复议组织等。

四、行政法律关系的构成要素

行政法律关系由主体、内容和客体三要素构成。

（一）行政法律关系的主体

行政法律关系主体，又称行政法主体，是指在具体的行政法律关系中享受权利（职权）、承担义务的当事人，行政法律关系主体包括行政主体和行政相对人两个方面。

在我国，行政法律关系的主体通常包括以下几类：

1. 国家行政机关。

2. 其他国家机关。
3. 企业、事业单位。
4、社会团体和其他社会组织。
5. 公民。
6. 在我国境内的外国组织及外国人和无国籍人。

上述不同主体，在行政法律关系中的地位是不同的，其中代表国家行使行政权的谓之行政主体，处于被管理一方的主体谓之行政相对人。此外还要注意的是，行政主体与相对人的身份不是一成不变的，在一种行政法律关系中属于行政主体的组织，在另一行政法律关系中则可能是行政相对人。

行政法律关系主体是行政法律关系的首要构成要素，是行政法律关系的启动者，没有行政法律关系主体，行政法律关系就不可能启动，也不可能成立。

（二）行政法律关系的客体

行政法律关系的客体是指行政法律关系内容，即权利义务所指向的对象，它们是权利和义务的媒介。

行政法律关系的客体包括人身、行为和财产。

人身包括人的身体和人的身份等，身体作为客体的情形如行政拘留，身份作为客体的情形如居民身份证的发放与管理。

行为是指行政法律关系主体的作为和不作为，它既包括行政主体的行政行为，如税收征收引起的税收征纳关系，也包括相对人行政法上的行为，如申请许可证的行为所引起的许可法律关系的发生，还包括违法行为引起的行政处罚法律关系的发生。

财产是指具有使用价值和价值的物质资料或精神财富，它既可以是实物，如收购的农产品，也可以是货币，如罚款、税赋，还可以是精神或智力成果，如专利权、商标权、著作权的确认。

行政法律关系客体是行政法律关系内容的最终表现形式，没有客体，行政法律关系的内容就无法体现出来。

（三）行政法律关系的内容

行政法律关系的内容是指为行政法律规范所设定的权利和义务，在行政主体方面，它表现为行政主体可以行使的行政职权及必须履行的行政职责，在相对人方面，它表现为相对人依行政法规范所享有的行政权利和应当履行的行政义务。

在行政法律关系中，行政主体的权利表现为行政主体所行使的国家行政权力即行政权。至于行政权具体包括哪些权力，学者们的看法不一，其中已被普遍认同的权力有规范制定权、决策权、命令权、检查权、决定权、制裁权、强制权和行政司法权等，而且行政权在一定意义上说具有优先的性质。行政主体的义务即其职责，最基本的职责就是依法行政，其中包括遵守法律法规、积极履行职务、遵守程序、裁量合理、符合行政目的等。由于行政相对人的范围广、类别多，故其权利内容有所差异，但以下权利已被普遍认同为行政相对人的主要权利：自由权、平等权、了解权、参与管理权、受益权、举报权、请求权、申告权、获得救济权、行政诉讼权、民主监督权等。行政相对人的义务主要是守法、服从行政命令、协助行政管理等。

五、行政法律关系的产生、变更和消灭

（一）行政法律关系产生、变更和消灭的直接原因——法律事实

相应的行政法律规范的存在是行政法律关系产生、变更、消灭的前提条件，而一定的法律事实的出现则是行政法律关系产生、变更、消灭的直接原因。所谓法律事实是指能够引起法律关系产生、变更、消灭的客观事实，这种客观事实以其与人的意志的关系，又可分为两大类：一类是法律事件，即不以人的意志为转移的，能直接引起行政法律关系的产生、变更和消灭的客观事实；另一类是法律行为，即能够引起法律关系产生、变更、消灭的客观行为。在行政法律规范业已存在的前提下，一定的法律事实的出现，就必然导致一定的行政法律关系的产生、变更或消灭。

（二）行政法律关系的产生、变更和消灭

1. 行政法律关系的产生。行政法律关系的产生，是指因一定的法律事实的出现，在行政主体与行政相对人之间形成相应的行政法律上的权利和义务关系。

2. 行政法律关系的变更。行政法律关系的变更是指行政法律关系产生之后、消灭之前，因一定的法律事实的出现，原有行政法律关系的主体、内容或客体发生变化。

3. 行政法律关系的消灭。行政法律关系的消灭是指行政法律关系主体之间权利义务关系的终止。这种终止可能是因主体双方权利义务的充分行使和履行引起的，也可能是因某种法律事实的出现使主体双方权利义务无法行使和履行造成的。总之，行政法律关系的消灭也是以一定的法律事实的出现为直接原因的。

第五节 行政法的基本原则

一、行政法基本原则概述

(一)行政法基本原则的含义、特征

1. 行政法基本原则的含义。在变动不定的行政法条文背后,总是沉淀着一系列相对稳定的基本精神,这些基本精神构成了行政法的基本原则,因此,所谓行政法的基本原则,是指贯穿在行政法中指导和统帅行政法具体规范的最稳定的基本精神,是要求所有行政法主体在行政管理活动中必须遵循的基本行为准则。行政法基本原则决定着行政法的根本性质、发展方向和社会效果。行政法的基本原则不同于行政法的具体法律规范。具体行政法律规范是行政法的细胞,它是行政法基本原则的体现,行政法基本原则是行政法律规范的精髓和直接指导。行政法律规范必须与行政法基本原则保持一致,而行政法基本原则必须通过具体的行政法律规范体现出来。

2. 行政法基本原则的特征。行政法基本原则具有以下几方面的特征:

(1)特殊性。行政法基本原则既不是所有法都适用的基本原则,也不是适用于行政法以外其他部门法的基本原则,它只为行政法所独有,这是由行政法的自身特征所决定的。

(2)普遍性。行政法的基本原则贯穿于行政立法、行政执法、行政司法的全过程和所有部门行政法之中;它不仅是内部行政法准则,也是外部行政法准则。行政法基本原则对作为行政法调整对象的各种行政关系进行整体的宏观调整和规范。

(3)法律性和理论性的统一。行政法基本原则是行政法学者对浩如烟海的行政性法律法规中孕育的基本精神进行高度的理论抽象,把握其共性,并用规范性的法律语言加以表述的结果。违反行政法基本原则的行为是行政法上的违法行为,要追究其法律责任。

(二)行政法基本原则的作用

行政法基本原则具有多方面的作用,主要表现在以下几方面:

1. 行政法基本原则是制定各种行政法律规范的基本依据。法的发展历史表明:往往先是社会关系的客观变化反映在人们头脑中形成法的原则,然后在一定的法的原则的指导下建立起以法的原则为核心的法律制度。行政法的发展也不例外。我们总是根据社会发展需要,特别是根据国家行政管理的需

| 现代行政法学

要，首先形成创制法的基本原则，形成对有关行政关系进行法律调整的总的指导方针，然后以此为指导制定具体的行政法律规范，与此同时与行政法基本原则相抵触的行政法律规范必须修改或撤销。因此，基本原则对行政法律规范的制定，具有纲领性作用。

2. 行政法基本原则促进和保证行政法律系统的和谐与统一。行政法的调整机制由行政立法、行政执法、行政守法、行政监察等不同阶段所构成，它们相互衔接；行政法体系则由不同行政管理领域具体的行政法制度和规范所组成，它们之间相互联系，又有差异，特别是国家行政管理的广泛性、多样性、复杂性和易变性使各类行政法律关系和行政法律规范具有个性和差异。而作为独立的部门法，行政法不应该是无数行政法律规范的简单凑合或堆砌，它们必须形成结构紧密、功能齐全、内外和谐、协调统一的整体。而贯穿这无数行政法律规范的"红线"就是行政法的基本原则。可见，行政法基本原则其有协调作用，它是赋予行政法体系系统性、统一性，使行政法内部各部分、各因素有机结合的"粘合剂"。

3. 行政法基本原则在行政执法过程中具有重要的指导意义，有时还成为行政执法适用的直接依据。由于行政法规范是在行政法基本原则指导下制定的，因此，深刻领会和把握行政法基本原则，有助于我们在行政法执行过程中正确地理解并适用法律条文，能使我们更好地发挥行政法适应性特点。由于行政事项的复杂性、多变性，使得对某些事项的调整会暂时缺乏成文法的规定，而这时可以直接适用行政法的基本原则。因此，行政法的基本原则可以成为行政法特殊渊源，特别是在法律条文不完备而又必须追究有关行政法律关系主体的法律责任时，行政法基本原则可起到特殊的作用。

4. 行政法基本原则有助于人们形成正确的行政法律意识。行政法的遵守是指行政法律关系主体严格依照行政法办事，严格遵守行政法。行政法的基本原则在客观上调整和巩固正常的行政管理秩序，它是衡量行政法律关系主体的行为是否合法的实质性标准。无论是行政主体还是行政相对人，如果正确理解并掌握了行政法的基本原则，就有助于其形成正确的行政法律意识，从而有助于其从根本上掌握行政法，为行政法普遍得到遵守奠定良好的思想基础。

5. 行政法基本原则对于行政法学理论发展也具有重要意义。因此，探讨和把握行政法基本原则有着重要的理论意义和实践意义。正如有的学者所指出的："能否正确提出行政法的基本原则，反映了一个国家行政法制建设的水平，也标志着行政法学科体系的完备程度"。① 我们应当从这样的高度去认识并研究行政法基本原则。

二、西方主要国家行政法基本原则的内容简介

西方国家关于行政法基本原则的研究和确立，是伴随着其民主制度的发展而逐步发展起来的。在其发展的过程中，虽然人们的认识也不尽相同，但时至今日，已形成了一些较为定型的观点。

（一）英国

在英国，行政法与宪法的关系极为密切，长期以来人们把行政法看成是动态的宪法。英国的行政法原则以宪法原则为基础，从议会主权和法治两大宪法原则发展出了越权无效和自然公正这两大行政法基本原则。越权无效原则要求行政主体的行政行为必须符合议会制定法赋予的权限，无论是在实体上还是在程序上，都不得超越制定法所规定的权限范围。自然公正原则要求行政主体在处分行政相对人的权利时，应当以必要的程序保证听取相对人的意见，保证相对人能享有防御权利，保证任何人不自己做自己的法官——即任何人都不得做与自己有关的行政案件的裁判者。

（二）美国

在美国，从理论上讲，联邦主义、分权主义与法治主义三大原则为其宪法与行政法共同遵奉的基本原则，但法治原则所包含的基本权利原则与正当程序原则则更直接地为行政法所遵奉②。基本权利原则要求一切行政法律制度都必须旨在保护而不是摧残人类固有的基本权利；正当程序原则要求一切旨在保护而不是摧残人类固有的基本权利的行政法律制度都必须通过正当的法律程序来实施。而所谓的正当程序则是指行政主体在行使剥夺或限制行政相对人的生命、自由或财产等权利时，必须听取当事人的意见，保证当事人能够享有要求听证的权利。

（三）法国

在法国，行政法治（或称为"行政合法主义"）被认为是行政法的基本原则。它是由行政法院在长期的行政审判过程中通过一系列行政判例而形成的。行政法治原则大致包括三个方面的内容：一是行政主体作出行政行为必须有法律依据；二是行政主体作出的行政行为必须符合法律规定的行政要求；

---

① 应松年主编：《行政法学教程》，中国政法大学出版社1988年版，第34页。
② 参见王名扬：《美国行政法》，中国法制出版社1995年版，第77~117页。

三是行政主体必须以自己的行为保证法律的实施。

（四）德国

在德国，行政法的基本原则由行政合法性原则和行政合理性原则构成。合法性原则要求行政主体在行政活动中必须坚持法律至上的原则，其行政行为必须符合法律所规定的要件；合理性原则包括适当原则、必要原则和比例原则等三方面的主要内容，核心是要求行政主体的行政行为必须符合正义、理性和立法目的的要求。

（五）日本

在日本，法治行政通常被认为是其行政法的基本原则。这一原则包含着三个方面的内容：一是奉行法律保留原则，主张行政主体作出行政行为的范围应由立法机关以法律规定，要求行政主体不得无法律依据而实施行政行为；二是奉行法律优先原则，主张立法机关制定的法律高于行政机关的决定，要求行政主体必须优先适用立法机关制定的法律；三是奉行司法救济原则，主张一切司法权归属于法院，法院拥有对行政争议的终裁权，相对人合法利益受到不法侵害时，有权向法院请求司法救济。

三、我国行政法的基本原则

（一）行政合法性原则

1. 行政合法性原则的含义。行政合法性原则是行政法治的核心要求。它是指行政权力的设立、行使必须依据法律，符合法律要求，不能与宪法和法律相抵触。行政合法性原则要求行政主体必须严格遵行行政法律规范的要求，不得享有行政法律规范以外的特权，超越法定权限的行为无效；行政违法行为依法应受到法律制裁，行政主体应对其行政违法行为承担相应的法律责任。

行政合法性原则包括多方面的内容和要求，违反实体法和违反程序法都是对行政合法性原则的破坏。实体法是规定行政主体在行政管理活动中的权利与义务关系的法律规范，其面广量大，相对来说，符合实体法是比较容易理解的。程序法通常是为保证行为程序公正，没有偏私，从而保障实体权利得以实现的法律规范。所谓符合程序法，至少包含三方面的内容：一是任何人不能成为审理自己案件的法官，落实这一原则的是回避制度；二是行政机关在裁决行政争议时不能偏听偏信，应当给予当事人同等的辩论机会；三是作出对当事人不利的行政决定时，应预先告知当事人并给其发表意见的机会。

2. 行政合法性原则的具体要求。行政合法性原则的前提条件是"有法可依"。行政合法性原则通常要求行政权依宪法的规定存在，行政机关依法设立并应依法行使行政权，并有助于实现立法目的、立法精神和法律价值。总体而言，行政合法性原则主要包括两方面的要求：一是符合实体法；二是符合程序法。具体讲，行政合法性原则至少应包括以下几方面的具体要求：

（1）职权法定。行政机关行使的行政权属于国家权力的一部分，国家机关获得国家权力的途径和方法是法律授权，行政机关获得行政权也是如此。在宪法和行政法的意义上，职权法定通常是指任何行政权的来源与行使都必须具有明确的法律依据，否则越权无效。这里的"法律"包括宪法、法律、法规和规章。即使是依法设立的行政机关也不能自动地、天然地拥有某项行政权，而必须要有法律的明确授权。具体说来：①行政机关只有在得到法律授权之后，才能够拥有行政权，才能够依据该行政权去具体实施行政管理。②行政机关在没有得到法律的明确授权时，不得实施行政管理。③行政机关只能在法律所授予的权力范围之内实施行政管理。在法理上，授权即是限权。法律授予某个行政机关拥有某项行政权，该行政机关才能够行使该项行政权；法律授予某个行政机关拥有某项行政权，即意味着其他行政机关不拥有该项行政权；法律授予某个行政机关拥有多大范围的行政权，意味着该行政机关仅能在该范围内行使行政权，而不能滥用或超越职权。

（2）法律优先。所谓法律优先，即法律在适用上处于优先的地位，上位法优于下位法，下位法不得同上位法相抵触。行政机关在适用行政法规范时，当存在法律、行政法规、地方性法规、规章及其他规范性文件时，必须优先适用法律，再适用其他规范性文件。因为，法律的位阶和效力要高于其他规范性文件，其他规范性文件若违反法律则无效。同时，法律由民意代表机关制定，具有低于宪法的创制性，是真正意义上的法。依法行政之"法"，包括宪法、法律、行政法规、地方性法规、自治条例和单行条例、规章等规范性文件，但行政机关在实施行政管理时，所依之"法"主要是法律。

（3）法律保留。所谓法律保留，是指某些事项专门保留给法律、只能由法律而不得由法律以外的其他规范性文件作出规定。这些事项通常涉及宪法规定的公民基本权利。因宪法规定的公民基本权利是作为一个国家的公民的最主要的和最基本的权利，因此，对其进行限制必须非常慎重。制定法律的机关的性质决定了其具有判断是否需要对公民基本权利进行限制的资格。我国《立法法》第8条规定了法律保留的事项范围①,第9条规定了法律绝对保留的事项和相对保留的事项②。所谓由法律绝对保留的事项,是在任何情况下都只能由法律作出规定的事项;所谓相对保留的事项,是在法律一时无法制定而实践中又非常需要的情况下,可以授权国务院制定为行政法规的事项。

因此,如果属于法律绝对保留的事项,任何行政机关都无权作出规定;如果属于相对保留的事项,必须由全国人大或者全国人大常委会作出授权决定,明确授权国务院行使制定行政法规的权力。任何行政机关如果制定了属于法律绝对保留的事项的规范性文件,或者国务院在没有全国人大或者全国人大常委会授权的情况下,制定了有关属于法律保留事项的行政法规,都是无效的。

(4) 符合法律目的。法律、法规、规章在授予行政机关某项行政职权时,都同时暗含地规定了行使此项行政职权的目的。行政机关在行使该项行政职权时,必须符合法律规定的目的。否则,行政机关即构成滥用行政职权。行政机关滥用行政职权的行为,表面上是在其职权范围内所作出的行为,但在实质上,这一行为属于违法的行为。行政机关的行为是否符合法律目的,需要在行政复议和行政诉讼中,根据行政机关作出行为时的具体情形作出判断。

(5) 符合法律程序。行政机关在实施行政管理时,必须遵循法律规定的程序。法律程序是制约行政机关行使行政权的一种手段和方法,同时,也是保证行政权正当性的一种力量。行政机关违反法律程序的行为通常在实质上就是滥用行政职权的行为,或者在实质上是侵犯公民权利的行为。

(二) 行政合理性原则

行政合理性原则作为一项普遍适用的行政法的基本原则,它要求行政主体的行为应当符合立法目的、出于正当考虑、合乎情理、彼此协调,否则就要承担相应的法律后果,例如,行政诉讼中的行政败诉方所得到的变更判决,其具体要求主要有:

---

① 《立法法》第8条规定,下列事项只能制定法律:(一)国家主权的事项;(二)各级人民代表大会、人民政府、人民法院和人民检察院的产生、组织和职权;(三)民族区域自治制度、特别行政区制度、基层群众自治制度;(四)犯罪和刑罚;(五)对公民政治权利的剥夺、限制人身自由的强制措施和处罚;(六)对非国有财产的征收;(七)民事基本制度;(八)基本经济制度以及财政、税收、海关、金融和外贸的基本制度;(九)诉讼和仲裁制度;(十)必须由全国人民代表大会及其常务委员会制定法律的其他事项。

② 《立法法》第9条规定,本法第8条规定的事项尚未制定法律的,全国人民代表大会及其常务委员会有权作出决定,授权国务院可以根据实际需要,对其中的部分事项先制定行政法规,但是有关犯罪和刑罚、对公民政治权利的剥夺和限制人身自由的强制措施和处罚、司法制度等事项除外。

1. 行政行为应符合立法目的。任何法律规范的制定都是基于一定的社会需要，以达到实现社会公益的某种行政管理目标。而法律授予行政机关某种权力或规定某种行政行为的具体内容，均是为了实现该项立法目的，行政机关运用权力时必须符合立法目的。法律赋予行政机关自由裁量权正是为了实现立法目的，凡是有悖于法律目的的裁量行为肯定都是不合理的行为。

2. 行政行为应建立在正当考虑的基础上，要有正当的动机。所谓正当考虑、正当动机，是指行政机关作出某一行政行为，在其最初的出发点和动机诱因上，不得违背社会公平观念或法律精神，必须客观、实事求是，而不是主观臆断、脱离实际，或存在法律动机以外的目的追求。如：行政机关进行罚款的动机如果不是为了制裁违法行为，而是为了增加本机关的收入，改善本机关工作人员的福利待遇，就属于不正当动机。

3. 行政行为的内容应合乎情理。所谓合乎情理，指合乎事情的常规或规律。例如，《治安管理处罚法》第70条规定："以营利为目的，为赌博提供条件的，或者参与赌博赌资较大的，处五日以下拘留或者五百元以下罚款；情节严重的，处十日以上十五日以下拘留，并处五百元以上三千元以下罚款。"某一行政执法人员在处理一起赌博案件时，如果随心所欲地对违法责任重者轻处50元罚款，对违法责任轻者重处3 000元罚款，显然违反常规和处罚要求，不符合行政合理性的要求。

4. 行政行为应符合比例原则。比例原则就是对行政手段与行政目的之间关系进行衡量，甚至是对两者各自所代表的、相互冲突的利益之间进行权衡，来保证行政行为是合乎比例的、恰当的。具体又包括三个方面：

（1）适当性原则。是指所采行的措施必须能够实现行政目的或至少有助于行政目的达成并且是正确的手段。也就是说，在目的—手段的关系上，必须是适当的。

（2）必要性原则。又称为最少侵害原则、最温和方式原则。这是指在前述"适当性"原则已获肯定后，在能达成法律目的诸方式中，应选择对人民权利最小侵害的方式。换言之，已经没有任何其他能给人民造成更小侵害而又能达成目的的措施来取代该项措施了。这里实际包含两层意思：其一，存在多个能够实现法律目的的行为方式，否则必要性原则将没有适用的余地；其二是在能够实现法律目的的诸方式中，选择对公民权利自由侵害最轻的一种。

（3）均衡原则。又称狭义比例原则，即行政权力所采取的措施与其所达到的目的之间必须合比例或相称。具体讲，要求行政主体执行职务时，面对多数可能选择之处置，应就方法与目的的关系权衡更有利者而为之。这是从"价值取向"上来规范行政权力与其所采取的措施之间的比例关系的。但其所要求的目的与手段之间关系的考量，仍需要根据具体个案来决定。当然，这也不是毫无标准，至少有三项重要的因素需要考虑："人性尊严不可侵犯"的基本准则；公益的重要性；手段的适合性程度。

总之，行政合理性原则要求行政机关的行为要符合常理，与行政内部及外部各方面因素相协调。所谓自由裁量权，也就是赋予行政机关更多的权力，同时也应使其受到更多的限制。既要防止对自由裁量限制过严，使自由裁量变成羁束决定；又要防止对自由裁量的放任，预防其变得专横，破坏行政法治。一般来说，具有不正当动机、不相关考虑、不合理内容、不协调表现、不符合比例的行政决定，就是滥用自由裁量权的决定，是对法律精神的抵触。换言之，目的要正当、考虑要适当、内容要合理、行为要协调、行为合比例这几个方面是互相联系的，共同形成对行政自由裁量的实质控制，使行政法治得以完善。

（三）行政公开性原则

1. 行政公开性原则的基本要求。行政公开，是指行政主体将行政过程和相关要素（除法定情形外）向行政相对人及社会公开，以利于实现其知情权、参与权、表达权和监督权及其他合法权利。行政公开包括丰富的内容，如政府的法律文件等情报资料信息公开，行政决定公开，行政职位的开放性，特定职务的公务人员收入状态公开，政府公开采购制度，基层政务公开制度，等等。简言之，包括了行政行为及其过程的方方面面的公开制度和方式。

传统行政强调保密，具有神秘主义的品格；现代行政强调公开，不断进行着增加透明度的行政民主化转型。行政公开性原则作为行政法的基本原则之一，要求行政立法和行政政策公开、行政执法行为公开、行政裁决和行政复议行为公开以及行政信息、情报公开。

（1）行政立法和行政政策公开。按照现代法治理念，行政主体行政立法和制定行政政策的活动应该公开。这不但要求行政主体在制定行政法规、规章和行政政策之前应该广泛征求行政相对人以及普通公民的意见，还应该通过举行听证会等形式保证公众参与到行政立法和制定行政政策的活动当中。对于民众的建议是否采纳要予以说明，并给予相应解释。行政法规和规章制定后，应该一律在政府公报或其他公开刊物上公布；行政政策除依法必须保密的以外，也应通过相应的形式向社会公布。

（2）行政执法行为公开。所谓行政执法行为公开，意味着行政执法行为的标准和条件必须公开，行政执法行为的程序和手续必须公开。尤其是那些涉及行政相对人重大权益的行政执法行为，应采取一定的公开形式举行，允许公众旁听，允许媒体采访和报道。正如有德国学者所言："行政法的透明性、可接受性、可靠性和可预测性要求每一个执法人员应当公开所采用的法律方法以及得出处理结论的过程。"[1]

(3) 行政裁决和行政复议行为公开。行政裁决，是指行政机关依照法定职权居中裁决当事人之间特定民事纠纷的行政行为。而行政复议则是公民、法人或者其他组织认为具体行政行为侵犯其合法权益，向行政机关提出行政复议申请，行政机关受理行政复议申请、作出行政复议决定的行政行为。这两种行为旨在解决争议，其裁决或复议的依据、标准、程序和最终决定都应一律公开，以确保公平、公正。

(4) 行政信息、情报公开。国内外无数鲜活的事例证明，舆论监督是保障行政机关及其公务人员依法行政、防止权力滥用和贪污腐败的强大力量。行政机关制定的行政法规、规章和行政政策，实施的行政执法行为、行政裁决行为和行政复议行为，除法律法规明确规定应当保密以外，应该允许新闻媒体进行发布和报道，以形成有效的舆论监督。

2. 行政公开是一种世界潮流。自20世纪80年代以来，由西方国家主导的重塑政府运动引发的行政管理模式的变革，已形成引人注目的国际性浪潮和趋势，许多国家、地区被卷入这场再造政府的改革之中。随着市场经济、民主政治和社会文化的发展演进，随着世界范围的民主潮流的推动和国家的福利性质逐渐强化，政府职能逐步扩大、丰富与活跃，传统的管理行政、秩序行政逐步转向给付行政、服务行政为主的现代行政，民众参与管理的积极性大大提高，行政公开逐渐成为一种世界潮流。

现代行政法治崇尚透明行政，而行政权力的本性是喜爱神秘、扩张和率性，厌恶公开、监督和约束，这里存在着巨大矛盾。要顺利实现这一转型发展，首先需要树立新的理念。各国行政法治实践证明，行政公开是约束行政权力、防止权力腐败、建设法治政府的良方。[2] 哈耶克曾经说过："政府运用强制性权力对我们生活的干涉，如果是不可预见的和不可避免的，就会导致

---

[1] [德] 汉斯·J. 沃尔夫、奥托·巴霍夫、罗尔夫·施托贝尔著，高家伟译：《行政法》商务印书馆2002年版。

[2] 参见莫于川主编：《柔性行政方式法治化研究》，厦门大学出版社2011年版，第49页。

最大的妨碍和侵害。"① 可见，行政公开是当代行政法制的生命，对于实现民主行政和法治行政具有重要作用，被认为是现代法治国家、法治政府的一种基本理念，是当代行政法制发展的一个基本趋向，是防止行政权力腐败的一项重要举措，更是促使行政机关和其他公共性组织积极、优质地为公民和社会提供行政服务的一项制度设计，故当今许多国家都有专门立法对此加以规范和保障。

政府信息公开正是行政公开最主要的内容之一。政府信息公开，是指各级行政机关主动或被动地将在行政过程中掌握的政府信息依法定的范围、方式、程序向社会公开，以便社会成员获取和使用。它是增加行政透明度，建设阳光政府，全面和深入地推进依法行政的基本要求。当今许多国家的政府信息公开及相关立法实践，呈现出普遍推行、普遍立法、公众参与、非政府组织（NGO）推动、适用公益考量等特点。所谓适用公益考量原则，是指许多国家已经把政府信息公开主体的适用范围，从单一的政府机构扩大到一些非政府的公共机构、公共服务组织和政府资助机构，这已成一种普遍趋势。

3. 我国正在逐步走向行政公开。

（1）我国推动行政公开的法治基础。由于文化传统的影响，我国行政机关的公开意识较差。但随着社会的进步和民主的发展，我国的行政法治产生了前所未有的变化，正逐步走向全面的行政公开和公众参与。对于我国行政公开制度发展的法治基础，可从以下几个方面加以分析理解：

一是宪法的精神和要求。现行宪法有关行政公开的规定值得人们思考与实践。《宪法》第2条第3款规定："人民依照法律规定，通过各种途径和形式，管理国家事务，管理经济和文化事业，管理社会事务。"《宪法》第16条、第17条规定了参与管理权，第27条规定了公民的提出意见、建议和监督权，第41条规定了批评、建议、申控和检举权。由此人们发展、派生、引申出来了知情权（或曰了解权），而行使知情权的前提就是行政公开。只有通过行政公开掌握了政府信息，对情况有判断，人们才能对政府决策、行政行为有恰当的判断，才能予以准确、有效的监督。要提出批评、建议、申告、检举，进行有效监督和寻求权利救济，前提是必须知情，否则就没有发言权，而这个前提的基础就是公民知情权的实现。这是上述宪法规范的基本精神，是宪法确立的政治民主、经济民主和社会民主机制。

二是政治和行政民主化的要求。公开是民主政治的核心理念，也是法治

---

① ［英］哈耶克著，邓正来译：《自由秩序原理》（上），北京，三联书店，1997年版，第177页。

必备要素。公众参与到公共管理过程中来，通过掌握政府信息，对政府作出准确评价，来帮助政府更有效地进行运作。行政公开是人民主权这一宪法原则在行政领域的具体体现，它对于促进经济发展，监督政府行为，确保行政的公正和民主，特别是防止政府腐败，能起到重要作用。行政公开对于实现民主行政和法治行政具有重要作用，被认为是现代法治国家、法治政府、法治社会的基本要素，许多国家都专门立法对此加以规范和保障，行政公开的立法和制度创新已成为行政管理和行政法制革新的基本要求。

三是履行我国加入WTO（世界贸易组织）对透明原则予以承诺的义务。按照行政公开的要求，以及我国加入WTO时的承诺，未向社会公开的政府文件不产生法律效力，原本是不能约束行政相对人的。尽管推行行政公开已经多年，但上述一类事例在现实生活中不时发生、影响恶劣，也是易生腐败的重要因素。因此，行政管理和行政法制改革必然提出行政公开的要求。我国于2001年加入WTO之际，在加入WTO议定书第2条（C）对透明度作过承诺，愿意遵守WTO透明度原则。也即根据GATT第10、13、16、19条，GATS第3条，TRIPS第63条等规定，要求WTO的所有成员方政府不仅要及时公布有关调整贸易方面的政策、法律法规、行政规章等，而且要公布成员方政府与其他政府及机构之间签订的双边或多边协议以及有关贸易仲裁裁决、司法判决和相关法律程序的详尽资料等；这些法律文件非经正式公布，不得实施；各成员国政府应当及时或定期向有关理事会提出关于国内法律法规颁布和公布情况的报告；并设立专门的咨询机构解答其他成员方和WTO有关理事会的咨询；各成员方应公正、合理、统一地实施上述相关法规、条例、判决和决定。

四是打造阳光行政、建设服务型政府的要求。2004年国务院颁布的《全面推进依法行政实施纲要》（以下简称《实施纲要》）是指导我国行政法制建设的纲领性文件，正式提出了建设法治政府的基本目标和具体步骤，对政府信息公开法制建设提出了具体要求，具有重大的理论与实践意义。《实施纲要》第2条将提高行政"管理透明度"确立为全面推进依法行政的指导思想的内容之一；第3条将"行为规范、运转协调、公正透明、廉洁高效的行政管理体制基本形成""政府提供的信息全面、准确、及时""行政管理做到公开、公平、公正、便民、高效、诚信"确立为建设法治政府的具体目标；第5条提出的依法行政的基本要求之一是，"行政机关实施行政管理，除涉及国家秘密和依法受到保护的商业秘密、个人隐私的3项外，应当公开"，"要严格遵循法定程序，依法保障行政管理相对人、利害关系人的知情权、参与权和救济权";第 10 条规定:"推进政府信息公开,除涉及国家秘密和依法受到保护的商业秘密、个人隐私的事项外,行政机关应当公开政府信息。对公开的政府信息,公众有权查阅。行政机关应当为公众查阅政府信息提供便利条件。"

(2) 制定和完善我国的政府信息公开法。从行政神秘主义转向阳光政府是一场深刻的行政管理革命,不可能一帆风顺。行政模式转型发展受到许多因素的阻碍。行政公开的认识误区、行动差距、制度矛盾、硬件不足的问题还广泛存在,须认真研究解决①。制定和完善政府信息公开法就是为了保证行政公开的持续稳定推进,这是当代行政法制发展的客观要求。

2008 年 5 月 1 日起施行的《中华人民共和国政府信息公开条例》(以下简称《公开条例》)正是对于《实施纲要》确立的打造阳光行政、建设法治政府这一宏大目标的立法保障。众所周知,《公开条例》规定了怎么保证准确、及时地公布政府信息,这对于推进社会主义民主法制建设和反腐倡廉有多方面作用。同时,《公开条例》不仅具有增加行政透明度、强化反腐倡廉、树立阳光政府形象的作用,还体现了服务宗旨和便民原则,有助于实现当代政府的服务职能,推动服务型政府建设。

《公开条例》明确规定,行政机关在履行职责过程中制作或者获取的,以一定形式记录、保存的信息即为政府信息。行政机关应当及时、准确地公开政府信息,并遵循公正、公平、便民的原则。行政机关对涉及公民、法人或者其他组织切身利益的,需要社会公众广泛知晓或者参与的,反映本行政机关机构设置、职能、办事程序等情况的,以及依照法律、法规和国家有关规定应当主动公开的政府信息应当主动公开。此外,行政机关应当将主动公开的政府信息,通过政府公报、政府网站、新闻发布会以及报刊、广播、电视等便于公众知晓的方式公开。行政机关收到政府信息公开申请,能够当场答复的,应当当场予以答复。行政机关不能当场答复的,应当自收到申请之日起 15 个工作日内予以答复;如需延长答复期限的,应当经政府信息公开工作机构负责人同意,并告知申请人,延长答复的期限最长不得超过 15 个工作

---

① 例如,前些年曾有个别地方自作主张地把中共中央的 1 号文件(一般是解决三农问题的)也定为涉密文件;个别地方把非政府组织(NGO)、非营利组织(NPO)、律师、热心人士编印涉农法律规范和政策规定宣传手册发给农民作为泄密事件加以处理;2005 年 8 月 8 日以前,自然灾害死亡的总人数也被有关部门规定为国家秘密,不让民众知晓;1991 年由财政部和保密局联合出台的一个通知将"副省级"以上地方的财政收支计划、预算、预算执行情况、决算也纳入国家机密的范畴,而这与《审计法》的规定是不一致的。侵犯知情权问题的严重性由此可见一斑。

日。公民、法人或者其他组织认为行政机关不依法履行政府信息公开义务的，可以向上级行政机关、监察机关或者政府信息公开工作主管部门举报。收到举报的机关应当予以调查处理。公民、法人或者其他组织认为行政机关在政府信息公开工作中的具体行政行为侵犯其合法权益的，可以依法申请行政复议或者提起行政诉讼。

2011年7月29日由最高人民法院发布、于2011年8月13日起施行的《关于审理政府信息公开行政案件若干问题的规定》[法释（2011）17号]细化了有关规定，为有关行政争议的司法救济提供了更有效的法律保障。我们希望在实践基础上总结经验、形成共识，早日推出我国的政府信息公开法律，提升法律规范水平。

目前只有通过学习培训，切实解决行政公务人员和广大民众的观念更新问题，才能真正适应我国行政公开法制实践的主客观要求。此外，随着社会发展，基于对基本权利的尊重和保障，还需要把个人信息保护与政府信息公开结合起来，一并加以考量并完善相关法制，不能把二者对立起来、分割开来。日本、美国、澳大利亚等国家的结合式做法值得参考借鉴。

（四）行政信赖性原则

1. 行政信赖利益保护的理念。行政信赖性原则也即行政信赖利益保护原则，简称信赖保护原则，它萌芽于第一次世界大战前后的德国，当时德国各邦行政法院在裁判有关撤销、废止行政处分的案件时，开始引用此项原则的内容。第二次世界大战结束之后，有关信赖保护的学说与论争不断出现、演进，信赖保护开始被人们提升为行政法基本原则来加以认识，并在行政法制实践中得到某些运用；至1973年10月召开的德国法学者大会将"行政上之信赖保护"定为会议第二主题，信赖保护作为一项公法原则的地位终告奠定。1976年德国《行政程序法》颁布，标志着信赖保护作为行政法上的一项基本原则在法典中得到正式确认，并为此后的多数大陆法国家所效仿。这一阶段，英美法国家也另辟蹊径地在行政法上确立了与此近似的"合法预期原则"或"不得翻供原则"[1]。

信赖保护原则既是诚实信用原则在公法领域的折射，又有其独特功能。在权力性行政法律关系中，行政主体与行政相对人经常处于不平等的法律地位，行政主体可依职权撤销或废止自己先前作出的行为，改变原来的法律状态。行政主体作出行为、承诺或者规则等具有一定授益性和可预见性的活动

---

[1] 余凌云：《论行政法上的合法预期原则》，载《中国社会科学》，2003年第3期。

之后，会形成并积累起行政相对人信赖政府行为所形成的特定利益（信赖利益），行政主体在变更由此所形成的法律状态时，有责任保护行政相对人的既得利益和合理预期。行政决策、行政行为、行政指导、行政承诺、行政惯例等均可以成为行政相对人信赖的客体。信赖保护原则源于基本权利保障原则，体现了行政法的实质法治主义要求。

十届全国人大常委会第四次会议于 2003 年 8 月 27 日通过、2004 年 7 月 1 日起施行的《行政许可法》第 8 条中规定："行政机关不得擅自改变已经生效的行政许可"；"……为了公共利益的需要，行政机关可以依法变更或者撤回已经生效的行政许可。由此给公民、法人或者其他组织造成财产损失的，行政机关应当依法给予补偿"。此条规定虽未明确提及信赖保护的概念，但已将禁止反言、情变补偿等政府诚信和信赖保护的内容大致加以表述，具有重要的行政法制实践指导意义。

2004 年 3 月 22 日国务院颁布的《全面推进依法行政实施纲要》虽然也未直接使用信赖保护的概念，但却将"诚实守信"作为依法行政的基本要求之一明确规定下来，要求："行政机关公布的信息应当全面、准确、真实。非因法定事由并经法定程序，行政机关不得撤销、变更已经生效的行政决定；因国家利益、公共利益或者其他法定事由需要撤回或者变更行政决定的，应当依照法定权限和程序进行，并对行政管理相对人因此而受到的财产损失依法予以补偿。"此规定已涵盖信赖保护原则的基本内容，值得充分肯定、高度重视、认真实践。

信赖保护原则之所以应确立为当代行政法上的一项基本原则，其背后的社会基础是行政民主化潮流影响之下的"政府—公民"关系结构，其具体的现实条件则集中表现为当代国家在行政模式上的革新演进。过去，行政机关根据社会条件的变化，对已经不适应社会发展的行政行为包括行政法规、规章以及规范性文件进行清理、废止，这似乎仅是其权限范围内的事情，几乎不会考虑相对人因此可能遭受的损害。同时，根据依法行政原则，撤销违法的行政行为，也是行政机关责无旁贷的义务，对于相对人可能因此而遭受的损失应如何救济，行政机关也根本不去考虑。实际上，这种所谓的"依法行政"违背了权利保障这一基本的法治理念，与现代的依法行政方针背道而驰。例如，许可证的发放行为违法，行政机关予以撤销后，那么相对人为此已作的投入都将化为乌有。虽然行政行为违法应当被撤销，但相对人信赖政府机关而稳定获得的利益同样应得到保障。

2. 行政信赖性原则的内涵。综观行政信赖保护原则的各种定义，显然学界对于这一原则的理论渊源、保护客体及保护机制等诸多方面均存在着不同认识。但就各种定义所关注的焦点而言，仍可看出学界对这一原则的理解，主要集中于以下几个方面：第一，强调行政信赖保护的依据蕴含于现代法治国家的精神之中；第二，指出信赖的客体是行政过程中的某些不变因素；第三，阐明信赖保护所保护的客体是行政相对人的信赖利益；第四，提出信赖保护的实现在于对行政主体的诚信保障附以一定约束性责任。在理解和界定信赖保护原则的内涵时，应当着眼于其体现的深厚宪政背景及其依托的鲜活社会现实，并加以认真考量，尽可能避免对这一原则的理解失之于狭隘或偏颇。

所谓信赖利益保护，是指行政相对人由于行政机关的授益行为获得利益后，基于对行政机关的授益行为的稳定预期而保有该利益，如因行政机关改变行为损害了该利益，则应予以相应的补偿。对信赖利益的保护，通常发生在对授益行政行为的撤销和废止两种情形中。所谓授益行政行为，是指对相对人产生设定或确认权利，或给予法律上之利益的行政行为。颁发营业执照，准予商标注册，发放社会保障金，以及各种行政许可，均属于授益行政行为。由于相对人为获得这种利益或者在已经获得这种利益之后，会投入一定的成本，如果授益行政行为在作出之后被认为违法，或者虽然不违法，但因为社会条件的变化需要被废止，则相对人因此会遭受损害，如何保障其利益不受或少受损害，这是信赖保护原则要研究的问题。

对于当代行政法上的行政信赖性原则，可作如下界定：行政信赖性原则是在现代法治国家中，基于保护人民正当权益的考虑，行政主体对其在行政管理过程中形成的可预期的行为、承诺、规则、惯例、状态等可预期因素，必须遵守信用，不得随意变更，否则将承担相应的法律责任；如出于重大公共利益的考量确需变更时，也须作出相应的补救安排。

就信赖保护的构成要件而言，一般认为包括：第一，存在信赖基础，即存在一定的信赖客体；第二，有信赖表现，即行政相对人因信赖行政主体而作出一定的行为；第三，信赖值得保护，也就是行政相对人的信赖需基于善意，而不存在下列情况：①以欺诈、胁迫或贿赂方法，使行政机关作成行政行为的；②对重要事项提供不正确资料或为不完全陈述致使行政机关依该资料或陈述而作成行政行为的；③明知行政行为违法或非因重大过失而不知的。[①]

---

① 参见我国台湾地区"行政程序法"第119条。

就行政信赖保护原则的依据而言，无论认为其出自于法律安定性的要求，或来自于宪法上所规定的某项公民基本权利，甚至认为它来自于私法"诚信原则"在公法上的类推适用，均难以充分说明在行政法上确立信赖保护原则的必要，需要综合考量诸项理由方能使之得到较为完整与合理的解释。对行政信赖保护的各种理论解释，只有放在现代法治国家的背景之下方能成立。离开这一背景，便无行政上的信赖保护可言。法治精神、法治国家、宪政追求，乃是行政信赖保护原则的理论源泉。

行政信赖保护中"信赖"的客体是相当广泛的，绝非仅仅局限于具有单方性、处分性的具体行政行为，还应当包括行政主体颁布行政法规、行政规章、其他规范性文件的行为以及长期以来所形成的惯例、规则等，而行政指导、非拘束性行政计划、行政承诺等非强制性行为（包括一些事实行为）也应在信赖对象之列，此外还应当包括行政主体之间的职权划分等。试图穷尽这些事项显然是困难的，但简单地将它们概括为"行政过程中某些因素的不变性"也难免失之笼统。上述对象之所以能够成为信赖的客体，在于这些因素一旦形成，行政相对人将对这些因素及其结果产生一定的预期，从而选择、调整自己的行为方式，可谓"无预期则无信赖"。因此，"信赖"的客体应该是行政主体的可预期的行为、承诺、规则、惯例及事实状态等因素。

行政信赖保护中，"保护"的客体应是"人民的处置权"；但人民处置权之所以值得保护，实际上在于这种处置权的行使已经或者可预期地为其带来一定的利益。这种利益由于人民对行政主体所形成的可预期因素的信赖而发生，因人民就此种信赖所作出的处置、选择而获得。无论这种利益业已为行政相对人所获得，或仅在其可以期待获得的范围之内，只要其具有正当性，均应受到法律的保护。因此本质上，信赖保护所"保护"的客体应当是人民的正当利益。

对于信赖保护的实现机制而言，"存续保护"与"财产保护"，乃是传统上的、主要的保护机制；但考虑到当代国家的行政手段发生的日新月异的变化，以及充分保障人民权益的必要，有关信赖保护的实现途径，似乎不宜指定具体的方式，而应明确要求行政主体坚守信用，不得随意变更、反复无常，否则必须承担一定的法律责任。

3. 行政信赖性原则的地位和作用。信赖利益保护原则过去一直未能受到足够重视，一般行政法论著少有提及，教科书也未将之视为行政法的基本原则。即便偶尔有所提及，也往往将其作为行政合理性原则的内涵之一略加论述。直到近年，行政法学界才开始重视这一原则，将其作为行政法的一项基本法律原则加以提倡。我们认为，信赖保护原则在当代行政法中具有重要的地位和作用，应当与行政合法性、行政合理性、行政公开性等原则并重，作为当代行政法的基本原则之一，在行政管理诸领域、诸层面、诸环节发挥应有的指导作用，是建设诚信政府、法治政府的基本要求。

第六节 依法行政与依法治国

一、依法行政原则的基本内涵

依法治国的基本要素就是行政合法性原则，也就是依法行政原则。依法行政的基本内涵就是为了保障公民的权益和公共利益，要求一切国家行为应具合法性，应当服从法律规定。这一规定已经得到了很多国家的普遍遵守和施行。之所以如此，一方面是与封建专制斗争的结果，是对人治的否定，另一方面是市场经济发展的内在要求。

在我国，党的十五大确立依法治国、建设社会主义法治国家的基本方略，1999年九届全国人大二次会议将其载入宪法。作为依法治国的重要组成部分，依法行政也取得了明显进展。国务院于1999年发布了《关于全面推进依法行政的决定》，又于2004年3月22日发布了《全面推进依法行政实施纲要》。党的十八大报告再一次明确要求推进依法行政，并明确提出了2020年法治政府基本建成的目标任务。同时，报告中提出的经济建设、政治建设、文化建设、社会建设、生态文明建设五位一体的总体布局都与依法行政密切相关，需要依法行政来落实和保障。

二、全面推进依法行政、建设法治政府的目标

（一）依法行政的目标

与完善社会主义市场经济体制、建设社会主义政治文明以及依法治国的客观要求相比，目前在依法行政方面还存在不少差距。为加快推进依法行政，国务院《全面推进依法行政实施纲要》明确提出，全面推进依法行政，经过十年左右坚持不懈的努力，要基本实现以下建设法治政府的目标。

1. 政企分开、政事分开，政府与市场、政府与社会的关系基本理顺，政府的经济调节、市场监管、社会管理和公共服务职能基本到位。中央政府和地方政府之间、政府各部门之间的职能和权限比较明确。行为规范、运转协调、公正透明、廉洁高效的行政管理体制基本形成。权责明确、行为规范、

监督有效、保障有力的行政执法体制基本建立。

2. 提出法律议案、地方性法规草案，制定行政法规、规章、规范性文件等制度建设符合宪法和法律规定的权限和程序，充分反映客观规律和最广大人民的根本利益，为社会主义物质文明、政治文明和精神文明协调发展提供制度保障。

3. 法律、法规、规章得到全面、正确实施，法制统一，政令畅通，公民、法人和其他组织合法的权利和利益得到切实保护，违法行为得到及时纠正、制裁，经济社会秩序得到有效维护。政府应对突发事件和风险的能力明显增强。

4. 科学化、民主化、规范化的行政决策机制和制度基本形成，人民群众的要求、意愿得到及时反映。政府提供的信息全面、准确、及时，制定的政策、发布的决定相对稳定，行政管理做到公开、公平、公正、便民、高效、诚信。

5. 高效、便捷、成本低廉的防范与化解社会矛盾的机制基本形成，社会矛盾得到有效防范和化解。

6. 行政权力与责任紧密挂钩，与行政权力主体利益彻底脱钩。行政监督制度和机制基本完善，政府的层级监督和专门监督明显加强，行政监督效能显著提高。

7. 行政机关工作人员特别是各级领导干部依法行政的观念明显提高，尊重法律、崇尚法律、遵守法律的氛围基本形成；依法行政的能力明显增强，善于运用法律手段管理经济、文化和社会事务，能够依法妥善处理各种社会矛盾。

（二）依法行政的基本要求

为实现上述目标，依法行政的基本要求应该包括以下几点：

1. 合法行政。行政机关实施行政管理，应当依照法律、法规、规章的规定进行；没有法律、法规、规章的规定，行政机关不得作出影响公民、法人和其他组织合法权益或者增加公民、法人和其他组织义务的决定。

2. 合理行政。行政机关实施行政管理，应当遵循公平、公正的原则，要平等对待行政管理相对人，不偏私、不歧视；行使自由裁量权应当符合法律目的，排除不相关因素的干扰；所采取的措施和手段应当必要、适当；行政机关实施行政管理可以采用多种方式实现行政目的的，应当避免采用损害当事人权益的方式。

3. 程序正当。行政机关实施行政管理，除涉及国家秘密和依法受到保护的商业秘密、个人隐私外，应当公开，注意听取公民、法人和其他组织的意见；要严格遵循法定程序，依法保障行政管理相对人、利害关系人的知情权、参与权和救济权。行政机关工作人员履行职责，与行政管理相对人存在利害关系时，应当回避。

4. **高效便民**。行政机关实施行政管理，应当遵守法定时限，积极履行法定职责，提高办事效率，提供优质服务，方便公民、法人和其他组织。

5. **诚实守信**。行政机关公布的信息应当全面、准确、真实。非因法定事由并经法定程序，行政机关不得撤销、变更已经生效的行政决定；因国家利益、公共利益或者其他法定事由需要撤回或者变更行政决定的，应当依照法定权限和程序进行，并对行政相对人因此而受到的财产损失依法予以补偿。

6. **权责统一**。行政机关依法履行经济、社会和文化事务管理职责，要由法律、法规赋予其相应的执法手段。行政机关违法或者不当行使职权，应当依法承担法律责任，实现权力和责任的统一。依法做到执法有保障、有权必有责、用权受监督、违法受追究、侵权须赔偿。

（三）依法行政工作的发展方向

党的十八大报告中针对建设法治政府目标则形成了一些新提法、新要求，在新形势下为推进依法行政工作指明了发展方向：

1. 报告中提出了"科学立法，严格执法，公正司法，全民守法"新要求。提出要完善中国特色社会主义法律体系，加强重点领域立法，拓展人民有序参与立法的途径。推进依法行政，做到严格规范公正文明执法。特别是提出要提高领导干部运用法治思维和法治方式深化改革、推动发展、化解矛盾、维护稳定的能力。

2. 报告再次将建设服务型政府设定为行政管理体制改革的目标和价值取向。同时提出了深化行政审批制度改革、大部门制改革、优化行政层级和行政区划设置、创新行政管理方式等具体要求。

3. 报告明确要求建立健全权力运行制约和监督体系。提出了坚持用制度管权、管事、管人，保障人民知情权、参与权、表达权、监督权，确保国家机关按照法定权限和程序行使权力，坚持科学决策、民主决策、依法决策，让权力在阳光下运行等具体要求。

三、依法行政的地位和作用

（一）依法行政在依法治国，建立社会主义法治国家中的地位和作用

1. 依法行政是依法治国的重要组成部分。依法治国，是由我国人民当家

作主的本质决定的，是建立社会主义市场经济的内在的必然要求，也是为世界各国所一再证明了的使国家繁荣富强、长治久安的必经之路。依法行政是依法治国的组成部分。依法治国为依法行政开辟了道路，创造了前提条件。不奉行依法治国的方针，就不可能有依法行政，没有依法治国的大环境，依法行政也难于推行。因为依法行政是人民在依法治国中对行政机关提出的要求，依法行政需要权力机关加强立法和必要的授权，需要司法机关的保障，需要全国人民有良好的法律素养，需要来自各个方面的对行政机关是否依法行政的监督。依法行政不可能孤立存在，不可能离开依法治国的大环境单独取得成就。如果说，依法治国，建立社会主义法治国家是一项巨大的系统工程，依法行政就是这一系统工程的一个子系统。

2. 依法行政是依法治国的核心和关键。

（1）法律的实施是所有国家机关的任务，但最重要的是行政机关的任务。大量的法律，包括涉及国家经济、科技、文化的发展，以及和人民切身利益有关的许多法律都要靠行政机关去落实。据统计，百分之八十的法律都依赖行政机关执行。行政机关在依法治国中担负着最大量、最重要的任务，可以说，没有行政机关，依法治国就失去了最主要的支柱。

依法治国，包括了有法可依，有法必依，执法必严，违法必究。简单说，就是有法可依，依法办事。行政机关的依法行政，是依法治国的要求。依法治国的方针在行政领域里得到充分实现包含两方面内容，一是通过行政立法，使法律规定更加适应具体情况，以便迅速适应形势发展的要求；二是通过执法活动，使法律规范落到实处，使立法者的意志得到实现。归根结底，法必须得到执行和落实，否则一切立法都将毫无意义。而法律的执行和落实，主要依靠行政机关。没有强有力的行政执法，立法方面的一切努力将变为徒劳。

（2）社会主义依法治国的重要标志之一是建立良好的经济和社会秩序。归根结底，这是一种以法律作为标准和受法律约束的人与人之间的关系；这种人际关系，从一个角度说，是民事关系，从另一个角度说，又是行政关系。民事关系是社会的基础关系，制止破坏、损害民事关系的行为，主要依靠法院，但这种民事侵权行为，从社会的公共的角度看，也是对整个社会秩序的损害和破坏，这就成了行政关系，需要行政机关的介入和制止，这就是说，民事授权行为具有双重性。例如，甲乙二人打架，甲将乙打伤，这是民事侵权，但同时侵犯了治安管理秩序和公共利益。行政机关为了维护良好的行政管理秩序，就必须给破坏行政管理秩序者以行政处罚。行政机关的行政处罚行为，既是对违法行为的制裁，也是对民事侵权行为的制止；既是对社会秩序的维护，也是对公民权益的保护。由于行政机关工作人员数量多，程序简单，效率高，因而常常在处理了公民侵犯行政管理秩序的同时，也顺手将有关的民事赔偿问题附带解决，这就是治安管理处罚条例所规定的情况。即使作为典型民事关系的婚姻关系，为维护良好的婚姻秩序，结婚时也必须先到行政机关去登记，以维护良好的社会婚姻秩序，如此等等。因此，对民事权益的保障和对民事侵权行为的制止，常常首先由行政机关采取措施。这就必须强调依法行政。没有依法行政，难以维护良好的行政管理秩序，也将会影响民事关系的正常发展，使民事权利难以保护。当然，这并不等于说行政机关可以干预一切民事侵权和民事纠纷。在这里，最重要的界线是法律界定。

（3）依法行政的必要性也为行政机关自身的特点所决定，世界范围内的通例是，国家机关中人数最多，与公共利益和公民权益关系最为广泛密切的，都是行政机关。行政机关的活动影响国家经济、科技、教育、文化的发展，影响公民基本权利的享受和提高，影响公民合法权益的保障，为了保证行政机关能完成上述复杂而艰巨的任务，法律还赋予行政机关许多强有力的执行权和应付多变情况的自由裁量权等等。毫无疑问，行政权运用得好，利国利民，运用失当或不慎，就会产生各种不利后果，这就必然要求行政机关必须严格依法行政，依法行政是国家最大利益之所在。

（4）依法治国，建立社会主义法治国家，要求国家工作人员和公民双方，都严格依法办事，执法守法，而在这一对法律关系中，国家工作人员的严格依法办事，是矛盾的主要方面。

行政机关及其工作人员占据了国家工作人员的最大多数。在公民守法和行政机关依法行政方面，作为管理者与被管理者这一对法律关系，行政机关的依法行政常常是矛盾的主要方面，行政机关不依法办事，就无法要求被管理者守法，言教必须与身教并重，严格依法办事，才能要求和教育公民遵守法律，逐步提高公民的法律素质。公民的守法并不难，难点在于行政机关工作人员严格执法，严格依法办事，即要求执政者率先垂范。政府要守法，公务人员尤其是领导干部要有法治精神与法治理念，这是营造倡导法治文化的关键。如果执政者意识不到法治的重要性，不能够率先垂范、严格守法、依法办事的话，整个社会的法治氛围很难形成。所以，政府依法行政、司法机关公正司法、立法机关科学立法，领导应当率先垂范，意识到法治的重要性，重视法治，善于运用法治思维和法治方式思考问题，解决问题。也只有这样，整个社会的法治氛围才会有很大改观。

3. 依法行政也是依法治国的难点所在。行政机关行使权力时的特点之一是首长负责制，是权力的相对集中，包括命令与服从；行政事务的繁杂性和紧迫性，要求行政机关必须强调办事速度，强调行政效率，并给予行政机关在行使职权时以较大的自由裁量权。行政方式上的这些特点，使人们习惯于按个人意志办事，忽视依照法律规定行使行政权力。因此，依法行政将是依法治国最困难的部分。依法行政的困难，也就是依法治国的困难。实践已经充分证明了这一点。如果依法行政不能取得成效，则依法治国最终也难以实现。

依法行政是现代法治国家政府行使权力时所普遍奉行的基本准则。它反映了社会从人治向法治转变的历史进程。不奉行法治原则，谈不上依法行政。人治与主观随意性相联系，表现为权力的行使由个人意志决定；依法行政与法治相联系，表现为权力的行使以人民制定的法律为依据和评判标准。

（二）依法行政在国家行政管理中的意义和作用

1. 保证行政管理为人民服务的目标。人民通过权力机关制定法律，表达意志，行政机关依法行政，就将保证行政管理遵循为人民服务的目标，使行政管理不致偏离航道。

但无庸讳言，由于行政管理范围的宽泛和行政工作人员的众多，作出背离为人民服务宗旨的行为，甚至侵犯公民合法权益的事，也不鲜见。要从根本上解决这些问题，只有依靠严格贯彻依法行政的原则。

2. 保证行政管理的统一性、连续性和稳定性。依法治国的最重要的特点是这个国家一切活动的统一性、连续性和稳定性。这同时也是依法行政给行政管理带来的保障。依法行政能保证行政管理的统一，有了统一性，才能有公平和公正。这种社会的不公正、不公平，是产生社会不满、甚至不稳定的重要因素。

连续性与稳定性，同样是社会稳定的重要条件。市场经济之所以必须是法治经济，就是由于法治所带来的统一性和连续性。要保持行政管理的连续性和稳定性，也只有依靠依法行政。

3. 保证提高行政效率。依法行政，在法律规定的范围内决策，依照法律规定执法，以保证行政管理符合国家和人民的要求，避免不公、错误和违法，减少纠纷和矛盾。同时，按法律规定的程序办事，遵守法定的操作规则，都将大大提高行政效率，这也一再为我国历史所证明。不能将行政效率和依法行政对立起来。

4. 保证对行政管理的监督有统一的标准和程序。要使监督取得成效，必须解决监督什么和如何监督的问题，也就是需要有监督的标准和程序。所谓监督的标准，就是对行政行为是否违法的评判标准。而能够提供是非评判的唯一标准，是法律；所谓监督程序，即进行监督要经历哪些步骤、方式和时限。程序就是操作规则。遵循法定程序进行监督，才能保障监督顺利、有效、正确地进行。

四、以十八大精神为指引，全面推进依法治国

（一）全面推进依法治国是全面建成小康社会的迫切要求

十八大以后的5年，是全面建成小康社会的决定性阶段，也是全面推进依法治国的关键时期。党的十八大报告突出强调：全面建成小康社会，必须"坚决破除一切妨碍科学发展的思想观念和体制机制弊端，构建系统完备、科学规范、运行有效的制度体系，使各方面制度更加成熟更加定型"。全面推进依法治国，既是全面建成小康社会的重要内容和内在目标，又是全面建成小康社会的制度动力和根本保障。全面建成小康社会，要求我们党必须把全面推进依法治国放在更加突出、更加重要的全局性、基础性和战略性地位。

1. 深入贯彻落实科学发展观迫切要求全面推进依法治国。党的十八大把科学发展观同马克思列宁主义、毛泽东思想、邓小平理论、"三个代表"重要思想一道，确立为党必须长期坚持的指导思想，这对坚持和发展中国特色社会主义、全面建成小康社会具有重大现实意义和深远历史意义。深入贯彻落实科学发展观，既是一场深刻的观念变革，更是一次全面的制度创新。我们要勇于把自己的思想从各种不适应不符合科学发展的观念中解放出来，但观念的变革容易受到体制、机制和制度的影响与束缚，容易停顿、反复甚至逆转；因此，我们更要把法治作为深入贯彻落实科学发展观的基本方式和有效载体，通过制度供给、制度导向、制度创新来解决制约科学发展的制度空白、制度缺陷和制度冲突，真正把科学发展建立在制度化的基础上，纳入法治化的轨道内。我们要清醒地认识到，从发展的早期进入发展的中期和后期，从粗放发展阶段转向科学发展阶段，需要通过法治来克服在发展过程中个体行为选择和政府决策行为选择的功利化、短期化、表面化现象，纠正各种重速度轻效益、重总量轻质量、重效率轻公平、重局部轻全局、重当前轻长远的做法，建立健全一整套支持、推动和保障科学发展的长效体制、机制和制度体系，从而为建设中国特色社会主义和全面建成小康社会提供强大动力和制度保障。

2. 发展社会主义政治文明迫切要求全面推进依法治国。人民民主是社会

主义的生命，是我们党始终高扬的光辉旗帜；不断扩大人民民主是全面建成小康社会的重要目标，是发展社会主义政治文明的核心内容。在当代中国，要实现最广泛的人民民主，就必须坚定不移地走中国特色社会主义政治发展道路，坚持党的领导、人民当家作主、依法治国有机统一，充分发挥社会主义法治对人民民主的根本保障作用，加快推进社会主义民主政治制度化、规范化、程序化，从各层次各领域扩大公民有序政治参与，实现国家各项工作法治化。改革开放以来，正是由于我们党成功开辟和坚持了中国特色社会主义政治发展道路，才有力保证了人民依法享有广泛的民主、权利和自由，保证了人民积极性、主动性、创造性的充分发挥，保证了党与国家最高领导权的平稳交接和党的领导集体坚强有力，保证了党和国家的长治久安。面对全面建成小康社会的新任务和新要求，我们必须把依法治国的基本方略、依法执政的基本方式和依法行政的基本准则全面落到实处，不断提高依靠法治治国、执政和行政的水平，努力开启建设社会主义政治文明的新时代。

3. 建设社会主义和谐社会迫切要求全面推进依法治国。社会和谐是中国特色社会主义的本质属性，推动社会主义和谐社会建设是党的十八大提出的重要任务。当前，我国社会矛盾纠纷持续高发多发，触点很多、燃点较低、处理不易。一些领导干部依法执政、依法行政意识、能力和责任感不强，容易导致处理失当、激化矛盾，甚至演化成大规模的群体性事件。法治是调节社会利益关系的基本方式，是社会公平正义的集中体现，是构建社会主义和谐社会的最重要基础。在我国这样一个13亿多人口的大国，要实现政治清明、社会公正、民心稳定、长治久安，根本上要靠法治，要靠全面推进和落实依法治国。应通过整体、全面、合理的制度安排，从制度上理顺各种利益关系，平衡不同利益诉求，努力以制度防纠纷于未起、化矛盾于未发，从源头上有效预防与减少社会矛盾和纠纷。诚然，法治建设的成效有一个从小到大、从隐性到显性的过程，难以立竿见影，快速见效。但是，法治的导向和预期作用却使其收益随着时间的推移呈现滚雪球效应，法治执行得越持久、越稳定，其成效就越成倍放大；而如果我们现在在法治建设上稍有松懈，未来出现的问题就可能是全局性、长期性甚至是灾难性的。总之，我们只有把法治作为构建社会主义和谐社会的牢固基石，把以人为本、公平正义作为法治建设的灵魂，把切实保护每个公民的每一项合法权益作为法治建设的根本任务，才能为建设社会主义和谐社会奠定最坚实的基础。

4. 提高党的执政能力迫切要求全面推进依法治国。全面建成小康社会，关键在党，关键在"提高党科学执政、民主执政、依法执政水平"。2004年9

月,党的十六届四中全会明确指出:"依法执政是新的历史条件下党执政的一个基本方式。"中国共产党依法执政,集中反映了我们党在新形势下治国执政方式的与时俱进和制度创新,突出体现了执政党在领导国家法治建设中的积极性、主动性、创造性和关键性,有力地巩固了我们党的执政地位、提高了党的执政水平。通过全面推进依法治国,把党的意志和路线方针政策规范化、程序化、法律化,落实到经济、政治、文化、社会和生态文明建设的各个方面和各个环节,是我们党有效应对执政考验、改革开放考验、市场经济考验、外部环境考验以及提高拒腐防变和抵御风险能力的必然要求。正如胡锦涛同志所深刻指出的:"依法执政,就是坚持依法治国、建设社会主义法治国家,领导立法,带头守法,保证执法,不断推进国家经济、政治、文化、社会生活的法制化、规范化,以法治的理念、法治的体制、法治的程序保证党领导人民有效治理国家。"

(二)围绕法治建设的重点环节全面推进依法治国

全面推进依法治国是一项十分庞大和复杂的综合性社会系统工程,需要整体规划、突出重点、统一实施、狠抓落实。

1. 坚持科学立法、民主立法,完善中国特色社会主义法律体系。党的十八大报告指出:要"完善中国特色社会主义法律体系,加强重点领域立法,拓展人民有序参与立法途径"。加强立法、有法可依,是全面推进依法治国的首要前提。经过新中国成立60多年来、特别是改革开放30多年来坚持不懈的努力,中国特色社会主义法律体系已经形成,这是我国社会主义民主法治建设史上的重要里程碑。但是,如何按照全面建成小康社会和加强社会主义民主法治建设的新要求,进一步完善中国特色社会主义法律体系,仍然是一项长期和艰巨的任务。

我们要自觉适应形势任务的新变化,及时回应人民群众的新期待,努力推动立法从主要服务于经济增长的速度、总量和规模,向更加注重服务于经济发展的效益、质量和方式,推动科学发展转变;从主要进行有关经济调节和市场监管的立法、致力于建立健全社会主义市场经济体制,向更加注重有关社会管理和公共服务的立法、同时着力于建立社会主义和谐社会和服务型政府转变;从主要强调立法的数量和速度,向更加注重立法的质量和效果转变。这就要求我们重点加强完善经济体制、改善民生和发展社会事业、促进文化建设、保护生态环境、预防化解社会矛盾纠纷以及规范制约权力等领域和方面的立法。要完善科学民主立法机制,创新公众参与立法方式,扩大立法工作透明度和公众参与度,以保证立法真正遵循客观规律、集中公众智慧、实现人民利益,切实增强法律法规的科学性、针对性和有效性。

2. 推进依法行政,到 2020 年基本建成法治政府。党的十八大报告指出:要到 2020 年实现"法治政府基本建成"的目标。深入推进依法行政、加快建设法治政府,是全面推进依法治国的中心环节。改革开放以来,特别是 2002 年党的十六大明确提出"推进依法行政"任务、2004 年国务院《全面推进依法行政实施纲要》第一次明确提出"建设法治政府"的目标以来,我国推进依法行政、建设法治政府取得了重大成就,为全面推进依法治国、加快建设社会主义法治国家打下了有力基础。但是,我们也应当看到,我国依法行政的现状与经济社会发展的要求、特别是与全面建成小康社会的要求还不相适应,在一些地方和部门还存在着"形式化""口号化""实用化"的倾向。在我国,行政机关承担着经济、政治、文化、社会、生态文明建设等各个领域的繁重管理任务,实施 80% 以上的法律法规,其行政能力和执法水平与人民群众的生产生活息息相关。因此,我们完全可以说,不深入推进依法行政,就不可能做到全面推进依法治国;不基本建成法治政府,就不能说全面建成了小康社会。这正是党的十八大报告把"法治政府基本建成"作为全面建成小康社会重要目标的重大意义所在。

从现在起到 2020 年基本建成法治政府,时间紧、任务重、难度大,我们要围绕行政决策、行政执法、行政公开、行政权力监督、行政化解矛盾纠纷等主要环节深入推进依法行政,着力规范政府行为,特别是要紧紧抓住行政机关严格规范公正文明执法这个重点和难点任务,完善执法体制,创新执法方式,加大执法力度,规范执法行为,全面落实行政执法责任制,真正做到有法必依、执法必严、违法必究,切实维护公共利益、人民权益和经济社会秩序。

3. 进一步深化司法体制改革,不断提高司法公信力。党的十八大报告指出:要"进一步深化司法体制改革,坚持和完善中国特色社会主义司法制度,确保审判机关、检察机关依法独立公正行使审判权、检察权"。深化司法改革、保证司法公正,是全面推进依法治国的重要保障。党的十七大以来,司法体制和工作机制改革逐步向纵深推进,取得重大进展。但新形势下人民群众对司法公正有着更高的期待和要求,司法体制改革仍然任重道远。

当前,我们要切实按照党的十八大确立的"司法公信力不断提高"的目标,重点解决影响司法公正和制约司法能力的深层次矛盾和问题,加快建设公正高效权威的中国特色社会主义司法制度。要继续优化司法职权配置,努力形成结构合理、配置科学、程序严密、制约有效的审判权、检察权运行机制。要严格规范司法行为，大力推进司法公正和司法公开，积极回应人民群众对司法公正、公开日益高涨的关注和要求，努力让人民群众在每一个司法案件中都能感受到公平正义。要进一步加强政法队伍建设，完善各项管理制度，提升法官、检察官的司法理念、业务能力和工作水平，切实维护司法公信力和权威。

4. 深入开展法制宣传教育，弘扬社会主义法治精神。党的十八大报告指出：要"深入开展法制宣传教育，弘扬社会主义法治精神，树立社会主义法治理念，增强全社会学法尊法守法用法意识"。提高全民法治意识、努力建设法治社会，是全面推进依法治国的坚实基础。党的十八大报告鲜明提出要"弘扬社会主义法治精神"，这是对我国社会主义法治认识不断深化的重要成果，是对中国特色社会主义法治理论的重大发展。社会主义法治精神是准确体现党的领导、人民当家作主、依法治国有机统一的精神，是全面反映依法治国、执法为民、公平正义、服务大局、党的领导的社会主义法治理念的精神，是集中代表党的事业至上、人民利益至上、宪法法律至上的精神，对推进我国社会主义法治建设具有重要的理论和实践指导意义。

人民群众是法律实施的重要主体，是全面推进依法治国的基础力量，要通过在全社会深入开展法治宣传教育，使社会主义法治精神真正进社区、进乡村、进机关、进企业、进学校，并逐步深入人心。要创新法治宣传方式，提高舆论引导能力，抵御错误观点的干扰和影响，让社会公众在学法守法用法中深化对社会主义法治精神的认识和信仰。要坚持依法治国和以德治国相结合，高度重视道德对社会公众的规范作用，大力推进公民道德建设工程，培育知荣辱、讲正气、作奉献、促和谐的文明道德风尚，形成依法维护权利、自觉履行义务的现代公民意识。

（三）切实提高各级领导干部推进依法治国的意识和能力

全面推进依法治国，关键在各级领导干部。党的十八大报告指出：要"提高领导干部运用法治思维和法治方式深化改革、推动发展、化解矛盾、维护稳定的能力"。这是党的十八大根据全面推进依法治国的新形势对各级领导干部提出的新要求，具有很强的针对性和指导性。

1. 各级领导干部要自觉学法、尊法、守法，努力提高法治思维水平和能力。各级领导干部作为执掌党的执政权和国家立法权、行政权、司法权等公权力的特殊群体，作为运用法治方式治国理政的执政主体，必须具有较高的法治思维水平和能力，就像其必须具有较高的理论思维、战略思维、辩证思维水平和能力一样。领导干部的法治思维水平和能力是其法治意识和能力的集中体现。所谓法治思维，在本质上区别于人治思维和权力思维，其实质就是各级领导干部想问题、作决策、办事情，必须时刻牢记人民授权和职权法定，必须严格遵循法律规则和法定程序，必须切实保护人民权利和尊重保障人权，必须始终坚持法律面前人人平等，必须自觉接受监督和承担法律责任。因此，这就要求各级领导干部一定要认真学习宪法和法律，真正尊崇宪法和法律，带头遵守宪法和法律，自觉在宪法和法律的范围内活动，切实维护国家法制的统一、尊严、权威，绝不允许以言代法、以权压法、徇私枉法，努力做到越是工作重要、越是事情紧急、越是矛盾突出，越是自觉坚持依法执政、依法行政和依法办事。

2. 各级领导干部要更加注重发挥法治在国家治理和社会管理中的重要作用，善于运用法治方式深化改革、推动发展、化解矛盾、维护稳定。党的十八大报告指出：要"更加注重发挥法治在国家治理和社会管理中的重要作用"。这是立足我国经济社会发展客观实际和紧迫需要作出的一个重要论断。经过30多年的改革开放，我国已进入改革发展稳定的关键时期。改革发展稳定的难度在加大，复杂性在加深，利益冲突在加剧，各种矛盾的关联性、集聚性、突发性进一步增强，加上互联网、手机媒体等新兴媒体的广泛运用及其对负面新闻和社会情绪的放大效应，很容易引发矛盾冲突和局部危机。同时，人民群众的民主法治和权利保护意识不断增强，对公平正义和公共服务的要求越来越高。这些既给我们深化改革开放、推动科学发展、促进社会和谐、维护社会稳定带来很大压力，也增添了内在动力。各级领导干部一定要深刻认识改革发展稳定新形势对法治建设提出的新要求，深刻认识法治是改革发展稳定的强大推动力，是一个地方的重要软实力和核心竞争力，坚决纠正把法治与改革发展稳定对立起来，认为依法办事束缚手脚、妨碍改革、阻碍发展、影响维稳的不正确观念和做法，真正做到以法治凝聚改革共识、规范发展行为、促进矛盾化解、保障社会和谐，努力使改革发展稳定进程与法治建设进程相协调、相统一。

3. 各级领导干部要大力推进依法治国、依法执政、依法行政，加快建设社会主义法治国家和法治政府。各级领导干部一定要认真学习领会党的十八大报告对法治建设的重要论述，充分认识全面推进依法治国对于全面建成小康社会和建设中国特色社会主义的重大意义，真正把思想认识从重经济建设、轻法治建设的观念中转变过来，把法治建设从重立法、重形式、重宣传而轻执法、轻落实、轻效果的倾向中转变过来，把法治工作从重治民、重处罚、重管理而轻治官、轻教育、轻服务的方式中转变过来，在重视程度、领导力度和推进速度上都进一步增强使命感、紧迫感和责任感。各地区、各部门要建立健全由一把手挂帅的推进法治建设领导小组及其办事机构，党政主要领导要切实担负起推进依法执政、依法行政第一责任人的任务，统一领导本地区、本部门的法治建设工作，把法治建设任务与改革发展稳定任务一起规划、一起部署、一起落实、一起考核，深入研究解决法治建设面临的重大和突出问题，及时消除影响和制约法治发展的体制机制障碍，重视提拔使用依法执政、依法行政意识和能力强且实绩突出的优秀干部。要加强法治建设考核工作，把推进法治建设成效作为衡量各级领导干部和广大公务员工作实绩的重要依据，纳入政绩考核指标体系，使法治建设真正成为一种硬标准、硬要求、硬约束。要勇于实践、敢于开拓，既要积极借鉴、吸收世界各国的优秀法治文明成果，更要立足我国国情总结自己的法治经验、适应自己的法治需求、彰显自己的法治特色、创新自己的法治举措，决不搞"全盘西化"，决不搞"全面移植"，决不搞"照抄照搬"，坚定不移地走中国特色社会主义法治道路。

总之，只要我们在中国共产党领导下，坚持法治规律与中国国情的创造性结合，坚持自上而下有力推动与自下而上全民参与相结合，坚持依法治国、依法执政、依法行政共同推进，法治国家、法治政府、法治社会一体建设，就一定能开创全面推进依法治国的新局面，就一定能取得加快建设社会主义法治国家的新成效，就一定能在社会主义中国创造出与经济建设奇迹相媲美的法治建设奇迹。

【复习思考题】

1. 如何理解行政权的含义及其特征？
2. 行政法有哪些特征？
3. 如何理解行政法的地位和作用？
4. 行政法律关系的特征及构成要素有哪些？
5. 如何理解行政合法性原则？
6. 如何理解行政公开性原则？
7. 行政信赖性原则的内涵是什么？
8. 如何坚持依法行政，全面推进依法治国？

【引导案例解析】

被告认为，学校对4名学生的处理决定属于学校的内部管理行为，技工学校不属于行政机关,原告无权提起行政诉讼,请求法院依法驳回原告的起诉。

本案的主要分歧在于,如果技工学校的行为属于内部管理行为,则不属于行政法调整的范畴,也就不属于行政诉讼管辖范围;如果技工学校行使的是法律法规授予的行政权力,其行为属于外部管理行为,那么,该诉讼即属于行政诉讼。

我们认为,该技工学校对学生作出的处理决定属于行政行为,该诉讼属于行政诉讼,理由如下:第一,《教育法》第28条第1款第(4)项规定,学校及其他教育机构对受教育者进行学籍管理,实施奖励或者处分。可见,学校对学生的学籍管理的权力是根据教育法获得的,学校是处于管理者的地位。第二,内部管理行为影响的是特定身份下的权利义务,而不能涉及公民的基本权利,在本案中,受影响的是作为公民基本权利的受教育权。

【练习案例一】

湖南省溆浦县中医院(以下简称"县中医院")根据上级文件的规定和主管部门批准,向溆浦县邮电局(以下简称"县邮电局")申请开通"120"急救电话,县邮电局拒绝开通,致使县中医院购置的急救车辆和其他设施不能正常运转,而遭受损失。县中医院遂以县邮电局为被告向县法院提起诉讼,请求判令县邮电局立即履行开通"120"急救电话的职责,并赔偿县医院的经济损失。县邮电局辩称:"120"急救电话属于全社会,而不属于县中医院。根据文件的规定,县邮电局确对本县开通"120"急救电话承担义务,但是,不承担对某一医院开通"120"急救电话的义务。原告申办"120"急救电话,不符合文件的规定,请求法院驳回县中医院诉讼请求。县法院经审理查明:医疗机构申请开通"120"急救电话的程序是:经当地卫生行政部门指定并提交书面报告,由地、市卫生行政部门审核批准后,到当地邮电部门办理"120"急救电话开通手续。原告县中医院是一所功能较全、急诊科已达标的二级甲等综合医院,具备设置急救中心的条件。县卫生局曾指定县中医院开办急救中心开通"120"急救电话。县中医院向被告县邮电局提交了开通"120"急救专用电话的报告,县邮电局也为县中医院安装了"120"急救电话,但是该电话一直未开通。县中医院曾数次书面请求县邮电局开通"120"急救电话,但县邮电局仍拒不开通。

问题:县中医院与县邮电局之间的争议属于民事争议还是行政争议,为什么?

【练习案例二】

某市工商局按《陆生野生动物保护实施条例》的规定,以授权书的形式授权市林业局实施对市场销售国家保护野生动物的查处。某日,某市林业局在某大酒店查获了一只准备宰杀的穿山甲,重4.4千克,遂以该酒店非法收购国家重点保护二级陆生野生动物为由,依据《野生动物保护法》第35条第1款、《陆生野生动物保护实施条例》第37条、《民法通则》第61条第2款之规定,作出三项处理决定:

(1) 没收酒店非法收购的重4.4千克活穿山甲1只。(2) 没收与购买穿山甲等值的价款2380元。

(3) 罚款11 900元。某大酒店以某市林业局无权处罚、给其造成直接经济损失为由向法院提起诉讼。

问题:试根据行政合法性原则和行政法的渊源,某市林业局对某大酒店的行政处罚是否合法有效?

第二章 行政法主体

【引导案例】

某艺术有限责任公司属于北京市工商行政管理局登记注册的企业法人，住所地为北京市宣武区。2002年7月25日，宣武区地方税务局第一税务稽查所对该艺术有限责任公司作出［2002］京宣地税稽C字第075号税务处理决定，要求该公司补缴营业税、城市维护建设税、教育附加费、固定资产投资方向调节税，并加收滞纳金。2002年9月1日，某艺术有限责任公司在按规定缴纳税款后，认为宣武区地方税务局第一税务稽查所不是合格的行政主体，无权对其征税，所作的税务处理决定违法，遂依法申请行政复议。2002年10月6日，北京市宣武区地方税务局根据《中华人民共和国行政复议法》及《税务行政复议规则》的规定，作出宣地税复字第06号税务行政复议决定，认定宣武区地方税务局第一税务稽查所作出的［2002］京宣地税稽C字第075号税务处理决定符合税收征收管理的法律规定，应予维护。该艺术有限责任公司对该行政复议决定不服，在法定时间内向法院提起了行政诉讼。

行政法主体是行政法调整的各种行政关系的参加人，它是行政法学中的基本范畴，在行政法整个体系中占据非常重要的位置。全面理解行政法主体的含义和具体内容，必将为学好后面的行政法学知识打下坚实的基础。

第一节 行政法主体的概念

一、行政法主体的含义

行政法主体即指行政法调整的各种行政关系的参加人——组织和个人。

作为行政法主体的组织首先指国家行政机关。除了国家行政机关以外，也包括作为行政法制监督主体的其他国家机关，可与行政机关一道作为行政主体的社会公权力组织（如行业协会、社团、基层群众性自治组织等），作为行政相对人的企事业组织和其他组织。作为行政法主体的个人包括在行政机关和其他公权力组织中行使行政职权的国家公务员、其他行使国家公权力和社会公权力的人员以及作为行政相对人的公民、外国人、无国籍人等。①

行政法主体分为广义和狭义两种观点。广义的行政法主体包括两种情形：其一，行政法就一定范围、一定领域、处于一定情形下的组织和个人的行为予以规范，赋予其相应的权利（权力），加予其相应的义务（职责）时，作为行政法调整对象的相应组织、个人成为该行政法的主体。其二，一些组织、个人实施某种行为，与其他组织、个人发生实际行政关系，在相应关系中，双方分别行使行政法赋予的权利（权力），履行行政法加予的义务（职责），这时，关系双方均成为相应行政法的主体。第一种情形的行政法主体是一种静态的主体、潜在的主体；第二种情形的行政法主体是动态的主体、现实的主体。狭义的行政法主体一般指第二种情形的行政法主体——处在实际行政法律关系中的主体。在实际行政法律关系中，双方主体既可以是组织，亦可以是个人。有时，某一方的主体可以同时包括组织和个人。例如，在行政处罚法律关系中，行政机关对实施了某种违法行为的组织予以行政处罚，同时对该组织的负责人和直接责任人亦予以相应处罚。这时，该组织和该组织的负责人、直接责任人均为相应法律关系中的主体。本书采用狭义观点。

行政法主体是指在行政法律关系中权利义务的承受者，不包括所有行政法律关系的参与人。例如，在行政管理关系中，公务员代表行政机关实施各种行政行为，但公务员不是行政管理关系的行政法主体，只有行政机关才是主体。又如，法人申请行政许可，代表法人申请手续的人不是行政法主体，主体只是法人。当然，上述法律关系中的公务员、代理人，只是不构成为相应行政法律关系的主体，但他们并非不能转化成另一种法律关系的主体。例

---

① 关于行政法主体，学界存在不同的认识。许崇德、皮纯协主编的《新中国行政法学研究综述（1949～1990）》对行政法主体所下的定义是：行政法主体，也即行政法律关系主体，包括国家行政机关、国家公务员、被授权人、被委托人，以及其他国家机关、社会团体、企事业单位和公民个人。在我国境内，依照我国法律规定享有行政权利、承担行政义务的外国组织和公民、无国籍人也是我国行政法的主体。同时，该书对学界关于行政法主体的争论意见，从概念、种类到各类主体的资格，进行了综合性和概括性的介绍。参见许崇德、皮纯协主编：《新中国行政法学研究综述（1949～1990）》，法律出版社，1991年，第63~67页。

如，公务员在行政管理行为中违法，行政机关在事后追究该公务员的行政处分责任，这时，公务员即成为行政处分关系中的主体。同样，代理人在实施代理行为中违法，侵犯被代理法人的权益或国家社会利益，他可能被追究民事责任或行政处罚责任，这时，他即成为民事关系的法律主体或行政处罚关系的行政法主体。

行政法主体是行政法律关系的第一要素。要解决任何行政法问题，首先要弄清其所涉及的行政法主体，否则只能使问题陷入混乱而不能把握问题的脉络和发展线索。例如，在行政诉讼关系中，不弄清原告是谁、被告是谁，行政审判即无从进行。因此，研究行政法律关系，首先应从研究行政法主体入手。

二、行政法主体与行政主体

行政法主体与行政主体，两者虽然只有一字之差，但无法等同。行政法主体是指受行政法调整和支配的有关组织和个人。从静态上看，行政法主体包括国家行政组织、国家其他组织、企事业单位和社会团体、中华人民共和国公民以及在中国境内的外国组织和外国人、无国籍人。行政主体只能是一种组织。从动态上看，行政主体是行政法主体中的一种。在行政法律关系中，行政主体通常恒定为一方主体，而另一方主体可能是公民、法人或其他组织（行政管理法律关系中的行政相对人），可能是国家公务员或被委托行使行政职权的组织（内部行政法律关系中的相对方当事人），也可能是国家行政法制监督机关（行政法制监督关系中的监督主体，如权力机关、司法机关、专门行政监督机关）。因此，行政主体是行政法主体的一部分，而不是全部。行政主体必定是行政法主体，但行政法主体未必就是行政主体。行政主体仅限组织，不含个人，而行政法主体包括了一定的个人。

第二节 行政主体基本理论

一、行政主体的概念和特征

（一）行政主体的概念

在行政法上，行政主体具有极为重要的意义。判断一个行政法律关系的时候，人们首先关注的往往是其中的行政主体问题，也即谁在承担行政职能、履行行政职责、行使行政权力。因此，学习和掌握行政主体的相关知识是学好行政法的基础和保障。

在我国，行政主体一般是指享有国家行政权力，能以自己的名义从事行政管理活动，并独立承担由此产生的法律责任的组织。这是行政法学上长久以来比较公认的概念。尽管近年来，有些学者对这个概念的准确性提出过讨论和质疑，但是目前为止还没有产生另外一个更为科学、并被行政法学界普遍接受的行政主体概念。

（二）行政主体的特征

行政主体具有如下特征：

1. 行政主体是享有行政权力、从事行政管理活动的组织。这一特征将行政主体与其他国家机关、组织区别开来。如国家权力机关、人民法院、人民检察院以及一般的企事业单位和社会团体不享有宪法和法律赋予的行政权力，因而不能成为行政主体。行政机关依法享有行政权力，是最重要的行政主体，但并不是唯一的行政主体，某些行政机构、企事业组织和社会团体基于法律、法规的特别授权也可以享有部分行政权力，从而成为行政主体。

2. 行政主体是能够以自己的名义行使行政权力的组织。这主要是指行政主体应当具有独立的法律人格，能独立地对外发布决定和命令，独立采取行政措施等。这一特征将行政主体与行政机关的内部机构和受行政机关委托执行某些行政管理任务的组织区别开来。受行政机关委托执行某些行政管理任务的组织，如城市的治安联防组织，由于其不能以自己的名义而只能以委托行政机关的名义作出行政决定，因此不具有行政主体资格。

3. 行政主体是能够独立对外承担其行为所产生的法律责任的组织。能否独立承担法律责任，是判断行政机关及其他组织是否具备行政主体资格的关键性条件。如果某一组织仅仅行使行政权力，实施国家行政管理活动，但并不承担因此产生的法律责任，则不是行政主体。要成为行政主体，必须能够独立参加行政复议和行政诉讼活动，独立承担因实施行政权力而产生的法律责任。因而行政机关的内部工作机构和受国家行政机关委托的组织或个人不能成为行政主体。

我国行政主体的概念就其渊源来说，可追溯到法国和日本的行政法。在这两个国家里，行政主体是一个很重要的行政法学概念。因此，在研究我国的行政主体理论之前，有必要了解一下大陆法系国家关于行政主体的界定。

在法国，行政主体是实施行政职能的组织，即享有执行行政职务的权力，并负担由于执行行政职务而产生的义务和责任的主体。从性质上讲，行政主体属于公法人。法国法律承认三种行政主体：第一种是国家。认为国家是最主要的行政主体，因为行政是国家的一种职能，国家当然具有执行行政职务的权力，并承担由此产生的义务和责任。第二种是地方团体。在法律规定的范围内，地方团体对地方性事务具有决定权，承担由此产生的义务和责任，所以地方团体是一种以地域为基础的行政主体。第三种是公务法人，法国法律称这种具有独立法律人格的公务机关为公共设施管理机构或公共机构。一般是指因某种行政职能的执行要求一定的独立性，法律把它从国家和地方团体的一般行政职能中分离出来，成立一个专门的行政机关实施这种公务的组织。

在日本，行政主体是行政法律关系中执行行政事务的一方，具有优越的地位，是一个技术性概念，是对在行政法律关系中担当行政任务的团体的统称。为淡化特权色彩，一般称为行政厅。在日本，行政主体分为三种：第一种为国家，指具体承担国家行政职能，以内阁为首的国家行政组织。这与法国不同，由于日本没有专门的地方国家行政机关，府、省、委员会、厅可以在其区域设置地方分支部、局作为国家派出机关，地方分支部、局的设置必须由法律规定。第二种是地方公共团体。日本实行地方自治制度，地方公共团体是以实行地方自治为其存在目的、由一定的土地和居民构成的自治共同体。地方公共团体的行政组织分为议事机关和执行机关。两机关相分离，并且议员以及执行机关的长官都由公民直接选举产生。长官与议员之间相互独立又相互制约。第三种是其他行政主体，也称其他公共团体。主要是公共组织和行政法人。

（三）行政主体与其他相关概念的关系

行政主体与一些相关概念既有联系，又有区别。因此，在掌握行政主体的概念和特征之后，还有必要了解和明确行政主体与若干相关概念的关系。

1. 行政主体与行政机关。

（1）行政主体主要由行政机关充当。设置行政机关并赋予其行政权力的目的就是由其处理社会公共行政事务，行政机关通常都能够以自己的名义实施行政权力，并以自己的名义承担由此产生的法律责任。一个国家的行政权力主要或者绝大多数情况下是由行政机关承担的，因此，行政机关是行政主体的主要充当者。但是，在行政管理活动中，行政机关并不是唯一的行政主体，行政机关以外的社会组织，如果得到法律、法规、规章的授权，也拥有一定的行政职权，具有与行政机关同样的法律地位。

（2）行政机关并不是在任何情况下都是行政主体。如有些政府临时设置的机关只负责管理内部事务，并不对外行使职权，也不承担相应的责任，因此不能成为行政主体。同时，在民事法律关系中，行政机关可以成为民事法律关系的主体；在行政法律关系中，行政机关既可以是行政主体，也可以是行政相对人。换言之，当行政机关行使行政权时，则为行政主体；当行政机关以本机关的名义从事民事活动时，其身份是民事法律关系主体；以被管理者的身份参加行政法律关系时，其身份是行政相对人。

2. 行政主体与公务员。公务员是代表行政主体执行公务的工作人员。行政主体与公务员联系紧密，不可分割，但二者不能等同。行政主体是组织，无法自行实施行政管理活动，而必须由其内部的工作人员即公务员来完成。没有公务员，行政主体就成为毫无意义的空壳，而公务员也不能离开行政主体而存在。离开行政主体，公务员就成为一个普通的公民，而不能代表行政主体执行公务，否则个人就要承担相应的法律责任。但公务员并不是行政主体，不能以自己的名义，而只能以其所在行政机关的名义作出行政行为，并由行政机关来承担行为的后果。

3. 行政主体与行政法律关系主体。任何法律关系都是在双方当事人之间发生的，因此，行政法律关系也是如此。行政法律关系的一方当事人是行政主体，另一方当事人是行政相对人。可见，行政主体只是行政法律关系主体的一方当事人。两者的关系是，行政主体必定是行政法律关系主体，但行政法律关系主体不单指行政主体，还包括行政相对人。

二、行政主体的种类

根据不同的标准，行政主体可以分为不同的种类，一般情况下有以下几种分类。

（一）职权性行政主体和授权性行政主体

根据行政主体资格的法律依据不同，可以将行政主体分为职权性行政主体和授权性行政主体。职权性行政主体，是指根据宪法和行政组织法的规定，在行政机关成立时就具有相应的行政权力并获得行政主体资格的组织。职权性行政主体包括中央和地方各级人民政府及其职能部门，其最大的特点是在创设之日即取得行政主体资格。授权性行政主体，是指根据宪法和行政组织法以外的单行法律、法规的授权而获得行政主体资格的组织。包括行政机构、公务组织企业和社会组织。其特点是行政主体资格的取得时间不是在其成立之日，而是在获得单行的法律、法规授权之时。

（二）行政机关、行政机构、公务组织和社会组织

根据行政主体的组织构成和存在的形态不同，可以将行政主体划分为行

政机关、行政机构、公务组织和社会组织。行政机关在成立之时因宪法和行政组织法的规定而获得行政主体资格。行政机构原本不具有行政主体资格，但如果有单行法律、法规的授权就可以获得行政主体资格。公务组织是国家设立用以专门从事某种公共事务活动的，并经授权获得行政主体资格的组织。社会组织是指经授权获得行政主体资格的事业单位或社会团体等。

三、行政主体的资格

行政主体资格，是指符合法定条件的组织经过法定途径和程序获得的行政主体的法律地位。

（一）行政主体资格的构成要件

行政主体资格的构成要件，是指一定的组织取得行政主体地位所必须具备的条件。具体构成要件如下：它是依法成立也即通过法定程序由有权机关批准而成立、获得行政组织法或单行法授权的正式组织；它应当具备一定的组织机构和人员编制；它有法定的管辖事务范围和一定的职权与职责；它能够以自己的名义实施行政活动；它能够独立承担相应的法律责任。

（二）行政主体资格的取得

具有独立的行政职权与职责，是行政主体获得独立法律地位的核心要素与标志。根据行政主体的职权与职责的来源不同，行政主体资格的取得主要有两种途径：

1. 依照宪法和行政组织法的有关规定取得行政主体资格。取得资格的对象是：国务院及其职能部门；地方各级人民政府及其派出机关；县级以上地方人民政府的各个工作部门。

2. 依照宪法和行政组织法以外的单行法律、法规的授权规定取得行政主体资格。取得资格的对象是：行政机关内设的行政机构；公务组织；社会组织。

（三）行政主体资格的变更和丧失

1. 行政主体资格的变更。已取得行政主体资格的组织，若由于某种原因，行政主体出现分解或合并，即发生行政主体资格的变更。发生变更后，涉及一系列法律问题需要处理，如职权、职责的继受，既往行为和事务的认可与继续进行以及给予救济等。

2. 行政主体资格的丧失。已取得行政主体资格的组织，若由于某种原因而解散或撤销，以及授权到期或被取消授权，就会丧失行政主体资格。丧失资格后，会发生一系列需要处理的法律问题。

四、行政主体的职权与职责

（一）行政职权

行政职权是国家行政权的转化形式，是行政主体实施国家行政管理活动的资格及其权能。行政职权主要有固有职权和授予职权两大类。固有职权，随行政主体的依法设立而产生，并随行政主体的消灭而消灭；授予职权，是来自于有权机关的授权行为，授予职权既可因授权机关收回授权而消灭，也可因行政主体的消灭而消灭。

（二）行政职责

行政职责是行政主体在行使职权过程中必须承担的法定义务。任何行政主体在享有或行使行政职权的同时，必须履行职责。行政职责随行政职权的产生、变更或消灭而发生相应变化。行政职责本质上是义务，不能抛弃或违反，否则将承担相应的法律责任。

行政职责的核心是"依法行政"。其具体内容主要有下列几项：

1. 行政主体必须按照法定职权，在法定的权限范围内履行职务，不得失职、越权或滥用权力。
2. 行政主体实施的行政行为，必须严格遵守法定程序，避免程序违法。
3. 行政主体还必须遵循合理、适当的原则，避免行政失当。

五、行政主体之间的关系

行政主体之间的关系，是指行政主体之间根据法律的规定而具有的在行使行政权力、履行行政职责、实施行政活动过程中所形成的法律关系。由于这种关系要由行政法来调整，在实践中非常重要，必须加强研究。一般认为，行政主体之间的关系可以分为纵向和横向两种。

（一）行政主体之间的纵向关系

这是指以隶属关系为基础的行政主体之间的关系，主要表现为上下级之间的关系，主要分为领导关系和指导关系。

1. 领导关系。这是指某行政主体依法有权命令、指挥和监督另一行政主体。有领导权的行政主体有权直接改变或撤销被领导行政主体的职务行为，被领导的行政主体依法接受领导并服从指挥，否则将被视为失职。根据我国的有关法律，领导关系主要存在于行政机关之间、行政机关和其他行政主体之间。

（1）行政机关之间的领导关系。它是指具有行政主体资格的行政机关之间在行使行政职权、履行行政职责的活动过程中所形成的领导关系。我国行政机关系统内部本身具有完整的体制结构和共同的行政目标，从法律规范的规定以及实际中的具体操作来讲，为了履行统一的国家行政职能，有效提高行政效率，保障稳定的社会秩序，在行政机关内部必须形成一种监督和制约机制。根据我国的行政组织原则，行政机关之间的领导关系主要可以分为两种：一是垂直领导关系；二是双重领导关系。前一种关系中的行政机关一般只接受某个上级行政机关的领导，如各地方海关只接受国家海关总署的垂直领导、省级以下工商行政管理部门只接受上级工商行政管理部门的领导。后一种关系中的行政机关依法要接受两个以上行政机关的领导，如地方各级监察部门，它们既要接受本级人民政府的领导，又要接受本部门系统内上级监察部门的领导。这种双重领导多数发生在地方人民政府的职能部门身上。在双重领导关系中，业务上一般主要接受上级主管部门的领导，如涉及行政复议问题，行使复议权的机关原则上是本职能部门系统的上一级行政机关。因为复议问题解决的核心是具体行政行为的合法性和合理性，而具体行政行为的合法性和合理性总是同本职能部门系统的专项行政业务紧密联系的。当然这也不是绝对的，考虑到行政相对人提起行政复议的便利，法律也规定了同级人民政府对其行政职能部门的具体行政行为进行复议的制度。如省级人民政府的职能部门实施的具体行政行为，行政相对人如有异议拟提起行政复议，也可向省人民政府提起，由其作为行政复议机关，而由省政府法制工作机构具体办理行政复议事项。

（2）行政机关和其他行政主体之间的领导关系。行政机关与获得法律、法规和规章授权的其他行政主体之间，一般来说是不能发生领导关系的。但是，当得到法律规范的授权后，这些行政主体依授权所从事的每项行政事务，都涉及或归属一定的行政管理领域，如市容卫生工作归属环境卫生机关，道路交通安全的监督检查归属公安机关。这些涉及公共事务的行政管理工作先前由行政机关承担，但是为了更好地完成这些公共行政事项，充分发挥社会组织在一些专业性、技术性较强领域的特长和优势，这部分工作通过法定授权的方式，从行政机关中划分出来交由一些社会组织承担，而行政机关则对它们进行业务领导和监督。行政相对人如对其他行政主体的行政行为不服可以向对其有领导关系的行政机关提出行政复议。如区卫生防疫站的直接主管机关是区卫生行政机关。因不服区卫生防疫站的具体行政行为而申请复议的，由区卫生行政机关管辖。

2. 指导关系。这是指作为指导方的行政主体对作为被指导方的行政主体享有指导权，但没有指挥命令权，前者无权直接改变或撤销后者的行为，如果被指导者拒绝接受指导不会引起法律责任问题。如我国各级人民政府的职能部门的上下级之间，有不少就属于行政系统内部的业务指导关系。

（二）行政主体之间的横向关系

这是指没有相互隶属关系的行政主体之间在行政活动中形成的关系，也可以称为公务协作关系或非隶属性关系。这种行政主体之间没有级别之分，如江苏省公安厅与江苏省教育厅之间的关系。横向关系既可以发生在同级行政主体之间，具体包括同一职能性质的同级行政主体之间和不同职能性质的同级行政主体之间，前者如县级公安机关之间，后者如县级公安机关与县级监察机关之间；也可以发生在不同级别的行政主体之间，包括同一职能性质的不同级别行政主体之间，不同职能性质的不同级别行政主体之间，前者如甲市公安局与乙区公安局之间，后者如甲市公安局和乙市某区工商局之间。

横向关系一般称为公务协作关系，而这又可以依法划分为两种关系，即法定公务协作关系和自由公务协作关系。前者是指法律、法规等明确规定应当进行的公务协作关系，在这种关系中，法律规范对公务协作的条件、范围、主体等都作了明确的规定，在法定的范围内，一方行政主体有权请求其他行政主体进行公务协作，被请求的行政主体不能拒绝，否则要承担法律责任；后者是指法律规范没有对公务协作的条件、范围、主体等作明确的规定，对于行政主体的公务协作请求，由请求机关和被请求机关根据具体情况协商解决。

第三节 行政机关

一、行政机关的概念及特征

（一）行政机关的概念

行政机关有广义和狭义之分。狭义的行政机关是指各级人民政府，而广义的行政机关指各级人民政府及其职能部门。行政实务中提到的行政机关是广义上的行政机关，是指人民通过自己的代议机关依宪法和行政组织法的规定设置的行使国家行政权力、履行国家行政职能的专门国家机关。

（二）行政机关的特征

行政机关有以下几个特征：

第一，行政机关是执行国家行政职能的专门国家机关，是依法成立的代表国家行使行政权力的组织。这是行政机关区别于其他行政主体和国家机关的重要方面。社会组织和社会团体在法律、法规的授权下也拥有一定的行政权力，对社会进行一定的管理和服务行为。但它们属于代表国家执行行政职能的专门机构，而不属于行政机关。同时，除行政机关外，国家还设立了如立法机关、司法机关等国家职能机关，分别行使立法权与监督权、审判权与检察权等国家权力。

第二，行政机关设立的依据是宪法和行政组织法，其权力来源是宪法和行政组织法，自其依法设立之日起行使行政职权，不再需要法律的另行授权，这使它与法律、法规和规章授权的组织不同。如果没有单行法律、法规和规章的授权，其他组织就不能成为行政主体。

第三，行政机关具有固定的行政组织机构及公务员编制。为完成法定的行政职能，在行政机关成立时要设置一定的机构和职位，获得相应的编制和公务员配备，具备与其行政职能相适应的办公条件和行政经费预算。没有固定的组织机构和人员编制的组织，是临时性的组织而不是行政机关。

二、行政机关的法律地位

行政机关的法律地位包括以下内容。

（一）行政机关是权力机关的执行机关

行政机关在国家机关中的地位是就其整体而言的，按照我国宪法的规定，行政机关由国家权力机关即全国和地方各级人民代表大会选举产生，并严格执行权力机关的各种决定和决议。在国家的公共行政中，行政机关就国家和社会公共事务领域内的管理和服务行为在社会事务中具有主导性，当然这种主导性必须在宪法和法律规定的范围内进行。行政机关的执行性表现在执行法律、法规和决定、决议的过程，是执行国家意志、代表人民利益的过程。当然，有的行政机关直接向权力机关负责，如各级人民政府；有的间接向权力机关负责，如政府的职能部门。但行政机关都必须依法行政，自觉接受权力机关的监督。

（二）行政机关在行政组织系统中的不同地位

在行政组织系统中，不同的行政机关具有不同的法律地位，一般来讲，中央行政机关的法律地位是决策机关，地方行政机关是具体执行机关，决策机关是行政组织的核心。另外，也有的行政机关是专门的监督机关，如各级人民政府设立的监察机关。当然决策机关和执行机关并不是截然分开的，有的决策机关本身也是执行机关，执行机关有时也可以是决策机关。行政机在行政系统中的地位不同和等级不同使复杂的行政事务得到了具体的分工，有利于行政管理和服务的统一和高效。

（三）行政机关是具有主体地位和资格的管理机关

多数情况下行政机关拥有行政权力，能以自己的名义独立行使职权并承担由此产生的法律责任，从而具有行政主体资格。在行政行为的实施过程中，行政机关拥有一些必要的强制手段，可以通过发布行政命令、采取强制措施、给予行政处罚等实现行政目的。行政相对人对行政机关的行政行为不服，只能通过法定程序救济自己认为被损害的合法权利，如行政复议、行政诉讼、国家赔偿等。需要指出的是，并非所有的行政机关都具有行政主体资格，有些行政机关是行政组织内部的机构，不能对外直接作出行政行为，如国务院办公厅。

三、行政机关的分类

在行政法上，按照不同的标准可以对行政机关作各种分类。通常将行政机关分为中央行政机关、一般地方行政机关、民族区域自治机关和特别行政区行政机关四类。当然，学界对行政机关还有很多划分方式，现根据行政机关体系和行政权的特征作以下介绍。

（一）中央行政机关和其他行政机关

以行政机关的职能活动范围区域为标准，可以划分为中央行政机关和一般地方行政机关、民族区域自治机关、特别行政区行政机关。中央行政机关的行政活动及于全国，其制定的行政法规和部门规章、发布的决定和决议在全国范围内都有约束力。这种行政机关主要是指国务院及其职能部门。一般行政机关是我国设立在非民族区域自治地方和特别行政区之外的行政组织，在宪法和法律规定的范围内活动。而民族区域自治行政机关的活动除了要受宪法和法律的限制外，另外的一个重要方面，就是要遵守自治条例和单行条例的规定。一般行政机关和民族区域自治机关在国家法律有统一规定的范围内一般不存在特殊性，而特别行政区行政机关是按照我国的宪法和有关的基本法而设立的行政管理机关，与前两种行政机关相比有较大的特殊性。

（二）外部行政机关和内部行政机关

以行政机关的管辖对象不同，可以将其分为外部行政机关和内部行政机关。外部行政机关，是指对社会公共事务进行管理和服务的行政机关，其对象是行政相对人。内部行政机关，是指对行政组织系统内部行政事务进行管理和领导的行政机关，其行政权力作用的对象是行政机关、行政机构和公务人员。外部行政机关和内部行政机关就组织形态而言是较难加以区分的，但是在管理、服务的手段和行为效力上却是不同的。外部行政机关与行政相对人之间形成外部行政法律关系，行政相对人对行政机关的行政行为不服，依法可以向有关国家机关提起行政复议、行政诉讼或国家赔偿。而内部行政机关依据内部权限和内部规范性文件作决定，不能对外行使行政权力。内部行政法律关系争议也不能像外部争议一样向有关国家机关提起行政复议、行政诉讼或国家赔偿。

除此之外，还可以根据行政机关担任任务的性质为标准划分为决策机关、辅助参谋机关、监督机关和执行机关；根据行政机关使用经费的类别为标准分为使用行政经费的行政机关和使用事业经费的行政机关；根据行政机关存续时间的长短划分为常设行政机关和临时行政机关；根据行使职权的方式和程序为标准，将行政机关划分为首长制行政机关和委员会制行政机关。而国外，常以构成为标准将行政机关分为独任制机关和合议制机关。

四、行政机关的职权与职责

（一）行政职权和行政职责的概念与特征

1. 行政职权和行政职责的概念。行政机关作出行政行为应当遵守的法治原则是"法未授权即禁止"。就是说，行政机关必须在法律规定的范围内活动，凡是法律规范作了明确规定的，行政机关就可以为一定的行为，也必须为一定的行为，前者是行政机关的职权，后者是其职责。这一点与公民的权利正好相反，法治对公民的要求是"法未禁止即自由"，是指只要是法律没有明令禁止的，公民都有权利作出一定的行为。

行政职权，是指行政机关依法享有的对国家和社会的公共行政事务进行组织管理和服务的权力。行政职责，是指行政机关依法在行使行政职权的过程中必须承担的法定义务。行政机关依据宪法和有关法律、规范的规定，有保障国家安全，维护社会秩序，保障和促进经济的发展、文化的进步，健全和发展社会保障和社会福利，保护和改善人类生活环境和生态环境的义务。行政机关在此的行政行为是行使其行政职权，但同时这也是履行其行政职责。行政机关在行使职权的过程中要严格依法办事，否则就是违法行政，如果行政机关不履行行政职责，那也是违法行政。由于在行政法律关系中权利和义务的一致性和重合性，行政职权和行政职责也是重合的、一致的。

2. 行政职权的特点。

行政职权作为行政权的具体表现形式具有以下几个特点。

(1) 命令性。行政机关行使行政职权时，通常表现为作出某种行政决定，向行政相对人发布行政命令，禁止行政相对人作出一定的行为，要求履行某种义务，限制一定的权利。而行政相对人通过执行行政机关依法作出的有关命令，履行遵守法律和服从行政管理的义务。但行政指导等非强制性行政行为除外。

(2) 强制性。行政职权是法定的权力，以国家强制力保障实施。行政相对人如不服从行政机关依法作出的行政行为，行政机关有权采取一定的强制措施迫使行政相对人履行义务。由于行政机关要进行社会公共事务的管理和服务，维护社会秩序，所以，其行政行为具有强制力是必要的。当然，在现代市场经济条件下，有些行政行为已呈现出非强制性的特征，如行政指导行为、行政合同行为等。

(3) 不可自由处分性。行政职权是行政权的具体化，行政权则是国家政权的组成部分，其代表的是国家的意志，未经法律许可，行政机关及其公务人员不得随意转移或放弃。行政机关行使行政职权的基本规则由法律明确规定，即在法定权限内根据事实和法律按法定程序行使。

行政机关在行使行政职权时，依法还享有行政优益权，其包括行政优先权和行政受益权两个方面的内容。

(1) 行政优先权。指行政机关在行使行政职权时依法享有的种种优惠条件。而行政机关欲享有行政优先权，必须具备三个条件：①行政优先权的享有主体必须是行政机关，行政相对人不能享有行政优先权；②行政机关必须在执行公务的过程中确为实现行政目的方能享有这种权力；③行政机关所享有的行政优先权必须是法律所特许的。

行政优先权的主要内容有以下几个方面：

第一，先行处置权。行政机关在行使行政职权时，法律一般要求其遵循一定的法定程序，但是当发生紧急情况时，行政机关可以不受行政程序的制约，先行处置，事后补齐有关的手续。先行处置权是一种强制性权力，不是对行政相对人实体权利和义务的处分。

第二，获得社会协助权。它是指行政机关从事公务活动时，有关的机关、组织、个人均有协助的义务。与行政机关的先行处置权相比，获得社会协助权的义务性更强，违法拒绝协助的或妨碍其他组织或个人协助行政机关行使行政职权的，要受到行政处罚或行政处分。

第三，推定有效权。它是指行政机关行使行政职权的行为一经成立就承认并确定其效力。行政机关的行政行为并非一经作出即具有终局效力，其中许多还可能通过行政复议、行政诉讼来最终确定。但是为了保持行政权的主动性，保障行政秩序的稳定性和连续性，行政机关对国家和社会公共事务的管理必须迅速有效。所以行政法律规范特许行政机关的行政行为可以推定有效。在有权机关通过法定程序变更、撤销之前，行政行为一直有效，法律另有规定的除外。

（2）行政受益权。它是指行政机关行使行政职权时依法享有的各种物质条件。行政机关为了有效行使行政职权，提高行政效率，维护行政秩序，国家必须向其提供各种物质条件，如行政经费、交通工具等。

（二）行政机关的行政职权

1. 行政立法权。行政立法权即行政机关制定和发布行政法规和行政规章的权力。如，国务院制定的行政法规、有规章制定权的地方人民政府制定的地方规章。必须明确，不是所有的行政机关都有行政立法权，我国宪法和行政组织法只赋予了某些特定的行政机关以行政立法权。行政法规只能由国务院制定，行政规章只能由国务院的职能部门，省、自治区、直辖市人民政府，省、自治区人民政府所在地的市，国务院批准的较大的市人民政府等制定。同时应当明确，行政立法权是一种从属性的权力，是从属于权力机关的一种权力。其根本上是一种执行性的行政权，行政机关拥有行政立法权的根本目的是执行权力机关的意志、执行国家的法律，它没有法律外的创设权，行政立法的内容不能与法律相抵触，否则无效。当然，行政机关可以在法律规定的权限内，制定相关法律的实施规范、解释规范或者创设性和补充性规范。

行政机关除了行政立法权外，还有其他抽象性行政行为的制定权，如宪法规定县级以上人民政府可以发布具有普遍约束力的规范性文件、规定行政措施。行政措施，是指行政机关制定的在本辖区内有效的行政规范和采取的具体行政手段。

2. 行政命令权。即行政机关向行政相对人发布命令，要求行政相对人为一定的行为或不为一定行为的权力。行政命令可以是抽象行政行为也可以是具体行政行为，因为它可以针对不特定多数的相对人，也可以针对特定的相对人。其外在的形式表现为通告、规定、决定、命令等。

3. 行政许可权。即行政机关依法赋予行政相对人从事某种事项或资格的权利。如卫生行政管理机关颁发卫生许可证。必须明确的是，这种行政职权是非职权性的，只有在行政相对人主动向行政机关提出申请以后经审查符合法律规定的条件的，行政机关才可以通过颁发某种许可证或执照允许行政相对人从事某种原为法律所禁止的行为。

4. 行政确认权。即行政机关赞同或否定行政相对人的某种法律地位或权利义务的权力。如行政机关基于行政确认权而对农村土地所有权或使用权的确认，交通警察对交通事故责任的认定等。

5. 行政监督检查权。即行政机关为保证行政管理目标的实现而对行政相对人遵守法律规范、履行法定义务情况进行监督检查的权力。作为行政职权，行政检查权同样具有强制力，行政相对人有义务接受行政机关依法进行的监督检查，否则，有关行政机关有权采取某种强制措施或给予行政处罚。但是一般来说，行政监督检查并不影响行政相对人的实体权利，而只是增加相对人的程序性义务。如果行政机关在检查中发现相对人有违法的事实和证据，就可以引出另外一个行政处罚行为。由此，行政监督检查可以是独立的行为，也可以是其他行政行为的过程行为。

6. 行政奖励权。即行政机关依法给予模范守法或有重大贡献的相对人以物质或精神奖励的权力。行政机关作出行政奖励行为必须依照法律的规定，具备行政奖励的职权。其特点是行政奖励行为不具有强制力，行政相对人可以选择接受或拒绝。

7. 行政裁决权。即行政机关对与行政管理事项有关的、具有较强专业技术的特定民事纠纷进行审查并作出裁决的权力。现代社会事务纷繁复杂，行政机关为保证社会秩序的稳定，必须赋予行政机关以行政裁决权，以便迅速处理诸如医疗事故、专利、交通事故、运输、劳动就业、自然资源权属等方面的争议。行政裁决的对象是民事纠纷，但是这些纠纷必须是与行政管理有关的。

8. 行政强制权。即行政机关在进行行政管理的过程中，对违法不履行法定义务或已生效的行政规范性文件确定的义务的行政相对人的人身或财产，采取强制措施，迫使其履行法定义务或达到与履行义务相同状态的权力。

9. 行政处罚权。即行政机关在行政管理过程中，为维护公共利益和社会秩序，保护公民的合法权益而对有侵害行政管理秩序的行政相对人依法予以行政制裁的行为。行政机关可以对行政相对人实施申诫罚、财产罚、能力罚、人身罚等行政处罚。

10. 行政合同权。即行政机关在实施行政管理和提供服务的过程中，为实现国家的某些行政目标和任务而与其他行政机关、社会组织、个人协商一致，签订协议的权力。现代行政要求只要能达到行政目的，行政机关不一定都要采用强制命令的手段，有时采取一些与行政相对人平等协商的方式能更好地达到行政目的。而且行政机关也不可能包办一切公共事务，不少事务还需要社会组织来主导实施，行政合同便是很好的手段。

11. 行政指导权。即行政机关享有的在其职权和管辖的范围内，为适应复杂多变的社会和经济生活的需要，基于国家法律规范或法律原则，适时灵活地采取非强制性措施，作出指导行为，在行政相对人认同或协助下，实现一定行政管理目的的权力。行政指导权是特殊的，不具有强制性，实际上是针对作为指导者的行政机关的职责。在市场经济条件下，行政机关在市场经济建设中应当发挥特殊的行政作用，扮演积极行政的角色。

第四节　被授权组织

一、被授权组织的概念和特征

被授权组织也常被称为法律、法规授权组织，是指因国家宪法和行政组织法以外的单行法律、法规将某一方面的行政职权的一部分或全部，通过法定方式授予其行使的组织。一般来说，被授权组织具有以下几方面的特点。

（一）必须具有法律、法规的明确授权

被授权的组织在得到法律、法规的授权之前，不具有处理被授权事项的行政主体资格。即便被授权组织在得到授权之前已是行政主体，它要获得该种事项的独立处理权，也必须有法律、规范的另行授权。在授权的法律、法规中，必须对被授权者授予权力的内容、范围、时限等情况作明确的规定。

（二）被授权的组织是指行政机关以外的组织

在得到法律、法规的授权之前，该组织的活动一般被视为民事行为，多数没有行政主体资格；而行政机关自成立之日起即享有行政职权，其职权行为是行政行为，具有行政主体资格。被授权的组织是行政机关以外的组织，主要包括行政机构和社会组织。

（三）授权必须符合法定方式

授权方式必须要有法律、法规的具体规定，一般来说有两种。第一，是法律、法规直接授予的职权。如《植物检疫条例》第3条规定，县级以上地方各级农业主管部门、林业主管部门所属的检疫机构，负责执行国家的植物检疫工作。第二，是法律、法规规定由特定的行政机关授予行政职权。如《外国人入境出境管理法》第25条第2款规定，中国政府在国内受理外国人入境、过境、居留、旅行申请的机关是公安部、公安部授权的地方公安机关和外交部、外交部授权的地方外事部门。

二、被授权组织的类型

（一）行政机构

行政机构是行政组织的构成要素之一，是各级人民政府或其职能部门根据行政管理的需要设置的，用以协助行政机关处理和具体办理各项行政事务和机关内部事务的办公和办事机构。行政机构没有行政主体资格，所以只能以所属机关的名义对外行使职权。但是由于专业上、技术上的需要和行政事务的复杂性等诸多因素，为提高行政效率和维护公共利益与社会秩序，行政机构在得到法律、法规授权的条件下可获得行政主体资格，以自己的名义独立行使某项或某部分行政职权，并承担由此产生的法律责任。根据我国法律、法规的有关规定以及行政活动的实际情况，行政机构成为行政主体的情形有以下三种情形：

1. 行政机关的某些内部机构。它既包括各级人民政府的内部机构和临时机构，也包括各级政府职能部门的内部机构。其中最主要的是政府职能部门的某些内部机构，如《水污染防治法》第4条规定，各级交通部门的航政机关可独立对外行使行政执法权。

2. 各级政府职能部门的派出机构。它是指政府中的职能部门根据工作需要设立的，代表该行政机关在一定的职权范围内从事某些行政事务的组织。这些派出机构原本没有行政主体资格，没有独立的法律地位，只有在获得单行法律、法规授权的情况下，才能以自己的名义独立实施行政职权，拥有行政主体资格。如《治安管理处罚法》第91条规定："治安管理处罚由县级以上人民政府公安机关决定；其中警告、五百元以下的罚款可以由公安派出所决定。"派出所经此授权就拥有了"警告、五百元以下罚款"的处罚权，从而具备了行政主体资格。

3. 行政机关中依法定授权而设立的行政机构。这是指由于某些行政事务专业性、技术性强，法律、法规直接明确规定行政机关内应当设立的，并授予其相应的、独立的行政职权，负责该项行政事务的管理职能，从而获得行政主体资格的专门行政机构。

（二）其他社会组织

随着现代行政事务的增加和行政范围的扩大，产生了许多带有社会性和专业性的公共行政事务，由行政组织来包办这些事务难以适应现代社会不断出现的新形势的需要，也无法收到良好的社会效果。根据行政法学的研究成果，现代分权理论认为，通过法律、法规授权行政组织以外的社会组织行使一些行政职能有其重要的意义和必然性，这样既可以减少行政机关和公务员的数量，从而降低行政管理成本，并提高行政管理和服务的效率，又可以发挥社会组织对公共事务参与的积极性，发挥社会组织特有的在许多专业性和技术性事务处理上的优势。

当然，根据我国现阶段的行政法规则，其他社会组织要以自己的名义对外作出一定的公共行政行为并独立承担法律责任，必须得到法律、法规的明确授权。一般认为，可以获得授权而成为行政主体的社会组织包括：行政性公司、有行政职能的事业单位、基层群众性自治组织、少量有行政职能的企业单位、有行政职能的社会团体等。

1. 行政性公司。这是指既具有公司的基本构成要件，从事经济活动，又要承担某方面行政职能的组织。在计划经济体制下，很多行业都由国家成立的大型企业垄断经营，这些企业不但从事经营性活动而且还被国家赋予了一些重要的行政职权，可以实施一定的行政管理权。例如，电力公司不但可以从事电力的交易活动，而且还可以对违反电力管理规定的行为实施行政检查和处罚权。很显然，行政性公司的这种现状是不符合市场经济的规律和法治的要求的。市场经济不能容忍一个组织既是其中的竞争者又是竞争规则的裁判者和管理者，否则，该领域的市场经济主体无法获得平等的竞争权。所以，今后需要对这些行政性公司进行改革，将其行政管理的职能排除，交由专门的行政执法机关或者行业组织来行使。

2. 具有行政职能的事业单位。如大学，由于《高等教育法》等法律规范的授权，取得了对学生在校期间学习和生活等各方面的行政管理权，从而获得了行政主体资格。

3. 基层群众性自治组织。根据我国宪法，基层群众性自治组织主要是农村村民委员会和城市居民委员会。按其性质来说，它们不是行政主体，但是由于相关组织法的授权而获得了行政主体资格。如《村民委员会组织法》第2条第2款规定，村民委员会办理本村的公共事务和公益事业，调解民间纠纷，协助维护社会治安，向人民政府反映村民的意见、要求和提出建议。

4. 有行政职能的社会团体。社会团体经法律、法规的授权，可以获得行政主体资格。如《消费者权益保护法》第37条授予了消费者协会对商品和服务的监督、检查和受理消费者投诉并对投诉事项进行调查、调解等职权。另外，中国足球协会得到《体育法》的授权后取得了与足球有关的事项的行政管理权，获得了行政主体资格。《体育法》第40条规定，全国性的单项体育协会管理该项运动的普及与提高工作，代表中国参加相应的国际单项体育组织。

第五节 受委托组织

一、受委托组织的含义及特征

（一）受委托组织的含义

这是指受行政机关的依法委托，以委托机关的名义行使行政职权，并由委托机关承担法律责任的组织。能够成为受委托组织的可以是行政机关、社会组织和公民个人。在多数情况下，能成为受委托组织的是社会组织。社会组织既可以因法律、法规的授权成为行政主体，也可以通过行政机关的依法委托成为受委托组织。当然，社会组织在行政管理活动中更多时候是行政相对人，所以，社会组织首先是行政相对人，其次才是因行政公务协助的要求，成为受委托组织或授权组织。行政机关本来就具有行政主体资格，具有一定的行政职权，但这并不影响它成为受委托组织。个人也可以成为受委托对象，如原铁道部曾发布《关于禁止在旅客列车上随地吐痰、乱扔脏物和在不吸烟车厢吸烟的规定》，该规定第3条第2款规定，各次列车的列车员同时是卫生监督员，卫生监督员要认真执法，对违反本规定者予以批评和罚款。由于个人缺乏成为行政主体的必需条件，本规定授权的对象是铁路部门，列车员是受铁路部门的委托行使批评和罚款权的具体执行人。

（二）受委托组织的特征

第一，受委托组织的行政职权来自行政机关的委托。委托是由委托机关具体实施的，因而委托的发生取决于行政机关的委托决定。当然，行政机关进行委托时，应当有法律、法规和规章的依据。

第二，行政机关委托的对象应当符合法定的条件。不能将行政职权委托给不符合条件的组织行使。这一点，我国的《行政处罚法》作了明确的规定。该法第19条对受委托行使行政处罚权的组织的条件作了明确规定：一是依法成立的管理公共事务的事业单位；二是具有熟悉有关法律、法规、规章和业务的工作人员；三是对违法行为需要进行技术检查或者技术鉴定的，应当有条件组织进行相应的技术检查或者技术鉴定。

第三，行政职权的委托不发生职权、职责、法律后果及行政主体资格的转移。前面我们已经讲到，受委托组织行使的是行政机关的行政职权，它只能在行政机关委托的权限范围内，以委托机关的名义实施行政活动，其法律后果由委托机关承担，受委托组织并不会因为能行使行政职权，就永远具有该行政职权，也并不能因此而具有行政主体资格。

第四，有些专有的行政权力不能进行委托。例如，公安机关具有的行政拘留权，税务机关的征税权。现实中，有些地方的税务所、局把向农民征收相关农业税收的权限委托给村委会甚至于委托给村里的权威人士收取的做法是错误的。

二、行政委托与相关概念的区别

（一）行政委托与行政机关之间的公务协作

由于现代社会行政事务错综复杂，单个行政机关往往很难独自承担，所以，行政机关之间的公务协作愈来愈频繁。但是必须将行政委托和公务协作区分开来。公务协作可以分为法定公务协作和自由公务协作。前者是指由法律、法规明确规定的应当进行的公务协作；后者是指法律、法规对公务协作的条件、范围、主体等均未明确规定，对行政机关相互之间的公务协作请求，由请求机关与被请求机关根据具体情况进行协商解决，但是，条件是不违反法律、法规有关职责与权限的规定。由此可见，行政委托的主要特征是受委托组织是以委托组织的名义作出行政行为的。而公务协作则是一种公务上的合作与帮助，被请求机关还是以自己的名义行使自己原有的行政职权。

（二）行政委托与行政授权

两者是不同的法律概念，其区别主要表现在以下几个方面：

1. 职权来源方式不同，受委托组织的行政职权来自行政机关的委托，它本身并不具备该行政职权。而授权组织在得到法律、法规的授权（以及特殊情况下的规章的授权）后，就取得了该行政职权。

2. 针对的对象不同，行政委托的对象既可以是行政机关，也可以是其他社会组织甚至个人。而行政授权的对象是行政机关以外的组织，包括行政机构和社会组织，个人不能成为法律、法规和规章的授权对象。

3. 法律后果不同，受委托组织是以委托组织的名义实施行政行为，其行为的法律后果由委托组织承担。所以，委托组织有权力也有义务监督受委托组织行使委托的行政职权。如果受委托组织的行为违法，委托组织要承担法律责任，如果受委托组织有故意或有重大过失的，委托机关也有权追究其法律责任。

三、行政委托的规则

行政机关进行行政职权的委托，不是任意的，而是一定要按照实施公共管理和服务的需要，按一定的法律规定进行。借鉴有关的法律对行政委托的规定，我们认为，行政机关进行行政委托，一般要遵守以下几方面的规则。

（一）行政委托不得违反有关行政职权行使方面的法律规定和法律原则

委托行使的行政权力，要区分对行政相对人权益的影响程度，对于如行政处罚、行政强制、大额罚款等这些对行政相对人的人身权、财产权关系重大的行为，一般要有法律、法规的明确依据，否则委托机关要承担法律责任。

（二）委托机关对受委托组织行使行政职权进行监督并承担责任

委托行政机关依法将行政职权委托给一定的组织行使后，不是从此与自己没有关系了，必须随时对受委托组织行使行政职权的情况进行了解、指导和监督。如果发现受委托组织及其工作人员有违法行为的，可依法进行教育，责令其改正，直至取消委托。委托机关要承担由于委托行为而产生的法律责任。受委托组织有重大过失或故意违法的，委托行政机关可依法对其进行追究或追偿。

（三）受委托组织在依法接受行政委托后不能进行转委托

受委托组织要根据委托的权限认真进行一定的管理或服务活动，如果因某些情况无法完成受委托事项的，可以与委托行政机关协商取消行政委托。擅自对行政权力进行转委托的要依法追究该组织及其负责人和直接责任人的法律责任。

（四）受委托组织须以委托机关的名义实施行政职权

受委托组织不因获得行政职权而取得行政主体资格，其行为的后果由委托机关承担。不能以自己的名义实施行政行为。

（五）行政委托是要式行政行为

委托行政机关应当按照规定的要求履行相应的手续方能进行行政管理权力的委托。

第六节 行政公务人员

一、行政公务人员概述

"公务员"一词来源于英语 Civil Service 或者 Public Officers，其意思是文官或公务员，也有学者将其称为文职公务员或一般公务员。公务员是最主要的行政公务人员。在英国，上至常务次官下至清洁工都可以是文官或公务员。由于我国的公务员制度是从西方学习和借鉴而发展形成的，所以，在此我们先要对西方的文官制度作简单的介绍。

英国的文官制度对于保持行政的连续性和效率性起到了很大的作用，可以说，没有文官制度，英国资产阶级的政党政治和议会民主就不可能施行。政务文官和常任文官互相配合，表现为政治生活中的动中有定、定中有动，可以兼顾英国资产阶级政府组织所企图达到的民主和效率两个目的。英国文官的概念在不同的场合有不同的含义，行政学意义上文官的含义要比行政法上广泛得多，即使在行政法上有时也不尽相同。1931年，汤姆林文官调查委员会认为，"文官是指在政治和司法的职务以外，以文职资格录用的，报酬全部直接由议会所通过的款项支付的英王公仆而言"，据此可以认为，英国的常任文官是指除了这5类人员以外的政府人员：①政务官和法官；②军官；③警察；④地方政府和公法人的职员；⑤政府各部门临时使用的人员。

日本的法律在第二次世界大战后将公务员分为两种：第一种是国家公务员，是指在中央政府机关、国会、法院、国立学校和医院及国有企业事业等单位供职的人员。第二种是地方公务员，是指在地方政府机关、地方立法机关、地方法院和地方政府经营的企业事业单位工作的人员。日本的公务员还有特别职和一般职之分。前者是指任免有特别规定的职务，如议员；后者是指上至事务次官下至各官厅的清洁工在内的所有工作人员。

法国的公务员一词有不同的意义，在日常用语中，公务员的内涵极为广泛，有时指全体行政人员，有时指公职人员。在法律用语中，公务员的含义也不一致，例如刑法对公务员的定义与行政法不同。行政法学一般讲的公务员是指行政机关中具备某些条件的文职人员，特别是指1983年和1984年《公务员法》中所指的公务员。所以，法国的公务员一种是指适用其《公务员法》的公务员，另一种是不适用《公务员法》的公务员，如审判官、议会工作人员等。

美国的公务员的含义也不尽相同。首先，范围最大的是政府雇员，包括职类人员、非职类人员和军事人员三部分；其次是文官，它包括职类人员和非职类人员两部分；最后是职业文官，它只包括职类人员和非职类人员中例外人员的绝大部分。

一直以来，在我国，公务员指的是1993年国务院颁布生效的《国家公务员暂行条例》中所讲的公务员；该条例第3条规定："本条例适用于各级国家行政机关中除工勤人员以外的工作人员。"因此，按照该条例的规定，我国的公务员是指国家依法定方式和程序考核录用的，在中央和地方各级行政机关中行使国家行政权力，执行国家公务的人员。而那些在党务机关、立法机关、司法机关、社会团体、企业事业单位工作的人员不是公务员。一切行政机关离退休人员、聘用人员、行政机关内的工勤人员、未经法定方式和法定程序任用的工作人员都不是公务员。从2006年开始我国的公务员制度发生了重大变化。2006年1月1日，全国人大常委会通过的《公务员法》正式施行，该法第2条规定："本法所称公务员，是指依法履行公职、纳入国家行政编制、由国家财政负担工资福利的工作人员。"这是通过立法的方式明确规定了我国公务员的定义。由此，我国公务员的范围变得非常宽泛，既包括了权力机关、行政机关、审判机关、检察机关的全部公职人员，还包括上述国家机关以外的组织——即中国共产党机关、各民主党派机关以及政协等机关里从事公务的公职人员。这种做法在世界范围内来看都是十分特殊的。虽然公务员的范围已经非常宽泛，但是《公务员法》实际所调整的范围还要更加宽广，因为在该法的"附则"部分还规定："法律、法规授权的具有公共事务管理职能的事业单位中除工勤人员以外的工作人员，经批准参照本法进行管理。"这种单位也就是人们常说的法律、法规授权组织中的一部分。尽管被授权事业单位中的这些工作人员在身份上并非公务员，但其职位的取得、履行与丧失也要受到《公务员法》的调整，成为事实上的"公务员"，行政管理实务中常称之为"参公管理人员"。

二、行政职务关系

（一）行政职务关系的含义与特征

要了解行政职务关系，就有必要搞清行政职务的内涵，一般认为，行政职务是为了有效地实施国家和社会管理或服务，在各种行政组织中具有法定权利和义务的国家公职。行政职务是公务员与国家构成职务关系的基础。

由此，行政职务关系是指公务员基于他的行政职务而与国家构成的权利和义务关系。

它包括了以下几方面的内容：

1. 行政职务关系从本质上讲是国家委托关系。行政职权的归属者是行政机关，而行政机关要真正发挥作用依靠的是其任用的公务人员。公务员是以其所在的行政机关的名义实施公务行为。行政机关是国家机关，所以行政机关与公务员之间的关系是国家通过一系列的法律规范，对相应行政职位设定一定的行政职权，由担任该行政职位的公务员行使，无论是国家的最高行政首长，还是行政机关的一般公务员，他们所获得的行政职位都必须通过法定程序。因此，当公民以法定程序进入公务员队伍，在行政机关里担任一定的行政职务后，便可以认定为接受了国家的委托，其行为产生的法律后果归属行政机关，所以可以讲，公务员与国家之间的关系是行政职权的国家委托关系。

2. 行政职务关系的内容是相应的权利和义务。作为行政法律关系的重要内容，行政职务关系的内容肯定也是一定的权利和义务关系。由于国家将行政权力依法归属行政机关行使，而行政职权的行使同时也是要求行政机关履行一定的行政职责。公务员则是行政活动的具体实施者，于是这种行政职权和行政职责就自然而然地转移到公务员身上，表现为与其行政职务有关的权利和义务。行政职权是具体行政事务管理中的法定权利，行政职责是公务员职务上法定的义务。

3. 行政职务关系属于内部行政法律关系。行政职务关系的主体是行政机关和公务员，也是行政组织内部系统主体，主体双方也属于行政组织内的主体，双方发生的争议，也并不涉及行政组织外部的主体，处理争议的机制如行政申诉是内部机制，公务员不能通过行政复议或行政诉讼的方式维护自己的权利。

（二）行政职务关系的产生、变更与消灭

1. 行政职务关系的产生。行政职务始于公民担任一定的行政公职，所以，行政职务的产生是指公民经过法定程序开始担任行政职务，从而与行政机关之间形成一定的职务上的法律关系。在我国，行政职务关系的产生通常有以下几种方式：

（1）选任。这是指国家权力机关通过选举，由一定的公民担任公职从而产生行政职务关系。我国的宪法和行政组织法都规定了地方各级人民政府的正职和副职由同级人民代表大会选举产生。

（2）委任。这是指由权力机关任命公民担任一定的行政公职。如宪法规定，在全国人民代表大会闭会期间，全国人大常委会有权根据国务院总理的提名，决定任免国务院的个别组成人员，决定任免驻外全权大使；国务院有权任免国务院办公机构的副秘书长，各办公室主任，副主任，各部副部长，各委员会副主任等。需要指出的是，委任与选任的区别在于：委任不通过选举方式，可以由权力机关或者由行政机关委任，选任则一定要通过选举方式。

（3）调任。这是指国家行政机关以外的工作人员，依法调入国家行政机关任职。调任适用于行政机关担任行政领导职务或助理调研员以上非领导职务的公务员。我国国有企业事业单位和社会团体的领导不属于公务员序列，但他们享受公务员的部分待遇，具有公务员的部分权利和义务。有的国有企业的领导由行政机关任命，他们具有公务员的资格，具备公务员的基本条件，可以从行政机关以外直接调入担任行政公职。

（4）聘任。这是指行政机关通过招聘渠道或资格审查聘请、任用公务员，从而形成行政职务关系。行政机关以这种方式任用公务员，通常在事前要对拟聘的公民进行审查、考核，如果符合拟聘行政职位的条件，再与其签订聘用合同。聘任在我国的适用范围较小，通常只对专业技术职位的公务员以及农村部分乡镇政府的非领导职位公务员采用聘任。

2. 行政职务关系的变更。这是指公务员在任职期间，行政职务关系内容发生变化但其公务员的身份并没有改变。

致行政职务变化的主要事实有：

（1）转任。指公务员在国家行政机关内的平级调动，使其原有行政职务免除，新的职务重新任命。

（2）晋升。国家机关依法将公务员由原来的行政职务调任另一高的职务。

（3）降职。国家机关依法将公务员由原来的行政职务调任另一低的职务。

3. 行政职务关系的消灭。这是指公务员身份的丧失而终止与国家的行政职务关系。导致行政职务关系消灭的有法定事实和法定行为。主要有以下几种情况：

（1）离休、退休、退职。这是公务员由于年老多病或因其他原因脱离工作岗位进行休息的制度。离休，即离职休养，是我国独有的一种休养制度。1982年4月《国务院关于老干部离职休养的几项规定》中规定，新中国成立前参加中国共产党领导的革命战争以及脱产享受供给制的和从事地下革命工作的老干部，达到一定年龄的，可以离职休养。其政治待遇不变，除原工资照发外，还享受津贴和其他福利待遇。退休，即公务员按照国务院的规定，凡达到一定年龄和参加工作的年限或因工致残，经过医院证明完全丧失工作能力的都可以退休。退职，指年老多病不能继续工作，但不符合退休条件的可按照退职办理，根据工龄长短，按规定发给一次性退职费。

（2）辞退。这是指国家行政机关依照法律、法规规定，解除其同公务员的任用关系。一般认为，是公务员不履行应尽的职责，经教育不改的，由所在行政机关提出建议，按管理权限报任免机关审批强行解除行政职务的行为。

（3）死亡。人的生命终结，行政职务关系自然消灭。

（4）丧失国籍。国籍是公民资格的标志，如果丧失国籍，也就不享有该国公民的资格，行政职务关系必然消灭。

（5）开除公职。如果公务员严重违法失职，违反行政纪律，那开除公职则是最终的行政处分，即剥夺受处分人的公务员资格。受这种处分后，其行政职务关系亦自然消灭。

（6）被判刑。如果公务员的行为触犯了刑法构成犯罪，被判刑，则该公务员就不再具备公务员的法定条件，行政机关应当予以除名，行政职务关系消灭。

三、我国《公务员法》的主要内容

（一）公务员法的基本原则

第一，公开平等的原则。其中公开的要求是法规、政策公开以及行政行为内容的公开。而平等则主要是机会均等，包括公务员录用、考核、培训、奖惩、职务升降、工资福利、辞职辞退和退休方面。

第二，择优原则。公开考试、考核挑选。

第三，法治原则。公务员管理按照法定的权限、标准、条件和程序进行。

第四，监督约束与激励保障并重的原则。

第五，任人唯贤、德才兼备原则。

第六，分类管理原则。分为综合管理类、专业技术类、行政执法类三大类。

第七，公务员依法履行职务原则。公务员执行公务时，认为上级的决定或者命令有错误的，可以向上级提出改正或者撤销该决定或者命令的意见；上级不改变该决定或者命令，或者要求立即执行的，公务员应当执行该决定或者命令，执行的后果由上级负责，公务员不承担责任；但是，公务员执行明显违法的决定或者命令的，应当依法承担相应的责任。

（二）公务员的义务与权利

公务员作为公职人员和人民的公仆，应当认真履行法定的职责和义务，并享有相应的权利。具体来说，《公务员法》第 12 条对公务员的法定义务作出了规定，包括以下九个方面：模范遵守宪法和法律；按照规定的权限和程序认真履行职责，努力提高工作效率；全心全意为人民服务，接受人民监督；维护国家的安全、荣誉和利益；忠于职守，勤勉尽责，服从和执行上级依法作出的决定和命令；保守国家秘密和工作秘密；遵守纪律，恪守职业道德，模范遵守社会公德；清正廉洁，公道正派；法律规定的其他义务。

公务员在履行法定义务的同时，《公务员法》第 13 条也规定了他们应当享有下列八个方面的权利：获得履行职责应当具有的工作条件；非因法定事由、非经法定程序不被免职、降职、辞退或者处分；获得工资报酬，享受福利、保险待遇；参加培训；对机关工作和领导人员提出批评和建议；提出申诉和控告；申请辞职；法律规定的其他权利。

（三）公务员的录用

1. 非领导职务公务员的录用。根据《公务员法》，录用担任主任科员以下及其他相当职务层次的非领导职务公务员，采取公开考试、严格考察、平等竞争、择优录取的办法。其中，中央机关及其直属机构公务员的录用，由中央公务员主管部门负责组织。地方各级机关公务员的录用，由省级公务员主管部门负责组织，必要时，省级公务员主管部门可以授权设区的市级公务员主管部门组织。

2. 报考公务员的条件。

（1）积极条件。具有中华人民共和国国籍；年满18周岁；拥护中华人民共和国宪法；具有良好的品行；具有正常履行职责的身体条件；具有符合职位要求的文化程度和工作能力；法律规定的其他条件。

（2）消极条件。《公务员法》规定，下列人员不得录用为公务员：曾因犯罪受过刑事处罚的；曾被开除公职的；有法律规定不得录用为公务员的其他情形的。

3. 录用程序。

（1）职位空缺。录用公务员，必须在规定的编制限额内，并有相应的职位空缺。

（2）发布公告。录用公务员应当发布招考公告，招考公告应当载明招考的职位、名额、考资格条件、报考需要提交的申请材料以及其他报考须知事项。

（3）条件审查。招录机关根据报考资格条件对报考申请进行审查。报考者提交的申请材料应当真实、准确。

（4）公开考试。公务员录用考试采取笔试和面试的方式进行，考试内容根据公务员应当具备的基本能力和不同职位类别分别设置。

（5）确定人选。招录机关根据考试成绩确定考察人选，并对其进行报考资格复审、考察和体检。

（6）公布名单。招录机关根据考试成绩、考察情况和体检结果，提出拟录用人员名单，并予以公示。新录用的公务员试用期为一年。试用期满合格的，予以任职；不合格的，取消录用。

（四）公务员的工作考核

1. 考核标准。对公务员的考核，按照管理权限，全面考核公务员的德、能、勤、绩、廉，重点考核工作实绩。

2. 考核种类。公务员的考核分为平时考核和定期考核。定期考核以平时考核为基础。对非领导成员公务员的定期考核采取年度考核的方式，先由个人按照职位职责和有关要求进行总结，主管领导在听取群众意见后，提出考核等次建议，由本机关负责人或者授权的考核委员会确定考核等次。对领导成员的定期考核，由主管机关按照有关规定办理。

3. 考核结果。考核的结果分为优秀、称职、基本称职和不称职四个等次。考核的结果应当以书面形式通知公务员本人，并作为调整公务员职务、级别、工资以及公务员奖励、培训、辞退的依据。

（五）公务员的职务变动

1. 任职的方式。依《公务员法》规定，公务员职务实行选任制和委任制。需要指出的是，委任与选任的区别：委任不通过选举方式，既可以由权力机关也可以由行政机关委任；选任则一定要通过选举方式。

根据《公务员法》，领导成员职务按照国家规定实行任期制。选任制公务员在选举结果生效时即任当选职务；任期届满不再连任，或者任期内辞职、被罢免、被撤职的，其所任职务即终止。委任制公务员遇有试用期满考核合格、职务发生变化、不再担任公务员职务以及其他情形需要任免职务的，应当按照管理权限和规定的程序任免其职务。

2. 公务员职务晋升。公务员晋升职务，应当具备拟任职务所要求的思想政治素质、工作能力、文化程度和任职经历等方面的条件和资格。晋升职务，应当逐级晋升。特别优秀的或者工作特殊需要的，可以按照规定破格或者越一级晋升职务。

3. 职务晋升的程序。

（1）民主推荐，确定考察对象。

（2）组织考察，研究提出任职建议方案，并根据需要在一定范围内进行酝酿。

（3）按照管理权限讨论决定。

（4）按照规定履行任职手续。

（六）公务员的奖励和惩戒

1. 奖励的条件。《公务员法》中明确规定，对工作表现突出，有显著成绩和贡献，或者有其他突出事迹的公务员或者公务员集体，给予奖励。具体可以包括以下几种情形：忠于职守；积极工作、成绩显著的；遵守纪律、廉洁奉公、作风正派、办事公道、模范作用突出的；在工作中有发明创造或者提出合理化建议，取得显著经济效益或者社会效益的；为增进民族团结、维护社会稳定做出突出贡献的；爱护公共财产、节约国家资财有突出成绩的；防止或者消除事故有功，使国家和人民群众利益免受或者减少损失的；在抢险、救灾等特定环境中奋不顾身，做出贡献的；同违法违纪行为作斗争有功绩的；在对外交往中为国家争得荣誉和利益的；有其他突出功绩的。

2. 奖励的种类。公务员的奖励分为：嘉奖、记三等功、记二等功、记一等功、授予荣誉称号。对受奖励的公务员或者公务员集体予以表彰，并给予一次性奖金或者其他待遇。

3. 惩戒的情形。公务员必须遵守相应的纪律，对有下列行为的公务员，有关国家机关要对其进行相应的惩戒：散布有损国家声誉的言论，组织或者参加旨在反对国家的集会、游行、示威等活动；组织或者参加非法组织，组织或者参加罢工；玩忽职守，贻误工作；拒绝执行上级依法作出的决定和命令；压制批评，打击报复；弄虚作假，误导、欺骗领导和公众；贪污、行贿、受贿，利用职务之便为自己或者他人谋取私利；违反财经纪律，浪费国家资财；滥用职权，侵害公民、法人或者其他组织的合法权益；泄露国家秘密或者工作秘密；在对外交往中损害国家荣誉和利益；参与或者支持色情、吸毒、赌博、迷信等活动；违反职业道德、社会公德；从事或者参与营利性活动，在企业或者其他营利性组织中兼任职务；旷工或者因公外出、请假期满无正当理由逾期不归；违反纪律的其他行为。

4. 行政处分的种类与程序。行政处分的种类主要包括：警告、记过、记大过、降级、撤职、开除。对公务员的处分，应当事实清楚、证据确凿、定性准确、处理恰当、程序合法、手续完备。应当由处分决定机关决定对公务员违纪的情况进行调查，并将调查认定的事实及拟给予处分的依据告知公务员本人，公务员有权进行陈述和申辩。处分决定机关认为对公务员应当给予处分的，应当在规定的期限内，按照管理权限和规定的程序作出处分决定。处分决定应当以书面形式通知公务员本人。

5. 行政处分的法律效果。公务员在受处分期间不得晋升职务和级别，其中受记过、记大过、降级、撤职处分的，不得晋升工资档次。受处分的期间为：警告，6个月；记过，12个月；记大过，18个月；降级、撤职，24个月。受撤职处分的，按照规定降低级别。公务员受开除以外的处分，在受处分期间有悔改表现，并且没有再发生违纪行为的，处分期满后，由处分决定机关解除处分并以书面形式通知本人。

6. 行政处分的解除。解除处分后，晋升工资档次、级别和职务不再受原处分的影响。但是，解除降级、撤职处分的，不视为恢复原级别、原职务。

（七）公务员的培训

1. 培训的方式。行政机关根据公务员工作职责的要求和提高公务员素质的需要，对公务员进行分级分类培训。国家建立专门的公务员培训机构。国家机关根据需要也可以委托其他培训机构承担公务员培训任务。

2. 培训的对象。国家机关对新录用人员，应当在试用期内进行初任培训；对晋升领导职务的公务员应当在任职前或者任职后一年内进行任职培训；对从事专项工作的公务员应当进行专门业务培训；对全体公务员应当进行更新知识、提高工作能力的在职培训，其中对担任专业技术职务的公务员，应当按照专业技术人员继续教育的要求，进行专业技术培训。

3. 培训的结果。公务员的培训情况、学习成绩应作为公务员考核的内容和任职、晋升的依据之一。

（八）公务员的交流与回避

1. 交流的方式。公务员可以在公务员队伍内部交流，也可以与国有企业事业单位、人民团体和群众团体中从事公务的人员交流。交流的方式包括调任、转任和挂职锻炼。

2. 交流的对象。公务员在不同职位之间转任应当具备拟任职位所要求的资格条件，在规定的编制限额和职数内进行。对省部级正职以下的领导成员应当有计划、有重点地实行跨地区、跨部门转任。对担任机关内设机构领导职务和工作性质特殊的非领导职务的公务员，应当有计划地在本机关内转任。根据培养锻炼公务员的需要，可以选派公务员到下级机关或者上级机关、其他地区机关以及国有企业事业单位挂职锻炼。

3. 任职回避制度。《公务员法》规定，公务员之间有夫妻关系、直系血亲关系、三代以内旁系血亲关系以及近姻亲关系的，不得在同一机关担任双方直接隶属于同一领导人员的职务或者有直接上下级领导关系的职务，也不得在其中一方担任领导职务的机关从事组织、人事、纪检、监察、审计和财务工作。因地域或者工作性质特殊，需要变通执行任职回避的，由省级以上公务员主管部门规定。公务员担任乡级机关、县级机关及其他有关部门主要领导职务的，应当实行地域回避，法律另有规定的除外。公务员执行公务时，有下列情形之一的，应当回避：涉及本人利害关系的；涉及与本人有本法（《公务员法》）第68条第1款所列亲属关系人员的利害关系的；其他可能影响公正执行公务的。公务员有应当回避情形的，本人应当申请回避；利害关系人有权申请公务员回避。其他人员可以向机关提供公务员需要回避的情况。机关根据公务员本人或者利害关系人的申请，经审查后作出是否回避的决定，也可以不经申请直接作出回避决定。

（九）公务员的辞职、辞退、退休

1. 辞职。公务员辞去公职，应当向任免机关提出书面申请。任免机关应当自接到申请之日起30日内予以审批，其中对领导成员辞去公职的申请，应当自接到申请之日起90日内予以审批。公务员有下列情形之一的，不得辞去公职：未满国家规定的最低服务年限的；在涉及国家秘密等特殊职位任职或者离开上述职位不满国家规定的脱密期限的；重要公务尚未处理完毕，且须由本人继续处理的；正在接受审计、纪律审查，或者涉嫌犯罪，司法程序尚未终结的；法律、行政法规规定的其他不得辞去公职的情形。辞职原因：第一，担任领导职务的公务员，因工作变动依照法律规定需要辞去现任职务的，应当履行辞职手续。第二，担任领导职务的公务员，因个人或者其他原因，可以自愿提出辞去领导职务。第三，领导成员因工作严重失误、失职造成重大损失或者恶劣社会影响的，或者对重大事故负有领导责任的，应当引咎辞去领导职务。领导成员应当引咎辞职或者因其他原因不再适合担任现任领导职务，本人不提出辞职的，应当责令其辞去领导职务。

2. 辞退。公务员有下列情形之一的，予以辞退：在年度考核中，连续两年被确定为不称职的；不胜任现职工作，又不接受其他安排的；因所在机关调整、撤销、合并或者缩减编制员额需要调整工作，本人拒绝合理安排的；不履行公务员义务，不遵守公务员纪律，经教育仍无转变，不适合继续在机关工作，又不宜给予开除处分的；旷工或者因公外出、请假期满无正当理由逾期不归连续超过15天，或者一年内累计超过30天的。对有下列情形之一的公务员，不得辞退：因公致残，被确认丧失或者部分丧失工作能力的；患病或者负伤，在规定的医疗期内的；女性公务员在孕期、产假、哺乳期内的；法律、行政法规规定的其他不得辞退的情形。

3. 退休。公务员达到国家规定的退休年龄或者完全丧失工作能力的，应当退休。公务员符合下列条件之一的，本人自愿提出申请，经任免机关批准，可以提前退休：工作年限满30年的；距国家规定的退休年龄不足5年，且工作年限满20年的；符合国家规定的可以提前退休的其他情形的。

（十）公务员的申诉控告

1. 申诉的内涵和条件。公务员的申诉指的是公务员对有关国家机关作出的影响其权利义务的行为不服,按照法律规定的条件和程序,向相应的国家机关提出要求对其权利进行救济的活动。公务员对涉及本人的下列人事处理决定不服,可以提起申诉,这些处理具体包括:处分;辞退或者取消录用;降职;定期考核定为不称职;免职;申请辞职、提前退休未予批准;未按规定确定或者扣减工资、福利、保险待遇;法律、法规规定可以申诉的其他情形。

2. 申诉的程序。

(1) 申诉的提起。公务员可以自知道该人事处理之日起30日内向原处理机关申请复核;对复核结果不服的,可以自接到复核决定之日起15日内,按照规定向同级公务员主管部门或者作出该人事处理的机关的上一级机关提出申诉;也可以不经复核,自知道该人事处理之日起30日内直接提出申诉,对省级以下机关作出的申诉处理决定不服的,可以向作出处理决定的上一级机关提出再申诉。行政机关公务员对处分不服向行政监察机关申诉的,按照《中华人民共和国行政监察法》的规定办理。

(2) 申诉决定的作出。原处理机关应当自接到复核申请书后的30日内作出复核决定。受理公务员申诉的机关应当自受理之日起60日内作出处理决定;案情复杂的,可以适当延长,但是延长时间不得超过30日。复核、申诉期间不停止人事处理的执行。

(十一) 公务员的职位聘任

1. 职位聘任的种类。国家机关根据工作需要,经省级以上公务员主管部门批准,可以对专业性较强的职位和辅助性职位实行聘任制。涉及国家秘密的,不实行聘任制。机关聘任公务员可以参照公务员考试录用的程序进行公开招聘,也可以从符合条件的人员中直接选聘。

2. 聘任合同。机关聘任公务员,应当按照平等自愿、协商一致的原则,签订书面的聘任合同,确定机关与所聘公务员双方的权利、义务。聘任合同经双方协商一致可以变更或者解除。聘任合同的签订、变更或者解除,应当报同级公务员主管部门备案。聘任合同应当具备合同期限、职位及其职责要求、工资、福利、保险待遇、违约责任等条款。聘任合同期限为1~5年。聘任合同可以约定试用期,试用期为1~6个月。机关依据本法和聘任合同对所聘公务员进行管理。

3. 人事争议仲裁。人事争议仲裁应当根据合法、公正、及时处理的原则,依法维护争议双方的合法权益。人事争议仲裁委员会根据需要设立。人事争议仲裁委员会由公务员主管部门的代表、聘用机关的代表、聘任制公务员的代表以及法律专家组成。聘任制公务员与所在机关之间因履行聘任合同发生争议的，可以自争议发生之日起60日内向人事争议仲裁委员会申请仲裁。当事人对仲裁裁决不服的，可以自接到仲裁裁决书之日起15日内向人民法院提起诉讼。仲裁裁决生效后，一方当事人不履行的，另一方当事人可以申请人民法院执行。

第七节 行政相对人

一、行政相对人概述

（一）行政相对人的概念

行政相对人是行政法律关系主体的重要组成部分。行政相对人是指在行政法律关系中与行政主体相对应一方的公民、法人和其他组织。例如，税收征收关系中相对于税务行政管理机关的纳税人，工商管理关系中相对于工商行政管理机关的经营者，产品质量管理关系中相对于产品质量监督机关的产品生产者和销售者，土地管理关系中相对于土地行政管理机关的土地使用者，治安管理关系中相对于公安机关的公民、法人和其他组织等。

行政相对人一词并非法律概念，却是我国行政法学界广为使用的一个重要学术用语。在我国，也有学者将其称之为"行政相对方"，英美一些行政法学者将其称为"私方当事人"[1]，而法国行政法则使用"当事人"的概念[2]。在我国现行行政法律法规中，使用"公民、法人或者其他组织"来表述行政相对人的法律意义。尽管有学者指出，处于行政法律关系主体地位的行政相对人与通常意义上的公民、法人或者其他组织有一定的区别，但从宏观角度看，二者都是"私方当事人"，是不具有也不能行使公共权力、只能以自己的名义享有和行使个体权利的社会主体，与以全社会代表的名义掌握和行使公共权力的政府主体处于相对的地位。

（二）行政相对人的法律特征

1. 行政相对人是处于行政管理法律关系中的个人、组织。任何个人、组织如果不处于行政管理法律关系中而处于其他法律关系中，就不具有行政相对人的地位，不能赋予其"行政相对人"的称谓。在整个行政管理法律关系

---

[1] 方世荣著：《行政法与行政诉讼法》，中国政法大学出版社，1999年版，第86~87页。
[2] 王名扬著：《法国行政法》，中国政法大学出版社，1988年版，第3页。

中，所有处于国家行政管理之下的个人、组织均为行政相对人；而在单个的具体行政管理法律关系中，只有其权益受到行政主体相应行政行为影响的个人、组织，才在该行政法律关系中具有行政相对人的地位。

2. 行政相对人是行政行为所指向的对象。在传统行政法学中，行政相对人通常被理解为行政法律关系中的"被管理者"，这种理解与现代行政法的理念是不吻合的。现代行政向服务行政和给付行政转换，行政相对人在很大程度上成为行政行为的参与者。公民、法人或者其他组织成为行政相对人的基本特征之一是：他们要受特定行政行为的约束，是特定行政行为所确定的权利义务的受领者。

3. 行政相对人是在行政管理法律关系中其权益受到行政主体行政行为影响的个人、组织。行政主体行政行为对行政相对人权益的影响有时是直接的，如行政处罚、行政强制措施、行政许可、行政征收等；有时影响可能是间接的，如行政主体批准公民甲在依法由公民乙经营的土地上建房，该批准行为对公民甲权益的影响是直接的，而对公民乙权益的影响是间接的。作为个人、组织，无论其权益受到行政主体行政行为的直接影响还是间接影响，都是行政相对人。

（三）行政相对人的分类

依据不同的标准，可以对行政相对人进行不同的分类。

1. 个体相对人和组织相对人。以行政相对人的组织形态划分，行政相对人可以分为个体相对人和组织相对人两类。个体相对人是在行政法律关系中以自然人形态存在的行政相对人，包括中国的公民、外国人和无国籍人。他们都可以其个人名义成为某一行政法律关系的行政相对人。组织相对人是在行政法律关系中，以团体形态存在的行政相对人，包括法人和非法人组织。个体相对人和组织相对人的区别有三点：其一，二者的行为方式不同；其二，二者的权利义务不同；其三，二者的权利能力和行为能力不同。

2. 权利相对人和义务相对人。根据在具体行政法律关系中内容的不同，可将行政相对人划分为权利相对人和义务相对人。权利相对人是指在具体的行政法律关系中享有权利的行政相对人。义务相对人是指在具体的行政法律关系中承担义务的行政相对人。将行政相对人划分为权利相对人与义务相对人的意义在于，明确不同的行政相对人在具体行政法律关系中的地位，以使权利相对人充分行使自己的权利，义务相对人更好地履行自己的义务。

3. 具体相对人和抽象相对人。我国行政法学传统上将行政行为划分为抽象行政行为和具体行政行为，与此相对应，行政相对人也可以划分为具体的行政相对人和抽象的行政相对人。具体相对人是指具体行政行为所对应的相对人；抽象相对人是指抽象行政行为所对应的相对人。具体相对人与抽象相对人的划分有重要的现实意义，一般而言，具体相对人在范围和内容上都是具体而明确的，所以容易进行保护，一旦发生权益被侵害的现象，也容易救济；而抽象相对人往往是不特定的多数人、某一类人或组织，对其权益的保护，我国目前的法律尚不够完善。

二、行政相对人的法律地位和权利义务

（一）行政相对人的法律地位

首先，行政相对人是行政主体行政管理的对象。行政相对人必须服从行政主体的管理，履行行政主体行政行为为之确定的义务，遵守行政管理秩序。否则，行政主体可以依法对之实施行政强制或行政制裁。

其次，行政相对人也是行政管理的参与人。在现代社会，行政相对人不只是被动的管理对象，同时也要通过各种途径、各种形式，积极地参与行政管理，如通过批评、建议、信访、听证会、意见征求会等形式参与行政立法和其他各种行政规范性文件的制定；通过获取告知、陈述意见、提出申辩、提供证据、参加听证、辩论等行政程序参与具体行政行为的实施。行政相对人对行政管理的参与是现代民主的重要体现。

最后，行政相对人在行政救济法律关系和行政法制监督关系中可以转化为救济对象和监督主体。行政相对人在其合法权益受到行政主体侵犯后，可以依法申请法律救济，成为行政救济法律关系的一方主体。同时，作为行政相对人的个人、组织，绝大多数在国家政治关系中具有国家主人的地位，在宪法关系中是国家权力的归属者，从而对行政主体行使国家政权的行为可以实施监督，因而又可成为行政法制监督的主体。

（二）行政相对人的权利和义务

1. 行政相对人的权利。按照现代法治理念，凡法律没有明文禁止的事项即属行政相对人的权利，因此行政相对人在行政法律关系中享有的权利十分广泛，主要包括以下内容。

（1）请求权。对于应申请的行政行为而言，请求权是行政相对人最主要的权利，是行政相对人可以要求行政主体或其他义务人为一定行为或不为一定行为的权利。行政相对人行使请求权的方式多种多样。基于请求权的行政主体的义务主要有：提前公开或公布权利人范围和权利事项，满足权利人的知情权；对于申请负有答复的义务，不论申请人是否属于权利人范围，也不

论其申请是否符合法律规定；对于符合法定条件的申请人，依法作出有利决定；拒绝授益的，依法说明理由。

（2）听证权。听证权是权利人要求行政主体举行听证会，亲自或委托他人参加听证会，并依法享有知情权、陈述权、申辩权等项权利的权利。听证是行政程序正当性的关键所在，听证权正逐步成为行政相对人程序权利的核心。

（3）异议权。为确保行政行为的公开性、公正性和可接受性，法律应当设立行政行为异议程序，任何对行政行为存有异议的行政相对人和行政相关人均可通过该程序提出异议，并获得解释和说明。根据国外经验，异议应当具有中止行政行为程序的法律效力。对于较为重大或重要的行政行为，某些异议可以作为听证的前置程序或启动程序。

（4）陈述权。陈述权是行政相对人享有的陈述相关事实、说明有关理由的权利。基于行政相对人的陈述权，行政主体的义务主要有：告知相对人享有陈述权；允许相对人陈述，并为相对人陈述提供时间、地点和方便；记录相对人陈述，促进行政规范化，为行政行为奠定事实基础，并为案卷排他原则的适用创造条件；对相对人陈述进行审查核实；陈述的内容经核实属实或符合合法性要求的，必须作为行政行为的事实根据。

（5）申辩权。申辩权是行政相对人或者相关人享有的，对行政主体的观点、认定、理由、决定等进行申诉、辩解的权利。基于行政相对人或者行政相关人的申辩权，行政主体的义务主要有：告知相对人或相关人其有申辩权；允许其行使申辩权，并为申辩权行使提供时间、地点和方便；申辩理由依法成立的，必须予以采纳；记录申辩，为可能出现的诉讼中取证奠定基础。

（6）知情权。知情权是有关组织或个人享有的知晓行政行为相关事宜的权利。知情权中的"情"主要有：与行政行为设定相关的情况，包括行政行为设定的理由、方式、对象范围、程序限制等；与行政行为作出有关的情况，包括行为对象范围、行为方式、行为时限、救济途径等；与行政行为变动相关的情况，包括行政行为撤销、变更、撤回等的理由、补偿事宜等。从权利人的角度，行政行为中的知情权主要有：公众的知情权，即不特定公众有权知晓有关行政行为事宜；行政相对人的知情权，即相对人对行为对象范围、方式、时限、救济途径等情况的知悉；行政相关人的知情权，即相关人对行政行为的理由、依据等情况的知悉。知情权是一项母权利，它可以派生出多项子权利，如阅览卷宗权、得到通知的权利等。知情权与行政主体的告知义务、公开义务、通知义务等项义务密切相关。

现代行政法学

(7) 使用权。使用权是行政相对人使用或利用行政主体提供的公益设施或其他相关物品的权利。使用权是行政供给法律关系中行政相对人享有的重要权利，权利的享有一般是有偿的，权利主体具有普遍性和不特定性的特点。基于使用权的行政主体的义务主要有：及时并保质保量地提供公益设施或其他相关物品；管理和维护公益设施或其他相关物品；平等对待所有权利人。

(8) 平等权。行政相对人的平等权可以分为两种：一是行政相对人与行政主体之间的平等权。行政相对人平等权的强调，能使行政行为更加贴近服务行政理念，有利于行政合作关系的建构；二是行政相对人相互之间的平等权。该项平等权对应的义务主体主要有两个。一个是与行政行为存在利害关系的第三人，其主要义务是不得侵犯他人的平等权，该项义务正在经历由道德义务向法律义务的转变，此种转变是随着起诉权范围的扩大和"第三者效力"理论而展开的。另一个是行政主体，其义务主要有：平等对待，"政府必须不仅关怀和尊重人民，而且要平等地关怀和尊重人民"；平等地分配利益，但这里的平等绝不意味着等额；努力消除事实上的不平等。

(9) 参与权。参与权是行政相对人在参加行政行为过程中，就涉及的事实问题和法律问题阐述自己的主张，从而影响行政主体作出有利于自己的行政决定的权利。与形成权可以直接引起或产生法律效果不同，参与权只是一种程序上的权利，其作用的发挥需要借助于行政主体对行政相对人意见和建议的赞同和采纳。参与权是一项母权利，它包括诸如听证权、申辩权等项子权利。法律上的参与权主要包括两个层面：一是宪法层面的参与权，如公民依据宪法规定对行政行为所享有的批评权、建议权等；二是法律层面的参与权，主要包括行政相对人依据行政法规范的规定所享有的诸如陈述权、异议权、申辩权等项行政法权利。

(10) 形成权。形成权是依权利人的单方意思就能使行政法律关系或行政法上的权利义务发生、变更或者消灭的权利。行政相对人权利的享有可以分为三种情况：一是应相对人请求、经行政主体同意或批准而享有，如应申请的行政行为中的权利享有；二是经行政主体与相对人合意而享有，如某些行政供给领域的权利享有；三是只要相对人自己愿意就可以享有，如某些开放性政策、环境等的利用或享有。

(11) 申请复议权和提起行政诉讼权。行政相对人对行政主体作出的具体行政行为不服，有权依法申请复议和依法提起行政诉讼。

2. 行政相对人的义务。根据我国有关法律、法规的规定和行政法理，行政相对人在行政法律关系中主要应履行下述义务。

(1) 服从行政管理的义务。在行政管理法律关系中，行政相对人的首要义务是服从行政管理。具体指遵守行政机关发布的行政法规、规章和其他规范性文件，执行行政命令、行政决定，履行行政法上的各项义务。

(2) 协助行政公务的义务。行政相对人对行政主体及其工作人员执行公务的行为，有主动予以协助的义务。例如，配合公安机关维持社会秩序，协助人民警察追捕违法犯罪分子或抢救交通事故致伤人员，如实提供所掌握的有关案件情况和材料等。

(3) 接受行政监督的义务。行政相对人在行政管理法律关系中，要接受行政主体依法实施的监督，包括检查、审查、检验、鉴定、登记、统计、审计，向行政主体提供情况说明及有关材料或报表、账册等。

(4) 遵守法定程序的义务。行政相对人无论是请求行政主体实施某种行政行为，还是应行政主体要求作出某种行为，均应遵守法律、法规规定的程序、手续、时限等，否则可能导致自己提出的相应请求不能实现，甚至要为之承担相应的法律责任。比如，不按时纳税，可能要受到被科处滞纳金或其他形式的行政处罚。

【复习思考题】

1. 行政主体与行政机关是什么关系？
2. 法律法规授权组织与行政机关委托组织之间的关系是什么？
3. 公务员的权利义务有哪些？
4. 行政相对人的权利义务有哪些？

【引导案例解析】

2001年4月28日修订的《中华人民共和国税收征收管理法》（以下简称《税收征收管理法》）第14条规定，"本法所称税务机关是指各级税务局、税务分局、税务所和按照国务院规定设立的并向社会公告的税务机构"。也就是说，根据《税收征收管理法》的规定，行使税务征收管理职权的行政主体包括税务机关与税务机构。《中华人民共和国税收征收管理法实施细则》（以下简称《实施细则》）第9条规定，"税收征管法第14条所称按照国务院规定设立的并向社会公告的税务机构，是指省以下税务局的稽查局。稽查局专司偷税、逃避追缴欠税、骗税、抗税案件的查处"。《实施细则》的规定，表明稽查局属于税务机构，并规定了其法定的权力。那么，本案中北京市宣武区地方税务局第一税务稽查所是否属于行政主体呢？

在案件审理过程中，宣武区地方税务局认为，根据《实施细则》、国家税务总局及北京市地方税务局有关文件规定，税务稽查所具有独立执法并以自己名义作出行政行为的行政主体资格。因为《实施细则》授予稽查局法定的查处偷税、逃避追缴欠税、骗税、抗税案件的权力。另外，国家税务总局于1997年9月8日在国税发［1997］148号《国家税务总局关于税务稽查机构执法主体资格问题的通知》（以下简称《通知》）中明确规定："省、地、县三级国家税务局、地方税务局依照《中华人民共和国税收征收管理法》第8条设立的税务稽查局（分局），具有行政执法主体资格。"

我们认为，宣武区地方税务局的观点是正确的。虽然从形式上看稽查局属于税务局的内部机构，但是《实施细则》及国家税务总局的《通知》都已经授予其法定的权力，因而具备了行政主体资格。

【练习案例】

刘燕文系北京大学1992级无线电电子学系博士研究生。其在完成了博士论文《超短脉冲激光驱动的大电流密度的光电阴极的研究》后，经北京大学论文学术评议、同行评议汇总意见认为"达到博士论文水平，可以进行论文答辩"。1996年1月10日，刘燕文所在系论文答辩委员会召开答辩会，刘燕文经过答辩，以全票7票通过了答辩。1996年1月19日，刘燕文所在系学位评定委员会讨论博士学位，应到委员13人，实到委员13人，同意授予刘燕文博士学位者12人，不同意授予刘燕文博士学位者1人，表决结果为：建议授予博士学位。1996年1月24日，北京大学学位评定委员会召开第41次会议，应到委员21人，实到委员16人，同意授予刘燕文博士学位者6人，不同意授予刘燕文博士学位者7人，3人弃权，其表决结果为：校学位评定委员会不批准授予刘燕文博士学位。之后，北京大学据此表决结果决定颁发给刘燕文博士研究生结业证书，而不是博士研究生毕业证书。

刘燕文于1999年9月24日以北京大学学位评定委员会不批准授予其博士学位为由向北京市海淀区人民法院提起行政诉讼，该诉讼以北京大学学位评定委员会为被告；同日，其又以北京大学拒绝颁发博士研究生毕业证书为由向海淀区人民法院提起行政诉讼，该诉讼以北京大学为被告。海淀区人民法院经过审理，于1999年12月17日以（1999）海行初字第103号行政判决书对第一个行政诉讼案件作出判决：①撤销被告北京大学学位评定委员会1996年1月24日作出的不授予原告刘燕文博士学位的决定；②责令被告北京大学学位评定委员会于判决生效后3个月内对是否批准授予刘燕文博士学位的决议审查后重新作出决定。同日，以（1999）海行初字第104号行政判决书对第二个行政诉讼案件作出判决：①撤销被告北京大学1996年1月为原告刘燕文颁发的（96）研结证字第001号博士研究生结业证书；②责令北京大学在判决生效后两个月内向刘燕文颁发博士研究生毕业证书。

  问题：高等学校作为事业单位能否成为行政主体，并在行政诉讼中成为被告？

第三章
行政行为概述

【引导案例】

2006年中秋节的晚上,赵飞与好友在酒店痛饮之后,一人骑自行车歪歪扭扭地回家。在回家路上,被巡逻交警拦住,经过酒精测试之后,认为其违反了《中华人民共和国道路交通安全法实施条例》的有关规定,并根据《中华人民共和国道路交通安全法》第89条的规定,当场对赵飞作出罚款30元的处罚决定。赵飞虽然不太清楚自己是否违章,但表示愿意缴纳30元罚款。不过,当赵飞发现警察开出的罚款收据只是一张普通的"收款收据",并无任何财政部门制发标记时,即以此"收款收据"不是正规罚款收据为由,拒绝当场缴纳罚款,双方相持不下,交警强制扣留赵飞自行车后离开。

行政行为(Administrative Action)是行政法学中一个重要的理论范畴。本章将着重阐述行政行为的基本概念与特征,行政行为的分类,行政行为的成立、合法要件及法律效力等基本原理。

第一节 行政行为的概念与特征

行政法学最早渊源于行政学。"行政行为"这一概念亦由行政学中的同一概念演变而来。美国著名学者赫伯特·A. 西蒙(Herbert Alexander Simon, 1916～2001年)曾在1968年出版的《国际社会科学百科全书》中使用了"行政行为"一词。[1] 而后大多数行政学家先后采用了这一概念,社会学者、心理学者等也往往把它"移植"到自己的学科领域。最早把行政行为作为行

---

[1] 胡建淼:《行政法学》,法律出版社,2003年版,第190页。

政法学上的一个理论范畴来研究，应归功于法国的行政法学者们，尽管他们当时所确定的含义与今天所使用的含义大相径庭。

一、行政行为的概念

行政行为是指行政主体运用行政职权实施的对外产生行政法律效果的行为。理解这一概念，应把握以下几个要件。

（一）从主体上看，行政行为是行政主体的行为

主体要件将行政行为与国家权力机关的立法行为、国家司法机关的司法行为以及一般民事主体的民事法律行为作了区分。在实践中，行政行为既可能表现为行政主体直接作出的行为，也可能表现为行政主体通过其工作人员作出的行为，但无论哪种情形，行政行为的法律效果均归属于行政主体。行政主体包括行政机关及法律、法规授权的组织，行政机关的公务员和被授权组织、被委托组织的工作人员以行政主体名义实施的行为视为行政主体的行为。非行政主体的其他国家机关、企事业组织、社会团体或公民个人，在无法律、法规授权和行政主体的合法委托时，均不能实施行政行为。

（二）从职权要素看，行政行为是行政主体行使行政权力的行为

行政行为是一种职权行为，或者说是一种公务行为，它是行政权运用和行使的外在表现形式，所体现和执行的是国家的意志。行政机关和法律、法规授权的组织并非在任何时候都是以行政主体的身份出现，当其不行使国家行政权力时，其所实施的行为不是行政行为，如行政机关购买办公用品或租用办公场所的行为即为一般民事行为。因此，并非行政机关实施的所有行为都是行政行为，只有在行政主体为了实现国家行政管理职能而行使国家行政权力时所采取的行为才是行政行为。

（三）从效果上看，行政行为是产生行政法律效果的行为

行政行为的作出，能够对相对人直接或间接产生法律上的影响，能够引起相对人权利义务的产生、变更或消灭。这种影响可能是有利于相对人的，如颁发许可证照、发放抚恤金等，也可能是对相对人不利的，如进行行政处罚或行政强制等。这种影响可能是直接的，也可能是间接的，一般来说，抽象行政行为的法律效果是间接的，具体行政行为的法律效果是直接的。行政主体的有些行为对相对人的权利义务并不产生影响，不具有法律效力的，如气象预报、发布统计数字等，因而它们不是行政行为。

还需要指出的是，现代行政法学所指的行政均指公共行政，即国家行政机关及有关法律、法规授权组织对社会公共事务的组织与管理，不包括其对

内部事务的组织管理。因此行政行为都应是对外实施并产生对外法律效果的外部行政行为。行政机关对内部事务的组织管理有时也被称作"内部行政行为",但并不是"行政行为"的一种,"行政行为"是"外部行政行为"的简称。

二、行政行为与相关概念的区别

(一) 行政行为与民事行为

民事行为是指能够引起民事法律关系产生、变更或消灭的行为,是私法行为;而行政行为是行政主体行使行政职权的行为,是公务行为。两者在理论上的界限是清楚的,但在实践中,特别是在有些政企不分或政企合一的场合,行政机关所实施的行为的性质有时难以准确认定。

(二) 行政行为与行政机关的行为

由于人们常把行政机关直接等同于行政主体,因而,也常把行政机关的行为视作行政行为,这是一种误解。行政机关具有多种不同的法律身份,因而其行为的性质亦各不相同:当它以民事主体的身份出现时,其行为的性质为民事行为;当它以司法主体出现,如公安机关以刑事侦查机关身份出现时,其行为的性质为司法行为;当它在一定场合以相对人的身份出现时,其行为的性质为行政法上相对人的行为。

此外,行政行为不仅包括行政机关行使行政职权的行为,也包括其他行政主体——法律、法规授权组织对外实施的行政管理行为。

(三) 行政行为与行政法上的行为

行政法上的行为即行政法律行为,系指行政法规范和调整的行为,它既包括行政主体的行政行为,也包括相对人的行为,如申请许可证和执照的行为,纳税、交纳罚款的行为等是行政相对人的行为,因此,行政行为仅是行政法行为的一部分而不是全部。

(四) 行政行为、职务行为、职务相关行为及职务中的行为

行政行为是职务行为,是行政主体及其工作人员直接执行职务的行为;职务相关行为虽不是职务行为,但这种行为的发生与职务行为有关联,如非法拘禁、违法使用警械等行为;而职务中的行为是指行政主体的工作人员发生在执行职务中的各种行为,它可能是职务行为,也可能是职务相关行为,还可能是与执行职务无关的个人行为。区分它们之间的界限在国家赔偿法上具有重要意义。

三、行政行为的特征

行政行为作为行政主体行使行政权力的行为，同其他法律行为相比，具有以下特征。

（一）行政行为的强制性

行政行为是行政主体代表国家，为实现国家管理职能而以国家名义进行的，它必须以国家强制力为后盾。行政行为的强制性体现在：行政行为一经作出即产生法律效力，相对人必须遵守和服从。否则，行政机关可以依法自行或申请人民法院强制执行。只有确立行政行为的强制性才能使行政行为的内容得到实现，使行政管理得以顺利进行，法律秩序和社会秩序得以维持。

（二）行政行为的从属性

行政机关是我国的执法机关，行政行为是执行法律的行为，因而行政行为必须从属于法律。行政机关和代表行政机关的公务员不能任意实施行政行为，而必须严格依法进行。行政行为的从属性表现为：第一，行政行为的实施必须有法律根据，即行政主体必须根据体现人民意志和利益的法律行事，不得背离法律而自行其是；第二，行政行为必须在法律规定的时间和空间范围内实施；第三，行政行为是受法律规范和约束的行为，任何违法、越权的行为都是无效或可撤销的行为。

（三）行政行为的单方性

行政行为的单方性主要是指，行政主体只要是在其法定职权范围内，即可自行决定和直接实施行政行为，而不受行政相对人意志的影响或左右。这种单方性不仅表现在依职权的行政行为中，而且还表现在依申请的行政行为中，如颁发许可证照、发放抚恤金等。虽然这类行政行为是在相对人申请的前提下启动，但对是否颁发证照或是否发放抚恤金还是由行政主体依法审查决定，相对人的申请行为并不必然引起行政主体颁发证照或发放抚恤金的行为。

当然，在现代行政管理中，也出现了许多行政主体为实现行政目标而与相对人协商一致签订行政合同的行为，它是行政权力与契约关系的结合，不具有严格的单方性，属于特殊的行政行为。

（四）行政行为的裁量性

依法行政的原则要求行政主体依据法律规定采取行政行为，但由于行政管理活动的复杂性与多变性，行政主体必须享有一定的自由裁量权，才能合理、科学地进行行政管理，实现行政职能。任何法律都不可能将行政主体的每一个行政行为的每一个步骤、每一个细节都予以详细规定。因此，很多情况下法律只规定了行政职权实施的种类、幅度范围，由行政主体在实施行政行为时自主裁量、最终确定。行政行为的这种裁量性并不与其法律从属性截然对立。行政主体执行法律并不是机械、被动地适用法律，而应充分发挥其主观能动性，针对具体情况积极、灵活地执行。同样，自由裁量也不是无限制的，它必须在法律规定的范围内进行，并要符合法律的立法目的和宗旨。

第二节　行政行为的内容与分类

任何法律行为都是以法律关系当事人的权利义务的产生、变更和消灭为内容，行政行为当然也不例外。行政行为的内容，是指行政行为对行政相对人权利、义务产生的具体影响。不同种类的行政行为有不同内容。

一、行政行为的内容[①]

（一）赋予权益或设定义务

行政行为通过赋予相对人一定的权益或为相对人设定一定的义务，而使相对人取得新的法律地位，并在行政主体与相对人之间形成一种新的行政法律关系。

1. 赋予权益。行政行为赋予权益既包括赋予行政法上的权益，也包括赋予民法上的权益。行政行为赋予权益通常是赋予相对人从事某种活动或行为的资格或能力，如颁发证照赋予证照申请人从事经营活动或从事某些专业性工作的资格，批准社会团体成立赋予申请者团体法人的资格，或者公安机关根据《中华人民共和国游行示威法》批准相对人游行，即赋予相对人举行游行示威的权利等。

2. 设定义务。行政行为设定义务可能是设定相对人的作为义务，如要求相对人缴纳罚款或税款，命令相对人在一定期限内拆除违章建筑物等；也可能设定相对人的不作为义务，如命令违法经营者停业整顿，禁止一定区域的通行或在一定范围、一定时期内禁止狩猎等。

（二）剥夺权益或免除义务

行政行为通过剥夺相对人的某项权益或免除相对人的某种义务，从而取消其原有的法律地位或解除原有的法律关系。

[①] 参见张树义《行政法与行政诉讼法学》，高等教育出版社，2007年版，第85~86页。

1. 剥夺权益。行政主体通过行政行为依法剥夺相对人从事某种活动或行为的资格或权能。如：吊销相对人的营业执照，使证照持有者丧失经营活动的资格；撤销对违法社团的登记，使该社团丧失团体法人的资格等。剥夺权益还指剥夺相对人的既有权利，如行政处罚中的罚款即是剥夺相对人对自己部分财产的所有权。

2. 免除义务。行政行为免除义务可能是免除相对人的作为义务，如免除纳税人的纳税义务、免除相对人服兵役的义务；也可能是免除相对人的不作为义务，如免除相对人停业整顿的义务，允许相对人重新营业或生产。免除义务通常是在法定的特殊条件具备的情况下进行的，行政主体不能无视法律规定的条件，随意实施免除义务的行政行为。

（三）变更权利义务

行政行为可通过改变相对人的原有权利义务而使法律关系的内容发生变化，即对相对人原来所享有的权利或所承担的义务范围进行了缩小或扩大。如，行政主体通过减税，改变了相对人原有的纳税义务，使其义务范围缩小了；行政主体批准企业扩大或缩小经营范围，改变了相对人原有的经营权限，使相对人权利义务范围扩大或缩小。

（四）确认法律事实与法律地位

1. 确认法律事实。行政主体对具有法律意义的某种客观情况依法予以确认。如，对相对人是否达到服兵役年龄的确认。确认不直接为相对人创设权利义务，但为相对人权利义务的取得和丧失提供依据。

2. 确认法律地位。行政主体对某种法律关系是否存在及其存在的状况予以认定。如，土地管理部门或人民政府对土地所有权或使用权的确认等。

二、行政行为的分类

行政行为有多种表现形式，根据不同的标准有不同的分类。

（一）抽象行政行为与具体行政行为

根据行政行为适用范围是否特定可将行政行为分为抽象行政行为与具体行政行为。

抽象行政行为是指行政主体作出的具有普遍约束力的行政行为，一般表现为针对不特定的人和事制定和发布各种行政规则的行为。抽象行政行为既包括行政立法，如国务院制定的行政法规，各部委制定的部门规章，省级政府、省会市政府及国务院批准的较大的市政府制定的政府规章等；也包括其他规范性文件，即行政机关如一般市、县人民政府及其工作部门发布的其他具有普遍约束力的决定、命令、决议或通知等。

具体行政行为是指行政主体以特定的人或事为对象所实施的行政行为。具体行政行为一般包括行政许可行为、行政处罚行为、行政强制行为、行政确认行为、行政奖励行为、行政征收行为、行政给付行为、行政裁决行为等。它主要体现为有书面形式的行政决定，如行政处罚决定书、行政许可证照、行政强制执行书等，也有非书面形式的行政决定，如口头警告、紧急措施等。

抽象行政行为与具体行政行为有许多重要区别：[①]

第一，抽象行政行为针对的对象是不特定的多数人或事，而具体行政行为针对的对象是特定的人或事。所谓对象的特定性，包括两层含义：一是明确性，即行为针对谁、约束谁，行为双方主体及第三人都是明确的。如，某公安机关对某路段某时段"禁止通行"就是针对不确定对象的一个抽象禁令，而某交警对违反规定在禁行时段路段通行的驾驶员张某实施行政处罚就是针对"张某"这一具体对象的行政行为。二是固定性，即行为所约束的对象在该行为的约束期间内是确定的、可数的，不会增加也不会减少。例如某市教育局做出两个通告，一个规定"2009年以前入学的在校小学生每学年要缴纳30元的人身意外伤害险……"另一个规定"2009年以后入学的在校小学生每学年要缴纳40元的人身意外伤害险……"第一个通告因为适用的对象虽然众多，但是数目是确定的、可统计的，因而属于具体行政行为，而第二个通告只要其未废止，在其适用期间由于适用的对象是不确定的、无法事先统计的，因而属于抽象行政行为。

第二，在行为的溯及力上，抽象行政行为一般针对将要发生的事项，即具有"向后约束性"，而具体行政行为多约束人们业已发生的事项，即具有"向前约束性"。例如，"对张某在公共场所吸烟的行为罚款100元"，这一处罚行为是针对已经发生的事项做出的，属于具体行政行为；而"在公共场所抽烟的，罚款100元，自颁布之日起施行"这一规定显然适用于人们将来可能发生的事项，属于抽象行政行为。

第三，在行为的适用次数上，抽象行政行为因为在其效力期间内一直具有调整和约束力，因此在相同情况下可以反复适用，具有普遍的约束力；而具体行政行为只能对本次事项的处理有效，对于其他事项则不适用，因此其适用的次数有限。因此，抽象行政行为可以反复适用产生效力，而具体行政行为的法律效力则是一次性的。

[①] 胡建淼：《行政法学》，法律出版社，2003年版，第197页。

第四，在影响相对人权利义务的方式上，具体行政行为针对特定对象直接作出决定实施行为，因此可以直接对特定相对人的权利义务产生影响，而抽象行政行为一般表现为规范，只有通过具体行政行为的实施活动，才能实现抽象行政行为的目标和作用。

第五，在行为的程序上，抽象行政行为与具体行政行为遵循不同的程序和规则，受不同程序规则的约束。抽象行政行为程序接近立法程序，一般要求有征求意见程序、审议程序以及公布程序；而具体行政行为则强调调查程序以及听证程序，程序要求有所不同。

在抽象行政行为与具体行政行为的关系上，通常抽象行政行为是具体行政行为的依据。抽象行政行为规定行政主体在何种条件下可以与相对人发生行政法律关系，而具体行政行为则将这种规定具体化，使某种行政法律关系实际产生、变更和消灭。行为对象的特定性及直接影响相对人的权利义务分别是具体行政行为的形式和实质的两大特征。

将行政行为划分为抽象行政行为和具体行政行为，在行政法制实践中，特别是在行政诉讼活动中有重要意义。《行政诉讼法》在确定受案范围时采用了抽象行政行为和具体行政行为的分类，我国当前行政诉讼只能针对具体行政行为，抽象行政行为不可诉。《行政诉讼法》第2条规定："公民、法人或者其他组织认为行政机关和行政机关工作人员的具体行政行为侵犯其合法权益，有权依照本法向人民法院提起诉讼。"同时该法第12条规定："人民法院不受理公民、法人或者其他组织对下列事项提起的诉讼：……行政法规、规章或者行政机关制定、发布的具有普遍约束力的决定、命令……"即抽象行政行为，包括行政立法行为及其他制定规范性文件的活动不能被提起行政诉讼。

（二）羁束行政行为和自由裁量行政行为

根据法律规定对行政行为约束程度的不同，可将行政行为分为羁束行政行为和自由裁量行政行为。

羁束行政行为是指法律法规对行为的适用条件、内容、方式、程序都有明确、具体、详细规定，行政主体依照法律法规的羁束规定所作出的行政行为。这种行政行为的特点在于行政主体在作出行政行为时不能让自己的主观意志参与其间。

自由裁量的行政行为是指法律法规对行为的内容、方式、程序或适用条件规定了一定的范围或幅度，行政主体可以在法定的范围或幅度内根据行政管理的实际情况，通过自己的主观判断而作出的行政行为。

这一分类的理论意义在于，它是区分行政行为合法性与合理性的重要标准。对于羁束行政行为，只存在合法与否的问题，一旦不符合法律规定即属违法。而对于自由裁量行政行为，在法定范围或幅度内实施都是合法的行为，如有失公允，那仅仅是行政行为的失当而不是违法，自由裁量的行政行为只有当其越出了法定的范围或幅度时才是违法的行政行为。

这一分类的实践意义在于，在行政诉讼中，人民法院只能审查行政行为的合法性，而不能审查行政行为的合理性。例外情形是当行政处罚行为显失公正时，人民法院可以审查并可予以变更，此时通常认为该具体行政行为因为显失公平而从合理性的范畴进入了合法性的判断领域。

（三）依职权的行政行为和应申请的行政行为

以行政主体是否可以主动作出一定行政行为为标准可将行政行为分为依职权的行政行为和应申请的行政行为。

依职权的行政行为是指行政主体依法律法规所规定，无需相对人申请而主动作出的行政行为，如税收征收、行政处罚等。依职权的行政行为通常是课以义务或剥夺权益的行政行为，即对相对人不利的行政行为。

应申请的行政行为是指行政主体根据相对人申请所作出的行政行为，这类行政行为如没有相对人申请，行政主体不能主动为之，如行政许可。应申请的行政行为通常是免除义务或授予权益的行政行为，即对相对人有利的行政行为。有利行政行为一般应申请而启动，主要基于权利可以放弃的理念。

将行政行为分为依职权与应申请启动，对判断行政主体的不作为及延迟作为具有重要作用。如对于一项应申请的行政行为，判断行政机关是否存在怠于履行职责的情形，要件之一就是当事人是否提出了申请，而对于依职权的行政行为则无此要求。

除上述基本分类以外，以作出行政行为时参与意志表示的当事人的数目为标准还可将行政行为分为单方行政行为、双方行政行为和多方行政行为。大多数行政行为为单方行政行为，即以行政主体单方意思表示就能成立行政行为。

按依行政行为是否须具备一定的程序和方式可以分为要式行政行为与不要式行政行为。根据依法行政的基本原则，行政行为如果缺乏必要的形式和程序将令相对人无所适从，因此行政行为原则上都是要式的，如行政许可必须以颁发许可证照的方式表现出来，行政处罚必须制作书面行政处罚决定书才能对相对人发生效力。

行政行为还可依实施行政行为的权力来源不同分为依职权的行政行为、

依授权的行政行为和依委托的行政行为；依行政行为是否合法为标准分为合法的行政行为和违法的行政行为；依行政行为的生效是否附带条件为标准分为附条件的行政行为与不附条件的行政行为等等。

第三节 行政行为的成立、生效和合法要件

行政行为的成立是指一个行为符合怎样的要件才可称之为行政行为；一个行政行为成立后，产生对行政主体以及对相对人的法律效力，即行政行为生效必须为相对人知悉；一个生效的行政行为在其被推翻前通常被推定为有效，但如果相对人或其他利害关系人对其效力产生质疑，可向行政复议机关、司法机关申请审查判断该行政行为的合法性，行政行为合法必须符合一定的要件。

一、行政行为的成立、生效

行政行为的成立是指行为应当具备哪些要件才能构成行政行为。从行政行为应具备的要素看：首先，行为由行政主体做出是成立行政行为的第一要件；其次，行为本身具有行政管理的内容；最后，行为需能产生法律效果，即对相对人的权利义务产生影响，符合上述要素的行为构成行政行为。当其通过一定的形式表现出来后即成立一项行政行为，产生对行政主体的拘束力。但是符合上述要件的行政行为并非当然地立即对相对人产生效力。行政行为的生效是指行政行为成立后，能否切实对相对人发生效力。行政行为对相对人产生效力的基本条件是要使其知悉，换言之，一项抽象行政行为要令相对人遵从则必须公布，一项具体行政行为要对相对人适用则必须告知。不同行政行为的成立生效条件一般如下。

（一）抽象行政行为的成立与生效

1. 经有权机关讨论决定。《中华人民共和国国务院组织法》第4条规定："国务院工作中的重大问题，必须经国务院常务会议或国务院全体会议讨论决定。"《中华人民共和国地方各级人民代表大会和地方各级人民政府组织法》第60条规定，享有规章制定权的地方人民政府制定规章，"须经各该级政府常务会议或者全体会议讨论决定"。当然这里的抽象行政行为主要是指国务院制定行政法规的行为和享有规章制定权的地方人民政府制定规章的行为，即主要是行政立法行为。因为行政立法具有立法性，为了保证行政立法的民主性、科学性，所以法律规定行政立法必须经相应会议讨论决定。但必须注意

的是，由于行政立法具有行政性，为了贯彻行政首长负责制原则，行政立法在经相应会议讨论决定时，不必经表决程序，也即行政首长在决定是否签署发布时不必以参与会议成员的意见为依据，而是依据自己的权衡和裁量决定。

至于行政立法以外的抽象行政行为，不一定以相应行政机关正式会议讨论决定为必要条件。有些非立法性抽象行政行为要经正式会议讨论决定，如政府常务会议；有些非立法性抽象行政行为由相应行政机关的非正式会议讨论决定，如办公会议；还有的非立法性抽象行政行为不必经相应机关的任何会议讨论决定而直接由行政首长签署。

2. 经行政首长签署。通常，行政首长签署是抽象行政行为成立的必备要件。行政立法经相应机关的正职行政首长签署，如《国务院组织法》第5条规定，国务院发布行政法规由总理签署，国务院部委规章和地方人民政府规章也要经相应机关行政首长签署才能对外发生法律效力。而非立法性抽象行政行为既可由正职行政首长签署，也可由主管相应行政事务的副职行政首长签署。

3. 公布。公布是所有抽象行政行为生效的必备要件。其中，行政立法必须以行政首长令发布，并在法定刊物登载。如《国务院办公厅关于改革行政法规发布工作的通知》第3条规定："经国务院总理签署公布发布的行政法规，由新华社发稿，《国务院公报》《人民日报》应当全文刊载。"国务院部委和地方规章一般以相应部门的正式文件发布，其中比较重要的则登载于《国务院公报》《法制日报》等刊物。地方人民政府规章则以相应地方政府的正式文件发布，其中比较重要的则登载在相应的地方重要报刊上。

非立法性抽象行政行为可以以一般行政公文的形式发布，既可在正式出版物上登载，也可以布告、公告、通告等形式在一定的公共场所或行政办公场所张贴，或通过广播、电视、官方网站等媒体刊登播放。

（二）具体行政行为的成立与生效

1. 行政主体作出决定。具体行政行为一般均以行政决定的形式作出，尽管这种行政决定有时在名称上不一定称为"行政决定"，如许可证的颁发与拒绝。不管行政决定的形式如何，它都是行政主体向行政相对人作出的一种可产生法律效力的意思表示，而这种意思表示是具体行政行为成立的必要条件。

2. 行政决定已经送达行政相对人。行政主体作出正式行政决定后，必须在一定期限内将行政决定文书送达行政相对人。行政送达的方式包括当面送达、留置送达、邮寄送达、公告送达。

3. 行政决定文书已经行政相对人受领。行政主体作出正式行政决定后应在法定期限内将行政决定文书送达行政相对人,并通过一定方式确认相对人受领,行政行为才算正式成立。

确认行政相对人受领的规则与送达规则相对应。当面送达的,受送达人签收即视为受领;留置送达的,以送达人将行政决定文书留于受送达人住所,并在回执上注明受送达人拒收理由、日期,即视为相对人受领;邮寄送达的,以回执上注明的收件日期视为相对人受领日期;公告送达的,则以公告确定的一定期限届满的日期视为相对人受领日期。

具体行政行为一般有经过上述三道程序,也即具备了决定、送达、受领三个要件才能正式成立生效,从而对外产生法律效力。

二、行政行为的合法要件

行政行为的生效要件与合法要件是两个不同的概念。行政行为的生效要件如上所述是指行政行为具备了相应要件后正式对外产生效力。而行政行为的合法要件是指行政行为所具有的不至于被有权机关撤销或者宣布无效的要件。一个已经成立的行政行为并不一定就是合法的行政行为,违法的行政行为一旦成立生效也能对外产生法律效力。在有关国家机关通过复议、诉讼或其他法定程序确定其无效之前,相对人也要受该行政行为的约束。在我国,行政复议、行政诉讼中原则上不停止原具体行政行为的执行,即是行政行为的生效与合法相区别的典型表现。

因此,行政行为的成立生效实际上是法律对行政行为合法性的一种假设,至于行政行为是否合法,不是由相对人加以判断,而是由有权国家机关来判断的。这是确保国家行政管理稳定性、连续性的需要。

总体来讲,行政行为合法性要件有以下几个方面的内容。

(一) 行政行为主体合法

行政行为的直接实施者是行政主体,因此,不具备相应行政主体资格的任何国家机关、社会团体、社会组织、企事业单位都无权作出行政行为。行政行为主体合法的具体要求是:

1. 作出行政行为的组织必须享有行政主体的资格,非行政主体作出的行为不属于行政行为(除非接受行政主体的合法委托),因而不具有行政行为的合法性。

2. 作出行政行为的主体必须具有法定职权。行政主体必须在自己法定的职权范围内作出特定的行政行为,若超出了自己的职权范围则其行为是无效的,也即越权无效。

3. 行政行为必须是国家公务人员的职务行为。这一条件要求代表行政主体从事行政行为的人员必须是与国家建立了职务关系或行政委托关系的公务人员，只有这种公务人员职务的行为才能构成行政行为。非公务人员的行为或公务人员的非职务行为均不能构成行政行为。在特殊情况下，非公务人员获得合法授权也可在形式上成为行政行为的主体。

（二）行政行为内容合法

行政行为内容合法即指行政行为的内容要符合法律规定，行政主体必须在职权范围内作出该行政行为，并符合法律的目的。这里的"合法"应作广义的解释，它既包括行政行为必须依法律法规等明确规定作出，同时也包括行政行为必须适当、明确、符合社会公共利益。行政行为如果违反法律规定，超越职权或者滥用职权、明显不符合公共利益，都不能成为合法的行政行为。行政行为内容合法的具体要求包括：

1. 行政行为有事实根据，证据确凿。即行政行为内容必须要以事实为根据，而且证据要确凿充分。

2. 行政行为内容合法。即行政行为的内容是根据法律、法规、规章和行政规范性文件的明确规定作出的，行政行为正确适用了法律、法规、规章和其他行政规范性文件。

3. 行政行为内容适当，符合立法目的和公共利益。即行政行为的内容符合实际，公正可行。不仅在内容上符合法律等规范性文件的明确规定，而且还必须符合法律的目的，符合社会公共利益。

（三）行政行为程序合法

行政程序与行政合法之间有着密不可分的关系，行政行为必须依照法定程序作出才能合法有效。换言之，即便是合法的行政主体实施内容合法的行政行为，也必须遵循合法的程序才能最终成立一项合法的行政行为。行政行为的合法要件包括"对的主体、对的内容、对的程序"，缺一不可。行政行为的程序要件包括：

1. 行政行为符合法定的方式和形式。如，法律、法规为行政行为设定了明确的方式时，行政行为必须符合法定方式。

2. 行政行为符合法定步骤和顺序。行政行为的步骤是指行政行为必须经过的过程、阶段和手续。行政行为的顺序是指行政行为各步骤的先后顺序。法律、法规为行政行为明确设定了步骤和顺序时，行政行为必须严格遵守法定步骤和顺序。

3. 行政行为符合法定时限。为了确保行政行为的效率，法律、法规一般要对行政行为作出明确的时限要求。如果行政行为未在法定时限内作出，即意味着该行为违法。

第四节　行政行为的效力

行政行为的效力是指行政行为所发生的法律上的效果和作用，既包括对行政主体的效力也包括对相对人的效力，通常将行政行为的效力内容归结为公定力、确定力、拘束力与执行力四种效力。

（一）公定力

公定力，即行政行为一经作出，对任何人都有被推定为合法有效而予以尊重的效力。行政行为即使违法，在有权机关将其变更、撤销、废止前，任何人都不得否定其效力，即行政行为的效力先定。承认行政行为的公定力同承认政府存在的合法性紧密联系，同时，也同保护社会公共利益、保障行政法律关系的稳定性密切联系。当然，行政行为的公定力不是无限的，对于那些普通人都能显而易见判断属于严重违法的行政行为，其公定力应受到限制。

（二）确定力

确定力，即行政行为一经作出，就具有不得任意改变的效力。任何国家机关非依法不得变更、撤销与废止该行政行为；行政相对人和利害关系人如果超过行政复议和行政诉讼期限，也不得对该行政行为的效力提出异议；在行政复议、行政诉讼期间，非经法定程序，也不得停止对该行政行为的执行。

行政行为的确定力，一方面是针对行政主体的，对行政主体具有不可改变力，其目的在于防止行政主体反复无常，随意变更、撤销、废止已经作出的行政行为，从而导致相对人和利害关系人权益受到损害；另一方面，对行政相对人和利害关系人来说，它具有不可争力，若在法律规定的救济期限内不提出行政复议或行政诉讼，即意味着必须执行已经作出的行政行为。

行政行为的确定力不是绝对的，而是相对的，即行政行为有效成立后，即假定其合法。这种假定是基于行政法对行政主体有依法行政的要求做出的。这种假定可以在法定期限内以一定事实和证据予以推翻。行政相对人和利害关系人如认为相应行政行为违法，可以在法定期限内申请行政复议或提起行政诉讼，通过法定途径要求撤销或变更原行政行为；行政主体自身或有关行政主体的上级行政机关如发现已经作出的行政行为违法或不当，可以依照法定要求撤销或改变。

（三）拘束力

拘束力也称约束力，行政行为的拘束力是指行政行为一经作出并有效成立后，行政法律关系主体各方必须遵守和服从该行政行为，接受其拘束。

行政行为的拘束力包括两个方面：一方面对作出行政行为的行政机关自身具有约束力。行政行为有效成立后，无论是作出该行政行为的行政机关，还是该行政机关的上级机关或下级机关，在该行政行为被合法撤销或变更之前，都要受其约束。另一方面，对行政相对方具有约束力。行政行为有效成立后，作为行政相对方的所有个人或组织都要受该行为的约束，不能作出与该行为相抵触或违反该行为有关要求的行为，相对方必须完全地、实际地履行行政行为所设定的义务。正因为行政行为拘束力同时拘束了行政主体和行政相对人，有学者将它称为行政行为的"双重拘束性"。它在行政行为效力中居于重要地位，通常人们所说的行政行为的效力就是指这种拘束力。

（四）执行力

行政行为的执行力是指行政行为的内容具有完全实现的效力，即行政行为有效成立后，对行政机关而言，按行政行为内容必须由其执行者——行政机关执行，对相对人而言，也必须履行行政行为所确定的内容。如果相对人拒绝履行或拖延履行，相应行政主体可以依法采取强制措施强制其实现行政行为的内容或者依法申请人民法院强制执行。

行政行为的执行力与其拘束力紧密相连：一方面，拘束力是执行力的前提；另一方面，执行力是拘束力的保障。行政行为的执行力与民事行为的执行力有所区别。民事行为虽然也有拘束力，如合同双方当事人通过合同行为确定的双方义务，双方必须履行。但当一方不履行合同义务时，另一方就不能自行采取强制措施，而只能诉诸法院，请求法院追究违约方的责任，以确保权利人的合法利益。而行政行为的执行力表现为行政主体就可以对行政行为的内容予以执行。

行政行为公定力、确定力、拘束力、执行力存在的原因在于，行政主体的行为是代表国家而作出的，目的是为了维护公共利益，因而具有国家意志性。正是公共利益的需要，使行政行为的公定力、确定力、拘束力、执行力构成一个整体，以保证行政行为的法律效力得以实现。

【复习思考题】

1. 什么是行政行为？它具有哪些法律特征？
2. 行政行为的合法要件有哪些？

3. 行政行为具有哪些法律效力？

【引导案例解析】

第一，巡逻交警对赵飞作出罚款30元的处罚决定具有事实与法律依据。警察进行酒精测试结果显示，赵飞已经达到醉酒程度。依照《中华人民共和国道路交通安全法实施条例》第72条第3款的规定："在道路上驾驶自行车、三轮车、电动自行车、残疾人机动轮椅车，不得醉酒驾驶。"依照《中华人民共和国道路交通安全法》第89条的规定："行人、乘车人、非机动车驾驶人违反道路交通安全法律、法规关于道路通行规定的，处警告或者五元以上五十元以下罚款。"

第二，交警实施的罚款行为属于无效行政行为，赵飞有权拒绝缴纳罚款。依照《中华人民共和国行政处罚法》第3条第2款的规定："没有法定依据或者不遵守法定程序的，行政处罚无效。"该法第49条规定："行政机关及其执法人员当场收缴罚款的，必须向当事人出具省、自治区、直辖市财政部门统一制发的罚款收据；不出具财政部门统一制发的罚款收据的，当事人有权拒绝缴纳罚款。"

第三，警察对赵飞实施扣留行为违法无效。依照《中华人民共和国道路交通安全法》第89条"非机动车驾驶人拒绝接受罚款处罚的，可以扣留其非机动车"的规定，虽然警察有权实施扣留行为，但是，由于其所实施的行政处罚行为属于无效行政行为，这就导致强制扣留因其缺少合法性前提而违法。

【练习案例】

2007年4月10日下午，某县双沙镇人民政府工作人员刘某等人在该镇长湾行政村检查工作时，向村民孙某打听去长湾村7组村民张某家的路怎么走。孙某回答："我不知道！你们滚出去！"刘某对孙某的回答非常不满，与其发生口角，进而相互厮打，孙某受轻微伤。后经他人劝解，纠纷平息。孙某住院治疗3天，花去医疗费用1500元。出院后，孙某以双沙镇人民政府工作人员违法行政、侵害其人身权为由，于同年4月20日向县人民法院提起行政诉讼，请求法院确认刘某实施的行政行为违法，并依法赔偿其损失。

问题：刘某对孙某实施的致害行为是否属于行政行为？人民法院是否应当受理孙某的行政诉讼请求？

第四章 抽象行政行为

【引导案例】

  2003年3月17日,就职于广州一服装公司的大学生孙志刚未携带身份证逛街时,被广州黄村街派出所以没有暂住证为由予以收容。3月18日,孙被送往广州收容遣送中转站,后又被收容站送往广州收容人员救治站,并于3月20日死亡。中山大学中山医学院法医鉴定中心的鉴定表明:"综合分析,孙志刚符合大面积软组织损伤致创伤性休克死亡",也就是说孙志刚是被打死的。经过相关司法程序,相关责任人员的法律责任被追究。通过本案,引发了其他法律问题。2003年5月14日,三位法学博士将一份题为"关于审查《城市流浪乞讨人员收容遣送办法》的建议书",传真至全国人大常委会法制工作委员会,建议全国人大常委会对收容遣送制度进行违宪审查。三位博士指出,根据《中华人民共和国宪法》第37条规定,中华人民共和国公民的人身自由不受侵犯。任何公民,非经人民检察院批准或者决定或者人民法院决定,并由公安机关执行,不受逮捕。禁止非法拘禁和以其他方法剥夺或者限制公民的人身自由,禁止非法搜查公民的身体。《中华人民共和国行政处罚法》第9条规定,限制人身自由的行政处罚,只能由法律设定。《中华人民共和国立法法》第8条和第9条规定,对公民政治权利的剥夺、限制人身自由的强制措施和处罚,只能制定法律。因此,1982年由国务院颁布的收容遣送办法及其实施细则中限制公民人身自由的规定,违反了宪法、行政处罚法和立法法。所以建议对《城市流浪乞讨人员收容遣送办法》进行违宪和违法审查。

  抽象行政行为是指国家行政主体针对不特定对象制定和发布能反复适用的、具有普遍约束力的规范性文件的行为,具有对象的不特定性和效力的反复适用性,主要包括行政立法行为、行政机关制定其他规范性文件的行为。

第一节 行政立法

行政立法是最重要的一种抽象行政行为，也是比较特殊的一类行为，既具有"立法性"，又具有"行政性"。

一、行政立法的含义与特征

行政立法是一个学理概念，而非法律条文的专门术语，行政法学界普遍使用"行政立法"这一概念，但对其含义有不同的理解。

有学者从法律文件内容性质上，将行政立法定义为有关国家机关（包括国家权力机关和国家行政机关）制定调整行政关系的法律规范的立法行为，包括全国人民代表大会及其常务委员会制定行政性法律，国务院制定行政法规，国务院部委制定的部门规章，以及有权地方（省级、省会市、经国务院批准的较大市、经济特区市）人民代表大会及其常务委员会制定行政性的地方性法规，以及有权地方政府制定地方政府规章的活动。可见这一界定将所有制定行政性法律、法规、规章的活动都称为"行政立法"。

本教材采取更通常的界定，将行政立法理解为有权行政机关制定行政法规及行政规章的活动。因此，我们这里所讲的行政立法是形式意义上的，指行政机关依照法定权限和法定程序制定、发布行政法规及行政规章的活动。

行政立法行为既具有立法性质，是一种从属立法行为（准立法行为），又具有行政性质，为抽象行政行为之一种。

（一）行政立法行为的立法性

1. 行政立法行为的立法性表现在以下几点：

（1）行政立法行为所产生的行政法规及行政规章具有法的一般特征，即普遍性、规范性和强制性，是行政法的法律渊源。所谓普遍性是指行政法规和行政规章针对不特定对象，可以反复适用；所谓规范性是指行政法规及行政规章对人们的行为具有提供了一个同样的用以遵循的模式、标准或方向；所谓强制性是指行政法规及行政规章对其规范和调整范围内的组织和个人具有强制力。

（2）行政立法必须遵守行政立法程序。行政机关制定行政法规及行政规章必须经过起草、征求意见、会议审议、会议通过、签署、公布等立法程序。

2. 行政立法与国家权力机关的立法区别。行政立法具有立法的性质，但是是一种从属立法，即从属于宪法、法律，不得与宪法、法律相抵触。因此，作为从属立法，行政立法又不同于国家权力机关的立法，二者之间有着明显的区别。

（1）立法主体不同。权力机关立法的主体是公民选举产生的人民代表机关；行政立法的主体是人民代表机关意志的执行机关即行政机关。

（2）立法的客体不同。权力机关立法的客体一般是有关国家政治、经济、文化生活的重要问题；行政立法的客体一般是有关国家社会、经济、文化事务的管理问题。

（3）所立之法的效力不同。权力机关所立之法律有仅次于宪法的效力；行政立法所立之行政法规和行政规章，其效力要低于法律，内容不得与法律相抵触。地方政府规章还不得与地方性法规相抵触。

（4）立法程序不同。权力机关立法的程序比行政立法程序正式、严格，比较注重民主；行政立法的程序简便、灵活、更注重于效率。

（5）立法的形式不同。权力机关的立法一般以法典的形式颁布；行政立法一般以条例、规定、办法等形式颁布。

（二）行政立法的行政性

1. 行政立法的行政性表现在以下几方面：

（1）行政立法的主体是行政机关；

（2）行政立法所规范和调整的对象是行政管理事务或与行政管理有关的事务；

（3）行政立法的主要目的是为了执行和实施权力机关制定的法律，实现行政管理职能。

行政立法虽然具有行政的性质，但它与其他具体行政行为之间又存在着明显的区别：

2. 行政立法与行政行为的区别。

（1）行为主体不同。享有行政立法权的行政机关是法律特别规定的，不是所有行政机关都享有行政立法权；但所有行政机关都有权实施一定的具体行政行为，无需法律特别加以规定。

（2）行为的对象不同。行政立法的对象是普遍的，针对不特定的人和事；而具体行政行为的对象是个别的，针对特定的人和事。

（3）行为的时间效力不同。行政立法所立之法能多次适用，在没有被撤销或被废止之前，都必须遵照执行；而具体行政行为的效力通常是一次性适用的，不能多次反复适用。

(4) 行为的程序不同。行政立法的程序比较正式、严格，形式也比较规范；而具体行政行为的程序比较简单、灵活，形式也多样。

因此，行政立法作为抽象行政行为的一种，因其对象的不特定性、普遍约束力而与具体行政行为相区别；同时，行政立法又因其立法的从属性而与国家权力机关立法相区别。

二、行政立法的分类

行政立法按照不同的标准，可以作不同的分类。

（一）职权立法与授权立法

这是以行政机关立法权的来源不同所进行的分类。

1. 职权立法。职权立法是指国家行政机关直接依照宪法和组织法规定的职权制定行政法规和行政规章的行为。职权立法一般具有以下特征。

（1）职权立法是行政机关根据宪法和组织法的规定所享有的固有职权，它同相应的行政权同时产生，同时存在，是行政机关依照行政职权所当然享有的。

（2）职权立法一般不能创设新的权利义务，只能把宪法和法律规定的权利和义务加以具体化。

2. 授权立法。

授权立法又有一般授权立法和特别授权立法之分。

（1）一般授权立法。一般授权立法是指行政机关根据法律法规的授权而制定相应的实施细则、实施办法的活动，如《行政处罚法》第63条规定"本法第46条罚款决定与罚款收缴分离的规定，由国务院制定具体实施办法"。因此，这就是"国务院"这一国家最高行政机关根据《行政处罚法》这一全国人民代表大会（国家最高权力机关）制定的法律的一般授权进行的立法。一般授权立法同样不能创设新的权利义务。

（2）特别授权立法。特别授权立法是指权力机关或者上级行政机关通过专门决议把应由自己行使的立法权交由行政机关去行使，行政机关根据这种特别的授权所进行的立法活动。如国务院根据全国人大常委会《关于授权国务院在经济体制改革和对外开放方面可以制定暂行的规定或者条例的决定》而制定相关行政法规的活动就是特别授权立法。特别授权立法由于是立法机关将自己的立法权交由行政机关去行使，因而，行政机关根据特别授权制定行政法规或规章时可以设立新的权利和义务。

（二）中央行政立法与地方行政立法

这是以行政立法权的主体不同所做的分类。

1. 中央行政立法。中央行政立法是指中央国家行政机关所进行的立法活动，它包括国务院制定行政法规和国务院各部委制定部门行政规章的活动。

2. 地方行政立法。地方行政立法是指有立法权的地方人民政府制定地方政府规章的活动，它包括各省、自治区、直辖市人民政府，省、自治区人民政府所在地的市的人民政府，国务院批准的较大的市的人民政府以及某些经济特区的人民政府制定地方政府规章的立法活动。

（三）执行性立法和创制性立法

这是以行政立法的内容不同为标准所做的划分。

1. 执行性立法。行政机关为贯彻实施全国人民代表大会及其常务委员会的基本法律和法律，国务院的行政法规或上级行政机关的行政规章，明确法律规范的含义及适用范围而制定实施细则、实施办法的活动称为执行性立法，执行性立法只能将法律规定的内容具体化，不能创设新的权利义务。

2. 创制性立法。创制性立法是指行政机关根据全国人民代表大会及其常务委员会的特别授权，或地方政府根据中央人民政府或地方权力机关的授权就法律法规尚未规定的事项制定行政法规或规章，创制法律法规尚未确立的新的权利义务规范的活动。行政机关在创制性立法中可以创设新的权利和义务。

三、行政立法的主体及其权限

（一）行政立法的主体

行政立法的主体即有权进行行政立法的行政机关，具体讲是指依据宪法和组织法的规定享有行政法规或行政规章制定权的国家行政机关。根据宪法和组织法的规定，现行行政立法主体包括：

1. 国务院。国务院作为最高国家行政机关，享有行政法规制定权。

2. 国务院各部委。国务院各部委作为国务院的职能部门享有部门规章制定权。

3. 省、自治区、直辖市人民政府。享有制定地方政府规章的权力。

4. 省、自治区人民政府所在地的市和国务院批准的较大的市以及经济特区市的人民政府享有地方行政规章的制定权。

各行政立法主体及其立法形式如表 4-1 所示。

表 4-1　各级行政立法主体列表

行政机关	行政立法形式
国务院	行政法规
国务院各部委	行政规章（部门规章）
省、自治区、直辖市人民政府	行政规章（地方政府规章）
省、自治区人民政府所在地的市，国务院批准的较大市，经济特区市的人民政府	行政规章（地方政府规章）

（二）行政立法权限

行政立法权限即指享有行政立法权的行政机关享有多大范围的行政立法权，或者说在哪些方面享有行政立法权。

我国现行宪法和组织法规定了哪些立法主体可以制定法律、行政法规、地方性法规和行政规章，但至于哪些事项应由法律规定，哪些事项应由行政法规、地方法规或行政规章规定，宪法和组织法没有作出明确系统的分工，只是以有关机关职权的形式作了笼统的规定。确立行政立法权限时，应遵循法律保留与法律优先的原则。

1. 法律保留。所谓法律保留是指凡是属于宪法、法律规定只能由法律规定的事项，则只能由全国人民代表大会及其常务委员会制定的法律来规定（即法律的绝对保留）或者必须在法律明确授权的情况下（即法律的相对保留），行政机关才有权在其制定的行政法律规范中作出规定。根据《立法法》的规定，法律保留的事项包括以下应由全国人民代表大会或全国人民代表大会常委会以法律规定的事项：

（1）有关国家领土、国防、外交、国籍等涉及国家主权方面的事项。

（2）各级人民代表大会、人民政府、人民法院和人民检察院的组织、职权和相互关系。

（3）民族区域自治制度、特别行政区制度、基层群众自治制度。

（4）犯罪与刑罚。

（5）涉及公民政治权利、人身自由权利的强制措施的处罚，财产的查封、扣押、冻结、强制划拨等强制措施。

（6）物权、债权、知识产权、婚姻家庭、财产继承等民事规范。

（7）诉讼、执行制度、律师、公证、仲裁制度。

（8）财政、税收、海关、金融和外贸制度、自然资源所有权的确认和转让制度。

（9）宪法规定和全国人大及其常委会认为应当制定法律的其他事项。

其中，有关犯罪与刑罚、对公民政治权利的剥夺和限制人身自由的强制措施与处罚、司法制度等属于法律绝对保留的事项。

2. 法律优先。在法律保留事项的范围之外，行政机关的立法活动也并非可以自行其是，还必须遵守法律优先原则。所谓法律优先是指法律（指全国人民代表大会及其常务委员会制定的"狭义"的法律）的效力高于行政机关制定的规范性文件的效力，上一层级的法律规范的效力高于下一层级的法律规范的效力。因此，任何行政立法规范（行政法规、行政规章）和地方性法规都不能和法律相抵触。

四、行政立法的效力与监督

（一）行政立法的效力

行政立法的法律效力是指行政立法对于个人、组织的拘束力、执行力以及对于人民法院审判活动的适用力。行政法属于法的范畴，对其规范范围内的所有个人和组织均产生相应的法律效力。对于不遵守、不执行行政立法的任何组织和个人，相应行政机关可以依法采取一定的强制措施或申请人民法院采取强制措施强制其遵守或执行。人民法院在审理行政案件时，以法律、行政法规、地方性法规为依据，可以参照与法律、法规不抵触的行政规章。

行政立法的效力范围包括行政立法的时间效力、地域效力及对国家机关、企事业组织、社会团体和个人的效力。

1. 行政立法的时间效力。行政立法的时间效力包括行政立法的生效时间和失效时间。

行政立法的生效时间通常有两种情况：一是行政立法自发布之日起生效；二是行政立法另定生效日期。与生效时间密切相关的是行政立法是否具有溯及既往的法律效力的问题，学界认为，行政立法一般不应有溯及既往的法律效力，即使在某些特殊情况下需要溯及既往，也应以不给相对人的权利以不利影响为原则。

行政立法的失效时间大致有以下几种：一是授权法规定的授权时效届满；二是新法废除旧法；三是行政法规、行政规章（部门规章、地方政府规章）在清理中被有权机关废止。

2. 行政立法的地域效力。行政立法由于存在多层次的立法主体，因而，其效力的地域范围也不一致：国务院的行政法规和各部委的部门规章其法律效力一般及于全国范围；省、自治区、直辖市人民政府，省、自治区人民政府所在地的市的人民政府，国务院批准的较大的市的人民政府以及法律法规授权的其他人民政府的规章的法律效力仅及于相应的管辖地区。

3. 行政立法对国家机关、企事业组织、社会团体和个人的效力。

（1）行政立法对行政机关的效力。行政立法不仅对有关行政相对人发生法律效力，而且行政机关本身也要受相应行政立法的拘束。行政立法对行政机关的效力具体表现在下级行政机关必须执行上级行政机关的行政立法，不得作出与上级行政立法不同的规定；上级行政机关及行政首长认为下级行政机关的行政立法存在问题，必须通过法定程序撤销或责令下级行政机关自行撤销，任何机关和个人不得随意改变、撤销或废止自己制定的行政立法，确有必要改变、撤销或废止，也必须遵守法定条件和程序。

（2）行政立法对其他国家机关的效力。对于行政法规及行政规章，其他国家机关也有遵守的义务，当然国家权力机关可以根据宪法和法律撤销违法的行政法规和行政规章。人民法院在审理行政及民事纠纷案件时是否必须以行政法规及行政规章作为司法裁决的法律依据，这是一个比较复杂的问题。《行政诉讼法》规定，人民法院审理行政案件以法律、行政法规、地方性法规为依据；人民法院在审理行政案件时参照规章，这说明规章在行政诉讼中并非当然的法律依据。对违法的行政规章，人民法院有不适用的权力。

（3）行政立法对企事业单位、社会团体和个人的效力。任何企业、事业单位、社会团体和个人，包括在中国境内的外资企业以及在外国人和无国籍人，都必须遵守中国的行政立法，依照国际惯例或法律明确规定相应法规、规章不适用他们的除外。当然就某具体行政法规和行政规章来说，是否对某一企业、事业单位、社会团体、个人发生法律效力，还要看其调整范围以及颁布机关的管辖权限等。

（二）行政立法的监督

由于行政立法行为是具有普遍约束力的行政行为，因此，其对公民、法人或其他组织所产生的影响是任何一个具体行政行为都无可比拟的。正因为如此，加强对行政立法的监督，及时撤销违法或不当的行政立法行为，保障国家、社会和行政相对人及有关个人的合法权益，显得尤为重要。对行政立法的监督包括行政机关的内部监督、权力机关的监督和人民法院的监督。

1. 上级行政机关对下级行政立法的监督。上级行政机关和下级行政机关之间是领导与被领导、监督与被监督之关系，因此，上级行政机关享有对下级行政立法的监督权。

根据宪法和组织法的规定，国务院有权改变或撤销各部委不适当的命令、指示和规章，有权改变或撤销地方各级国家行政机关不适当的决定和命令。国务院当然也有权改变或撤销地方人民政府不适当的规章。国务院各部委作为国务院的工作部门，若发现地方人民政府规章不适当，应当报告国务院，请求予以改变或撤销。

根据组织法规定，县级以上地方各级人民政府有权领导下级人民政府的工作，有权改变或撤销下级人民政府不适当的决定、命令。因此，省、自治区人民政府有权改变或撤销省、自治区人民政府所在地的市人民政府和国务院批准的较大市人民政府制定的不适当的行政规章。

2. 权力机关对行政立法的监督。权力机关对行政立法的监督包括事前监督和事后监督。事前监督主要是指授权立法。权力机关无论是授权行政机关进行创制性立法，还是执行性立法，都应当严格规定授权立法的目的、性质、范围等，以此来规范行政机关的行政立法行为。授权立法是权力机关对行政立法进行事前监督的最重要的形式。

权力机关对行政立法的事后监督，也是权力机关对行政立法进行监督的重要形式。这种事后监督主要是通过备案或其他形式审查行政立法，撤销与宪法、法律相抵触的行政法规和行政规章来实现的。

根据《宪法》第67条规定，全国人大常委会有权撤销国务院制定的同宪法和法律相抵触的行政法规。根据《地方各级人民代表大会和地方各级人民政府组织法》第60条规定，省级政府规章要报同级人大常委会备案，市级政府规章同时报省级人大常委会和同级人大常委会备案。《地方各级人民代表大会和地方各级人民政府组织法》第8条、第44条规定：县级以上地方各级人大和人大常委会有权撤销本级人民政府不适当的决定和命令；县级以上地方各级人大常委会有权监督本级人民政府。根据这一规定，地方人大及其常委会享有撤销同级人民政府制定的同法律、行政法规、地方性法规相抵触的地方政府规章的权力。

3. 人民法院对行政立法的监督。《行政诉讼法》第52条规定："人民法院审理行政案件，以法律和行政法规、地方性法规为依据，地方性法规适用于本行政区域内发生的行政案件"，"人民法院审理民族自治地方的行政案件，并以该民族自治地方的自治条例和单行条例为依据"。《行政诉讼法》第53条还规定，人民法院审理行政案件参照规章。

据此可见，人民法院在审理行政案件的过程中，应当适用法律、行政法规、地方性法规、民族自治条例和单行条例，而对行政规章只是参照。参照规章实质赋予法院对规章合法性的一定的司法审查权，人民法院对不符合或不完全符合法律、法规规定的规章有不予适用的权力。但法院没有直接撤销规章的权力，只能向相应行政机关或其上级行政机关或权力机关提出撤销或改变的建议。

第二节 其他抽象行政行为——制定其他规范性文件行为

在行政法制实践中，除行政立法外，还存在着数量庞大的其他抽象行政行为，即制定其他针对不特定对象具有普遍约束力的规范性文件的活动，这类行为涉及面积极广，对遵守依法行政原则的挑战极大。

一、其他抽象行政行为的含义与特征

（一）其他抽象行政行为的含义

其他抽象行政行为（Other Abstractive Administrative Activities）是指各级各类国家行政机关为了实施法律、执行政策，在法定权限内制定除行政法规、行政规章以外的具有普遍约束力的决定、命令、规定、通知等规范性文件的行为，即其他抽象行政行为是指行政立法以外，行政主体制定其他规范性文件的行为。这些除行政法规、行政规章以外的行政规范性文件在我国行政管理中占有非常重要的地位，行政机关的大量行政行为是直接根据这种规范性文件作出的。

目前，人们对这种规范性文件的理解有两种：一种是指国家行政机关，为实施法律、执行政策，在法定权限内制定的除行政法规和行政规章以外的具有普遍约束力的决定、命令及行政措施的行政行为，是介于行政立法和具体行政行为之间的一种抽象行政行为；另一种理解认为，其他规范性文件是指没有行政法规和行政规章制定权的国家行政机关为实施法律、法规、规章而制定的具有普通约束力的决定、命令、行政措施的行政行为。

较多学者同意第一种观点，认为它符合我国宪法及地方组织法的规定。《宪法》第89条规定，国务院可以根据宪法和法律规定行政措施、发布决定和命令；第90条规定，国务院各部委可以根据法律和国务院的行政法规、决定、命令，在本部门的权限内发布命令、指示。《地方各级人民代表大会和地方各级人民政府组织法》第59条规定，县级以上的地方各级人民政府执行本级人民代表大会及其常委会的决议，以及上级国家行政机关的决定和命令，

规定行政措施，发布决定和命令；第61条规定，乡、民族乡、镇的人民政府执行本级人民代表大会的决议和上级国家行政机关的决定和命令，发布决定和命令。

（二）其他抽象行政行为的特征

根据这一理解，行政立法外的其他抽象行政行为即行政机关制定其他规范性文件的行为具有以下特征：

1. 主体的广泛性。根据宪法和地方组织法的规定，其他规范性文件的制定主体除享有行政立法权的行政机关外，其他不享有行政立法权的行政机关也可在各自的职权范围内制定相应的规范性文件。

2. 效力的多层次性与从属性。其他规范性文件的效力与其制定主体相应，从上到下呈现出多层次性的特点，并从属于相应行政机关制定的行政法规和行政规章。

3. 表现形式的多样性。其他规范性文件的形式多种多样，常见的形式有行政措施、决定、命令、指示、指令、决议、布告、公告、通告等。

4. 具有一定的规范性和强制性。合法的其他规范性文件也是人们必须遵守的行为规则，在各自效力范围内的所有组织和个人都必须遵守。

二、制定其他规范性文件行为与行政立法、抽象行政行为、具体行政行为的关系

（一）制定其他规范性文件行为与行政立法的关系

制定其他规范性文件行为与行政立法有着密切的关系，二者都是行政机关的抽象行政行为，所针对的是不特定的人或事，而且从形式上看，两者都具有规范性、重复适用性等特征，在其效力所及的范围内，对于任何组织和个人都具有约束力。但制定其他规范性文件与行政立法两者也存在着以下主要区别：

1. 制定主体范围不同。制定其他规范性文件行为的主体范围比行政立法的主体范围要广得多，几乎所有国家行政机关都可成为其他规范性文件的制定主体，而行政立法的主体则是由宪法和法律明确规定的特定的国家行政机关。

2. 效力大小不同。行政法规和行政规章的效力大于其他规范性文件的效力。制定其他规范性文件不能与行政法规、行政规章相抵触、相违背。《行政诉讼法》明确规定行政法规与行政规章可以成为法院审理行政案件的依据或参照，而其他抽象行政行为则不具有此效力。

3. 可予规范的内容不同。其他规范性文件无权直接为行政相对人设立权利和义务，行政法规、行政规章可以在法定权限内对行政相对人设立某些权利和义务。

4. 制定的程序不同。行政立法行为是依据宪法和法律的具体规定而进行的，程序上有较严格的要求，也较为复杂，表现形式也较为规范，名称也相对统一。其他规范性文件的形式、名称一直缺乏比较统一的要求，制定程序也比较简易。

（二）制定其他规范性文件行为与抽象行政行为的关系

抽象行政行为包括行政立法行为和制定其他规范性文件的行为，制定其他规范性文件的行为只是抽象行政行为中的一部分。从数量上讲，其他规范性文件要比行政法规和行政规章多，在实践中，其他规范性文件对行政法规和行政规章也起到了必要的和有效的执行作用，在一定条件下还起到补充的作用。

（三）制定其他规范性文件行为与具体行政行为的关系

制定其他规范性文件行为是抽象行政行为的一种，在其效力可及的范围内，对相应行政相对人具有普遍约束力。在一定范围内，其他规范性文件也是行政机关作出某些具体行政行为的直接依据。而具体行政行为是行政机关针对特定人或特定事项作出的具有特定行政法权利和义务内容的行政处理决定。

三、对制定其他规范性文件行为的监督

制定其他规范性文件对规范政府行为、提高行政效率、调动和发挥各级人民政府及其所属工作部门的积极性都具有重要作用。但是目前制定其他规范性文件行为中还存在不少问题，例如制定主体混乱、越权现象普遍、内容与上级规范性文件抵触、缺乏必要的程序等。因此，为了更好地发挥其他规范性文件的积极作用，必须加强对制定其他规范性文件行为的监督。

制定其他规范性文件是抽象行政行为的一种，对其监督方式与对行政立法的监督方式基本相同。在这一方面，我国还必须进一步建立健全相应法律制度。《行政复议法》第7条规定："公民、法人或其他组织认为行政机关的具体行政行为所依据的下列规定不合法，在对具体行政行为申请复议时，可以一并向行政复议机关提出对该规定的审查申请：（一）国务院部门的规定；（二）县级以上地方各级人民政府及其工作部门的规定；（三）乡、镇人民政府的规定。前款所列规定不含国务院部、委规章和地方人民政府规章。规章的审查依照法律、行政法规办理。"这一规定表明，除国务院制定的其他规范

性文件外，其他行政机关制定的其他规范性文件已被纳入行政复议范围。这有利于制定其他规范性文件活动的法制化。

【复习思考题】

1. 什么是抽象行政行为？
2. 什么是行政立法？行政立法有哪些主要类型？
3. 如何完善我国行政机关制定其他规范性文件的程序？

【引导案例解析】

根据《中华人民共和国宪法》规定，全国人大常委会享有违宪审查的权力，其第67条第7项规定，全国人民代表大会常务委员会有权撤销国务院制定的同宪法、法律相抵触的行政法规、决定和命令。因此才有了三博士上书事件。根据《中华人民共和国宪法》规定，全国人大常委会有权解释宪法并监督宪法的实施，有权撤销国务院制定的同宪法、法律相抵触的行政法规、决定和命令；《中华人民共和国立法法》中也有相应的更加具体的规定：公民的建议书由全国人大常委会工作机构进行研究，必要时，送有关的专门委员会进行审查、提出意见。专门委员会认为被提请审查的行政法规同宪法或法律相抵触的，可以向制定机关提出书面审查意见；也可以由法律委员会与有关的专门委员会召开联合审查会议，要求制定机关到会说明情况，再向制定机关提出书面审查意见。制定机关应当在两个月内研究提出是否修改的意见，并向全国人民代表大会法律委员会和有关的专门委员会反馈。如果法律委员会和有关的专门委员会审查认为行政法规同宪法或法律相抵触而制定机关不予修改的，可以向委员长会议提出书面审查意见和予以撤销的议案，由委员长会议决定是否提请常委会会议审议决定。

【练习案例一】

《中华人民共和国渔业法》第30条规定："未按本法规定取得捕捞许可证擅自进行捕捞的，没收渔获物和违法所得，可以并处罚款；情节严重的，并可以没收渔具。"《福建省实施〈中华人民共和国渔业法〉办法》第34条规定，未取得捕捞许可证擅自进行捕捞或者伪造捕捞许可证进行捕捞的，情节严重的，可以没收渔船。

问题：《福建省实施〈中华人民共和国渔业法〉办法》第34条是否符合上位法规定？

【练习案例二】

在一起不服道路运输管理行政处罚请示案件中，相对人无道路运输经营许可证擅自从事道路运输经营活动，既违反了交通部《道路运输行政处罚规定》，也违反了江苏省人大常委会制定的《江苏省道路运输市场管理条例》。对此类违法行为的处罚，交通部《道路运输行政处罚规定》第8条规定的罚款幅度是5 000元至10 000元，而《江苏省道路运输市场管理条例》第32条规定的罚款幅度是5 000元至20 000元。

问题：根据《立法法》的规定，本案中的人民法院应该如何处理部门规章和地方性法规规定不相一致的问题？

第五章 具体行政行为

【引导案例】

2004年6月8日，某县环保局的三位执法人员到刘某开办的豆腐加工厂征收排污费，三位工作人员没有着制式服装，没有出示工作证。刘某表示没有带钱，要求改天再交。执法人员指责刘某态度不好，其中一位执法人员拿出一张盖有某县环保局公章的行政处罚决定书给刘某，上面写着："你单位因拒交排污费，违反了环境保护法，现根据《省环境保护条例》第35条的规定，处以5 000元罚款。"刘某不服，于2004年6月13日向法院提起行政诉讼。

具体行政行为，被称为"行政法的核心和关键规范"，因为一切行政法律最终都要通过具体行政行为才能发生作用，才有实际意义。依法行政，建立行政法治，最终将通过具体行政行为才得以落实。行政主体在日常行政管理活动中的主要内容是实施具体行政行为，依据行政职权针对特定的人或事进行管理和服务。本章对具体行政行为基本问题进行理论分析，并结合已有的成文法典着重对行政许可、行政处罚和行政强制等具体行政行为进行详细介绍。

第一节 具体行政行为概述

具体行政行为不仅是一个学理概念，还是一个法律概念。我国首先使用"具体行政行为"概念的法律是1989年第七届全国人民代表大会第二次会议通过的《行政诉讼法》。

一、具体行政行为的概念与特征

具体行政行为是指行政主体在行政管理活动中依据其行政职权或行政职责实施的，能直接影响特定相对人权利义务的形成、变化或消灭的行为。

具体行政行为具有如下法律特征：

1. 行政性。具体行政行为是行政主体通过行政公务人员所进行的法律行为，以它们拥有行政职权为前提，具体行政行为体现了国家行政权的具体实施、运作，目的在于实现国家的行政目标。这使得具体行政行为与国家权力机关的立法行为、司法机关的司法行为相区别。

2. 特定性。具体行政行为是就特定事项针对特定的行政相对人（公民、法人和其他组织）所做出的行政行为。这一特点使得具体行政行为与抽象行政行为相区别。

3. 法律效果性。具体行政行为能直接产生有关权利义务形成、变化或消灭的法律效果，这使得作为法律行为的具体行政行为与事实行为相区别。

4. 可诉性。根据《行政复议法》第2条、第6条，以及《行政诉讼法》第2条、第11条规定，公民、法人或其他组织即行政相对人对具体行政行为不服的，有权申请行政复议和提起行政诉讼。

二、具体行政行为的类别与形式

可以从不同角度对具体行政行为进行分类。如：以行政主体积极作为或消极不作为为标准，具体行政行为可分为作为的具体行政行为与不作为的具体行政行为；以具体行政行为是由一个行政主体作出或由两个以上行政主体共同作出为标准，可将具体行政行为分为单一主体具体行政行为与共同主体具体行政行为，等等。如果从具体行政行为的直接法律功能出发，具体行政行为可以被划分为以下五类。

第一类，行政赋权行为。这类行为的功能是创制权利，赋予相对人一定的权利或利益，因此在性质上是一类对行政相对人有利的行为。行政赋权行为的形式有行政许可、行政救助、行政奖励等。

第二类，行政限权行为。这类行为的功能是限制或剥夺权利，即对行政相对人课以一定的义务，限制或剥夺其一定的权利与利益，因此性质上是对行政相对人的不利行为。行政限权行为的形式有行政处罚、行政强制、行政征收等。

第三类，行政确认行为。这种行为的功能是证明事实和法律关系。它可能对相对人有利，可能对相对人不利，是一种中性行为。如，有关部门对专利权的审定、对房屋所有权的确认等。

第四类，行政裁决行为。这是一类行政主体基于行政职权对当事人之间的纠纷做出有强制效力的裁决的行为。行政裁决不同于以争议双方当事人自愿为基础的行政调解行为和旨在解决劳动争议的劳动争议仲裁行为，它的作出不以当事人的同意为前提，产生了处分双方当事人权利义务的法律效果。

第五类，行政救济行为。这种行为的功能是救济行政行为，即由行政机关对已经做出的行政行为本身或行政行为的后果进行补救。行政救济行为的形式有撤销行政行为、撤回行政行为、废止行政行为、变更行政行为、行政赔偿和行政补偿等。

第二节 行政许可

行政许可作为行政机关对国家和社会事务进行管理的一种重要法律手段，被应用于国防、外交、公安、经济、城市管理、文化、教育、知识产权、医药卫生、自然资源利用和保护、民政、司法行政、对外经贸交流、旅游等许多行政管理领域，成为行政管理活动中不可缺少的重要措施。行政许可制度在我国社会经济生活中的存在和发展，与经济体制改革和社会转型密切相关。行政许可有利于加强国家对社会经济活动的宏观管理，实现从直接命令的行政手段到法律手段的过渡，有利于维护经济秩序，制止不法经营，防止不正当竞争。

2003年8月，第十届全国人民代表大会第四次会议通过了《中华人民共和国行政许可法》（以下简称《行政许可法》），该法于2004年7月1日起施行。制定和实施《行政许可法》是为了规范行政许可的设定和实施，保护公民、法人和其他组织的合法权益，维护公共利益和社会秩序，保障和监督行政机关有效实施行政管理。《行政许可法》的调整范围包括行政许可的设定和行政许可的实施。

一、行政许可概述

（一）行政许可的概念

行政许可是指行政机关根据相对人的申请，经依法审查，以颁发特定证照等方式，依法赋予特定的相对人拥有某种权利，获得从事某种活动资格的法律行为。行政机关实施许可通常以颁发书面形式的许可证、执照等作为法律凭证，这类文书就其内容而言都具有许可的性质，因而被统称"许可证"。

《行政许可法》对行政机关的行政许可活动规定了完整的法律制度，形成行政许可制度。行政许可制度是规定许可证申请、核发、使用以及监督管理的一系列规则的总和，包括规定许可设定、许可范围、许可实施机关、许可的实施程序、许可费用以及监督检查、撤销、变更许可证的方式、条件和期限等内容的各种法律规则。

（二）行政许可的性质

1. 行政许可是一种赋权行政行为，即行政机关准许特定的相对人行使一定的权利和取得一定的资格，可以从事特定的活动。从这个意义上讲，行政许可是将对一般人禁止的事项，向特定人解除其禁止，从而使特定的人取得了一般人所不能得到的某种权利和资格。被许可人具备法律要求的条件，能履行与被许可的权利、资格相应的义务，而这种条件或义务能力是他人不具备的。行政许可作为一种对相对人的有利行为，与行政处罚、行政强制等对相对人剥夺权利或课以义务的行为不同。

2. 行政许可从程序上看是依相对人申请的行政行为，并且是要式行政行为。虽然行政许可是否最后得以颁发是基于行政机关的审查决定，但这种行政许可的审查决定必须由相对人申请才能启动。并且，行政许可决定一定是以符合相应规定的许可证照的形式呈现。

3. 从行为的功能上看，行政许可是对特定活动的事前控制、事前监管行为，这种行为可以从源头上控制某种危险性的发生，起到规范秩序，配置资源，证明或者提供某种信誉、信息等功能和作用，是对行政机关外部管理对象实施的管理性外部行政行为。

（三）行政许可的原则

行政许可原则是行政机关设定行政许可和实施行政许可应遵循的基本思路和指导性原理。我国行政许可有以下主要原则：

1. 合法原则。行政许可合法原则是指设定和实施行政许可，应当依据法定的权限、条件和程序。

2. 公开、公平、公正原则。设定和实施行政许可，应当遵循公开、公平、公正的原则。有关行政许可的规定应当公布；未经公布的，不得作为实施行政许可的依据。行政许可的实施和结果，除涉及国家秘密、商业秘密或者个人隐私的外，应当公开。符合法定条件、标准的，申请人有依法取得行政许可的平等权利，行政机关不得歧视。

3. 便民原则。实施行政许可，应当遵循便民的原则，提高办事效率，提供优质服务。例如公民、法人或者其他组织依法向行政机关提出行政许可申请，申请书需要采用格式文本的，行政机关应当向申请人提供行政许可申请书格式文本，申请书格式文本中不得包含与申请行政许可事项没有直接关系的内容。申请人可以委托代理人提出行政许可申请，依法应当由申请人到行政机关办公场所提出行政许可申请的除外。行政许可申请可以通过信函、电报、电传、传真、电子数据交换和电子邮件等方式提出。行政机关应当将法律、法规、规章规定的有关行政许可的事项、依据、条件、数量、程序、期限以及需要提交的全部材料的目录和申请书示范文本等在办公场所公示。申请人要求行政机关对公示内容予以说明、解释的，行政机关应当说明、解释，提供准确、可靠的信息。行政机关不得要求申请人提交与其申请的行政许可事项无关的技术资料和其他材料。行政机关应当建立和完善有关制度，推行电子政务，在行政机关的网站上公布行政许可事项，方便申请人采取数据电文等方式提出行政许可申请；应当与其他行政机关共享有关行政许可信息，提高办事效率。

　　行政机关对申请人提出的行政许可申请，应当根据下列情况分别作出处理：申请事项依法不需要取得行政许可的，应当即时告知申请人不受理；申请事项依法不属于本行政机关职权范围的，应当即时作出不予受理的决定，并告知申请人向有关行政机关申请；申请材料存在可以当场更正的错误的，应当允许申请人当场更正；申请材料不齐全或者不符合法定形式的，应当当场或者在5日内一次告知申请人需要补正的全部内容，逾期不告知的，自收到申请材料之日起即为受理；申请事项属于本行政机关职权范围，申请材料齐全、符合法定形式，或者申请人按照本行政机关的要求提交全部补正申请材料的，应当受理行政许可申请。

　　《行政许可法》将行政许可申请与受理的具体程序做了详细规定，将便民高效作为了行政机关必须遵守的义务职责，将有力改进行政许可事项申请、办理困难的现状。

　　4. 信赖保护原则。信赖保护原则是指行政相对人对行政权力的正当合理信赖应当予以保护，行政机关不得擅自改变已生效的行政行为，确需改变行政行为的，对由此给相对人造成的损失应当给予补偿。《行政许可法》规定，公民、法人或者其他组织依法取得的行政许可受法律保护，行政机关不得擅自改变已经生效的行政许可。行政许可所依据的法律、法规、规章修改或者废止，或者准予行政许可所依据的客观情况发生重大变化的，为了公共利益的需要，行政机关可以依法变更或者撤回已经生效的行政许可。但由此给公民、法人或者其他组织造成财产损失的，行政机关应当依法给予补偿。

信赖保护原则有利于行政机关及其工作人员树立诚信意识，有利于相对人形成对法律的信仰，有利于行政机关在行使行政许可权时更加谨慎、理性，更加注意保护相对人的合法权益。

5. 救济原则。公民、法人或者其他组织对行政机关实施行政许可享有陈述权、申辩权；有权依法申请行政复议或者提起行政诉讼；其合法权益因行政机关违法实施行政许可受到损害的，有权依法要求赔偿。

此外，行政许可还遵循禁止转让原则，依法取得的行政许可，除法律、法规规定依照法定条件和程序可以转让的外，不得转让。《行政许可法》还规定了监督原则，县级以上人民政府应当建立健全对行政机关实施行政许可的监督制度，加强对行政机关实施行政许可的监督检查，行政机关应当对公民、法人或者其他组织从事行政许可事项的活动实施有效监督。

二、行政许可的设定

（一）行政许可的设定范围

根据行政许可事项的性质、功能、条件、适用程序的不同，《行政许可法》第12条将我国可以设定行政许可的范围概括规定为六个方面：

1. 直接涉及国家安全、公共安全、经济宏观调控、生态环境保护以及直接关系人身健康、生命财产安全等特定活动，需要按照法定条件予以批准的事项。对这类事项设定行政许可，是行政机关准予符合法定条件的公民、法人或者其他组织从事特定活动，按照法定条件予以批准的行为。其性质上是确认具备行使既有权利的条件，是行政许可实践中运用最广泛的许可事项，又被称为"普通许可"。这类许可主要适用于污染和其他公害的防治、生态环境的保护；金融、保险、证券等涉及社会信用行业的市场准入和经营活动；爆炸性、易燃性、放射性、毒害性、腐蚀性等危险品的生产、储存、运输、使用、销售以及其他涉及公民人身健康、生命财产安全的产品的生产、生命财产安全、公共安全和国家安全的其他事项。这类许可的主要功能是防止危险、保障安全，主要特征在于：是对相对人行使法定权利或者从事法律没有禁止但附有条件的活动的准许；这类许可一般没有数量限制；行政机关实施这些许可一般没有自由裁量权，符合条件即应当予以许可。

2. 有限自然资源开发利用、公共资源配置及直接关系公共利益的特定行业的市场准入等，需要赋予特定权利的事项。对这些事项设定的行政许可是由行政机关代表国家依法向相对人出让、转让某种特定权利，是赋权的行政许可，又被称为"特许"，如出租车经营许可、排污许可等。这类许可的主要功能是分配有限资源，主要特征有：相对人取得特许一般要支付一定费用；一般有数量限制；行政机关实施这类许可一般都有自由裁量权；申请人获得这类许可要承担相应的公益义务，并且不得擅自停止其从事的活动等。

3. 提供公共服务并且直接关系公共利益的职业、行业，需要确定具备特殊信誉、特殊条件或者特殊技能等资格、资质的事项。对这类事项设定的行政许可，是行政机关对申请人是否具备特定技能的认定，对这类事项设定的行政许可又被称为"认可"，如律师资格、注册会计师资格、建筑企业资质。这类许可的主要功能是提高从业人员水平或者提高某种技能、信誉，主要特征在于：这类许可一般需要通过考试方式并根据考试结果决定是否认可；这类许可往往与主体的身份、能力有关；一般没有数量限制，符合标准的都要予以认可；行政机关实施这类许可没有自由裁量权。

4. 直接关系公共安全、人身健康、生命财产安全的重要设备、设施、产品、物品，需要按照技术标准、技术规范，通过检验、检测、检疫等方式进行审定的事项。对这类事项设定的行政许可，是由行政机关对某些事项是否达到特定技术标准、技术规范的判断、审核、认定，这类行政许可又称为"核准"，如消防验收、生猪屠宰检疫、电梯安装运行标准、重点工程竣工验收等。这类许可的主要功能是为了防止危险、保障安全，主要特征有：行政许可的依据主要是技术标准、技术规范，具有很强的专业性、技术性、客观性；这类许可一般需要根据实地检测、检验、检疫作出规定；这类许可没有数量限制，凡是符合技术标准、技术规范的，都要予以核准；行政机关实施这类许可没有自由裁量权。

5. 企业或者其他组织的设立等，需要确定主体资格的事项。对这类事项设定的行政许可，是行政机关确定企业或者其他组织特定主体资格、特定身份，使其获得合法从事涉及公众关系的经济、社会活动能力的许可，比如工商企业登记、社团登记、民办非企业单位登记、合伙企业登记等。登记的主要功能是使相对人获得某种能力并向公众提供证明或者信誉、信息，主要特征有：未经合法登记取得特定主体资格或者身份，从事涉及公众关系的经济、社会活动是非法的；这类许可没有数量限制，凡是符合条件、标准的许可申请都要准予登记；这类许可对申请材料一般只作形式审查，通常可以当场作出是否准予登记的决定；对这类许可行政机关实施登记没有自由裁量权。

6. 法律、行政法规规定可以设定行政许可的其他事项。

（二）不设行政许可的事项

根据《行政许可法》第13条的规定，对可以设定的行政许可事项，通过下列方式能够予以规范的，可以不设行政许可：①公民、法人或者其他组织能够自主决定的；②市场竞争机制能够有效调节的；③行业组织或者中介机构能够自律管理的；④行政机关采用事后监督等其他行政管理方式能够解决的。

（三）行政许可设定的权限划分

行政许可的设定是指：谁有权以何种形式设定行政许可，什么事项可以设定行政许可，什么事项不得设定行政许可等。设定行政许可事项，规范政府管理方式，界定行政权力与公司、法人和其他组织权利，几乎是世界所有国家都采取的法律手段。但是，由于不同国家经济发展水平不同，文化历史背景不同，对行政许可设定事项也不同。我国行政许可的设定在遵循经济和社会发展规律的基础上，以有利于发挥公民、法人或者其他组织的积极性、主动性，维护公共利益和社会秩序，促进经济、社会和生态环境协调发展的为目的。

根据《行政许可法》第14、15、16、17条的规定，只有法律、行政法规和国务院有普遍约束力的决定可以设定行政许可，地方性法规和地方规章可以依据法定条件设定行政许可，其他规范性文件一律不得设定行政许可。

1. 法律可以就《行政许可法》认为应该设定许可的各类事项设定许可，即可以对《行政许可法》第12条所列全部事项设定行政许可。

2. 行政法规可以就《行政许可法》规定可以设定行政许可的事项，但尚未制定法律的，设定行政许可。

3. 国务院发布的有普遍约束力的决定可以就《行政许可法》规定可以设定行政许可的事项，在临时、紧急情况，一时难以制定法律、行政法规等情况下，设定行政许可。实施后，除临时性行政许可因条件、情况发生变化废止外，国务院决定设定的其他行政许可在条件成熟时，应及时提请全国人民代表大会及其常务委员会制定法律，或者自行制定行政法规。

4. 地方性法规可以就《行政许可法》规定可以设定行政许可的事项，在尚未制定法律、行政法规的，设定行政许可。尚未制定法律、行政法规和地方性法规的，因行政管理的需要，确需立即实施行政许可的，省、自治区、直辖市人民政府规章可以设定临时性的行政许可。临时性的行政许可实施满一年需要继续实施的，应当提请本级人民代表大会及其常务委员会制定地方性法规。

地方性法规和省、自治区、直辖市人民政府规章，不得设定应当由全国统一确定的公民、法人或者其他组织的资格、资质的行政许可；不得设定企业或者其他组织的设立登记及其前置性行政许可。其设定的行政许可，不得限制其他地方的个人或者企业到本地区从事经营和提供服务，不得限制其他地区的商品进入本地区市场。

5. 行政法规、地方性法规和规章可以对实施上位法设定的行政许可作出具体规定，但不得增设行政许可；对行政许可条件作出的具体规定，不得增设违反上位法的其他条件。

6. 除法律、行政法规、国务院决定、地方性法规、省级地方政府规章以外的其他规范性文件不得设定行政许可。

三、行政许可的实施

（一）行政许可的实施主体

行政许可的实施主体是相对行政许可的设定主体而言的，它包括：县级以上行政机关；法律、法规授权的组织；接受其他行政机关的委托需实施行政许可的行政机关。

1. 县级以上有具体行政许可权的行政机关为行政许可的实施主体。
2. 法律、法规授权的组织。
3. 受委托实施行政许可的主体。

行政机关在其法定职权范围内，依照法律、法规、规章的规定，可以委托其他行政机关实施行政许可。委托实施行政许可有以下特点：第一，受委托实施行政许可的主体只限于行政机关，其他组织和个人不能接受行政机关的委托实施行政许可；第二，受委托行政机关实施行政许可的权力来源于委托机关的委托行为；第三，受委托实施行政许可的行政机关并未因委托行政机关的委托而获得法定的行政许可实施权；第四，受委托实施行政许可的行政机关在具体实施受委托的行政许可时，并不具有行政主体资格，其实施的行政许可行为的法律后果由委托行政机关承担。

委托实施行政许可有以下要求：第一，委托机关应当将受委托行政机关和受委托实施行政许可的内容予以公告；第二，委托行政机关对受委托行政机关实施行政许可的行为应当负责监督，并对该行为的后果承担法律责任；第三，受委托行政机关在委托范围的，以委托行政机关名义实施行政许可，不得再委托其他组织或者个人实施行政许可。

（二）行政许可的实施程序

行政许可的实施程序是指行政许可的实施机关从受理行政许可申请到作出准予、拒绝、中止、收回、撤销行政许可等决定的步骤、方式和时限的总称。概括起来各种行政许可在程序上一般包括以下几个阶段：

1. 行政许可的申请。行政许可程序的前提条件是相对人提出许可的申请。行政许可是依申请的行政行为，因此，相对人欲获得某项许可，必须向行政机关先提出申请和证明自己符合许可范围的各种依据。申请是行政许可的前提，它的提出必须具备一定的条件，这些必备的条件有：

（1）申请必须向有许可管辖权的行政机关提出。

（2）必须是法律规定经许可方能进行的活动或事项，否则，行政许可申请则无意义，也不会被受理。

（3）申请人必须具有申请许可事项所要求的条件和行为能力。行政许可的目的之一就在于制止不符合法定条件的人从事法律禁止的事项。因此，要获得行政许可，就必须具备法定的条件，有从事该项活动的行为能力。例如，申请饮食卫生许可，就必须具备相应的卫生设备条件和从业人员的身体健康条件。

（4）必须有明确的申请许可的意思表示。申请人应当如实向行政机关提交有关材料，反映真实情况，并对其申请材料实质内容的真实性负责。

（5）申请人可以自己直接申请，也可以委托代理人提出行政许可申请。

（6）申请可以通过信函、电报、电传、传真、电子数据交换和电子邮件等方式提出。

2. 受理决定。行政机关收到行政许可申请后，首先确定是否予以受理。行政机关对申请人提交的申请作如下审查：

（1）申请事项是否属于本行政机关管辖范围。

（2）申请事项是否属于依法需要取得行政许可的事项。

（3）申请人是否按照法律、法规和规章的规定提交了符合规定数量、种类的申请材料，申请材料是否符合规定格式。

（4）申请人是否属于不得提出行政许可申请的人等。

在确定是否受理行政许可申请时，行政机关不审查行政许可材料的实质内容，而只是对申请人提交的申请材料目录及材料格式进行形式审查。

行政机关经形式审查后，对申请人提出的许可申请，应当区别不同情况作出处理决定：第一，不予受理；第二，当场更正；第三，限期补正；第四，受理申请。

3. 审查。审查即行政机关对已经受理的行政许可申请材料的实质内容进行核查。

对需要多级行政机关实施行政许可审查的,先经下级行政机关审查,下级行政机关应当在受理行政许可申请之日起 20 日内审查完毕,并将初步审查意见和全部申请材料直接报送上级行政机关,由上级行政机关决定行政许可。上级行政机关不得要求申请人重复报送申请材料,如果上级行政机关要求申请人报送的材料与下级行政机关审查的材料不重复的,上级行政机关可以要求申请人提供。

4. 许可决定。行政许可机关对申请人的申请材料进行实质审查后,作出准予许可或不予许可的决定。

《行政许可法》针对行政许可活动的不同情况,规定了不同的期限要求。除了对符合行政许可条件和要求可以当场作出行政许可决定的外,行政机关应当自受理行政许可申请之日起 20 日内作出行政许可决定。20 日内不能作出决定的,经本行政机关负责人批准,可以延长 10 日,但需将延长期限的理由告知申请人。行政许可采取统一办理或者联合办理、集中办理的,办理的时间不得超过 45 日,45 日内不能办结的经本级人民政府负责人批准,可以延长 15 日,并将延长期限的理由告知申请人。

5. 行政许可的听证。行政许可直接涉及申请人与利害关系人之间重大利益的,申请人提出听证申请的,行政机关有组织听证的义务;申请人不提出听证申请的,行政机关可以不组织听证。行政机关对这些事项作出行政许可决定 5 日前,应当告知申请人、利害关系人有要求听证的权利;申请人、利害关系人提出听证申请的,行政机关应当在 20 日之内组织听证。听证申请人不承担行政机关组织听证的费用。

第三节 行政处罚

《中华人民共和国行政处罚法》(以下简称《行政处罚法》)由第八届全国人民代表大会第四次会议通过,自 1996 年 10 月 1 日起施行,共计 8 章 64 条。《行政处罚法》是较早的一部专门规制行政行为的行政专门法典,对于监督政府依法行政,保障相对人权益有重要意义。

一、行政处罚概述

(一)行政处罚的概念与特征

行政处罚是指具有行政处罚权的行政机关或法律法规授权组织为维护公

共利益和社会秩序，对违反行政法律法规依法应给予处罚的行政相对人所实施的法律制裁行为。行政处罚具有以下基本特征：

1. 行政处罚的主体是依法享有行政处罚权的行政主体。行政处罚是一种典型而常见的具体行政行为，作为一种对相对人产生不利影响的行为，其实施受到严格的限制。《行政处罚法》规定，只有法律法规明确授予某一行政主体特定的行政处罚权时，这一行政主体才可以行使这一项权力。换言之，不是所有行政主体都有行政处罚权，一个行政主体是否享有行政处罚权、享有何种行政处罚权必须由法律明确规定。

2. 行政处罚的对象是实施了行政违法行为、应当给予处罚的行政相对人。行政处罚针对的是相对人实施了违反行政法律规范并且依法应当给予处罚的行为，而非违反了刑法、民法等其他法律规范的行为，也不是针对与行政机关有隶属关系的工作人员的失职行为。

3. 行政处罚是一种法律制裁行为。行政处罚目的在于惩罚违法行为人的行政违法行为，即对违法相对人人身自由、经济利益等给予剥夺、限制，从而促进和保证行政法律规范的实施和行政法上义务的实现。

（二）行政处罚与相关概念的区别

1. 行政处罚与刑罚。行政处罚与刑罚均是国家机关给予违法者的惩罚，但这两种惩处完全不同。

（1）两种制裁的性质不同。刑罚是一种司法惩处行为，而行政处罚是一种行政行为。

（2）两种制裁适用的违法行为不同。刑罚制裁的是刑事违法行为，针对的是违反刑法的犯罪行为，而行政处罚针对的是行政违法行为。

（3）惩罚程度及适用的程序不同。刑罚是一种最严厉的惩罚措施，必须经由国家审判机关的审判作出，而行政处罚是由具有处罚权的行政主体做出。

（4）处罚形式不同。刑罚包括主刑（管制、拘役、有期徒刑、无期徒刑、死刑）和附加刑（罚金、剥夺政治权利、没收财产、对外国人的驱逐出境），行政处罚有警告、罚款、没收违法所得非法财物、责令停产停业、暂扣或者吊销许可证照、行政拘留等形式。

2. 行政处罚与行政处分。行政处分是国家行政机关对其内部违法失职的公务员实施的一种惩戒措施。形式上看，两者都是由行政机关作出的具有惩戒性的行为，但两者之间有较大的区别。

（1）行政机关履行的职能不同。具有行政处罚权的行政机关做出行政处罚是履行对外公共管理职能，而行政处分是由公务员所在机关或上级机关或监察机关做出的内部队伍管理活动。

（2）行为的对象不同。行政处罚的对象是违反行政法律规范的外部管理相对人，行政处分是针对行政机关公务员在其职务上的违法失职行为。

（3）制裁的方式不同。行政处罚有多种类型，很多针对违法行为人的财产进行，而行政处分则是警告、记过、记大过、降级、撤职和开除六种方式。

（三）行政处罚的原则

《行政处罚法》中规定了行政处罚设定与实施中具有普遍指导意义的一些原则，主要包括处罚法定原则、公正公开原则、处罚与教育相结合的原则、一事不再罚原则、当事人权利保障原则、权力制约原则等。

1. 处罚法定原则。处罚法定原则是行政处罚的核心原则。

（1）处罚的设定法定。某一行政处罚是否合法不仅取决于是否严格按照法律规范做出，而且还取决于其依据的规范是否合法。如果作为处罚依据的行政法律规范本身就违法，则处罚必然违法。行政处罚法律规范的制定权或设定权由法律作出具体明确的规定，违反法定设定权的法律规范不能作为处罚的依据。

（2）处罚的依据法定。公民、法人或其他组织的任何行为，只有在法律法规明确规定应予处罚时，才能受到处罚。只要法律法规没有规定的，就不能给予处罚。处罚的范畴、种类、幅度以及程序，都应由法律明确规定并依法实施。

（3）实施处罚的主体法定。只有法律法规明确规定有实施处罚权的机关才可以实施处罚行为。处罚的机关是特定的，特定的行政机关也只能实施法律授予的法定内容的处罚权，如公安机关只能作治安管理处罚，而不能作工商行政管理处罚。

（4）处罚的程序法定。作出处罚必须遵循法定程序，这一要求能有效防止行政主体在实施处罚过程中滥用权力，保障实体合法，也有利于保障相对人在处罚实施过程中应享有的程序权利。

2. 处罚公正、公开原则。

一是公正原则。公正原则是行政合理性原则在行政处罚中的具体体现，要求行政处罚必须公平、公正，没有偏私，必须以事实为依据，以法律为准绳，与违法行为的事实、性质、情节以及社会的危害程度相当。

二是公开原则。一个方面，处罚依据的法律法规必须公布，未经公布的法律法规不能作为处罚的依据；另一方面，对违法行为实施行政处罚的程序必须公开，行政主体在实施处罚时，不仅应告知处罚决定结果，还应告知当事人作出处罚决定的事实、理由、法律依据以及当事人依法享有的权利。当然，作为处罚主体的行政主体及其工作人员也必须身份公开。

3. 一事不再罚原则。一事不再罚是一项古老的法律原则，一般认为起源于诉讼法上的一事不再理原则，其在刑法上的适用没有过多疑义，它在行政法、行政处罚法上的应用则是一个历久弥新的议题。《行政处罚法》第24条的规定：对当事人的同一个违法行为，不得给予两次以上的罚款处罚。

理解这一原则首先要正确认识"同一个违法行为"即"一事"。通常认为，一个违法行为是指只符合一个行政违法构成要件的行为，如果符合两个以上违法行为的构成，则不属"一事"。在这个问题上要注意以下几种情况：第一，对连续违法行为的界定。连续违法行为是指行为人在一定时间内连续多次实施了性质完全相同的违法行为，也就是行为人连续实施了几个独立的违法行为，而这些违法行为符合同一个违法构成要件，触犯的是同一个法律规范。对连续行为以行政机关发现并处罚为界限来判断是否属"一事"。发现的这个行为以及之前的行为认定在"一事"范围内。如行为人受处罚后再实施连续违法行为，那就是新的"一事"了。第二，对继续违法行为的界定。继续行为是指某种违法行为从开始到终止前，在时间上一直处于继续状态，也就是不法状态一直在持续中，如违法搭建的建筑物，高速公路堵车时一直占用应急车道。对继续行为，不论时间长短，都界定为"一事"。第三，对牵连行为的界定。牵连行为指出于一个违法目的，而行为方式或结果又构成其他违法要件的。在行政处罚领域，对牵连行为也一般界定为"一事"作出处罚。否则行为人容易遭到分段制裁。第四，法条竞合行为。相对人只实施了一个违法行为；但因为法律错综复杂的规定，出现符合数个违法行为构成（多事）的状态。这也应该属于一事。

需要注意的是，法条竞合行为、继续违法行为一般实际上只存在一个违法行为，而连续违法、牵连违法其实往往存在两个或两个以上的违法行为，只是在定性或处罚时作为"一事"处理。

"一事不再罚"的"再"就是重复，即两次或超过两次，《行政处罚法》里规定是不得给予两次以上的"罚款"处罚。《行政处罚法》是1996年制定实施的，当时要解决的矛盾中首要的是滥罚款、多头罚款，因此将"一事不再罚"先规定为不能重复罚款，在当时具有合理性。而随着这十几年的行政管理实践发展，行政法治理念的深入，以及行政法学理论研究的推进，已对"一事不再罚"中的"罚"做了内涵上的扩展。第一，同一行政机关的不再罚。同一行政机关对行为人同一违法行为的处罚应当绝对禁止二次处罚。也就是，同一行政机关对一个违法行为处罚后，不能再给予任何种类的第二次处罚。行政机关既不能给行为人两次的"罚款"处罚，也不能给予两次的"没收违法所得"处罚，也不能给予行为人两次以上不同种类的处罚。第二，不同行政机关的不再罚。这是同一违法行为同时触犯多个法律规范，或者由于多头管理体制的原因，有多个有权处罚机关的情况时，如何进行处罚的要求。这种情况下，至少违法行为受到处罚后，其他机关不得给予同种处罚。至于不同的行政机关对于一个行政违法行为能否给予两次"不同"种类的处罚呢？对于这个问题，理论界与实务界的争议比较多。有的认为，对同一违法行为，如果基于同一法律依据，不能给予两次以上的处罚，即便处罚种类不同。这更多是从保障法律秩序稳定性的角度进行的考虑。还有的认为，如果是基于不同的法律依据，给予不同种类的处罚是可以接受的，因为毕竟不同的处罚类型反映不同的处罚目的。

4. 处罚与教育相结合的原则。《行政处罚法》第5条规定："实施行政处罚，纠正违法行为，应当坚持处罚与教育相结合，教育公民、法人或者其他组织自觉守法。"行政处罚是法律制裁的一种形式，但行政处罚这一制裁是行政机关管理国家和社会的一种手段，而不是目的。对于行政相对人有违反行政管理秩序行为的，能教育而不处罚的，应坚持教育而不是处罚。不能将处罚当做行政管理的唯一手段，更不能将实施罚款当成允许相对人继续从事行政违法行为的通行证。当然也应避免不分情节以教育代替处罚，以滋生权力寻租。

5. 权利保障原则。《行政处罚法》第6条规定："公民、法人或者其他组织对行政机关所给予的行政处罚，享有陈述权、申辩权；对行政处罚不服的，有权依法申请行政复议或者提起行政诉讼。公民、法人或者其他组织因行政机关违法给予行政处罚受到损害的，有权依法提出赔偿要求。"这表明，对于行政主体实施的行政处罚，相对人有获得法律救济的权利，包括陈述权、申辩权、申请行政复议权、提起行政诉讼权和获得行政赔偿权等。

二、行政处罚的种类和设定

（一）行政处罚的种类

1. 行政处罚的理论分类。行政法理论上将行政处罚分为人身罚、行为罚、财产罚、申诫罚四种。

人身罚也称自由罚，是指特定行政主体限制和剥夺违法行为人的人身自由的行政处罚，这是最严厉的行政处罚。人身罚主要是指行政拘留。行政拘留，也称治安拘留，是特定的行政主体依法对违反行政法律规范的公民，在短期内剥夺或限制其人身自由的行政处罚。长期以来，我国还实施劳动教养这一限制人身自由的行政处罚。劳动教养是指行政机关对违法或有轻微犯罪行为，尚不够刑事处罚且又具有劳动能力的人所实施的一种处罚改造措施。2013年12月28日全国人大常委会通过了关于废止有关劳动教养法律规定的决定，已实施50多年的劳教制度被依法废止。

行为罚又称能力罚，是指行政主体限制或剥夺违法行为人特定的行为能力的制裁形式。它是仅次于人身罚的一种较为严厉的行政处罚措施，包括责令停产、停业，暂扣或者吊销许可证和营业执照等。责令停产、停业是行政主体对从事生产经营者所实施的违法行为给予的行政处罚措施，它直接剥夺生产经营者进行生产经营活动的权利，只适用于违法行为严重的行政相对方。暂扣或者吊销许可证和营业执照是指行政主体依法收回或暂时扣留违法者已经获得的从事某种活动的权利或资格的证书，目的在于取消或暂时中止被处罚人的一定资格、剥夺或限制某种特许的权利。

财产罚是指行政主体依法对违法行为人给予的剥夺财产权的处罚形式。它是运用最广泛的一种行政处罚，主要包括罚款，没收财物（没收违法所得、没收非法财物等）等形式。

申诫罚又称精神罚、声誉罚，是指行政主体对违反行政法律规范的公民、法人或其他组织的谴责和训诫。它是对违法者的名誉、荣誉、信誉或精神上的利益造成一定损害的处罚方式，包括警告、通报批评等形式。

2.《行政处罚法》规定的处罚种类。《行政处罚法》第8条明确列举的行政处罚有六类，分别是：警告；罚款；没收违法所得、没收非法财物；责令停产停业；暂扣或者吊销许可证、暂扣或者吊销执照；行政拘留。

警告是对违反行政法律法规的公民、法人或者其他组织所实施的影响其声誉的处罚。警告作为行政处罚的一种，也必须以书面形式作出，并在一定范围内公开。

罚款是要求违反行政法律法规的公民、法人或者其他组织在一定期限内缴纳一定数量货币的处罚。

没收财物（没收违法所得、没收非法财物等）是指行政主体依法将违法行为人的部分或全部违法所得、非法财物（包括违禁品或实施违法行为的工具）收归国有的处罚方式。没收是一种无偿收缴，没收对象包括违法所得、实施违法行为的工具、违法涉及的标的物等。

责令停产停业属于能力罚，即在停产停业期间，受处罚的当事人不得进行生产、作业或者工作，但法律资格并没有剥夺。在停产停业期满，符合法律、法规和规章规定的标准和要求以后，无须重新申请就可以继续进行生产、作业或者工作。

吊销许可证或者执照是对违法者从事某种活动的权利或享有的某种资格的取消；而暂扣许可证或者执照，则是中止行为人从事某项活动的资格，待行为人改正以后或经过一定期限以后，再发还许可证、有关证书或执照，允许其恢复实施相应的活动。

行政拘留是公安机关对违反治安管理法律规定的相对人在短期内剥夺其人身自由的一种强制性惩罚措施，这是一种人身自由罚。在适用机关上，只能由公安机关决定和执行，除公安机关以外的其他行政机关不得行使此项处罚。

3. 行政处罚的设定。《行政处罚法》第9条至第14条对行政处罚的设定作出了明确的规定：

（1）法律。全国人大及其常委会制定的法律，可以设定各种行政处罚。限制人身自由的行政处罚，只能由法律设定。

（2）行政法规。国务院制定的行政法规，可以设定除限制人身自由以外的行政处罚。如果法律对违法行为已经作出行政处罚规定，行政法规需要作出具体规定的，不得超出法律规定的给予行政处罚的行为、种类和幅度的范围。

（3）地方性法规。地方性法规可以设定除限制人身自由、吊销企业营业执照以外的行政处罚。按照对《行政处罚法》的文意解释，在"暂扣或者吊销许可证、暂扣或者吊销执照"这一处罚中，地方性法规不得设定的是"吊销企业营业执照"，也就是说暂扣许可证、执照可以设定，吊销除企业营业执照以外的其他组织的执照也可以设定。如果法律、行政法规对违法行为已经作出规定，地方性法规需要作出具体规定的，不得超出法律、行政法规规定的行为、种类和幅度的范围。

（4）部门规章和地方政府规章。部门规章和地方政府规章可以设定警告或一定数量罚款的行政处罚。

表5-1列出了行政处罚设定权的情况。

表 5-1　行政处罚的设定

设定权属			种类	性质
法律			行政拘留、驱逐出境	人身罚
	行政法规		吊销企业营业执照	行为罚
		地方性法规	暂扣或吊销许可证，暂扣执照	
			责令停产停业	
			没收违法所得，没收非法财产	财产罚
	规章	部门规章 地方规章	罚款	
			警告	申诫罚

三、行政处罚实施机关

行政处罚的实施机关是指有权实施行政处罚的主体，我国《行政处罚法》第三章专章规范了这一问题。根据规定，我国实施行政处罚的主体有三类：行政机关、法律法规授权的组织、行政机关委托的组织。

（一）行政机关实施行政处罚

《行政处罚法》第5条规定，行政处罚由具有行政处罚权的行政机关在法定职权范围内实施。这一规定确立了实施行政处罚的行政机关应具备的条件。第一，必须是具有外部行政管理职能的行政机关。第二，必须取得特定的行政处罚权。行政处罚权在行政职权中是一项特别职权，而不是一般职权，并不是所有的行政机关都"先天"必然地拥有处罚权，只有在法律法规作特别设定的情况下，行政机关才拥有行政处罚权实施行政处罚。第三，必须在法定的职权范围内实施行政处罚。换言之，没有行政处罚权的行政机关固然不能实施行政处罚，而有行政处罚权的行政机关也必须在法定职权范围内实施。

法律法规规定由哪个行政机关行使哪项行政处罚权即应按此规定办理。但在一定条件下，一个行政机关可以行使其他有关行政机关的行政处罚权，这就是行政处罚权的调配制度。行政处罚权的调配对提高行政处罚的工作效率有重要意义，但必须加以严格限制，否则会破坏行政处罚职权设定规则，影响依法行政。因此，我国《行政处罚法》第16条规定："国务院或者经国务院授权的省、自治区、直辖市人民政府可以决定一个行政机关行使有关的行政处罚权，但限制人身自由的行政处罚权只能由公安机关行使。"

（二）法律、法规授权的组织实施行政处罚

一般而言，行政处罚权由国家行政机关实施，但在一定条件下，法律法规授权的非国家行政机关的组织也能行使行政处罚权。

法律、法规授权的具有管理公共事务职能的组织，可以在法定授权范围内实施该特定的行政处罚权。法律、法规授权的组织若不具有管理公共事务的职能，则不能实施行政处罚。这里的"法律、法规"包括：全国人民代表大会及其常务委员会制定的法律；国务院制定的行政法规；省、自治区、直辖市人民代表大会及其常务委员会，省、自治区人民政府所在地的市及经国务院批准的较大市人民代表大会及其常务委员会制定的地方性法规；经济特区法规；民族自治地方的法规。行政规章及以下的规范性文件不得进行行政处罚的授权。

（三）行政机关委托组织实施行政处罚

《行政处罚法》第18条规定，行政机关依照法律、法规或者规章的规定，可以在其法定权限内委托符合条件的组织实施行政处罚，行政机关不得委托其他组织或者个人实施行政处罚。能够接受行政委托、依法行使行政处罚的组织必须符合以下条件：一是依法成立的管理公共事务的事业组织；二是具有熟悉有关法律、法规、规章和业务的工作人员；三是对违法行为需要进行技术检查或技术鉴定的，应当有条件组织进行相应技术检查或者技术鉴定。

委托行政机关对受委托的组织实施行政处罚的行为应当负责监督，并对该行为的后果承担法律责任。受委托组织在委托范围内，以委托行政机关名义实施行政处罚，不得再委托其他任何组织或者个人实施行政处罚。

需要明确的是，受托实施行政处罚的组织与依照法律实施行政处罚的行政机关、法律法规授权组织具有完全不同的法律地位。后两者拥有行政处罚权，是以自己的名义实施行政行为，行为效果也由自己承担，发生行政争议后，可以作为行政复议的被申请人、行政诉讼的被告人。而前者属于受托实施行政处罚，只是行为主体，而非权利主体，其行为效果属于委托行政机关，在行政诉讼中不具有被告资格。

四、行政处罚的管辖和适用

（一）行政处罚的管辖

1. 根据规定，行政处罚除法律、行政法规另有规定外，由违法行为发生地的县级以上地方人民政府具有行政处罚权的行政机关管辖。

2. 县级以下（不包括县级）的行政机关如果没有法律、行政法规的另行规定或根据县级以上地方人民政府具有行政处罚权的行政机关的依法委托，不得享有、行使行政处罚管辖权。

3. 两个以上依法享有行政处罚权的实施机关如对同一行政违法案件都有管辖权，在案件管辖上发生争议，双方又协商不成的，应报请共同的上一级行政机关指定管辖。

4. 对行政违法案件有管辖权的行政机关若发现相应违法行为构成犯罪的，必须依法及时将案件移送司法机关，依法追究刑事责任。违法行为经人民法院依法审判认定构成犯罪判处拘役或有期徒刑时，行政机关已经给予当事人行政拘留的，应当依法折抵相应刑期。违法行为构成犯罪，人民法院判处罚金时，行政机关已经处以罚款的，应当折抵相应罚金。

（二）行政处罚的适用

1. 行政处罚适用的条件：一是必须已经实施了违法行为，且该违法行为违反了行政法律规范；二是行政相对人具有责任能力；三是行政相对人的行为依法应当受到处罚；四是违法行为未超过追究时效。

2. 不予行政处罚的情形：不满14周岁的人有违法行为的；精神病人在不能辨认或控制自己行为时有违法行为的；违法行为轻微并及时纠正，没有造成危害后果的。违法行为在两年内未被发现的，除法律另有规定外，不再给予行政处罚。

3. 从轻或减轻处罚。从轻处罚，是指在行政处罚的法定种类和法定幅度内，适用较轻的种类或者依照处罚的下限或者略高于处罚的下限给予处罚，但不能低于法定处罚幅度的最低限度。减轻处罚，是指在法定处罚幅度的最低限以下给予处罚。根据规定，依法应当从轻或减轻行政处罚的情况有：一是已满14周岁不满18周岁的人有违法行为的；二是主动消除或减轻违法行为危害后果的；三是受他人胁迫有违法行为的；四是配合行政机关查处违法行为有立功表现的；五是其他依法应从轻或减轻行政处罚的情形。

五、行政处罚的决定

《行政处罚法》规定了行政主体作出行政处罚决定的三项原则和三种程序。

（一）行政处罚决定的原则

1. 查明事实原则。公民、法人或者其他组织违反行政管理秩序的行为，依法应当给予行政处罚的，行政机关必须查明事实；违法事实不清的，不得给予行政处罚。

2. 充分告知原则。行政机关在作出行政处罚决定之前，应当告知当事人作出行政处罚决定的事实、理由及依据，并告知当事人依法享有的权利。

3. 保障陈述、申辩权原则。行政处罚决定过程中，当事人有权进行陈述和申辩。行政机关必须充分听取当事人的意见，对当事人提出的事实、理由和证据，应当进行复核；当事人提出的事实、理由或者证据成立的，行政机关应当采纳。行政机关不得因当事人申辩而加重处罚。

（二）行政处罚的简易程序

行政处罚的简易程序又称当场处罚程序，指行政处罚主体对于事实清楚、情节简单、后果轻微的行政违法行为，当场作出行政处罚决定的程序。

适用简易程序必须符合三个条件：一是违法事实确凿，即违法事实简单、清楚，证据充分，没有异议；二是有法定依据，属于法律、法规或规章明文规定可以处罚的；三是处罚较轻，即对公民处以 50 元以下、对法人或者其他组织处以 1 000 元以下罚款或者警告的行政处罚。

执法人员当场作出行政处罚决定也应当遵循相关程序，应当向当事人出示执法身份证件，填写预定格式、编有号码的行政处罚决定书。行政处罚决定书应当载明当事人的违法行为、行政处罚依据、罚款数额、时间、地点以及行政机关名称，并由执法人员签名或者盖章。行政处罚决定书应当当场交付当事人。当事人对当场作出的行政处罚决定不服的，同样可以依法申请行政复议或者提起行政诉讼。

（三）行政处罚的一般程序

一般程序是行政机关进行行政处罚的基本程序。一般程序适用于处罚较重或情节复杂的案件以及当事人对执法人员给予当场处罚的事实认定有分歧而无法作出行政处罚决定的案件。

行政处罚的一般程序具体包括以下步骤：

1. 调查取证。行政机关发现公民、法人或者其他组织有依法应当给予行政处罚的行为的，必须全面、客观、公正地调查，收集有关证据；必要时，依照法律、法规的规定，可以进行检查。行政机关在调查或者进行检查时，执法人员不得少于两人，并应当向当事人或者有关人员出示证件。当事人或者有关人员应当如实回答询问，并协助调查或者检查，不得阻挠。询问或者检查应当制作笔录。行政机关在收集证据时，可以采取抽样取证的方法；在证据可能灭失或者以后难以取得的情况下，经行政机关负责人批准，可以先行登记保存，并应当在七日内及时作出处理决定，在此期间，当事人或者有关人员不得销毁或者转移证据。执法人员与当事人有直接利害关系的，应当回避。

2. 告知处罚事实、理由、依据和有关权利。行政机关在作出行政处罚决定之前，应当告知当事人作出行政处罚决定的事实、理由及依据，并告知当事人依法享有的权利（包括要求听证的权利）。行政机关应记录这种告知过程，并请当事人签名，以供查用。

3. 听取陈述、申辩或者举行听证会。行政主体做出行政处罚决定之前，应当听取当事人的陈述和申辩；如果当事人要求听证，该案符合听证条件的，还应当举行听证会。

4. 作出行政处罚决定。调查终结，并听取当事人陈述、申辩或者举行听证会后，行政机关负责人应当对调查结果进行审查，并根据不同情况，分别作出如下决定：确有应受行政处罚的违法行为的，根据情节轻重及具体情况，作出行政处罚决定；违法行为轻微，依法可以不予行政处罚的，不予行政处罚；违法事实不能成立的，不得给予行政处罚；违法行为已构成犯罪的，移送司法机关。

5. 送达行政处罚决定书。行政处罚决定书应当在宣告后当场交付当事人；当事人不在场的，行政机关应当在七日内依照民事诉讼法的有关规定，将行政处罚决定书送达当事人。

（四）行政处罚的听证程序

听证程序类似审判中的开庭程序，是与行政活动中通常的书面审理决定程序相对的程序，指行政处罚主体在做出处罚决定之前，在非本案调查人员的主持下，举行的由该案调查人员、拟被处罚当事人参加的，供当事人陈述、申辩及与调查人员辩论的当面质辩程序。《行政处罚法》中的听证不是一个与简易程序、一般程序并列的作出处罚决定的程序，而是某些行政处罚行为一般程序中的一个阶段，因此，听证程序不是必经程序。它在调查终结之后、作出处罚之前举行。一般听证程序的启动方式有两种：一种是依申请的听证；一种是依职权的听证。依申请的听证是指由当事人申请，行政机关才组织听证；依职权的听证是指行政机关在没有当事人申请的情况下主动组织听证。在《行政处罚法》中仅规定了依申请的听证，如果没有当事人的申请，行政机关就没有主动组织听证的义务。但是行政机关有告知的义务，告知当事人有权提出听证申请。

听证程序有利于更充分地听取当事人的意见，体现了相对人对行政程序的参与。当然听证程序也加大了行政管理的成本，因此《行政处罚法》设定了行政听证的条件：行政机关作出责令停产停业、吊销许可证或者执照、较大数额罚款等行政处罚决定之前，应当告知当事人有要求举行听证的权利；当事人要求听证的，行政机关应当组织听证。当事人不承担行政机关组织听证的费用。

六、行政处罚的执行程序

行政处罚的执行程序是指有关国家机关对违法者执行行政处罚决定的程序，是行政处罚决定的实现阶段。行政处罚决定依法作出后，当事人应当在行政处罚决定的期限内予以履行。

（一）行政处罚执行程序的原则

1. 行政复议或者行政诉讼期间处罚不停止执行原则。该原则是指当事人对行政处罚决定不服申请行政复议或者提起行政诉讼的，行政处罚不停止执行，法律另有规定的除外。也就是说，执行机关实施行政处罚，不因当事人的申诉而停止执行。这是行政行为的一般原则在行政处罚领域的具体体现。

《行政处罚法》第45条规定的"法律另有规定的除外"中的"法律"，在目前主要是指《行政复议法》和《行政诉讼法》。《行政诉讼法》第44条规定："诉讼期间，不停止具体行政行为的执行。但有下列情形之一的，停止具体行政行为的执行：（一）被告认为需要停止执行的；（二）原告申请停止执行，人民法院认为该具体行政行为的执行会造成难以弥补的损失，并且停止执行不损害社会公共利益，裁定停止执行的；（三）法律、法规规定停止执行的。"

2. 罚缴分离原则。罚缴分离原则是指行政罚款决定的机关与收缴罚款的机构实行分离的一种行政处罚执行原则。除法律另有规定外，作出罚款决定的行政机关应当与收缴罚款的机构分离。即罚款决定由法定的行政机关作出，而罚款的收缴由法定的专门机构负责。行政机关可以指定银行作为收受罚款的专门机构。

（二）行政处罚执行程序的主要内容

1. 专门机构收缴罚款。关于专门机构收缴罚款的具体程序，《行政处罚法》没有作出明确规定。根据该法第46条第3款的规定以及目前试点的情况，专门机构收缴罚款应遵循这样的程序：通知送达；催缴；收受罚款；上交国库。

2. 当场收缴罚款。根据《行政处罚法》第47条、第48条的规定，当场收缴的适用范围包括三种情形：第一，依法给予20元以下罚款的；第二，不当场收缴事后难以执行的；第三，在边远、水上、交通不便地区，当事人向指定的银行缴纳罚款确有困难，经当事人提出的。行政机关及其执法人员当场收缴罚款的，必须向当事人出具省、自治区、直辖市财政部门统一制发的罚款收据；不出具财政部门统一制发的罚款收据的，当事人有权拒绝缴纳罚款。执法人员当场收缴的罚款，应当自收缴罚款之日起2日内，交至行政机关；在水上当场收缴的罚款，应当自抵岸之日起2日内交至行政机关；行政机关应当在2日内将罚款交付指定的银行。

3. 执行保障措施。这是指行政机关为达到迫使当事人履行行政处罚决定的目的而采取的包含国家强制力的手段或方法。《行政处罚法》第51条规定了三种执行保障措施：第一，到期不缴纳罚款的，每日按罚款数额的3%加处罚款；第二，根据法律规定，将查封、扣押的财物拍卖或者将冻结的存款划拨抵缴罚款；第三，申请人民法院强制执行。

第四节 行政强制

历经12载，经全国人民代表大会常务委员会5次审议，我国的《行政强制法》于2011年6月30日以141票赞成、1票反对、7票弃权得以通过，2012年1月1日起实施，该法共7章71条。

行政强制是国家行政强制权的具体实现，是具有行政强制权的行政机关，通过对相对人的财产、人身和行为进行强制性的约束或处置，迫使相对人履行应该履行的义务或者达到与履行义务相同的状态，或者紧急危险解除，从而达到有效行政管理和秩序行政管理的目的。

一、行政强制概述

（一）行政强制的概念

《行政强制法》将行政强制定位于行政强制措施和行政强制执行的上位概念。一方面，行政强制措施和行政强制执行已经是法律概念，《行政诉讼法》中第11条规定了限制人身自由或者对财产的查封、扣押、冻结等行政强制措施，第66条规定了行政强制执行。另一方面，从理论上看，行政强制措施和行政强制执行之间有较强的共性，两者有可能、有必要归纳为一类行政行为。

1. 行政强制的特点。行政强制的特点有利于将行政强制与其他具体行政行为相区分。行政强制具有以下四个特点：

（1）行政性，行政强制是发生在行政管理领域中，为了实现行政管理目的，主要由行政机关依照行政程序作出的行政行为。值得一提的是，申请法院强制执行中执行机关是人民法院，理论上行使的是司法权，但考虑到我国行政强制执行体制的现状，可将其理解为行政权的延伸，一并纳入本法规范。

行政性特点可以将行政强制与刑事强制及诉讼强制区分开。

（2）服从性，即行政强制是典型的行政机关单方行为，当事人必须服从决定，没有自由选择的余地。服从性特点可以将行政强制与行政合同、行政指导、行政许可、行政给付等非强制性具体行政行为区分开。

（3）物理性，即行政强制是直接作用于当事人人身、财产等权利，具有限制人身和改变财产物理状态效果的具体行政行为。行政强制是发生可见动作的有形行为，而不是无形行为；不仅是意思行为，还是实力行为。物理性特点可以将行政强制与行政处罚等行政命令相区分。

（4）依附性，即行政强制尽管作为一类独立的具体行政行为存在，但它总是为其他行政行为的作出或者实现而服务的。行政强制本身不是目的，不能为了强制而强制。

2. 行政强制的内容。行政强制包括行政强制措施与行政强制执行。《行政强制法》规定，发生或者即将发生自然灾害、事故灾难、公共卫生事件或者社会安全事件等突发事件，行政机关采取应急措施或者临时措施，依照有关法律、行政法规的规定执行。此外，行政机关采取金融业审慎监管措施、进出境货物强制性技术监控措施，应依照有关法律、行政法规的规定执行，不适用《行政强制法》。

（1）行政强制措施。行政强制措施是指行政机关在行政管理过程中，为制止违法行为、防止证据损毁、避免危害发生、控制危险扩大等目的，依法对公民的人身自由实施暂时性限制，或者对公民、法人或者其他组织的财物实施暂时性控制的行为。行政强制措施的特征如下：

第一，强制性。行政强制措施是国家行政权力有效运作的必然要求和直接体现，具有明显的国家意志。当行政机关实施行政强制措施时，相对人负有容忍服从的义务，否则要承担法律后果。

第二，非处分性。在行政强制措施中，无论作为基础性的有关强制措施的行政决定，还是对这一决定的执行，都不具有"处分性"。它一般是"限制"权利，而不是"处分"权利。一般来说强制措施的实施，多是在具有现实且急迫的危险时才能启动，以保护相对人和社会利益为目的。

第三，临时性。任何行政强制措施都是一种中间行为，而不是最终行为，因而具有临时性。如扣押、冻结、暂扣证照等，都是一种临时性的保障措施，不是行为的最终目的。其一般目的是保证法定义务的彻底实现，维护正常的社会秩序，保障社会安全，保护公民人身权、财产权免受侵害。

（2）行政强制执行。行政强制执行是指行政机关或者行政机关申请人民法院，对不履行行政决定的公民、法人或者其他组织，依法强制履行义务的行为。行政强制执行的特征如下：

第一，行政强制执行的主体是具有行政强制执行权的行政机关，或由无行政强制执行权的行政机关申请人民法院执行。目前我国对行政义务的强制执行有两种情况：一种是由有行政强制执行权的行政机关直接采取行政强制执行措施，如公安、海关、税务、工商行政管理、物价、审计、外汇管理等部门的行政强制执行；另一种是无行政强制执行权的行政机关在当事人逾期不履行法定义务时，申请人民法院依诉讼程序的强制执行。这种情况虽然执行的内容仍是行政机关的行政决定，并且以行政机关的申请为前提，但执行的主体却是司法机关，执行的程序是民事诉讼程序。

第二，行政强制执行的前提条件是行政相对人逾期不履行应履行的行政法上的义务。行政强制执行是在法律、法规或规章中已经确定了相对人在一定的法律关系中的权利义务，而义务人没有依法履行义务时而引起的强制行为，目的是为了实现已经确定的权利义务。行政相对人不履行的义务必须是行政法上的义务，也就是说，行政强制执行的基础必须是已经形成的行政权利义务关系，行政机关与行政相对人之间基于其他法律而产生的权利义务关系而相对人不履行义务的，行政机关不能采取行政强制执行的办法。

行政机关只有当义务人逾期拒不履行义务时，才有行政强制执行的必要。义务人在法定期限内自觉履行了义务，则不发生行政强制执行。义务人不履行义务是指不愿或拒绝履行，而不是由于客观因素而不能履行，对有正当理由不能履行的，行政机关不能对义务人实施行政强制执行。

第三，行政强制执行的目的是实现义务的履行。行政强制执行的目的是实现法律直接规定或由行政行为所确立的义务的履行，即行政强制执行不具有惩罚性，不是给相对人设定新的权利义务关系，而是实现已经确立的权利义务。

第四，行政强制执行的对象具有广泛性和法定性。行政强制执行可以针对一切阻碍行政行为执行的对象，以及应执行的一切对象进行。行政强制执行的对象可以是财产、行为和人身。正是由于行政强制执行对象的广泛性，行政强制执行的具体实施方式和手段都必须由法律法规明确规定。

第五，行政强制执行中允许有条件执行和解。一般而言，对于义务主体行政相对人来说必须履行其应履行的义务；对于行政强制权力享有者的行政主体来说，行政权力既是权利又是职责，必须依法行使，不得放弃或自由处置。但是，行政强制的设定和实施也应当遵循适当原则，采用非强制手段可以达到行政管理目的的，不得设定和实施行政强制。从这一立法理念出发，实施行政强制执行，行政机关可以在不损害公共利益和他人合法权益的情况下，与当事人达成执行协议。执行协议可以约定分阶段履行；当事人采取补救措施的，可以减免加处的罚款或者滞纳金。

（二）相关概念的区别

1. 行政强制措施与行政强制执行。行政强制措施与行政强制执行虽都具有行政性、服从性、物理性和依附性的特点，但也存在如下区别：

（1）实施的前提不同。行政强制措施是有关国家行政机关直接依照法律所赋予的职权，为了预防或制止违法行为的发生或继续而采取强制方法，并不一定以某种具体义务的存在为前提条件。如，公安机关对企图自杀或醉酒者的管束，以及对可能转移、隐藏的财物实施的查封、扣押、冻结等，均属于行政强制措施，但事先并未课以相对方具体义务。而行政强制执行则一定存在一个可供执行的行政决定，该决定中对相对人课以了某种义务。如公安机关对相对人予以罚款处罚，相对人不予履行时，公安机关对其强制拘留或强制扣缴则属行政强制执行，这些都有具体义务在先。

（2）实施的目的不同。行政强制执行的目的是为了促使相对人履行法定的义务。行政强制措施的目的是为了预防、制止违法行为的发生或继续，或者为保全证据，确保案件查处工作的顺利进行而采取的。

（3）行为性质不同。行政强制措施是独立存在的实体性具体行政行为，而行政强制执行是程序性活动，通常属于某个实体性具体行政行为中的一部分，即执行程序部分。例如，罚款处罚是一个实体性的具体行政行为，而罚款又分为实体上的决定和程序上的执行两个部分，其中从被处罚人银行账户上强制划拨款项就是行政强制执行，它属于全部罚款中的执行罚款这一程序部分。

（4）与司法权的关系不同。行政强制措施只能由具有行政措施强制权的行政机关实施；而行政强制执行除有权行政机关自己实施外，还可以申请人民法院执行。

2. 行政强制措施与行政处罚的区别。行政强制措施与行政处罚都是有权行政主体针对特定对象、特定事项实施的一种具有强制性的具体行政行为，两者的区别如下：

（1）行为目的不同。行政处罚是一种对行政违法相对人的惩戒行为，具有惩罚性。而行政强制措施的目的可以是制止违法行为，还可以是防止证据损毁、避免危害发生、控制危险扩大等情形，而不具有直接惩处的目的。与此相对应，两种行政行为实施的前提条件也不同。行政处罚作为一种行政制裁行为，必然以行政相对人的行政违法行为为前提；行政强制措施不是一种行政制裁行为，因而与行政相对人的行为是否违法没有必然联系，它可以针对相对人的违法行为，也可针对相对人的合法行为。

（2）行为的终局性不同。行政处罚是对行政相对人权利的最终处分，它的作出，表明该行政违法案件已被处理完毕，如没收非法财物是行政处罚的一种类型，它表达了行政主体对该财物的最终处理，是对相对人财产所有权的最终处分即剥夺。而行政强制措施是对相对人权利的一种临时性措施，是为保证最终行政行为的作出所采取的一种中间行为。如查封、扣押财物是行政强制措施，它不是对该财物所有权的最终处分，而仅是在短期内对该财物使用权和处分权的临时限制，查封、扣押本身不是最终的目的，它没有到达对事件最终处理完毕的状态，而是为保证行政处理决定的最终作出和执行所采取的临时措施。

当然，行政处罚是一种命令决定，而行政强制措施不仅是意思行为，还是实力行为，直接作用于当事人。

3. 行政强制措施与行政诉讼强制措施的区别。行政强制措施与行政诉讼强制措施都是强制措施，因此二者有相同之处，但仍有区别：

（1）性质不同。行政诉讼强制措施是人民法院在审理行政案件过程中，为保证审判活动的正常进行和法院裁判的顺利执行，依法对有妨害行政诉讼秩序行为的人所采取的排除其妨害行为的强制手段，属于一种司法强制手段。而行政强制措施是一种具体行政行为。

（2）适用的法律依据不同。行政强制措施由《行政强制法》规制，而行政诉讼强制措施则是由《行政诉讼法》这一诉讼程序法加以规定。

（3）目的和对象不同。行政强制措施目的是制止违法行为、防止证据损毁、避免危害发生或控制危险扩大等，适用对象较为广泛。而行政诉讼强制措施是对有妨害行政诉讼秩序行为的人所采取的强制手段，其目的在于排除妨害。

（4）种类不同。行政诉讼强制措施包括训诫、责令具结悔过、罚款和拘留四种。这些强制措施，有的只能单独使用，有的可以合并使用，与行政强制措施的类型有所不同。

4. 行政强制执行与行政诉讼强制措施。行政强制执行与行政诉讼强制措施的区别在于：

（1）前提不同。行政强制执行必须以相对人负有某种义务为前提，引起行政强制执行的原因只能是义务人作为或不作为的行为；行政诉讼强制措施则不要求相对人负有某种义务，引起行政诉讼强制措施的原因是诉讼参与人或其他人妨碍诉讼活动的行为。

（2）目的不同。行政强制执行的目的是强制相对人履行义务或达到与义务履行相同的状态；而行政诉讼强制措施则是为了强制排除妨害行政诉讼行为的活动，以恢复受到破坏的诉讼程序。

（3）采取强制手段的机关不同。行政强制执行的机关可以是行政机关，也可以是人民法院；采取行政诉讼强制措施的机关只能是人民法院。

（4）采用的执行措施不同。行政强制执行的种类与行政诉讼强制措施可以采取的方式也不同。

5. 行政强制执行与行政诉讼强制执行。《行政诉讼法》第65条规定，当事人必须履行人民法院发生法律效力的判决、裁定。公民、法人或者其他组织拒绝履行判决、裁定的，行政机关可以向第一审人民法院申请强制执行，或者依法强制执行。这是关于行政诉讼强制执行的法律依据。可以看出，行政强制执行与行政诉讼强制执行最重要的区别在于据以执行的基础不同。行政强制执行的执行根据是生效的行政处理决定（具体行政行为），执行的是行政法上的义务；行政诉讼强制执行的执行根据是人民法院生效判决、裁定和行政赔偿调解书所确定的义务。

（三）行政强制的基本原则

《行政强制法》颁布之前，行政强制实践中存在着"散"和"乱"的问题。行政强制的设定主体比较散，法律可以设定，行政法规可以设定，地方性法规可以设定，中央部门规章和地方政府规章也可以设定，甚至少量的政府规范性文件也有设定。而行政强制的实施也存在着行政机关为部门利益而各自为政、强势扩展的现象。《行政强制法》的出台具有深远的意义，是权利与权力的平衡器，即既要"保障和监督行政机关依法履行职责，维护公共利益和社会秩序"，又要"保护公民、法人和其他组织的合法权益"。《行政强制法》基本原则也尤其注重保障在强势的行政强制权力面前相对弱势的相对人的利益，鲜明地表明了平衡行政权与公民权的立法理念。[①]

1. 法定原则。行政强制的设定和实施，都应当依照法定的权限、范围、条件和程序。行政强制无论是限制相对人的权利，还是为了保护相对人自身

---

① 全国人大常委会法制工作委员会行政法室编著：《中华人民共和国行政强制法解读》，中国法制出版社，2011年版，第1~14页。

的权利，都表现为对相对人的强制，因此行政主体实施行政强制必须遵循法定原则，以避免对公民权利的不当侵害。《行政强制法》中对行政强制的设定和实施，都规定了详细的权限、范围、条件和程序，必须依法而行。

2. 适当原则。行政强制的设定和实施，应当适当。适当原则是行政法领域中的一项普遍原则，也称比例原则。所谓比例原则，是指行政机关在可以采用多种方式实现某一行政目的的情况下，应当采用对当事人权益损害最小的方式，这样做才是适当和合理的。行政主体采取行政强制时应尽量减少对行政相对人权利和利益的限制以及财物的损害，实施行政强制的程度以达到特定的行政目的为限。采用非强制手段可以达到行政管理目的的，不得设定和实施行政强制。采用对相对人影响较轻的强制手段可以达到行政管理目的的，不得设定和实施较重类型的行政强制。

3. 教育与强制相结合原则。实施行政强制，应当坚持教育与强制相结合。行政强制是一类负担性行政行为，实施的对象是公民、法人和其他组织的人身、财产等权利，实施的结果是对人身、财产等权利的限制和剥夺，因此不仅不能滥用、违法实施行政强制，还应当从构建和谐社会的高度，强调少用、慎用、善用、用好行政强制，决不能形成无强制不行政、无强制不会管理的思维定式。行政强制不是目的，通过必要的行政强制纠正违法行为，教育违法者和其他公民自觉守法，形成人人守法、个个自觉维护社会秩序和行政秩序的良好社会习惯才是目的。因此，实施行政强制不能片面强调行政强制，而应当坚持教育与强制相结合。教育与强制相结合原则体现在《行政强制法》很多具体规定中。如违法行为情节显著轻微或者没有明显社会危害的，可以不采取行政强制措施。行政机关作出强制执行决定前，应当事先催告当事人履行义务。催告应当以书面形式作出。经催告，当事人履行行政决定的，不再实施强制执行。行政机关申请人民法院强制执行前，也应当催告当事人履行义务。

4. 不得利用行政强制权谋取私利原则。行政机关及其工作人员不得利用行政强制权为单位或者个人谋取利益。行政机关依法代表国家行使行政强制权，行政经费统一由财政纳入预算予以保障，因此行政机关及法律、行政法规授权的组织不应当有自己的利益。在社会主义市场经济中，行政权处于经济调节、市场监管、社会管理和公共服务的地位，其管理、引导、监督的角色要求不应当参与市场竞争，与民争利。在行政执法过程中，行政权只有处于超脱的地位，才能公正执法，履行法律赋予的职责，一旦有了利益冲突，必然影响依法行政。《行政强制法》明确规定了不得利用行政强制权谋取利益原则，并体现在很多具体规定中，如不得使用被查封扣押的财产、不得收取保管费、收支两条线、合理确定代履行费用等。

5. 权利救济原则。公民、法人或者其他组织对行政机关实施行政强制享有陈述权、申辩权；有权依法申请行政复议或者提起行政诉讼；因行政机关违法实施行政强制受到损害的，有权依法要求赔偿。公民、法人或者其他组织因人民法院在强制执行中有违法行为或者扩大强制执行范围受到损害的，有权依法要求赔偿。

二、行政强制的种类和设定

由于行政强制涉及公民的基本权利、义务，往往会剥夺或限制公民的人身权或财产权，所以，对行政强制职权的创设应当有严格的立法控制。《行政强制法》遵循"对相对人权利影响越重大的行政强制类型由等级效力越高的规范性文件进行设定"的规则，对哪类规范性文件可以设定哪种类型的行政强制作了详细的规定，并且，行政强制权一般由法律和行政法规等高层级的立法来设定。

（一）行政强制措施的种类

根据行政强制措施目的不同，可分为预防性行政强制措施、制止性行政强制措施和保障性行政强制措施。预防性强制是行政主体为防止危害性行为和事件的发生而采取的行政强制措施。如，对有恶性传染病患者强制隔离，对有严重传染病的牲畜予以紧急捕杀，强制检疫，对人身、财物以及场所的强制检查，查封危险建筑物等。制止性强制是对正在发生的危险行为和事件所采取的旨在避免或减少、缩小危害结果的强制措施。如，对醉酒开车的司机强制醒酒，对无证驾车人员及车辆予以扣留或扣押等。保障性强制，是为了保障某个主要行政行为如行政检查、审计、行政处罚、行政执行的顺利进行而采取的一些从属性强制措施，如查封账目、账户、扣押财产、冻结存款、传唤等。

根据采取行政强制措施所强制的对象不同，可分为限制人身自由的强制措施和限制财产流通、使用的强制措施两种。对人身的强制措施是指公安机关、国家安全机关等行政主体对具有现实威胁或危险性的相对人采取的强制措施。对财产的强制是对相对人所携带的具有危险性的物品或违法财物，以及相对人所有或使用而为公共利益所紧急需要的财物、权益等采取的强制措施。

《行政强制法》规定行政强制措施的种类有限制公民人身自由，查封场所、设施或者财物，扣押财物，冻结存款、汇款等。

1. 限制公民人身自由。人身自由是宪法保障的公民的基本权利，根据《立法法》第 9 条的规定，只有法律才能设定限制人身自由的行政强制措施。目前我国设定限制公民人身自由的法律主要有《人民警察法》《治安管理处罚法》《道路交通安全法》《海关法》《公民出入境管理法》《外国人入境出境管理法》《铁路法》《戒严法》《集会游行示威法》《军事设施保护法》《渔业法》《海商法》等。上述法律规定的限制公民人身自由的措施有：盘问、留置盘问、传唤、强制传唤、扣留、拘留、人身检查、强制检测、约束、隔离、强制隔离、强行带离现场、强行驱散、驱逐、禁闭等。

2. 查封场所、设施或者财物。查封是行政机关限制当事人对其财产使用和处分的强制措施。主要是对不动产或者其他不便移动的财产，由行政机关以加贴封条的方式限制当事人对财产的移动或者使用。查封在法律、法规中规定得比较多，实践中也比较常用。法律、法规中除使用"查封"外，还经常用"封存"一词，如《职业病防治法》第 57 条规定的封存造成职业病危害事故或者可能导致职业病危害事故发生的材料和设备。少数情况下也使用"封闭""关闭或者限制使用场所""禁止或者限制使用设备、设施"等表述。

3. 扣押财物。扣押是行政机关解除当事人对其财物的占有，并限制其处分的强制措施。与查封的区别在于：一是扣押主要是针对可移动的财产；二是扣押的财产由行政机关保管。扣押在法律、法规中规定得比较多，实践也比较常用。除了使用"扣押"外，法律、法规规定中还经常使用"暂扣""扣留"等，如《海关法》第 6 条规定对违反法律、行政法规进出境的运输工具、货物、物品可以扣留。

4. 冻结存款、汇款。冻结主要是限制金融资产流动的强制措施。包括冻结银行存款、汇款和邮政企业汇款，也包括股票等有价证券。除了使用"冻结"外，还使用"暂停支付"一词。根据《商业银行法》的规定，冻结存款、汇款，只有法律才能规定。法律在规定冻结措施时也有非常严格的限制，只在确有必要的情况下才作出规定。目前，《税收征收管理法》《证券法》《反洗钱法》《邮政法》规定了冻结措施（《邮政法》使用"扣留"一词）。此外，《证券投资基金法》《银行业监督管理法》《保险法》《审计法》规定对涉嫌转移或者隐匿违法资金的，可以申请人民法院冻结。

5. 其他行政强制措施。这是一个兜底性规定。因为除了上述四类行政强制措施外，还有不少强制措施没有完全列举。如《行政处罚法》第 37 条规定的"登记保存"，《价格法》规定的"采取临时集中定价权限""部分或者全面冻结价格的紧急措施",《动物防疫法》规定的发生动物疫病时对易感染动物和动物产品采取"隔离""扑杀""销毁"等。

（二）行政强制措施的设定

行政强制措施原则上由法律设定。法律中未设定行政强制措施的，行政法规、地方性法规不得设定行政强制措施。但是，法律规定特定事项由行政法规规定具体管理措施的，行政法规可以设定除限制公民人身自由、冻结存款汇款和应当由法律规定的行政强制措施以外的其他行政强制措施。

尚未制定法律，且属于国务院行政管理职权事项的，行政法规可以设定除限制公民人身自由，冻结存款、汇款和应当由法律规定的行政强制措施以外的其他行政强制措施。

尚未制定法律、行政法规，且属于地方性事务的，地方性法规可以设定查封场所、设施或者财物以及扣押财物这两类行政强制措施。

法律、法规以外的其他规范性文件不得设定行政强制措施。法律对行政强制措施的对象、条件、种类作了规定的，行政法规、地方性法规不得作出扩大规定。

（三）行政强制执行的方式

行政强制执行根据执行对象的不同可以分为对财产、人身和行为的强制执行三类。对财产的强制执行方法包括强制划拨、强制扣缴、强制抵缴、滞纳金等；对人身的强制执行方法包括强制拘留、强制传唤等；此外，还有强制要求相对人实施某种行为的强制执行方式，如强制服役、强制戒毒、强制治疗严重传染病等。

行政强制执行根据执行手段的不同分为间接强制和直接强制。间接强制的特点是手段相对平和，主要包括加处罚款或者滞纳金和代履行。加处罚款或者滞纳金是给当事人增添新的金钱给付义务，不直接作用于当事人的财产；代履行就是应当由当事人履行的义务，当事人不履行，由他人代为履行。直接强制的形式较多，特点是手段直接作用于当事人的财产和人身，较为常见的有划拨存款、汇款，拍卖或者依法处理财物。

《行政强制法》规定了五类常见的行政强制执行方式，有加处罚款或者滞纳金，划拨存款、汇款，拍卖或者依法处理查封、扣押的场所、设施或者财物，排除妨碍、恢复原状，代履行等。

（四）行政强制执行的设定

行政强制执行由法律设定。法律没有规定行政机关强制执行的，作出行政决定的行政机关应当申请人民法院强制执行。

起草法律草案、法规草案拟设定行政强制的,起草单位应当采取听证会、论证会等形式听取意见,并向制定机关说明设定该行政强制的必要性、可能产生的影响以及听取和采纳意见的情况。

行政强制的设定机关应当定期对其设定的行政强制进行评价,并对不适当的行政强制及时予以修改或者废止。行政强制的实施机关可以对已设定的行政强制的实施情况及存在的必要性适时进行评价,并将意见报告该行政强制的设定机关。公民、法人或者其他组织可以向行政强制的设定机关和实施机关就行政强制的设定和实施提出意见和建议。有关机关应当认真研究论证,并以适当方式予以反馈。

三、行政强制措施实施程序

（一）一般规定

实施行政强制措施必须符合法律规定的下述条件。

1. 实施主体必须是有法定行政强制权的行政主体。行政强制措施由法律、法规规定的行政机关在法定职权范围内实施。违法行为情节显著轻微或者没有明显社会危害的,可以不采取行政强制措施。

行政强制措施权不得委托。行政强制措施应当由行政机关具备资格的行政执法人员实施,其他人员不得实施。

2. 被强制对象必须符合法律规定的条件。行政机关要有证据证实对象符合法律规定的标准,不能任意将一个公民作为行政违法嫌疑人而对其采取行政强制措施。

3. 必须办理必要的手续,符合规定的期限。行政机关实施行政强制措施应当遵守下列规定：实施前须向行政机关负责人报告并经批准；由两名以上行政执法人员实施；出示执法者身份证件；通知当事人到场；当场告知当事人采取行政强制措施的理由、依据以及当事人依法享有的权利、救济途径；听取当事人的陈述和申辩；制作现场笔录；现场笔录由当事人和行政执法人员签名或者盖章,当事人拒绝的,在笔录中予以注明；当事人不到场的,邀请见证人到场,由见证人和行政执法人员在现场笔录上签名或者盖章；以及法律、法规规定的其他程序。

依照法律规定实施限制公民人身自由的行政强制措施,除应当履行上述程序外,还应当遵守下列规定：当场告知或者实施行政强制措施后立即通知当事人家属实施行政强制措施的行政机关、地点和期限；在紧急情况下当场实施行政强制措施的,在返回行政机关后,立即向行政机关负责人报告并补办批准手续；以及法律规定的其他程序。实施限制人身自由的行政强制措施不得超过法定期限。实施行政强制措施的目的已经达到或者条件已经消失，应当立即解除。

（二）查封、扣押的程序

查封、扣押应当由法律、法规规定的行政机关实施，其他任何行政机关或者组织不得实施。

查封、扣押限于涉案的场所、设施或者财物，不得查封、扣押与违法行为无关的场所、设施或者财物；不得查封、扣押公民个人及其所扶养家属的生活必需品。当事人的场所、设施或者财物已被其他国家机关依法查封的，不得重复查封。行政机关决定实施查封、扣押的，应当履行行政强制措施的一般程序，制作并当场交付查封、扣押决定书和清单。查封、扣押清单一式二份，由当事人和行政机关分别保存。

查封、扣押的期限不得超过 30 日；情况复杂的，经行政机关负责人批准，可以延长，但是延长期限不得超过 30 日。法律、行政法规另有规定的除外。延长查封、扣押的决定应当及时书面告知当事人，并说明理由。

对物品需要进行检测、检验、检疫或者技术鉴定的，查封、扣押的期间不包括检测、检验、检疫或者技术鉴定的期间。检测、检验、检疫或者技术鉴定的期间应当明确，并书面告知当事人。检测、检验、检疫或者技术鉴定的费用由行政机关承担。

对查封、扣押的场所、设施或者财物，行政机关应当妥善保管，不得使用或者损毁；造成损失的，应当承担赔偿责任。对查封的场所、设施或者财物，行政机关可以委托第三人保管，第三人不得损毁或者擅自转移、处置。因第三人的原因造成的损失，行政机关先行赔付后，有权向第三人追偿。因查封、扣押发生的保管费用由行政机关承担。

行政机关采取查封、扣押措施后，应当及时查清事实，作出处理决定。对违法事实清楚、依法应当没收的非法财物予以没收。法律、行政法规规定应当销毁的，依法销毁。应当解除查封、扣押的，作出解除查封、扣押的决定。解除查封、扣押应当立即退还财物；已将鲜活物品或者其他不易保管的财物拍卖或者变卖的，退还拍卖或者变卖所得款项，变卖价格明显低于市场价格，给当事人造成损失的，应当给予补偿。

（三）冻结的程序

冻结存款、汇款应当由法律规定的行政机关实施，不得委托给其他行政机关或者组织；其他任何行政机关或者组织不得冻结存款、汇款。

冻结存款、汇款的数额应当与违法行为涉及的金额相当；已被其他国家机关依法冻结的，不得重复冻结。行政机关依照法律规定决定实施冻结存款、汇款的，实施前须向行政机关负责人报告并经批准，由两名以上行政执法人员出示执法身份证件后实施，制作现场笔录并向金融机构交付冻结通知书。金融机构接到行政机关依法作出的冻结通知书后，应当立即予以冻结，不得拖延，不得在冻结前向当事人泄露信息。依照法律规定冻结存款、汇款的，作出决定的行政机关应当在3日内向当事人交付冻结决定书。自冻结存款、汇款之日起30日内，行政机关应当作出处理决定或者作出解除冻结决定；情况复杂的，经行政机关负责人批准，可以延长，但是延长期限不得超过30日。法律另有规定的除外。延长冻结的决定应当及时书面告知当事人，并说明理由。

有下列情形之一的，行政机关应当及时作出解除冻结决定：当事人没有违法行为；冻结的存款、汇款与违法行为无关；行政机关对违法行为已经作出处理决定，不再需要冻结；冻结期限已经届满；其他不再需要采取冻结措施的情形。行政机关作出解除冻结决定的，应当及时通知金融机构和当事人。金融机构接到通知后，应当立即解除冻结。行政机关逾期未作出处理决定或者解除冻结决定的，金融机构应当自冻结期满之日起解除冻结。

四、行政机关强制执行程序

（一）行政机关强制执行的条件

1. 当事人逾期不履行义务。行政机关依法作出行政决定后，当事人在行政机关决定的期限内不履行义务的，具有行政强制执行权的行政机关可以依法强制执行。

2. 行政机关事先催告。行政机关作出强制执行决定前，应当事先催告当事人履行义务。催告应当以书面形式作出，并载明下列事项：履行义务的期限；履行义务的方式；涉及金钱给付的，应当有明确的金额和给付方式；当事人依法享有陈述权和申辩权。

对违法的建筑物、构筑物、设施等需要强制拆除的，还应当由行政机关予以公告，限期要求当事人自行拆除。只有当事人在法定期限内不申请行政复议或者提起行政诉讼，又不拆除的，行政机关才可以依法强制拆除。

3. 听取当事人意见。当事人收到催告书后有权进行陈述和申辩。行政机关应当充分听取当事人的意见，对当事人提出的事实、理由和证据，应当进行记录、复核。当事人提出的事实、理由或者证据成立的，行政机关应当采纳。

经催告，当事人逾期仍不履行行政决定，且无正当理由的，行政机关可以作出强制执行决定。强制执行决定应当以书面形式作出。在催告期间，对有证据证明有转移或者隐匿财物迹象的，行政机关可以作出立即强制执行决定。

（二）金钱给付义务的执行

行政机关对依法作出金钱给付义务的行政决定可以采取加处罚款或者滞纳金、划拨存款汇款、拍卖或者依法处理查封扣押的财物等行政强制执行方式。

当事人逾期不履行金钱给付义务行政决定的，行政机关可以依法加处罚款或者滞纳金。加处罚款或者滞纳金的标准应当告知当事人。加处罚款或者滞纳金的数额不得超出金钱给付义务的数额。

行政机关依照规定实施加处罚款或者滞纳金超过三十日，经催告当事人仍不履行的，具有行政强制执行权的行政机关可以强制执行。没有行政强制执行权的行政机关应当申请人民法院强制执行。但是，当事人在法定期限内不申请行政复议或者提起行政诉讼，经催告仍不履行的，在实施行政管理过程中已经采取查封、扣押措施的行政机关，可以将查封、扣押的财物依法拍卖抵缴罚款。

划拨存款、汇款应当由法律规定的行政机关决定，并书面通知金融机构。金融机构接到行政机关依法作出划拨存款、汇款的决定后，应当立即划拨。法律规定以外的行政机关或者组织要求划拨当事人存款、汇款的，金融机构应当拒绝。

依法拍卖财物，由行政机关委托拍卖机构依照《拍卖法》的规定办理。

划拨的存款、汇款以及拍卖和依法处理所得的款项应当上缴国库或者划入财政专户。任何行政机关或者个人不得以任何形式截留、私分或者变相私分。

（三）代履行

行政机关依法作出要求当事人履行排除妨碍、恢复原状等义务的行政决定，当事人逾期不履行，经催告仍不履行，其后果已经或者将危害交通安全、造成环境污染或者破坏自然资源的，行政机关可以代履行，或者委托没有利害关系的第三人代履行。

1. 代履行的概念与特征。代履行不是当事人委托第三人履行，也不是行政机关直接强制执行。在有第三人参与的执行中，主要有以下情形：一是当事人委托第三人履行义务，属于当事人自动履行行政义务，不属于强制执行。二是行政机关雇佣第三人完成某类专业性较强的任务，在行政机关指挥下，配合行政机关履行职责，如第三人提供专业挖掘机械配合行政机关拆除违章建筑。这种情况下，属于行政机关实施行政强制执行，不属于代履行。三是行政机关委托第三人完成当事人应当履行的义务。这种情形下：第三人与当事人没有关系；第三人具有独立地位，不依附于行政机关，根据与行政机关之间的委托协议履行义务；委托内容是当事人应当履行的义务而不是行政强制执行权。这就是具有独特内容的代履行。

代履行中常常涉及三个主体：行政机关、第三人和当事人。行政机关与当事人之间是行政管理关系，行政机关与第三人之间是行政委托合同关系，当事人与第三人之间没有关系，不存在以命令与服从为特征的行政法律关系。代履行中委托方是行政机关，委托合同的标的是当事人应当履行的义务，涉及的可能是没有价值的物品，也可能是当事人的财产。为了保证这种行政强制执行方式的依法顺利实施，要对委托双方的处分权作出限制。这种限制就体现为第三人以自己名义实施代履行，不能实施强制手段，委托机关应当到场监督其履行等。代履行的构成包括以下要素，这也是其区别于其他行政强制执行方式的主要特点：

第一，代履行的义务是可以由他人替代履行的义务。如除治病虫害义务应当由林木所有者或者经营者履行，其拒绝履行的，可由林业主管部门或者第三方来代为除治病虫害。对他人不能替代的义务，如只能针对特定人身接受行政拘留、服兵役等，就不可采取代履行的方法。代履行只能适用于作为的义务，对不作为的义务，如对责令停产、停业处罚的履行、不得随地吐痰的义务也不能采取代履行的方式进行强制。

第二，代履行的实施前提是必须有合法的行政行为存在，而法定义务人不履行该行政行为所确定的义务。

第三，代履行是由义务人以外的"他人"代为履行，一般认为这种"他人"既包括行政强制执行机关，也包括指定的第三人。

第四，代履行应当向义务人征收代履行费用。代履行的费用按照成本合理确定，由当事人承担，法律另有规定的除外。

2. 代履行的程序要求。代履行应当遵守下列程序规定。

第一，代履行前送达决定书。代履行决定书应当载明当事人的姓名或者名称、地址，代履行的理由和依据、方式和时间、标的、费用预算以及代履行人。

第二，代履行 3 日前，催告当事人履行，当事人履行的，停止代履行。需要立即清除道路、河道、航道或者公共场所的遗洒物、障碍物或者污染物，当事人不能清除的，行政机关可以决定立即实施代履行；当事人不在场的，行政机关应当在事后立即通知当事人，并依法作出处理。

第三，代履行时，作出决定的行政机关应当派员到场监督。代履行不得采用暴力、胁迫以及其他非法方式。

第四，代履行完毕，行政机关到场监督的工作人员、代履行人和当事人或者见证人应当在执行文书上签名或者盖章。

（四）行政强制执行的中止与终结

行政强制执行在下列情况下中止：当事人履行行政决定确有困难或者暂无履行能力的；第三人对执行标的主张权利确有理由的；执行可能造成难以弥补的损失，且中止执行不损害公共利益的；行政机关认为需要中止执行的其他情形。中止执行的情形消失后，行政机关应当恢复执行。对没有明显社会危害，当事人确无能力履行，中止执行满三年未恢复执行的，行政机关不再执行。

有下列情形之一的，行政强制执行终结：公民死亡，无遗产可供执行，又无义务承受人的；法人或者其他组织终止，无财产可供执行，又无义务承受人的；执行标的灭失的；据以执行的行政决定被撤销的；行政机关认为需要终结执行的其他情形。

在执行过程中或者执行完毕后，据以执行的行政决定被撤销、变更，或者执行错误的，应当恢复原状或者退还财物；不能恢复原状或者退还财物的，依法给予赔偿。

实施行政强制执行，行政机关可以在不损害公共利益和他人合法权益的情况下，与当事人达成执行协议。执行协议可以约定分阶段履行；当事人采取补救措施的，可以减免加处的罚款或者滞纳金。执行协议应当履行，当事人不履行执行协议的，行政机关应当恢复强制执行。

（五）行政强制执行中对当事人权益的保障

《行政强制法》的一大亮点在于行政强制更加人性化。《行政强制法》对行政机关强制执行的程序进行了严格的规定，为规范强制执行的行为，禁止"夜袭"，规定行政机关不得在夜间或者法定节假日实施行政强制执行，情况紧急的除外。行政机关不得对居民生活采取停止供水、供电、供热、供燃气等方式迫使当事人履行相关行政决定。如果行政机关违反上述规定，由其上级行政机关或者有关部门责令改正，对直接负责的主管人员和其他直接责任人员依法给予处分。

五、申请人民法院强制执行

根据我国现行法律、法规的规定，大多数行政机关没有行政强制执行权，需要强制执行的，应向人民法院提出执行申请。由人民法院审查后按民事诉讼程序实施强制执行。其具体方式和程序如下。

1. 提出申请。当事人在法定期限内不申请行政复议或者提起行政诉讼，又不履行行政决定的，没有行政强制执行权的行政机关可以自期限届满之日起3个月内，申请人民法院强制执行。

行政机关申请人民法院强制执行前，应当催告当事人履行义务。催告书送达10日后当事人仍未履行义务的，行政机关可以向所在地有管辖权的人民法院申请强制执行；执行对象是不动产的，向不动产所在地有管辖权的人民法院申请强制执行。

行政机关向人民法院提出书面的执行申请同时应交付据以执行的根据，如行政处罚决定书及有关材料。

2. 审查。人民法院收到行政机关的强制执行申请及行政决定和其他有关材料后，要从申请程序、事实和法律等几个方面进行审查。申请程序方面的审查主要是该执行案件是否应由法院强制执行，行政机关的申请是否属于该法院管辖范围等；事实和法律方面的审查主要是行政机关的行政决定是否证据充分，是否正确、合法等。对执行申请合法、材料齐备的，则立案并及时执行。如认为有问题的，可不予立案并退回行政机关。行政机关对人民法院不予执行的裁定有异议的，可以自收到裁定之日起15日内向上一级人民法院申请复议，上一级人民法院应当自收到复议申请之日起30日内作出是否执行的裁定。

3. 通知履行。对立案执行的，人民法院要向义务人发出执行通知书，指定履行期限，如仍不履行则将强制执行。

4. 执行。执行由人民法院主持，可以请有关单位予以协助。执行完毕后，人民法院应将执行结果书面通知申请执行的行政机关。行政机关申请人民法院强制执行，不缴纳申请费。强制执行的费用由被执行人承担。

第五节　其他具体行政行为

本节主要介绍另两种重要的具体行政行为：行政征收与行政给付。这两种具体行政行为虽然没有专门法典的规定，但在行政管理法制实践中也较为常见，并具有较广的影响面。

一、行政征收

（一）行政征收的概念与特征

行政征收是指行政机关或者法律法规授权的组织根据法律规定，以强制的方式向公民、法人或者其他组织无偿收取一定数额的金钱或实物的行政行为。行政征收具有以下特点。

1. 行政征收的主体是依法负有行政征收职能的行政机关或其他组织。行政征收是行政主体行使行政职权的活动，与行政职权活动无关的收费等活动不属于行政征收。如，医院收取诊疗费、律师事务所收取代理费、法院收诉讼费用等均不属于行政征收。并且，行政征收职权必须来自法律法规的明确规定。行政征收直接指向的是行政相对人的经济利益，由于其强制性和无偿性，决定了其对相对人的权益始终都具有侵害性。因此，为了确保行政相对人的合法权益不受违法行政征收行为的侵害，必须确立行政征收法定的原则。将行政征收的整个过程纳入法律调整的范围，使具体的行政行为受相对稳定的法律支配，使行政征收项目、行政征收金额、行政征收机关、行政征收相对人、行政征收程序都有法律上的明确依据，这是现代行政、特别是侵益行政行为所必须遵循的原则。

2. 行政征收的对象是负有法律规定的缴纳义务的相对人。征收是对相对人财产所有权的一种剥夺，是为相对人设定的一种义务，该义务的设定必须法定。如果没有法律根据，任何擅自决定征收的行为，都是侵害相对人的合法权益的侵权行为。行政主体在实施征收时必须依照法律规定向负有义务的相对人进行征收，征收的金钱的数额、实物的范围也必须依法规定。

3. 行政征收具有无偿性。行政相对人的财产一经国家征收，其所有权就转移为国家所有，成为国家财产的一部分，由国家负责分配和使用，服从保证国家财产开支的需要。行政征收是无偿取得相对人的财产，是财产的单向流转，无需向被征收主体偿付报酬。

4. 行政征收的目的是为了保障国家和公共利益的需要。不同于有些行政行为以保障公民、组织的利益为直接目的，法律赋予行政主体实施行政征收的直接目的是为了公共利益。行政征收是国家财政的主要来源，国家财政支持整个国家机器的正常运转，并调控着国民经济的发展。任何一个国家都需要征收中的税收为其强制性筹集资金作为国家财政的主要来源。现代社会，税收、收费的调节功能日渐重要。税收是参与国民收入分配的重要手段，是对利益的均衡和重新分配；收费可以实现对有限资源和准公共产品的合理利用，提高使用效率。当然在这一过程中必须遵循法定原则。

5. 行政征收具有突出的强制性、羁束性。行政征收机关实施行政征收行为，实质上是履行国家赋予的征收权，这种权利具有强制他人服从的效力。因此，实施行政征收行为是一类单方的行政行为，不需要征得相对人的同意，甚至可以在违背相对人意志的情况下进行。征收的对象、数额及具体征收的程序，由行政主体依法确定，无须与相对人协商一致。行政相对人必须服从行政征收命令，否则，应承担一定的法律后果。

（二）与相关概念的区别

1. 行政征收与行政征用。行政征用，是指行政主体为了公共利益的需要，依照法定程序强制征用相对方财产或劳务的一种具体行政行为。行政征收与行政征用的区别主要在于：①从法律后果看，行政征收的结果是财产所有权从相对方转归国家；而行政征用的后果则是行政主体暂时取得了被征用方财产的使用权，不发生财产所有权的转移；②从行为的标的看，行政征收的标的一般仅限于财产，而行政征用的标的除财产外还可能包括劳务；③从能否取得补偿来看，行政征收是无偿的，而行政征用一般应是有偿的，行政主体应当给予被征用方以相应的经济补偿。

2. 行政征收与行政没收。行政没收属于行政处罚的一种类型。行政征收与行政没收在表现形式及法律后果上是相同的，两者都表现为以强制方式取得相对方财产的所有权，而且最终表现为实际取得了相对方财产的所有权。但二者亦存在着区别：①两者发生的依据不同，行政征收是以相对人负有缴纳义务为前提，而行政没收作为行政处罚的一种，受《行政处罚法》的调整，前提是相对人实施了行政违法行为；②两者的法律性质与目的不同，行政征收是为实现公共利益需要，满足国家为实现职能而对物质的需要，同时通过权力与国民收入的分配与再分配，促进社会的全面共同发展，而行政没收的直接目的通常是为制止违法行为，具有惩戒性质；③两者在行为的连续性上不同，行政征收常常在义务人符合法定征收条件时可以多次实施，而行政没收一般针对相对人的一次违法行为实施，实施完毕后即告终结。

（三）行政征收的类型

1. 行政征收的分类。以行政征收发生的根据为标准，行政征收可以分为以下三类：

（1）因使用权而引起的征收。此类征收实际上是公民、法人或其他组织有偿使用国有资源、资产的体现，是所有权人的收益权能在行政法上的实现方式。

（2）因行政法上的义务而引起的征收。税收征收、管理费的征收均可归入此类。此类征收的实质是国家凭借行政权力，强制无偿地参与公民、经济组织的收入分配，取得财政收入的一种形式。

（3）因违反行政法的规定而引起的征收。排污费、滞纳金的征收可归入此类。我国《行政强制法》实施后，已将滞纳金的征收作为行政强制执行的一种手段，必须遵守该法规定的条件与程序。

2. 行政征收的具体类型。

（1）税收征收。它是行政征收中最主要的类型。根据《税收征管法》的规定，我国的税收包括征收普通税收和关税。普通税收包括国家税收和地方税收以及中央、地方共享的税收。税收征收是实现国家财政收入的最重要的形式。

（2）建设资金征收。这是为确保国家的重点建设，解决重点建设资金不足问题面向公民、法人或其他组织实施的征收。如公路养路费的征收、港口建设费的征收、国家能源交通重点建设基金的征收等。

（3）资源使用费征收。在我国，城市土地、矿藏、水流、山岭、草地、荒地、滩涂等自然资源属于国家所有。单位和个人在开采、使用国有资源时必须依法向国家缴纳资源费。如水资源费的征收、矿产资源补偿费的征收等。

（4）其他收费。如企业超标排污应当收取的排污费，行政机关因必要的管理付出或其他特定事由而依法向相对人收取的管理费等。当前的行政体制改革必须对行政收费权的设定权限及行政收费的事项范围做出更严格的规定。

二、行政给付

（一）行政给付的概念与特征

1. 行政给付的概念。行政给付是指行政主体为保障个人和组织的生存权和受益权，维持和促进国家与社会的稳定和发展，依照法律规定和相关政策向个人和组织，尤其是出现生存困难并符合法定保障条件的个人和组织，提供物质、安全、环境、精神等各方面保障的行政活动及相关制度。

2. 行政给付的特征。

（1）行政给付是一种行政行为。行政给付的主体一般是行政机关，但是也包括法律、法规授权的社会组织。在其他国家和地区，行政给付的方式逐步趋向多样化。在许多领域内，行政给付并不是由行政机关直接实施，而是由行政机关拨出专门的款项，支持某些社会福利组织或社会公益事业单位来实施。只要这种给付行为有特定的法律依据，它就仍然属于一种行政行为。

（2）行政给付的内容是赋予行政相对人以一定的物质帮助权益。我国行政法学界通说认为，行政给付的内容是行政机关给予行政相对人一定的物质利益，这种物质利益表现为一定的金钱、物品等实物。实际上，行政给付作为一种行政行为，它的内容主要是赋予行政相对人一定的物质帮助权益。至于行政主体所为的给予行政相对人一定实物的行为，只是对该行政给付行为的执行行为，在性质上属于行政事实行为。

（3）行政给付的对象是处于某种特殊状态之下的行政相对人。究竟何种特殊状态之下的行政相对人可以成为行政给付行为的对象，必须由规范性法律文件作出明确的规定。因为行政给付的基础是国家的财税收入，国家机关的一切财政收支必须依法进行，不得随意支配。一般而言，行政给付的对象是因为某种原因而生活陷入困境的公民与对国家、社会曾经作出过特殊贡献的公民，如灾民、残疾人、鳏寡孤独的老人与儿童、革命军人及其家属、革命烈士家属等。

（4）行政给付以行政相对人的申请为条件。行政相对人要获得相关的物质帮助，必须事先向有职责实施一定给付行为的行政机关提出申请。即使是在自然灾难等特殊条件之下的行政给付行为，一般也需要行政相对人在领取救济物资时办理一定的手续，这些手续可以视为一种补办的行政给付申请。

（二）行政给付的功能

行政给付是一种具有多种社会功能的行政行为。总体而言，行政给付具有以下功能：

1. 社会公平正义的维系功能。公平正义是现代法治社会永恒的话题，是社会事务或社会存在的终极价值取向。行政给付对于公平正义理念和氛围的生成和维系往往通过直接给予、全面给予、公平给予实现。

2. 社会利益的分配功能。通过行政给付分配利益主要有两种途径：一是将公共利益和公共财产普遍地分配给不特定的社会个体，如公益设施的建设、维护和提供；二是将公共财产倾斜性地分配给符合法定条件的社会个体，如困难补助、贫困救助等。

3. 社会秩序的稳定功能。俾斯麦在谈到实施德国《社会保险法》的意图时，曾经直言不讳地说："一个期待领取养老金的人是最守本分的，也是最容易驯服的。"如此简单的一句话恰恰道出了行政给付对于社会稳定的强大功能。

（三）行政给付的类型

根据我国有关行政给付的法律、法规，我国的行政给付形式主要包括以下几类：

1. 抚恤金。抚恤金的发放对象主要是烈士和因公殉职、负伤、病故、残废的军人、警察或者其家属，其主要形式又包括革命军人牺牲病故抚恤金、革命残疾军人抚恤金、护理费、治疗费等。

2. 生活补助费。生活补助费的发放对象主要是烈军属、复员退伍军人，以及因工伤事故致残的公民，其主要形式包括复员退伍军人与烈军属定期定量生活补助费、临时补助费，因公伤残补助费等。

3. 安置。安置的形式主要有发放安置费与提供一定的住所等。安置费的发放对象主要是复员、转业、退伍军人，如复员军人建房补助费。

4. 救济。救济的形式包括发放救济金与发放救济物资等，其对象主要是因为某种情况而生活陷入困境的公民，如农村的五保户、贫困户，城镇的贫困户，发生自然灾难地区的灾民等。

5. 优待。优待的对象是生活上处于某种困境的公民或者法律、法规规定应该予以优待的特定社会成员，如贫困学生、独生子女等。对于上述优待对象，行政主体可以根据相关的法律、法规减免其学费，或者提供其他的优待措施。

6. 社会福利。社会福利的对象既包括一般的公民，又包括某些特殊身份的社会成员，其基本方式是举办社会福利事业或者发放社会福利金。社会福利事业一般由政府采取资金扶助及政策优惠的方式扶植某些社会福利机构的发展，如社会福利院、儿童福利院、敬老院，以及安置机构、社会残疾人团体与福利生产单位等。

7. 自然灾害等应急性救济。在发生水灾、地震等重大自然灾害的情况下，由行政主体向受灾人群提供物质救助。此外，在社会管理中出现突发事件，受害人同样需要行政主体的帮助才能从困难中走出来。因此，在这些情形之下，政府有义务将给付行为覆盖此类人群。

从广义上讲，现代国家的行政给付还包括政府资助发展的社会保障事业，如对于失业人员的失业救济金、保险金，老人的养老保险金，社会一般成员的医疗保险、安全保险、财产保险，等等。这些行政给付往往采取社会化、企业化的方式经营运作，并能够多方面地吸收各种资金参与活动，在市场经济的发展过程中体现了广泛的适应性。

（四）行政给付的程序制度

1. 行政给付的预备。

（1）制订给付计划。给付的范围、方式、数额、效果预测等，都需要政府从宏观的视角出发，根据经济和社会的发展需要进行统筹安排。给付计划的制定机关一般是政府的计划部门。

（2）给付的资金保障。这是行政给付的最重要环节，没有资金保障的给付往往不能带来公平的实现，更不能带来秩序，反而影响政府的公信力。因此，形成长期、稳定的支付体系，是行政给付制度的根基所在。

2. 行政给付的申请。当事人应当首先提出请求行政机关保护自己合法权益的申请书。申请必须符合下列条件：

（1）申请人适格，即申请人必须是民事权益发生争议的当事人或其法定代理人、监护人。

（2）申请必须向有管辖权的行政机关提出。

（3）申请必须在法定期限内提出。

（4）申请一般必须提交申请书，口头申请作为例外。

3. 行政给付的受理。行政机关收到当事人的申请书后，应当对申请书进行初步审查，如果符合上述条件，行政机关应当受理；不符合条件的，行政机关应及时通知当事人并说明理由。

4. 行政给付的审查。行政机关对事实和给付依据进行查证核实，看事实是否清楚，依据是否确实充分。如事实不清，行政机关可召集当事人进行调查、询问和辩论，也可以向有关人员了解情况；如证据不足，行政机关有权责令当事人举证，也可以自行依法调查或向有关组织调取证据。

5. 行政给付的决定。行政机关通过审查，认为事实清楚、给付依据确实，符合给付条件的应及时作出给付决定。如果认为不符合给付条件的，除应告知做出不予给付决定的事实、理由、法律依据以外，还应告知当事人享有申请行政复议或提起行政诉讼的权利及内容。

6. 行政给付的支付。行政机关通过审查决定，给予行政给付当事人一定的资金或物质帮助，按照法律法规的规定方式和数额向当事人进行利益交付。

【复习思考题】

1. 什么是具体行政行为？它与抽象行政行为有哪些区别？
2. 什么是行政许可？它的基本原则有哪些？
3. 什么是行政处罚？行政处罚与刑罚、行政处分有哪些区别？

4. 行政强制措施与行政强制执行的特征分别是什么？
5. 行政给付具有哪些特性？

【引导案例解析】

在本案中，环保局在行政执法过程中存在适用法律、法规错误的问题。首先，环保局虽然认定行政相对人违反了《中华人民共和国环境保护法》，但并没有明确指出违反的是《环境保护法》的哪一条、哪一款。其次，在本案中，环保局认定行政相对人有"拒交排污费"的违法行为，而我国《环境保护法》仅仅规定了"不按国家规定缴纳超标准排污费"的法律责任，二者显然并不相同。最后，根据《环境保护法》的规定，该省人大常委会通过了《省环境保护条例》。该条例第35条规定："排放污染物的单位和个体工商户，应当承担治理污染法律、法规规定的其他责任，并依法按时缴纳排污费。"根据这一规定，环保局认定行政相对人"拒交排污费"的事实可以适用该规定。但是，根据《行政处罚法》的规定，法律、行政法规对违法行为已经作出行政处罚规定，地方性法规需要作出具体规定的，必须在法律、行政法规规定的给予行政处罚的行为、种类和幅度的范围内规定。这说明地方性法规只能根据法律、法规规定的处罚行为、种类和幅度，作出对不同情节的违法行为给予不同程度的处罚的规定，而不得增加新的处罚行为、种类和幅度。如果增加新的处罚行为、种类和幅度，属于与法律、法规规定相抵触的情形，因而不具有法律效力，不能作为执法的依据。本案中，《省环境保护条例》规定的"缴纳排污费"的内容属于超越《环境保护法》规定的给予行政处罚的行为。因此，该《省环境保护条例》不能作为行政处罚的依据。

【练习案例一】

某县王家庄村村民王某为建造房屋于1998年12月20日未经主管机关批准，在村旁河道内用马车采砂石。12月29日，县水利局发现后，责令王某停止采砂，并处以罚款500元，同时没收采砂用的马车。王某不服，于1999年1月2日向市河道主管机关申请复议，复议机关作出了维持县水利局处罚决定的复议决定。王某仍不服，于2月15日向人民法院提起行政诉讼，县法院受理了此案。在审理过程中，被告县水利局辩称："对王某的处罚既有事实根据也有法律依据。"并申明："省政府《关于河道管理的若干规定》第18条规定'未经批准或不按照河道主管机关的规定在河道管理范围内采砂、取土、淘金、弃置砂石淤泥、爆破、钻探、挖筑鱼塘等，由河道主管机关除责令其纠正违法行为、采取补救措施外，可以并处警告、罚款、没收非法所得和用于违法行为的工具……'根据此规定，给予王某罚款和没收其马车的处罚是完全正确的。"县法院经审理认为，省政府《关于河道管理的若干规定》所设定的行政处罚种类超出了国务院《河道管理条例》的规定，因此判决撤销"没收马车"的处罚决定，维持"罚款"的处罚决定。

问题：

（1）省政府的行政处罚设定权是什么？

（2）该案中省政府《关于河道管理的若干规定》可否作为行政处罚的法律依据？

【练习案例二】

某省甲、乙、丙三名律师决定出资合伙成立"新华夏律师事务所"，于是向该省司法厅提出成立律师事务所口头申请并提供了律师事务所章程、发起人名单、简历、身份证明、律师资格证书、能够专职从事律师业务的保证书、资金证明、办公场所的使用证明、合伙协议。但被告知根据该省地方政府规章相关规定，设立合伙制律师事务所必须有一名以上律师具有硕士以上学位并且需要填写省司法厅专门设计的申请书格式文本。刚好乙为法学博士，于是三人交了50元工本费后领取了专用申请书，带回补正。次日，三人带了补正后的材料前来申请，工作人员A受理了申请，并出具了法律规定的书面凭证。后司法厅指派工作人员B对申请材料进行审查，发现申请人提供的资金证明系伪造，但其碍于与甲三人是好朋友，隐瞒了真实情况，在法定期限内作出了准予设立律师事务所的决定并颁发了《律师事务所执业证书》。1个月后，资金证明被司法厅发现系伪造，遂撤销了"新华夏律师事务所"的《律师事务所执业证书》。此间，甲乙丙三人已付办公场所租金2万元，装修费3万元。

问题：

（1）该省地方政府规章规定"设立合伙制律师事务所必须有一名以上律师具有硕士以上学位"的条件是否合法？为什么？

（2）该省地方规章规定"设立律师事务所，需要填写省司法厅专门设计的申请书格式文本"是否合法？能否收取50元工本费？为什么？

（3）司法厅对撤销"新华夏律师事务所"的《律师事务所执业证书》需要赔偿吗？为什么？

第六章
行政合同与行政指导

【引导案例】

　　1998年，中国爆发了历年来罕见的洪水，洪水过后，各地抢修堤坝。某省为了预防春汛，决定实施冬季加固堤坝工程。但是，冬季加固堤坝，属于没有先例可循的工程，难度很大。于是，该省行政主管机关在全省进行招标，由各个工程队提出方案和预算，最后该省第一建筑工程队中标。随后，该省行政主管机关与该省第一建筑工程队签订了公共工程承包合同，约定：该省行政主管机关对合同履行有指挥权和监督权，第一建筑工程队必须严格按照设计要求和投标方案亲自进行施工，该工程不得进行转包。然而，在工程实施过程中，有人向该省行政主管机关举报，第一建筑工程队擅自将该工程转包给了另一个不具备合格资质的施工队。该行政主管机关立即进行检查，经查实后作出决定：立即停止该工程的施工，并解除与第一建筑工程队签订的承包合同。

　　行政合同与行政指导是行政机关比较特殊的行政行为，是行政机关采用较为温和、并有当事人参与的方式进行行政管理、达到行政目的的现代行政行为。在服务行政的观念指引下，行政机关将会更加频繁使用这两种行政行为。

第一节　行政合同

　　伴随着服务行政的发展和行政民主化的进程加快，行政领域中越来越多地出现了非权力性的手段，在各种各样的非权力性手段中，行政合同最为常见、数量也相当多。合同化行政成为新时期公共行政的一大特色和发展趋势。

行政合同通过引入公民参与国家行政的新途径，普通公民、法人和其他组织可以通过积极的权利方式而不仅仅是消极的义务负担参与到实施行政职能之中，这一现象在经济活动中显得尤为突出。

一、行政合同的含义和特征

（一）行政合同的含义

行政合同，也称为行政契约，指行政主体为了实现行政管理目标，与行政相对人之间经过协商一致所达成的协议。也就是说行政合同将私法中的契约精神引入到行政活动中，是现代行政理念的体现，以合同之长弥补行政之短，在丰富行政手段的同时，提高了行政效能和公民的接受度。也正是因为行政合同的行政性与合同性的结合，其特征也表现为行政性与合同性结合的特点，具体表现在以下几个特征。

（二）行政合同的特征

1. 行政合同的行政性特征。

（1）行政合同的当事人必有一方是行政主体，享有行政权力。这是行政合同与民事合同的一个重要区别。行政合同是行政主体为了实现行政管理目标而签订的，因此当事人中必须有一方主体是行政主体。也就是说如果没有行政主体的参加，就不能称之为行政合同，这点在我国学者关于行政合同的定义中得到了特别的强调。需要注意的是虽然行政合同必须有行政机关参加，但是并不意味着凡有行政机关参与的合同都是行政合同。也就说一般情况下，行政主体作为合同当事人一方是行政合同的必要条件，而非充分条件。具体而言，在合同的关系中，行政机关具有双重身份：既是行政主体又是民事主体。当行政机关以民事主体身份签订的合同，如与家具厂签订的购买办公设备合同，是民事合同；只有当行政机关以行政主体身份签订合同时，该合同才是行政合同。由此可以引申出行政合同的第二个特征。

（2）行政合同的目的在于实现行政职能或是法定的行政目标。这也是行政合同区别于一般民事合同的重要区别。行政主体签订行政合同的目的是实现行政管理职能，维护公共利益，而不是为了自身的经济利益。这类合同以公共采购合同、公共服务委托管理合同等为主要表现形式，如为了修建道路、桥梁、机场等公共设施，行政主体与企业签订的共同投资建设合同等。

（3）行政主体对于行政合同的履行享有行政优益权。与民事合同主体签订合同是为了自身利益不同，行政主体签订行政合同是实现行政管理目标，维护公共利益的需要。因此，行政主体对行政合同的履行享有一般民事合同主体所不享有的行政优益权。具体体现为：对合同履行的监督权、指挥权、单方变更权和解除权。当然，行政优益权不是随意可以行使的，否则就会造成合同双方主体地位的严重不对等。行政主体只有在合同订立后出现了由于公共利益的需要或法律政策的重大调整，必须变更或解除时，才能行使单方变更、解除权。由此造成相对人合法权益损害的，还要予以补偿。

（4）行政合同双方当事人如果因为履行行政合同发生争议，受《行政法》调整，而并非《合同法》，根据行政法的相关原则，通过行政救济方式解决。

2. 行政合同的合同性特征。

（1）行政合同是一种双方行为，需要合同双方当事人的意思表示一致作为前提。现代行政方式已经不再限于单方的一元行政行为，合同已经成为现代法律所允许的、适应行政民主化时代需要的行政方式。因此在行政合同的关系中取决于合同双方共同的意思表示，如合同的订立中，需要行政主体与行政相对人协商一致，行政主体不能把自己的意愿强加给对方，更不能依靠行政权力用命令强迫行政相对人与其订立合同。当然与一般的合同还是有所差别的，合同双方当事人的地位也不是完全对等的，如上文中提到的行政主体享受的行政优益权等。

（2）行政合同订立后，只要合同条款符合国家法律、法规的规定，该合同即成为约束行政主体和行政相对人权利义务关系的依据。合同内容一般情况下不得擅自变更和解除。而且行政主体可以以合同的方式来行政，除非法律、法规有相反的禁止性规定，这为行政合同的存在提供了很大的空间。

二、行政合同的作用

行政合同之所以发展迅猛，正是由于作为一种柔性的行政管理方式，在行政管理和社会生活中发挥着特有的作用和效果，它可以极大地调动相对方的主动性和创造性，有效地弥补行政命令等某些刚性行政管理方式的不足。虽然行政合同的订立以双方当事人自愿协商为原则，但是行政合同又同时保留了行政机关的行政优益权，保证了行政管理目标的实现。因此，行政合同以其所具有的独特优势，在国家行政管理中被广泛地运用。行政合同对我国行政法治实践有着不可估量的积极作用。

（一）有利于扩大行政参与，实现行政民主化

行政相对人可以通过行政合同，扩大行政参与的范围，最大程度地融入行政相对人的意见，实现权利对权力的有效控制，有助于实现行政民主化。

在对行政合同拟定时，对于是否签订行政合同、行政合同的内容等一系列问题，都可以由行政主体和行政相对人协商确定，在这个过程中，行政相对人的权益和公众的权益将得到更好的保障。行政合同的出现、发展和普及对于行政机关更新观念、强调服务型行政的理念和职能转变，以及政府塑造"为民服务"的形象有着积极的作用。"从更广泛和更深刻的意义上讲，正像德国联邦行政法院在一个著名的判决中所指出的那样：原则上承认公法合同作为行政方式的合法性，将在极高的程度上根本改变在现代法治国家居高临下的优越地位，改变公民以前仅仅被作为行政客体的法律地位。"

（二）有利于提升行政相对人在行政中的地位

在传统的行政中，行政机关往往将自己置于相对人的对立面，这其实并不利于行政的效果和效率，因此行政合同在极高的程度上根本改变在现代法制国家里国家居高临下的优越地位，改变公民以前仅仅被作为行政客体的法律地位。由于行政合同中，行政相对人的参与，不但提升了行政相对人的地位，使其几乎可以与行政主体"平起平坐"，而且还可以充分反映行政相对人的意志，有利于激发起积极性和创造性。随着社会经济的发展，一些行政管理在如经济、科学教育、资源开发等领域，过去的简单强硬的行政手段已经不能取得理想的效果，而采用行政合同的方式来管理，就可以根据管理对象自身的特点来更好地实现行政管理目标。由于行政合同本身的特点在于发挥当事人双方的积极性，它可以把正确行使行政职能与发挥相对方的积极性、创造性统一起来。此外，订立行政合同可以明确界定行政主体与相对方的权利义务，如果发生合同争议，行政相对人也有一定的救济途径。

（三）弥补立法不足，替代立法规制

通过缔结行政合同的方式，行政主体可以在法律没有规定或者规定不明确的领域与行政相对人通过合意达成行政主体所期望的行政法上的权利义务关系，从而达到其所期望的目的，并能灵活地根据实际情况做出相应的调整，起到了弥补立法不足、替代立法规制的效果。在我国随着政府依法行政意识的深入，以及给付行政、服务行政等理念的更新，过去的行政活动中的各种问题逐渐暴露出来，通过媒体放大更是引起了民众的关注。但是由于立法程序的烦琐及滞后，立法者不可能对所有行政任务均能预见并以法规的形式加以规范，因此严格意义上的依法行政在现实中根本无法实行，这就需要政府依据自身的自由裁量权来实现社会的目标。而行政合同可以作为一种选择方式来弥补立法的不足，还可以起到避免执法实践漏洞与不到位的作用。行政合同的规范和广泛运用，以及相应的现代行政法价值理念日益为社会所接纳，将极大地促进我国法治文化的培育和法治社会的建构。

（四）有利于降低行政成本，提高行政效果

行政各种关系中，行政机关和行政相对人都要付出一定的成本，这种行政成本主要包括行政组织成本、行政决策成本、行政执行成本等，但是这些成本如果行政相对人不认同，更不要说配合与服从，行政机关就不得不消耗更大的成本资源来达到行政管理的目的。但是，行政合同可以很好地解决这种问题。行政合同是一种双方合意的表达，既然双方都认可，那么合同内容本身也是其真实意思的表达，行政相对人会自觉遵守契约的约定。行政合同可以使行政活动更有效率，能够减少和化解行政争议，使行政决定及时、有效地执行，从而避免时间与金钱、人力与物力的浪费，以最少的成本获取最佳的行政效果。

此外，行政合同不同于一般的民事合同，行政主体在行政合同订立和执行过程中往往起着主导作用，它可以通过行政合同的形式将单向的行政管理目标变为与行政相对人共同的行为来实现。此外行政主体还可以行使行政优益权，来保障行政合同所期望的管理目标的实现。

三、行政合同的分类

根据不同的标准，对行政合同可以作出一些基本类型的划分：如依据当事人之间的地位的不同可以分为"对等合同"和"从属合同"；依据合同标的的不同，可以分为"义务合同"和"处分合同"；另外还有"和解合同"和"双务合同"等特别合同；依据行政合同适用关系的范围不同，还可以分为"内部合同"和"外部合同"。

（一）对等合同与从属合同

有学者提出这一种分类，认为对等合同是指地位相等的当事人之间缔结的行政合同。主要包括行政主体之间订立的合同，如两地的边界变更协议、共同设置或者维护公共设施的协议、行政委托协议等。从属合同，是指具有命令与服从关系的地位不对等的当事人之间所缔结的合同，如纳税担保合同、支付补贴合同、补偿协议、赔偿协议等。对这一类合同往往控制得较为严格，以防止行政机关在这一类合同中损害到公共利益。

但也有不少学者对此有不同的看法，认为平等主体的行政机关之间订立的合同不属于行政合同，行政合同应当是行政主体与行政相对人之间缔结的协议，那么双方的地位一定是不对等的。

（二）义务合同与处分合同

义务合同，又称为负担合同，是指当事人一方或双方负有特定的给付义务，而另一方则有履行该给付义务请求权的合同。在这类合同中，常采取单方措施。如行政主体负有清除污染物的义务，行政主体与行政相对人签订合同并支付一定的排污费的方式，相当于用金钱给付来购买服务。

处分合同，又称为处置合同，是指用以履行合同上、法律上或以其他方式设定的义务，直接引起权利变动的合同。

（三）和解合同与双务合同

和解合同与双务合同是特殊类型的合同。

和解合同，是指为了消除合理判断中的事实或者法律问题的不确定状态，经双方当事人相互让步所达成的协议。如有些税收难以确定的，可以由征税机关与纳税义务人根据具体情形来商量应纳税款。

双务合同，是指行政主体与行政相对人签订的互相负有给付义务的行政合同。对此也存在不少争议。也就是说行政合同中是否存在单务合同，如公益赠与、行政借贷等情形。但这些是否属于行政合同本身也存在着不同的观点。

（四）内部合同与外部合同

根据行政关系的范围的不同，可以分为内部合同与外部合同。内部合同，是指行政机关与其所属机构或其工作人员之间缔结的合同。如各种内部责任制合同。外部合同，是指行政机关与行政相对人之间订立的合同。大多数的学者都认为行政合同应当仅限于外部合同。

四、行政合同的具体形式

随着从计划经济向社会主义市场经济的转化，国家所有权和经营权的分离，我国行政机关的行政管理方式发生了很大变化，在这种背景下，行政合同开始出现和发展起来，而且类型越来越多样。目前，我国的行政合同主要有以下几种：

（一）国有土地使用权出让合同

1988年4月12日宪法修正案新增了"土地的使用权可以依照法律的规定转让"，从此土地出让合同得到了宪法原则的确认。这是行政机关代表国家与相对人签订的将国有土地使用权在一定期限内出让给相对人，相对人支付出让金并按合同的规定开发利用国有土地的合同。这是我国对土地进行管理的一种非常重要的方式，也是一种比较典型的行政合同，由《中华人民共和国城市地产管理法》《城镇国有土地使用权出让和转让暂行条例》《协议出让国有土地使用权最低价确定办法》等法律、行政法规和部门规章对其进行规范。国有土地使用权出让合同由土地行政管理部门与土地使用者签订，并由土地行政管理部门对合同的履行进行监督。

该合同的主要内容包括三个方面：①合同的主体。国有土地的出让方只能是市、县人民政府土地管理部门，而受让方为土地使用者。②合同的内容。合同的内容主要约定双方当事人的权利义务，如出让方有权监督合同的履行，根据公共利益的需要，出让方可以提前收回土地或决定是否将合同延期。在收回土地的同时，为了弥补给土地使用者造成的损失，出让方要给予受让方适当补偿费用，受让方的权利包括在规定的年限内享有该出让土地的使用权，可以依法、依约使用受让土地，可申请土地出让的延期等，其义务主要是必须依照合同约定用途使用土地，否则土地出让方可以无偿收回土地。③合同签订的方式。主要包括协议、拍卖、招标。

（二）全民所有制工业企业承包合同

全民所有制工业企业承包合同是由人民政府指定的有关部门作为发包方，实行承包经营的企业作为承包方，双方协商一致而签订的国有企业承包经营合同。全民所有制小型工业企业租赁经营合同，是在不改变企业性质的前提下，实行所有权与经营权的分离，国家将企业的经营权有期限地授予承租方的合同。有不少人将这种合同视为民事合同，但实际上这是一种行政合同。理由如下：①合同双方当事人中一方为行政主体。出租方一般为政府委托或授权的特定部门，而承租方则为普通的个人、法人等。②政府签订全民所有制工业企业承包合同，是为了提高企业经济效益，促进国民经济快速发展，不同于经济合同中当事人是为了自身利益而签订合同。③行政机关在合同履行过程中享有行政优益权。行政机关对承包方的生产经营活动享有监督权，有权按照合同的规定，对承包方的生产、经营活动进行检查、监督；承包方完不成合同任务时，应当承担违约责任，并视情节轻重追究企业经营者的行政责任和经济责任。④行政机关为合同的履行提高优惠条件，如价格优惠、政策优惠等，这是经济合同中当事人无法提供的。

（三）公用征收补偿合同

公用征收补偿合同是指行政主体为了社会公共利益，征用相对人的财产并给予补偿的行政合同。这类合同目前广泛运用于城市建设、交通铁路、水利设施等基础建设领域。《中华人民共和国土地管理法》和《城市房屋拆迁管理条例》对此都有明确的规定。公用征收补偿合同中，关于征收部分属于单方行政行为，即征收是行政主体的单方决定；但是行政补偿部分是行政合同的范畴，即如何补偿以及补偿数额的确定等，必须经过与相对人协商后达成一致。

（四）国家科研合同

国家科研合同是行政机关与科研机构之间就国家重大科研项目，由国家提供资助，科研机构提供科研成果签订的协议。国家科研合同不同于《中华人民共和国合同法》所调整的技术开发、转让等民事合同，它以公共利益为目的，往往是为了完成某项与国计民生有重大关系的科研技术项目的开发，由政府牵头参与，与科研机构签订合同，政府提供资助，科研机构完成项目开发后将成果交付政府。

（五）农村土地承包合同

农村土地承包合同是我国出现最早的行政合同，但目前仍无法律、法规对此作出明确规定，主要是由地方性法规和地方政府规章调整。

（六）国家采购合同

国家采购合同是指行政机关基于国防和国民经济的需要，与相对人之间签订的采购有关物资和产品所达成的协议。我国的政府采购工作开始于1995年，于2000年全面展开，随着2003年1月1日《中华人民共和国政府采购法》的施行，政府采购行为正式进入了立法规范时期。国家采购合同不同于民事合同中的买卖合同，行政机关的意思表示在其中起着主导作用，相对人必须认真完成合同中所规定的具体事项，不能拒绝，但双方在费用、方式等方面可以协商。我国目前军用物资和其他有关国防物资的采购，一般都采用合同的形式。粮食、棉花、烟草等采购合同，是以国家提供优惠条件并保证收购，农民向国家缴纳粮食、棉花、烟草取得报酬为内容，由各级人民政府及主管部门和农民之间签订的协议。

作为一种新型的行政合同，政府采购合同主要具备下列特征：第一，合同主体一方必须是特定的具有社会或财政公益性的公法人及其相关部门与单位，另一方当事人则是所采购物品的供应商。第二，订立该合同的目的是为实现政府职能或是为提供公共服务，有着很强的公共利益目的性。此外，政府采购合同的公共利益性还表现在其使用资金的财政性。在政府采购合同中，采购资金的来源都是国家公共财政性款项。第三，政府采购合同具有很强的政策性，政府采购工作承担着执行国家政策的使命。以上的这些特征充分表明了政府采购合同是一种典型的行政合同。

（七）公共工程承包合同

公共工程承包合同是行政机关为了公共利益的需要与建筑企业签订的建设某项公共设施达成的协议，如修建国道、飞机场、大桥、大型供水、供电、供气工程等工程合同。另外，奥运会的大型运动场馆与高速公路建设合同也是典型的此类合同。对于公共工程的认定，要看工程活动的目的是不是为了公共利益，公共工程合同是为了完成某项公共设施而签订的，行政机关为了修建宿舍与建筑企业签订的合同不是公共工程合同。同时，在工程合同的履行过程中，根据行政主体优益权特性，其有权对施工的进度、工程的质量进行监督检查，对于违规施工、偷工减料的相对人可以实施行政处罚和经济制裁。

（八）计划生育合同

计划生育合同是指计划生育管理部门与育龄夫妇之间，就育龄夫妇按国家计划生育指标生育，国家为其提供一定优惠所达成的协议（包括合同、协议、责任书等）。这是一种新型的、柔性的计划生育行政管理手段。计划生育合同是 20 世纪 80 年代末 90 年代初，我国一些地方在实行计划生育工作管理过程中，积极探索而形成的一项新的行政管理制度。近十几年来，全国各地普遍推行了这一措施，并取得了比较理想的效果。同普通的民事合同相比，该合同具有比较明显的行政性：第一，计划生育合同的一方主体是行政主体，另一方为育龄夫妇。第二，合同的目的是完成行政法规定的任务，控制人口数量，为中国实现可持续发展和全面建设小康社会创造了良好的人口环境，具有十分明显的公共利益目的性。第三，行政主体，即计生主管部门在此合同中，享有行政优益权。计生主管部门享有该合同的发起权，在履行过程中，可以依据行政目的的实际需要和公共利益的要求，单方面变更或者解除合同。

（九）公益捐赠合同

公益捐赠合同，是指中国公民、外国人或社会组织将财产捐献给行政主体，并将其用于公益事业，行政主体与捐赠人就此签订的合同。所捐赠的财物，必须用于特定的公益用途，如用于修建福利院或用于希望工程等。

公益捐赠合同与民法中的赠与合同相比，二者既有相似之处，也有不同之处。相同之处是：二者都是无偿捐赠一定财物的行为。不同之处主要有以下几点：第一，两者目的不同，公益捐赠合同的目的是为了帮助发展公益事业，而赠与合同的目的是为了满足个人或组织的经济利益；第二，公益捐赠合同的主体是相对人与行政主体，民事赠与合同的主体是民事主体，当政府接受的捐赠是用于兴办公益事业时，此时就可以将合同视作行政合同，而政府如果是作为民事主体接受捐赠时,则应该将该合同视为赠与合同。第三,《合同法》中所涉及的用于公益目的的赠与合同,如果赠与人不履行合同义务,受赠人可以请求法院强制履行;而在公益捐赠合同中,行政主体对不履行合同规定义务的相对人,既可以请求法院强制履行,也可以自己强制履行。由此可见,在公益捐赠合同中,行政主体是享有行政优益权的,他们甚至可以自己强制履行合同,而在民事捐赠合同中,行政主体则不享有此种特权。

(十)行政聘用合同

行政聘用合同,是指国家行政机关为招收和聘用工作人员而与受聘人所签的人事聘用协议。随着我国人事制度发生的重大改革,公务员的聘任、录用已经开始采用合同的形式。这类合同既不同于劳动法上的劳动合同也不同于民法中的一般民事合同,其主要具有以下特征:第一,合同的主体一方为行政机关,另一方为应聘者或公务人员;第二,合同的目的在于通过平等竞争、择优录取选拔公务人员,确保公务员的基本素质;第三,聘用采取面向社会、自愿报名、统一考试、平等竞争、择优录用的原则,既给予所有应聘者平等竞争的机会,也为行政主体保留了择优录用的权力;第四,该合同赋予行政机关某些单方面的权力,即行政优益权。行政机关可以根据国家行政管理的需要,单方面地依法变更或解除合同,而作为另一方当事人的被聘任人员不享有此种权利;第五,聘用合同受特殊法律规范即《公务员法》的调整。

五、行政合同的缔结与履行

(一)行政合同的缔结

行政合同的缔结,是指行政合同的双方或者多方当事人依据法律的规定,就合同的各项条款进行协商,达成意思表示一致而确立合同关系的法律行为。由于行政合同的特殊性质,行政合同与民事合同不同,主要表现在两个方面:一是行政机关的优先要约的地位;二是赋予行政机关选择相对人的机会。这些都是为了行政机关在选择合作对象的时候可以选择最有履行能力的最适合的相对人,以保证其行政管理目标的实现。

1. 行政合同的缔结规则。行政合同作为行政主体的一种行政管理手段,其缔结必须遵循以下规则:

(1)适应行政需要,符合行政目标。缔结行政合同首先要符合并适应行政管理的需要,订立行政合同的目标应与国家行政目标相吻合,这是行政合同首要的目标原则。但是这种需要并非由法律、法规明确规定,而是行政主体根据法律的原则、精神，结合实际情况作出的具体分析判断。现阶段，中国由于正处在转型时期，要完全由法律来明确规定行政合同的缔结是有困难的。事实上，不少行政合同，例如农村土地承包合同、中小企业承包合同等，都是根据行政需要和某些特殊政策缔结的。

（2）不得超越行政权限。由于行政合同是行政活动的一种方式，因此，根据行政法上越权无效原则，每个行政主体只能在其权限内缔结行政合同，否则便成了无效合同。行政主体只能在自己的职务范围和权限内签订行政合同，否则越权签订的行政合同是无效的。

（3）内容必须合法。行政合同虽然不一定要有明确的法律依据，但是行政主体不得对国家明令禁止的事项与行政相对人缔结行政合同。也就是说，行政合同的内容与范围为国家法律和政策所允许。凡是国家法律和政策所明确禁止的内容和范围，行政主体均不得与任何个人或组织签订行政合同。例如，国家已明令压缩的基本建设项目，任何行政主体均不得与任何个人或组织缔结行政合同。

此外，由于行政合同的涉及面广、影响大，在缔结行政合同时还要遵守竞争原则、效率原则、公开原则等基本原则。

2. 行政合同缔结的方式。尽管行政合同仍然保留了民事合同的某些特征，但是在合同缔结方式上行政合同却有其特有的方式。作为合同，要约与承诺是缔结合同的两个基本程序环节。行政合同作为合同，同样需要这两个环节，但由于行政合同作为实现行政目的的手段，具有行政属性，因此要约一般是由行政主体向相对人发出，而由行政相对人承诺，因此行政相对人具有较大的被动性。除此之外，在行政合同中，行政主体应当事先公告告知行政相对人当事人需要具备的条件以及行政合同的具体程序，以择优选取或其他竞争方式来决定合同当事人，并在决定前赋予了候选者或参与竞争者充分表达意见的机会。

我国目前对行政合同的缔结方式没有统一的规定，只有一些单行法律法规对特定的行政类型作出了规定，如《城镇国有土地使用权出让和转让暂行规定》第13条规定，土地出让可以采取协议、招标和拍卖的方式。根据现行法律法规的规定，我国行政合同的缔结方式主要有以下几种：

（1）招标。招标是指订立合同的一方当事人（即招标人）通过一定方式，公布一定的标准和条件，向公众发出的以订立合同为目的意思表示。招标是缔结行政合同最为常见的方式。一般招标的程序需要经历招标、投标、开标、评标、中标几个阶段。由行政主体事先设定行政合同的标底，行政相对一方根据预定的程序进行竞投，行政主体对竞投标书进行比较之后，选择最优者订立行政合同。行政机关只能和要价最低的投标方，或出价最高的投标方（如出卖国有财产）缔结合同，不能在中标人以外自由选择合同的当事人。为使行政机关有一定的选择余地，当行政机关对中标的投标方不满意时，可以不批准这次招标而举行第二次招标。但缔约的对方当事人仍然以第二次中标人为限。以招标方式订立行政合同对行政相对人来说拥有较大的自由选择权，但行政主体也可通过设定资格限制行政相对人来参加招标；对行政主体来说，确定合同的缔约人只能是中标人，不能是中标人之外的行政相对一方，以保护中标的行政相对一方的合法权益。

（2）拍卖。拍卖是指以公开竞价的方式，将特定物品或者财产权利转让给最高应价者的买卖方式。在拍卖的过程中，拍卖人可以随时改变自己要约的内容，直至行政机关与条件最优的拍卖人订立合同。拍卖主要适用于国有资产的出让，现在也大量运用于超标公车的出让等，采用这种方式可以达到使国有资产价值最大化的结果。

（3）直接磋商。行政机关除了运用招标、拍卖方式外，还可以通过直接磋商的方式，自由地同任何个人或组织签订合同。直接磋商是指行政机关在特定情况下与特定的公民、法人或其他组织磋商，签订合同。在这种缔约方式中，行政机关选择合同当事人的自由权最大，应该说直接磋商是民事合同中最为常见的一种方式，但是行政合同中这种方式受到法律法规的限制。行政合同一般都采用书面形式。若采用口头形式，一般要具备以下条件：行政机关是属于较低层次的；金额数目较小；合同的内容较为次要，或者有紧急情况来不及订书面合同。行政合同一经缔结，对双方当事人均有拘束力，双方当事人必须严格履行。在合同履行中，在大多数场合，行政机关对另一方当事人履行合同的行为享有监督权，可依法追究后者的行政责任，这区别于民事合同的一般规定。

（二）行政合同当事人的权利义务

1. 行政主体的权利义务。行政合同作为一种合同形式，一方面具有与民事合同共同的地方，如行政合同一般只对于合同双方当事人有约束力，合同内容由双方共同协商一致来决定等。另一方面行政合同有其特殊性，作为行政主体、行政相对方与第三方之间利益协调的工具，并以达成公共利益等行政管理职能为目的，决定了行政合同有不同于民事合同的特殊的权利义务关系。

（1）行政主体的权利。具体内容如下：

第一，选择行政相对人的权利。为了保证行政合同能够得到实际履行，行政主体可以根据相对人的情况，选择最为合适完成该项目行政管理目标的行政相对人签订行政合同。

第二，对合同履行的监督权。为了维护公共利益，防止行政相对人为了追逐自身利益而损害公共利益，行政机关作为合同其中一方当事人有权对合同的履行进行监督。应该说赋予行政机关对合同履行过程中的各种情形进行监督权，可以起到保证合同顺利执行、公共服务目的顺利实现的作用。与之相应，行政相对人对于行政主体的这种监督权负有容忍的义务。在这个过程中，行政主体并不会因此免除其本应承担的各种义务，而是将其精力从直接履行转为监督和服务上来。如，我国的《城镇国有土地使用权出让暂行条例》规定：土地主管部门对已出让的土地的转让、出租和抵押等活动行使监督检查权。又如，我国的《政府采购法》规定，政府采购监督管理部门应该加强对政府采购活动及集中采购机构的监督检查。

第三，单方变更权和解除合同权。在行政合同的履行过程中，行政主体有权根据国家法律、法规和政策的修订和调整以及为了公共利益的需要，单方变更和解除行政合同。但是为了防止这种权利被滥用，必须对变更和解除合同的条件作出严格的规定以保障行政相对人的利益不受侵犯。首先，变更和解除合同的目的确实属于公共利益的需要时才能使用，也就是说只能在行政优益权时运用；其次，必须发生了使行政合同的履行不必要或者不可能，或是需要变更和解除的客观条件，不能随意变更和解除；再次，变更和解除行政合同并不能改变行政合同中的经济条款；最后，如果因为行政主体单方变更和解除行政合同致使行政相对人的利益受到损害时，必须给予相应的赔偿。对此德国法规定一般要求行政主体和当事人先协商调整合同内容以适应情势变更，只有在无法调整或者无法期待协商解决的情况下才能对合同进行修改完善。

第四，制裁权。行政主体对于不履行或者不适当履行合同义务的行政相对人具有强制执行权等制裁权。由于行政合同不同于民事合同，往往与行政管理、行政服务等政府职能相关，因此行政合同赋予了行政主体强制相对方履行合同的权力。在行政合同实际履行中，难免会出现一些行政相对人迟延履行、不履行或不适当履行的情形，如果行政主体不采取一定的措施，有可能造成不能及时满足公众需要、损害公共利益的后果。但是至于采取什么样的制裁方式，则要区别对待。因为不履行合同的情形多种多样，行政主体需要区别各种情形选择最能实现合同效果的方式。

(2) 行政主体的义务。作为合同来讲，行政主体也具有一般的合同当事人所需要负的相应义务。

第一，行政主体必须依法缔结并履行合同的义务。行政合同是行政主体与行政相对人缔结的确定双方权利义务关系的协议，那么行政主体作为乙方合同当事人，自然必须要按照合同的约定来履行相应的义务。而且相对于行政相对人，行政主体在缔约的过程中处于优势地位，这种天然的不对等对行政主体在履行合同方面要求更加严格，这样才能保证行政相对人的利益不因地位的差异而受到损害。

第二，兑现给行政相对人以履行合同提供的优惠。因为行政主体在行政合同中有一定的特权，为了支付相应的对价，就需要行政主体为行政相对人提供一定的优惠。有了一定的优惠条件才能够吸引行政相对人积极地参与到行政事务中来，有利于行政目的的顺利实现。如粮食种植收购合同中，如果不向农民提供平价的种子和化肥等，农民就可能不愿意种粮。

第三，补偿义务。因为行政主体有权行使单方变更权和解除权，如果因此给行政相对人的权益造成损失的，行政主体就需要基于一定的补偿。这既是维护合同当事人之间经济利益平衡的需要，也是公共利益的需要。如果行政相对人的权益损失得不到补偿，那么会大大影响行政合同实施的效果，也会大大制约行政合同的发展。

第四，损害赔偿的义务。这主要是针对行政合同履行中，如果是因为行政主体的过错给行政相对人造成损失的，由行政主体予以赔偿相应的损失。因为在合同履行的过程中，任何一方都可能会犯错，因此对造成的损失进行赔偿，也符合行政合同的原则。

第五，支付报酬的义务。如果行政合同中约定了行政主体需要给行政相对人提供的产品、服务等支付相应的报酬，那么行政主体应当履行其支付报酬的义务。

2. 行政相对人的权利和义务。

(1) 行政相对人的权利。具体内容如下：

第一，获得报酬权。报酬是行政相对人因其提供的产品，或者提供的服务、劳务所收到的报酬。报酬的具体金额如果法律法规有规定的，则从其规定；如果没有规定的，则由行政合同双方当事人自己约定。一旦约定了，行政主体不得随意变更和修改。

第二，获得优惠权。为了便于行政相对人更好地履行其义务，行政主体往往会给行政相对人提供一定的优惠，如价格优惠、政策优惠等。那么行政相对人也就获得了行政主体提供的优惠条件的权利。对此项权利行政主体不得随意变更，以保证相对人参加合同和履行合同的积极性。

第三，损害赔偿请求权。在合同的履行过程中，如果因为行政主体的过错给行政相对人早成了权益的损失，那么行政相对人有权要求获得损害的赔偿。这种赔偿可以通过向行政主体申请的方式或者请求法院判决赔偿的方式来实现。

第四，损害补偿请求权。在履行合同过程中有可能会发生继续履行合同不利于公共利益或者法律法规政策发生重大调整的情形，此时行政主体基于公共利益的考虑有可能会做出牺牲相对人利益的决定，那么在这种情况下行政相对人就有权利得到行政主体的补偿。这对于保护行政相对人的合法权益，具有重要的意义。

第五，不能预见的物质困难的补偿权。在订立合同时，并不能事先预见所有的情形，那么如果在合同履行过程中，出现了之前缔结合同时无法预见的困难，这会大大加重行政相对人履行合同的负担，甚至会影响合同的正常履行。对此，行政相对人有权请求行政机关给予一定的补偿，或者采用双方共同承担损失的方式来减轻其压力。

（2）行政相对人的义务。具体内容如下：

第一，全面、适当履行合同的义务。行政相对人需要按照合同的规定认真履行合同义务，这是行政合同和民事合同的共同点。

第二，接受行政机关的监督和指挥的义务。这是行政合同与民事合同的区别之处。行政合同的行政相对人有义务接受行政机关的监督和指挥。这主要是基于行政合同通常有公共利益的目的，为此行政主体会评价行政相对人的行为是否符合公共利益，而行政相对人也就有义务接受其监督和指挥。

（三）行政合同的履行

行政合同缔结后，对合同双方当事人都产生了约束力，因此合同当事人应当按照合同的约定来履行各自的义务，最终实现合同的目的。

1. 行政合同履行的特点。行政合同的履行有两个基本的特点：

（1）行政主体在合同履行中拥有主导性特权，民事合同中的一些基本原则，在行政合同中不能严格执行。例如：民事合同中当事人地位平等的原则；没有双方当事人的同意，合同不能变更的原则等。在行政合同中，行政机关为了公共利益必须拥有指挥合同履行、变更合同等主导性特权，日本行政法学家南博方认为，"若契约的延续将严重危害公共福利时，则应给行政主体以单方解除权"。我国台湾地区著名行政法学家张载宇也认为，"若为公共利益之需要，行政机关得以单方面意思表示而撤销，利害关系人不得以撤销权相对抗"。

（2）行政管理相对人的经济利益平衡。相对人在履行行政合同过程中，由于自己主观意志以外的原因而遭受到不能预见的重大损失时，不管行政主体一方有无过失均能得到补偿，从而恢复经济平衡。

2. 行政合同履行的原则。为了确保行政合同目的的实现，行政合同的履行应该遵循以下原则：

（1）实际履行原则。实际履行是指当事人必须按照合同约定的标的履行，不能随意变更标的，也不能因履行中发生困难而中断合同的履行，也不能用其他方式如支付违约金或赔偿损失等方式代替合同的履行。由于行政合同的公共利益目的，所以行政合同的内容一般必须获得实现才能保证公共利益。这是因为一方面公共利益牵涉到众多因素，合同的内容如果未获得实际的履行，会产生诸多不利的影响；另一方面，公共利益是无法直接或完全用金钱来度量的，民事合同可以通过设定违约金来进行补偿，但如果当事人不履行行政合同而造成公共利益的损失，恐怕不能通过经济赔偿来承担。因此，行政合同要求全面和实际地履行。

（2）亲自履行原则。亲自履行是指行政合同缔结后，合同相对人必须本人亲自履行合同，未经行政主体的同意，不能委托或转由他人代为履行。行政合同的性质决定了其非常重视当事人的个人因素，其履行能力对公共利益的实现有着重要的影响。因此，合同缔结后，只要没有经过行政主体的同意，合同的当事人就不得自行更换，也不得委托给他人代为履行。比如公共工程承包合同，就禁止转包。很多市政工程中的事故都与转包有关。行政合同的订立是基于行政主体对行政相对人的信任，且行政合同关系到社会公共利益，必须保证质量。

（3）全面、适当履行原则。合同当事人必须按照合同约定的内容全面适当的履行，包括履行主体、履行标的、履行时间、地点和方式等，都必须按照合同的约定来履行，不能随意变更。全面履行是指不能只履行合同的一部分条款，而对另一部分条款置之不理，也就意味着不能部分履行。适当履行是指不能对合同的标的、履行时间、地点方式等进行任意变更，如相对人不能违反交货地点的规定，不能迟延交货、交付的货物要符合合同的约定，否则这样的履行都是不适当的。

（4）诚实信用原则。作为民事合同中的帝王原则，该原则对行政合同同样适用。在合同的履行过程中，行政主体和行政相对人都应该本着诚实信用的原则来履行合同。行政主体不能因其优势地位随意变更解除合同，损害行政相对人的利益；行政相对人不能为了追求个人利益来损害公共利益。

(四) 行政合同的变更、解除和终止

前述行政合同履行的原则，并不意味着行政合同在任何情况下都不能变更或解除。当行政合同缔结以后，由于公共管理目标的调整或者客观情况发生了变化，常常需要对行政合同的内容，即某些主要条款进行修改或者补充，有时甚至解除合同。

1. 行政合同的变更。行政合同的变更是指在合同的履行过程中，对行政合同的主体、客体和内容等作出一定的修改、补充和限制等。行政合同主体中的行政主体享有行政优益权，因此有权为了公共利益的需要来单方变更合同，如果由此给行政相对人造成损害的，应当予以补偿。

2. 行政合同的解除。行政合同的解除是指行政合同缔结之后，在行政合同履行完毕前，行政合同的双方当事人提前终止合同，从而消灭合同双方的权利义务关系。行政合同的解除方式主要有两种：一是行政机关单方解除行政合同。因为行政机关在合同履行中享有行政优益权，所以可以为了公共利益的需要来单方解除合同，当然也需要补偿因此给行政相对人造成的损失。二是协商解除行政合同。即由行政主体和行政相对人通过协商的方式，合意解除行政合同。

3. 行政合同的终止。行政合同的终止是指行政合同双方当事人的权利义务关系已经消灭。一般来说，行政合同消灭的情形只要包括：

(1) 合同履行完毕，行政合同以实现公共利益为目的，当此种目的达到之后，即履行完毕，合同自然也就终止，如工程完成，货物交付等。

(2) 合同期限届满，对于附一定期限的合同，合同期限届满，则引起合同终止。

(3) 双方合意解除合同，行政合同依双方当事人的同意而签订，当然也可依双方当事人的同意而解除。

(4) 行政主体单方解除合同，这是行政主体使用特权的情况，单方面解除行政合同后，相对人有权利对所造成的损失提出补偿的要求。

(5) 因不可抗力的原因导致合同不可能履行下去。

(6) 因合同一方或者双方的过错，经有权机关决定或者经过法院判决解除合同，如当行政主体有严重过失时，法院可根据相对人的申请判决解除合同。

六、行政合同的争议处理

随着行政合同的出现和大量运用，不可避免地会引发各种纠纷，随着而来的就是这些纠纷如何处理的问题，如果行政合同救济渠道不畅，将直接制约行政合同法治化的进程。

相对于我国行政合同出现较晚、不够成熟，法国已经建立了世界上比较完善发达的行政合同理论和判例制度，有专门的公法合同法典以规范、调整行政合同，其中就有对于行政合同的争议处理方式。德国行政合同不仅在实践中广泛运用，而且立法上也高度重视，《联邦行政程序法》第四章对行政合同作了专章规定，包括了对行政合同的诉讼救济。从西方国家的法律救济模式看，对行政合同纠纷的解决可以通过行政法上的救济方式，具体表现为既包括协商、仲裁或行政机关内部裁决等司法外解决方式，也包括了司法途径。

在行政合同中，相对于行政主体的行政优益权和行政主体的其他职权，行政相对人处于劣势的地位，更需要一定的救济程序，以保障其合法权益。其中司法外的救济方式可以包括：①协商。既然行政合同的缔结需要双方合意，那么纠纷解决也可以采用协商的方式解决。这种协商既可以由合同双方协商，也可以由政府出面来组织调解，调解是各种解决争议方法中成本较低但是效果较好的解决方式。②仲裁。目前我国的仲裁只有劳动仲裁和商事仲裁两种，由于行政合同不同于一般的民商事合同，《仲裁法》中也未将行政合同写入其中，所以并不能依照一般商事仲裁的方式来完成。③行政复议。一部分行政合同可以通过这种方式获得救济，如农业承包合同是一种比较典型的行政合同，1999年10月1日起实施的《中华人民共和国行政复议法》在第二章行政复议范围中明确规定，相对人"认为行政机关变更或者废止农业承包合同，侵犯其合法权益的"，可以提起行政复议。对于其他行政合同，可以适用《行政复议法》中"认为行政机关的其他具体行政行为侵犯其合法权益的"可以提起行政复议的这一条规定。

虽然行政合同争议的司法外救济是解决行政合同争议的一种重要方式，但是解决行政合同争议最重要、最终局的救济途径仍然是通过诉讼进行司法救济。司法救济就需要考察《合同法》和《行政诉讼法》。目前我国的《合同法》和《行政诉讼法》中并未将行政合同纳入其中。随着行政合同数量的快速增长，可以由最高法院通过司法解释的方式将行政合同纳入人民法院行政诉讼范围，但是由于行政合同与民事合同建立在双方合意的基础上，如何区分行政合同与民事合同在司法实践中缺乏统一的标准。我国法院对行政合同案件的受理，除土地承包合同、企业承包合同、城市房屋拆迁等少数行政合同案件作为行政案件由法院的行政审判庭审理外，一般由民事审判庭或经济审判庭作为民事案件按民事诉讼程序审理。也就是说大量的案件是通过民商事合同的方式来进行审理的。这种审理方式并不符合行政合同的特点和公共利益的目的，会造成法律适用、案件执行等诸多困难，影响行政相对方的权利和救济或者影响社会公共利益。但是通过行政诉讼方式来审理，也对现有的行政诉讼制度产生很多的挑战，如行政主体不能作为原告来起诉，受案范围、举证责任、法律适用等问题也同样面临则不小的挑战。

第二节　行政指导

行政指导是一种非常灵活的有利于提高社会综合效益的行政管理模式，它不仅可以降低行政成本，提高行政效率，适应现代行政管理不断变化的需要，而且可以降低社会成本，适时和灵活地调解社会生活和社会关系，避免造成不必要的损失和浪费。对于正在不断发展的行政法学来说，行政指导可以更好地调解政府对社会和市场干预的深度和广度，在强调政府服务型的职能方面，行政指导发挥着重要的作用。

一、行政指导的概念和特征

（一）行政指导的概念

行政指导是行政机关在其职能、职责或管辖事务范围内，为适应复杂多样化的经济和社会管理需要，基于国家的法律精神、原则、规则或政策，适时灵活地采取指导、劝告、建议等非强制性方法，谋求相对人同意或协力，以有效地实现一定行政目的之行为。简言之，行政指导就是行政机关在其职责范围内为实现一定行政目的而采取的符合法律精神、原则、规则或政策的指导、劝告、建议等行为，一般不直接产生法律效果。

（二）行政指导的特征

1. 行政指导不具有法律上的强制力。也就是说行政指导不以国家权力为后盾。这种非强制性是行政指导的根本属性。行政指导通过建议、劝告、敦促等柔性形式对被指导人进行指导。这种行政指导在法律上不产生效力，被指导人没有法定义务去遵守或服从；如果被指导人不遵守或不服从，行政指导主体也没有强制执行的权力，不能追究指导对象的法律责任。正是因为具备这一特点，行政指导采取民主协商性的、非强制性的方式来开展活动，更为适应经济与社会发展的要求。

2. 行政指导是一种事实行为，因此不产生法律效力。正因为如此，行政指导只要不违背法律的精神、目的、规则、原则以及相关政策就可以作出，无需明确的法律依据。但是这种行政指导不具有法律效力，并不意味着不具有法律意义，它在事实上能够影响相对方的权利义务关系。例如法律可以规定行政主体在作出限制行政相对人权利的决定之前，必须进行劝告，这种情况下的劝告会产生程序上的效果。具体表现为：

（1）行政指导以设置利益诱导为存在前提，如果行为主体只是单纯地表达其行政意愿，并无利益诱导，这不是严格意义上的行政指导，行政相对人也不会主动地、自愿地协作行政。在实践中，表现为行政指导主体经常提供某些优惠、便利等条件来吸引被指导人的行为；

（2）行政指导常设置不服从指导的不利结果。如当指导对象不遵守或不服从行政指导时，一些权利可能受到行政主体的限制，如取消一定的特权、优惠等。

3. 行政指导是行政机关单方面的意思表示，属于单方行为。行政指导是由行政机关单方实施即可成立的行为，不需要经过行政相对人的同意，行政相对人的同意或是合作只影响行政指导内容的实现。但是事实上，行政指导行为的实施过程中存在着很多双向互动的情形，如行政指导需要双方行政主体和行政相对人之间加深了解和沟通，以便于增进彼此了解，促成行政相对人的同意或是合作，这样才能更好地实现行政指导的目的。

4. 行政指导的方式具有多样性。行政指导是适用范围广泛，方法灵活多样的行为，这是行政指导的一个重要特征。行政机关可以根据其法定的职能、职责或管辖事物范围，灵活采用制定诱导性的法律规则和政策、引导、劝告、警告、建议、告知、告诫、协商、鼓励、奖励、指示、发布官方消息等各种行政指导措施，对众多的公共管理需求做出及时而灵活的反馈，以适应现代行政管理工作的需要。

5. 行政指导具有特定目的性。行政指导是为了实现特定的行政目的，尤其是为了弥补市场机制和政府干预的缺陷，实现行政命令难以实现的特定的公共利益的目的。这种特定行政目的的实现取决于行政主体在知识、信息等方面是否处于优越地位，能否给行政相对人带来一定的诱导利益等因素。

6. 行政指导适用法律优先的原则。特别是限制行政相对人权利和自由的行政指导必须有法律上的依据。

二、行政指导的发展历史

我国的行政指导可以追溯到 20 世纪 50 年代。早在 1952 年，政府为了促进多种经济成分向单一的公有制转变，加快对私有制改造，陆续出台了一些政策，如示范、帮助、教育等具有"诱导性的政策"来推进农业合作社运动和资本主义工商业的改造，这可以说是行政指导在我国的第一次尝试。此后我国进入了高度集中的计划经济体制时期，在这种体制下不会出现行政指导这种行为方式。十一届三中全会以后，我国社会开始从传统计划经济向有计划商品经济转型。这个时候，行政指导的作用才开始真正地被意识到，并被大量运用。在计划经济体制条件下，行政机关和作为经济组织的企业在职能和机构设置上趋于同一，企业行政化，行政机关企业化，形成一种政企不分、政府和市场一体的格局。国家主要通过指令性的计划来管制经济，企业服从和依附于行政机关，没有独立的人格。随着经济体制向市场经济的转型，人们逐步认识到企业才是市场的主体，应该尊重企业作为市场主体的地位和权利，政府应该退出市场；但是如果政府立即完全退出市场领域，也是不合适的。因为市场并不是全能的，需要在政府的扶持、引领、监督下得到发展。对企业的管理，政府既不能横加强制性的干预，又不能完全不管。在这种背景下，行政指导作为一种强制性较弱、主要起引导作用的行政手段逐步得到重视和应用。

我国行政指导的出现和运行更多地体现了国家权力的自制。1982 年宪法确认了改革开放以来多种经济成分并存的现实，将国家和非国营经济统一调整为指导关系。1984 年 10 月，中共中央《关于经济体制改革的决定》首次将"指导"运用于国营企业，指出"社会主义国有机构必须通过计划和经济的、行政的、法律的手段对企业进行必要的管理、检查、指导和调查。"1987 年，中共十三大提出了"国家调节市场，市场引导企业"的重大变革。这样，包括指导性计划在内的行政指导逐渐取代了指令性计划"统制"经济的地位。每一次通过法律确定政府与企业或者其他社会主体的指导与被指导关系都是一次进步，都是对以前的命令与被命令关系的扬弃，是国家权力的自我克制。

总的来说，我国行政指导的发展时间较短。计划经济条件下，企业无责、权、利，仅是国家机关的附属物，行政命令是国家进行管理的主要手段。我国在实行市场经济之前也存在少量的政策性指导，如号召节约用水、用电，提倡晚婚、晚育，推广农科技术等，但这不是一种重要的行政管理方式，最能体现行政指导作用的应当是社会经济领域中的行政指导。因此为了改善国有企业技术水平低、市场竞争能力弱的情况，从 20 世纪 80 年代起，政府下发了不少关于企业技术改造的指导性文件。政府还实行"抓大放小"政策，重点扶植机电、石化、汽车、建筑四大主导产业，促使经济在转型中发展。国务院为了促进西部发展，推动东西合作，发布了许多指导性文件，如：1993 年《关于加快中西部地区乡镇企业发展的决定》；1994 年《国家八七扶贫攻坚计划》；1995 年决定今后吸引外商直接投资重点转向中西部，并优先发展农业、交通、能源等产业。行政指导还被广泛地运用于协调企业之间的关系，处理体制改革所遗留下来的问题。就当前的情况看，行政指导在各个行政领域势必进一步增长。

随着行政指导在我国经济和社会事务管理等诸领域都得到了广泛使用，行政指导的作用得到了不断加强。我国的法律、行政法规、部委规章、地方性法规、自治条例和单行条例以及地方政府规章等也有不少关于行政指导的规定。行政指导在经济调节、市场监管、公共管理和社会服务四个方面发挥着巨大功能。行政指导制度的发展不仅代表着行政法强调民主、服务和高效的发展方向，而且还是行政管理现代化的标志，推动着中国行政改革和政治民主化建设不断深入进行。

三、行政指导的作用

行政指导作为一种新型的行政行为，其作用具体表现在以下几个方面。

（一）对法律手段的补充作用

我国由于现阶段经济和社会生活的迅速发展，难免会出现立法跟不上现实发展需要、存在"法律空白"的现象。为补充法律手段之不足，行政主体可以采取更为灵活的行政指导措施来替代法律手段进行调整，以更为有效地实现行政目标。

（二）辅导和促进作用

由于行政机关利用其行政管理中的便利条件，可以获得知识、信息、政策等方面的优越性，行政指导更具有一种导向和促进作用，能够合理引导、影响行政相对方的行为选择。对行政相对人来说，也希望行政主体通过建议、劝告、指引等方式来对其实施指导，可见行政指导相对行政主体的其他行政手段有时是一种很好的辅助手段。

（三）协调和疏导作用

行政指导的非强制性和自主抉择的特点，使其在缓解和平衡各种利益主体间的矛盾与冲突中具有特殊有效的作用。尤其是对于社会经济组织之间的冲突，更需要通过行政指导进行协调和斡旋。有时行政主体采用强制手段尚无必要或者效果并不一定理想时，行政主体可以采取行政指导的手段来达到同样的目的。

（四）预防和抑制作用

行政指导对于可能发生的妨害社会经济秩序和社会公益的行为，可以起到防患于未然的作用；对于刚萌芽的妨害行为，则可以起到防微杜渐的抑制作用。在利益驱动之下，社会组织和个人往往存在一种为追逐自身利益而不惜损害社会利益的可能，对此需要加以适当抑制。而在损害社会利益的行为尚处于酝酿和萌芽状态或初现弊端时，更宜采用行政指导这种不具有国家强制力的积极行政方式进行调整。

四、行政指导的原则

（一）正当性原则

正当性原则是指行政指导行为必须最大限度保障行政相对人对行政指导的可接受性。这种可接受性表现为，行政相对人对行政机关作出的行政指导主观上认为，如果其接受行政指导，将会产生有利于自身的法律结果。从利己这一人性本能出发，行政相对人对于可选择的行政指导，其必然会将自己的利益在限定的范围内最大化。行政相对人如果认为行政指导对其可能产生不利结果，或者没有什么好处，那么一般不会接受行政机关作出的行政指导行为。我们之所以在这里将正当性作这样的界定，是因为行政指导行为是以行政相对人接受为产生预期作用的前提条件。

（二）自愿性原则

自愿性原则是指行政指导行为应为行政相对人认同和自愿接受，因为，行政指导行为不是一种行政主体以行政职权实施的、期以产生法律效果的行政行为，对行政相对人不具有法律上的约束力。自愿，本意是人在没有外在强迫下做自己想做的事。法律上的"自愿"还应加上在不损害他人合法权益的前提下之条件。行政指导不是行政机关的权力性行为，其没有国家强制力为后盾，若行政相对人不愿意接受行政指导行为，行政机关也不能借助国家强制力驱使行政相对人违心接受。否则，行政机关的行政指导行为就质变为具有强制力的行政行为了。

（三）必要性原则

必要性原则是指行政主体采取行政指导行为比实施行政行为可能会产生更好的客观效果的一种主观认识。行政主体行使行政职权的基本目的在于维持一个正常的社会秩序，促进社会的全面进步。如果能通过非行政行为也能达到这一目的，或者可以降低行政成本，行政主体完全可以作出选择，采用非行政行为实现行政目的。因此，在行政指导中确立必要性原则，是基于行政效益理论。在现代社会中，行政管理的资源是有限的，有的甚至是稀缺的。为了减轻社会负担，行政机关应当通过主观努力，将有限的行政管理资源效用最大化。

五、行政指导的分类

行政指导根据不同的标准可以划分为不同的种类。

（一）以行政指导有无具体的法律依据为标准分类

根据行政指导有无具体法律依据可分为有法律根据的行政指导和无法律根据的行政指导，前者是指有法律、法规、规章等明文规定的行政指导，后者则是没有明文规定的行政指导。不论何种行政指导均应遵循行政法治的基本原则，做到合法、合理。

（二）以行政指导的对象是否特定为标准分类

根据行政指导的对象是否特定可分为普遍的行政指导和个别的行政指导前者是针对不特定的行业、地区和行政相对方进行的，往往具有全局性、长期性的特点，如对高校毕业生就业的宏观指导、对经济产业结构的宏观调整等；后者则是针对特定的行业、地区和行政相对方进行。后者是前者的延伸和发展，是前者的具体化，往往具有局部性、临时性和具体性的特点，如行政机关首长亲临抗震救灾现场进行指导等。

（三）以行政指导的作用差异为标准分类

根据行政指导的作用差异可将其分为规制性行政指导、调整性行政指导和助成性行政指导。

规制性行政指导是指行政机关为了维护和增进公共利益，对妨碍社会秩序、危害公共利益的行为加以预防、规范、制约的行政指导。如为了防止物价涨幅过快或农产品价格过低损害农民利益而实施指导性价格。调整性行政指导是指行政相对方之间发生利害冲突而又协商不成时，由行政机关出面调停以求达成妥协的行政指导。如行政机关为土地征用过程中对建设开发单位与被征用方就补偿纠纷如何解决进行指导。助成性行政指导是指行政机关为行政相对方出主意以保护和帮助行政相对方利益的行政指导。如行政机关指导贫困地区发展经济和指导农民科学种田等。

六、行政指导的方式

有学者将行政指导方法归纳为"指导、引导、辅助、帮助、通知、提示、提醒、建议、劝告、规劝、说服、劝诫、劝阻、建议、意见、主张、商讨、协商、沟通、赞同、表彰、提倡、宣传、推荐、示范、推广、激励、奖励、斡旋、调解、调和、协商、指导性计划、导向性行政政策、纲要计划和发布官方信息、公布实情"众多种。我们将常见的几种行政指导方法作一个整理。

（一）说服

说服是行政机关通过陈述情理希望行政相对人接受行政指导的一种方式。说服是以行政机关说理为前提，虽然行政行为也要求行政机关说理，但行政行为总是与强制连在一起的。由于行政指导没有国家强制力为后盾，因此，使行政相对人接受行政指导的重要方式之一就是行政机关应当以理服人。

（二）建议

建议是行政机关根据行政管理目的，将自己对实现行政管理目的方法、途径等形成的看法告诉给行政相对人，希望行政相对人在政治、经济和文化活动中响应其建议，从而有助于行政机关达成行政管理的目的。建议一般具有具体的内容，行政相对人接受后具有可操作性。如果行政相对人在接受建议后需要行政机关帮助，行政机关应当给予满足。行政机关正确运用行政指导的方式，客观上可以产生良好的社会效果，对提升"善良政府"形象具有重要的促进功能。

（三）协商

协商是行政机关为了取得行政相对人的支持以实现某一行政管理目标，而与行政相对人就某一行政管理事项进行商讨，增进互相了解与沟通，谋求与行政相对人达成共识。

（四）奖励

奖励是行政机关通过给予行政相对人一定的物质和精神鼓励，引导行政相对人从事有助于行政机关达成行政管理目标的行为。物质鼓励是行政机关给予行政相对人一定数量的奖金或者奖品。精神鼓动是行政机关给予行政相对人一定的名誉。行政指导中的奖励方式是基于人从事社会活动具有谋利的本性。通过物质或者精神的刺激满足人的需要，可以使人从事某种特定的活动。

（五）帮助

帮助是行政机关通过为行政相对人提供某种便利的条件，引导行政相对人实施符合行政机关达成行政管理目标的活动。在现代社会中,行政机关因其所处的优越地位使其掌握许多政治、经济和文化发展的资讯,而行政相对人因处于行政被管理的地位,具有天然的被动性。如果行政机关在行政相对人从事政治、经济和文化活动时给予必要的帮助,必然可以引导行政相对人的行为朝行政机关确定的管理目标方向发展。

【复习思考题】

1. 行政合同与民事合同的区别在哪几个方面?
2. 我国目前有哪些常见的行政合同的类型?
3. 试论述我国行政合同纠纷的解决途径。
4. 行政指导在我国行政管理中的作用有哪些?
5. 你认为应当从哪些方面完善我国的行政指导制度?

【引导案例解析】

由于行政合同的目的与民事合同的目的有所不同,所以两者的缔结方式有所不同,主要表现在两个方面:一是行政主体具有优先要约的地位;二是赋予行政主体选择相对人的机会。这些都是为了便于行政主体选择最具有履行能力的相对人,保证行政管理目标更好地实现。我国目前对行政合同的缔结方式还没有统一的规定,只是有些单行法律法规对特定的行政合同的缔结方式作出了一些规定。根据这些现行法律法规的规定,我国行政合同的缔结方式主要有以下几种:招标、拍卖、直接洽商等。其中,招标是缔结行政合同最常见的方式。我国《招标投标法》第3条规定,在我国境内进行的大型基础设施、公用事业等关系社会公共利益、公众安全的工程建设项目,包括项目的勘察、设计、施工、监理以及与工程建设有关的重要设备、材料的采购,必须进行招标。

本案中某省为了防范春汛来临,决定实施冬季加固堤坝工程,该工程就是关系到社会公共利益、公众安全的大型基础设施工程建设项目,而且由于没有工程先例可循,该工程难度很大,因此,根据《招标投标法》第3条的规定,该工程必须进行招标。该省行政主管机关在全省范围内进行招标,最终确定符合施工条件的工程队中标,并与之签订公共工程承包合同,符合法律的规定。

同样,也正是由于行政合同目的的特殊性,出于维护公共利益的需要,在行政合同缔结后,当事人对行政合同的履行也必须遵循一些特有的原则,如：实际履行原则，亲自履行原则和全面、适当履行原则等。其中相对人亲自履行原则要求，行政合同必须由相对人本人亲自履行，不能由他人代替履行，非经行政机关同意，不能随便更换他人或委托他人代为履行。本案中，该省第一建筑工程队在与行政主管机关签订公共工程承包合同后，又将该公共工程转包给他人，违反了行政合同中所要求的亲自履行原则，是不符合法律规定的。

【练习案例】

为让上级领导参观"路边工程"，某乡政府领导下令将沿公路边正在生长的高秆作物统统毁掉，目的是为了让上级领导参观在这个乡公路两边各50米范围内整齐划一种植着的辣椒、花生、烟叶等低秆经济作物。该乡沿公路的5个村的村民因此遭殃，他们眼看长至1米高快要出穗的玉米大片大片地被乡村干部组织人员连根拔起，心痛不已。据农民估计，几个村被毁的玉米地不下百亩。农民们说："上边强迫我们在沿路50米内种植低秆作物，我们也没有说不响应。可关键是，我们春天种植玉米时村里为什么不说一声？现在玉米已经长有1米高了，说毁就毁，我们的损失谁来赔？"对此，村书记也显得很无奈。他说，毁玉米之事乡里催得急，他也没有办法，乡里让毁玉米主要是因为路边的高秆作物有碍上级领导检查。该镇领导说，这次毁玉米事件的教训深刻，村干部没有细致地做好群众的工作，没有把限制玉米生产的意义宣传到家，对此，镇、村都有责任。

问题：

（1）行政指导与其他行政行为的界限是什么？

（2）如何看待本案中镇政府行为的性质？

（3）对不当的行政指导如何救济？

第七章

行政程序

【引导案例】

原国家计委依据原铁道部报送的相关材料,批准对部分旅客列车运价实行政府指导价。原铁道部依据原国家计委的批复,发出《关于2001年春运期间部分旅客列车实行票价上浮的通知》,规定,节前(1月13日至22日)自广州(集团)公司、北京、上海铁路局始发,节后(1月26日至2月17日)自成都、郑州、南昌、上海铁路局始发的部分直通客车票价上浮,其中新型空调列车上浮20%,其他列车上浮30%。除夕、正月初一、初二不上浮。儿童、学生、现役军人、革命伤残军人票价不上浮。

乔占祥购买了2001年1月17日2069次从石家庄到磁县的车票和2001年1月22日2069次从石家庄到邯郸的车票。第一张车票比涨价前多支出了5元,第二张车票比涨价前多支出了4元。据此,乔占祥认为铁道部关于涨价的通知因程序上违法侵害了其合法权益,向人民法院提起诉讼。

行政程序的重要性,丝毫不亚于任何行政实体的规定,甚至在如今越来越关注法律程序的背景下,行政程序更受人们关注。由于行政行为的种类多样性和我国长期以来行政主体的行为习惯,对我国的《行政程序法》的立法工作造成了一些困难。

第一节 行政程序概述

一、行政程序的概念

(一)行政程序的概念

行政程序是指国家行政机关在行使行政权力、实施行政活动过程中所遵循的步骤、方式、时限和顺序的总和。行政程序贯穿于行政活动的全过程，行政管理的每一个环节都离不开程序。具体来说，所谓步骤，是行政活动过程的若干必经阶段；所谓方式，就是行政活动过程的方法和形式，例如做出一个行政决定，需要采取书面形式说明理由等；所谓时限，是指行政行为必须在限定的时间内履行完毕；所谓顺序，是指行政活动步骤的先后次序。行政程序常常指行政机关行使职权的程序，它具有相对独立性和自身的规律性，在行政学研究中占有重要的地位。

现代法治国家特别强调对于重要的行政程序加以规范化，即对直接影响行政相对方重大权益的行政行为实行严密的程序控制，以法定的形式设置若干程序规则和制度来控制、监督行政权力的运行，规范行政行为的实施过程，力图反映现代行政的民主、法治精神，体现公正、公开和公平的原则。正因如此，行政程序成为现代行政活动中不可或缺的组成部分与重要内容。

（二）行政程序的特征

1. 法定性。行政程序作为法律程序的一种，具有法律程序的基本特征，即法定性。所谓行政程序的法定性，是指用于规范行政行为的程序一般应通过预设的立法程序法律化，使其具有可控制行政行为合法、正当运作的强制力量。行政程序是由国家行政程序法规范的，不同于一般组织和个人的行为程序，其体现的是国家意志。行政程序规定的"法定"程序，要求行政程序主体遵循法律规范，否则就应承担某种否定性的法律后果。尤其对于行政主体来说，依法行政不但要求行政主体实施行政行为时具有实体法上的依据，而且必须符合法定程序，两者不可偏废。

法定性表明：其一，尽管任何行政行为都是由实体和程序两个方面构成，但是并不是所有的行政行为的程序都有必要法定化，只有那些能够对行政行为产生控制功能的程序，才有必要成为法定程序；其二，行政程序的法定性意味着无论是行政主体还是行政相对人，在进行行政法律活动时都必须遵守预定的行政程序，如果有违反法定程序的行为，都将产生对行为人不利的法律后果，对于行政主体来说，遵守行政程序更具有法治意义；其三，行政相对人参与行政行为所应当遵守的法定程序，与其说是行政相对人的义务性程序，不如说是他的权利性程序，即行政相对人通过参与程序，来监督行政主体依法实施行政行为，以此保护自己合法权益。

2. 多样性。行政程序具有形式上的多样性，其含义是指行政性质上的差异性导致所遵守的行政程序在客观上呈现出多种行政程序并存、并由各自调整行政行为的格局。与行政程序相比，立法机关的立法程序、司法机关的审判程序在形式上显得相对整齐统一。而行政程序因行政管理领域的广泛众多、管理事项的纷繁复杂所决定，是很难实现形式归一的。对行政立法、行政执法、行政司法需分别设定不同的程序。在行政执法中，行政许可、行政奖励、行政处罚也注定要有相异的程序。当然，这也不排除在某些行政行为中建立某种共同的行政程序，如在行政许可、行政复议等行为中均设"申请与受理"程序。

对行政程序多样性的认识，有几点需要需注意的是：其一，行政程序的多样性增加了行政程序法典化的难度。各种各样的行政程序需要在一部法典中全部加以规定，不仅需要足够的行政法理论作为支撑，也需要相当高水平的立法技术。其二，行政程序的多样性虽然存在，但是不同性质的行政行为中客观上仍然可以找到一些基本相同的行政程序，这种归类性的研究，可以作为行政程序法典的理论依据。其三，行政程序的多样性特点，要求我们既要关注各种行政行为之间共同遵守的行政程序，也要关注每种行政行为特定的行政程序。

3. 分散性。行政程序的分散性，是指因通过多种法律形式来规定行政程序，从而使行政程序散见于众多的、具有不同效力的法律文件之中。根据这一特征，综合起来有以下几种形式的立法：其一，在统一的行政程序法典之外存在着单行的规定行政程序的法律文件。如，美国除了《美国联邦行政程序法》之外，还有《行政会议法》《阳光下的政府法》《信息自由法》《隐私法》等单行法律文件。其二，在某些行政实体法中规定了行政程序规范。如我国的《国家赔偿法》中规定了行政赔偿的处理程序。第三，在尚未制定统一的行政程序法典前，针对不同性质的行政行为制定各种单一的行政程序法律文件，如果我国的《行政处罚法》《行政强制法》《行政许可法》等，这三部法律规定了我国行政行为中最重要的处罚、强制和许可行政行为。当然行政程序的这个特征对我们把握整个行政程序体系增加了一定的难度。

二、行政程序的分类

根据不同的标准，可对行政程序进行不同的分类。不同的分类有助于我们从多个方面、多重视角全面观察和认识行政程序的性质、特征和作用。主要有以下几种常见的分类。

（一）内部程序和外部程序

根据行政程序所规范的行政行为所调整的行政主体与行政相对人的关系不同，将行政程序划分为外部程序和内部程序。这种划分的基础是基于行政主体与行政相对人的不同身份，区别不同主体的身份来确定"交叉使用无效"和"分别救济"的原则。一般来说，对外部行政程序更为关注，这是因为外部行政程序直接关系到行政相对方的权利和义务能否获得保护，是否会遭受侵害，关系到行政民主化和法治化的水平。

所谓内部行政程序，是指行政机关在内部管理中所采用的程序，凡是基于上下级行政机关的领导监督关系或对等行政机关的协调关系而实施有关行为所遵循的程序都属于内部行政程序，如行政机构的设置、工作人员的调配程序、行政机关内部的监督、上下级的信息沟通及反馈程序等。所谓外部行政程序是行政机关在对外管理中所适用的程序，即行政机关与行政相对方基于行政管理关系而实施有关行为所遵循的程序，如行政强制程序、行政处罚程序等。外部行政程序一般与行政相对方的权利与义务密切相关。内部行政程序与外部行政程序的区分不是绝对的，它们常常紧密联系，相互交织，有时还可以互相转换。

内部行政程序是为了保证行政效率而在行政机关内部管理中实行的一套行为程序规则。在我国传统计划经济体制和高度集中的行政管理体制下，内部行政程序比较简单、粗放、随意，程序责任机制不落实，程序规范化、制度化、公开化程度不高，表现出明显的集权、人治等弊端。但随着改革开放的推进，内部行政程序也开始发生变化，逐渐采用了对外公开、允许申辩、指导协商、下级监督和批评上级等新做法。换言之，内部行政程序现在也由粗放、专断、集权型逐渐向科学、指导、分权型转变，在行政管理实务中发挥更积极的作用，对此不能视而不见，对内部行政程序不宜简单否定。外部行政程序是行政机关面向行政相对人实施行政管理活动的行为方式、步骤、时间、顺序等规则。它对于行政相对人合法权利的影响更为直接、广泛、常见，人们平时谈及行政程序往往就是指外部行政程序。

（二）强制性程序和任意性程序

根据行政主体遵循的行政程序是否具有一定的自由选择权为标准，可分为强制性程序和任意性程序。区别强制性程序与任意性程序，具有两方面的意义：其一，对于涉及行政相对方重要权益的事项，应以强制性行政程序进行；其二，强制性行政程序主要涉及合法性问题，任意性程序主要涉及合理性问题。

其中，强制性程序是行政主体在实施行政行为时没有自主选择的余地，必须严格遵守，不得增加或者减少行政行为的步骤、方法、时限，也不能改变顺序等，无选择性是其最大的特征。如责令停产停业的行政处罚，行政主体必须告知当事人听证的权利之后才能做出，否则行政处罚的决定无效。任意性程序是行政主体在实施行政行为时法律规定了可供选择的余地，行政主体根据具体情况酌情决定使用何种程序，如行政会议日程安排和发言顺序等。一般来说，强制性程序具有强制性，如果违反意味着行政违法，将导致该行为的无效、不能成立及其他不利当事人的后果。对任意性程序的要求不如强制性程序严格。

（三）主要程序和次要程序

以行政程序对相对人合法权益产生的影响是否具有实质性，可以将行政程序分为主要程序和次要程序。这种划分的学理基础是，行政效率对行政权的必要性和程序权利与实体权利的关系，为司法审查提供一个更为合理的、可操作性的规则。在我国的行政执法和司法审查实务中，具有可操作性的标准是行政程序对行政相对人合法权益的影响是否具有实质性的主要依据，即我们说的"实质影响标准"。

主要程序是指行政机关若不遵守将可能对行政相对人的合法权益造成实质影响的行政程序，如行政处罚中的告知程序、听证程序等。主要程序如果存在欠缺，将直接影响到行政行为的合法性。因此，如果违反了主要程序，该行政行为将会予以撤销或被确认违法、无效。次要程序是指行政机关不遵守不会对行政相对人合法权益产生实质影响的行政程序。对于次要程序的欠缺，由有权机关指出不足或者责令其予以补正，而不必一定要撤销或者确认违法等。

（四）具体行政程序与抽象行政程序

根据行政行为的对象是否明确肯定，可将行政程序划分为具体程序和抽象程序。所谓明确肯定是指根据程序材料所显示的特征，能够确定行政相对方，与人数多少并没有直接联系。人数众多，但范围明确肯定的，仍是具体行政程序。与此相反，根据程序材料所显示的特征不能确定行政相对方范围的是抽象程序。这种分类也是行政程序法典的立法线索之一。美国的《联邦行政程序法》便重点规定了这两种程序，即行政规章制定程序和行政裁决程序。

具体行政程序是以规范具体行政行为而设置的程序。经过具体行为程序所作出的行政行为，可以直接作为行政强制执行的依据。具体行为程序违法，对行政相对人的合法权益产生的影响是直接的，因此也最为被人们关注。抽象行政程序是指以规范抽象行政行为而设置的程序。经过抽象行为程序所作出的一个行政行为，不能直接作为行政强制执行的依据。因此，如果抽象行为程序违法，不会直接对行政相对人的合法权益产生影响。但是事实上，抽象行政程序违法可能造成的影响和危害性远远超过具体行为的程序违法。

除此之外行政程序还可以作其他分类，例如：以不同的行政职能为标准，可以分为行政立法程序、行政执法程序和行政司法程序；以行政行为给行政相对人造成的影响为标准，可以分为有利行政程序和不利行政程序；以时间为标准，可以分为事前程序、事中程序和事后程序等。

三、行政程序的价值

程序的价值不言而喻，而行政程序的价值在行政法治的环境下，可以起到弥补实体法不足、限制行政权的作用，而且好的程序设计，还可以在约束权力的同时，保障行政相对人的利益，取得人民信任的同时，提高行政效率。因此行政程序作为现代法治的控权机制，有其独特的功能和价值。

（一）行政程序有助于人们法治观念的树立

行政程序所具有的理性、科学性、正义性有助于人们认同法治社会的理想，树立法治观念。行政行为是现代社会常见的、大量的并会对很多社会成员产生实际权利义务影响的行为。法定的、益于法律价值实现的行政程序，会给人们以法治文化、法治精神的熏陶，促进人们规则意识、权利意识的养成。这一点对于处于转型时期的我国来说，尤为具有现实意义。人们法治的观念可以在行政活动的参与中，在对行政行为的监督中真正体会出来。通过运用行政程序制度，允许行政相对人参与，行政过程就不是单方面的"命令—服从"的模式了，行政相对人的参与和理性对话，使人们觉得行政权不再是遥不可及的强势权力，而是体现着民主和参与的法治精神的。

（二）行政程序有利于保障相对人的合法权益

首先，保障相对人的合法权益是现代行政法的一个根本价值取向，是依法行政的最基本原则。一系列行政程序的设置就在于使行政主体作出行政行为时，相对人以适当的方式介入并完成行政行为，从而实现行政权的目的，保障相对人的权益。这也是法治国家所主张的主权在民的体现。任何实体权利如果没有相应的程序权利的享有，都将是空谈。其次，行政法律关系中，行政相对人的法律程序权益只能通过相应的行政程序才能实现。如果没有行政信息公开、听取相对人意见制度、说明理由等制度，公民的参政议政就没有实现的途径；没有了中立的程序，也就没有了民主权利的保障。再者，行政程序的存在，使相对方的监督更经常、有力，这种监督权利的充分享有也是保障相对人权益的重要方面。当行政实体法发展到一定程度的时候，行政程序的发展是其必然的结果和需求。行政程序的完善使得行政相对人通过监督督促行政机关依法行政，从而维护行政相对人的合法权益。

(三) 行政程序有利于提高行政效率

法律作出的程序安排是遵循着合理性原则与效益原则的。程序规则的确定往往是基于对以往行政规律的总结和对客观规律的正确认识。这也是法律的客观性、科学性的体现。程序化的行政行为最大限度地保障了行政相对人的参与权，防止行政机关对行政权力的滥用，从而可以积极发挥行政权的作用，提高行政效率。这些规则不仅使行政主体在实施行政行为时有一种内在的约束力，而且可以减少不必要的人力、物力、财力和时间耗费。同时使相对人了解行政行为，有正确的预期，自觉服从和配合行政管理，或以正确的途径解决相关问题，从而减少行政行为的阻力和障碍，提高行政效率。王名扬先生对此论述是极为精当的："在程序法上规定一些限制，当然是对行政机关的活动制造一些障碍。看起来是妨碍行政效率，实际上自然公正原则可以防止行政机关的专横行为，可以维持公民对行政机关的信任和良好关系，减少行政机关之间的摩擦，最大限度提高行政效率。"

(四) 行政程序是行政机关依法行政、实现行政法治的重要保障

现代国家实行法治的过程中，程序扮演着保障国家实现民主、自由、人权、正义价值功能的重要角色。程序已经被视为实现"有节度的自由，有组织的民主、有保障的人权、有制约的权威、有进取的保守"这一社会状态"制度化的最重要的基石"。以程序限制行政行为是现代法治国家的应有之义。2004年国务院发布《全面推进依法行政实施纲要》，指出"依法行政作为依法治国的重要组成部分被充分关注，将程序正当作为依法行政的基本要求明确规定"。依法行政是指行政权力的取得和行使都必须依据法律的规定行使，既不得越权和滥用职权、也不得失职，一切行政行为都要接受监督，违法行政行为要承担相应的法律责任。"依法行政"之中的"法"，固然包括实体法，但行政程序法更是其应有之义。"如果把行政法治看作行政方面的法治状态的话，那么行政程序法治就是实行行政法治的重要手段、方法或者步骤"。程序的公正是实体公正的前提，行政程序法带有行政基本法的性质，是行政法律体系中不可缺少的一部分。行政程序法制化是依法行政的关键和重要内容。没有行政程序法治，也就不可能实现行政法治，更谈不上社会主义法治国家的建设。正如威廉·道格拉斯所表述的："权利法案的大多数规定都是程序性条款，这一事实绝不是无意义的。正是程序决定了法治与恣意的人治之间的基本区别。"基于行政程序法所具有的功能和社会作用，行政程序法的发

展成为衡量法治发展水平的重要尺度，也成为我国法治建设任务中的重要一项。

第二节 行政程序的基本原则和主要制度

一、行政程序的基本原则

行政程序的基本原则是为了实现正当的行政程序的各种价值而从法律上对行政行为的方式、步骤、时限和顺序等提出的基本要求，它贯穿于法定行政程序和非法定行政程序之中。考虑到出发点不同，加上行政程序法和行政实体法的特殊关系，一般对于行政程序的基本原则有不同的观点。有的认为行政程序基本原则有：公正原则、公开原则、听证原则、顺序原则，效率原则；有的认为行政程序的基本原则应是行政公正、行政公开、行政参与三原则；有的认为行政程序的基本原则包括：程序合法原则、公开原则、参与原则、公正原则、正当原则、效率原则、比例原则（合理或适当原则）、诚信原则。还有很多学者对此有不尽相同的概括。

一般而言，行政程序至少包括以下几个原则。

（一）程序公开原则

程序公开原则是指用以规范行政权的行政程序，除涉及国家机密、商业秘密或者个人隐私外，应当一律向行政相对人和社会公开。行政相对人因此可以通过参与行政程序维护自己的合法权益；社会民众因此可以通过公开的行政程序，监督行政主体依法行使行政权力。

公开是现代民主政治的要求，民主与公开有着天然的联系，公开是民主的前提，民主的程度与公开的程度也成正比。传统的民主制度中并不欠缺参与机制，但这种参与机制只限于通过选举议会组成人员和选举国家元首来实现其民主参与的目的，从而完成民主的社会实践。这种民主实践在议会主权强盛的年代里被认为是一种最好的民主政治。但是，20世纪以后，一些国家普遍出现了议会大权旁落和行政权扩张的社会变迁结果；国家权力重心也由议会转到了政府。在民主国家中，人们普遍认为原有的民主政治还可以控制议会，但已无法通过议会有效地控制政府，有时议会反而被政府所控制。人们普遍感到了传统的民主政治已产生了危机。于是，通过扩大民主政治中的参与机制作为摆脱民主制度困境的方略，已为许多国家所采纳。

20世纪发展起来的民主政治理论的主要内容是，在民主的社会中，公民应通过选举来组织议会，监督议会的活动，使其活动能够充分体现全体选民的共同意志。由于议会无法对政府实施有效的控制，至少是控制的有效度已有所减弱，因此，作为国家权力主体的公民应当有权越过议会直接参与到政府行使行政权的过程中，以防止行政权的滥用。同时，当今世界，民主宪政思想日益深入人心，公民作为国家权力的主体，无论在形式上还是实质上都要求更多地参与国家的各项管理活动，直接表达自己的意愿。原有的参政方式，如选举、罢免、创制和复决等，已无法满足日益增强的国家权力主体意识的需要，对涉及其本人利益的行政行为，尤其表现出强烈的参与欲望。正如英国上议院休厄大法官在 1924 年的国王诉苏塞克斯法官案所作的评论那样："公平的实现本身是不够的。公平必须公开地、在毫无疑问地被人们能够看见的情况下实现。这一点至关重要。"① 因此，在行政程序法中确立程序公开原则，是现代民主政治发展的基本要求。这一原则的法治意义是将行政权运作的基本过程公开于社会，接受社会的监督，防止行政权被滥用。

公开原则应当包括如下主要内容：

1. 行使行政权的依据必须公开。如果行使行政权的依据是抽象的，必须事先以法定形式向社会公布。如，美国 1946 年联邦《行政程序法》第 552 条规定："不得以任何方式强迫任何人服从应当公布但没有公布于《联邦登记》上的任何文件，也不应使其受到此种文件的不利影响……"如行使行政权的依据是具体的，必须在作出决定以前将该依据以法定形式告知相关的行政相对人。

2. 行政信息公开。行政相对人了解、掌握行政信息，是其参与行政程序，维护自身合法权益的重要前提。因此，行政主体根据行政相对人的申请，应当及时、迅速地提供其所需要的行政信息，除非法律有不得公开的禁止性规定。如，西班牙 1958 年《行政程序法》第 62 条规定："行政案件中利害关系人有权在任何时候通过有关办公室得到适当的信息，了解审理情况。"目前，我国行政信息公开制度还很不完善，将来的行政程序立法应当关注这一问题。

3. 设立听证制度。听证是行政主体在作出影响行政相对人合法权益的决定前，由行政相对人表达意见、提供证据的程序以及行政主体听取意见、接受证据的程序所构成的一种法律制度。它是行政程序法的核心。现行许多国家的行政程序法尽管内容上存在着差异性，但都确立了行政听证制度。我国

---

① ［英］彼得·斯坦等著：《西方社会的法律价值》，中国人民大学出版社 1990 年版，第 97 页。

《行政处罚法》已经确立了行政听证制度。因此，行政处罚听证的实践可以为我们在行政程序法中规定听证制度提供可行性经验。

4. 行政决定公开。行政主体对行政相对人的合法权益作出有影响的决定时，必须向行政相对人公开，从而使行政相对人不服决定时及时行使行政救济权。应当向行政相对人公开的行政决定不公开，该行政决定不能产生法律效力，不具有行政执行力。

总之，行政公开原则就是希望通过将政府活动公开化来实现公民的了解权、知情权和监督权，从而调动了公民的积极性。所以为了贯彻公开原则，需要建立一系列的制度来加以配合，使得政府真正成为对人民负责的政府。

（二）程序公正原则

程序公正原则是指行政主体行使行政权应当公正，尤其是公正地行使行政自由裁量权。行政主体公正地行使行政权力，对于行政主体来说，是树立行政权威的源泉；对于行政相对人和社会来说，是信任行政权的基础，也是行政权具有执行力量的保证。因此行政程序公正原则既要求行政主体排除可能造成偏见的因素，公平地对待行政相对人；同时也要求行政主体违反了法定程序要承担相应的法律责任。

由于现代社会繁杂多变的行政事务，要求行政程序法对每一个行政行为的每一个程序作出详细的规定已不可能，为此，行政程序法对行政行为的某些程序只能作原则性的规定，为行政主体行使行政权保留一定的范围和幅度，让行政主体根据实际情况决定行政自由裁量权的行使。由于行政自由裁量权本质上是一种"自由"的权力，权力本身的扩张性和操纵权力的人自身不可克服的弱点容易导致行政自由裁量权被不正当地滥用。此时，行政合法性原则在防止行政自由裁量权滥用上已经无能为力，且行政实体法也不能发挥多大的作用。因此，必须借助于行政程序法的功能，并以程序公正原则作为行政合法性原则的补充，确保行政主体正当地行使行政自由裁量权。

程序公正原则应当包括如下内容：

1. 行政程序立法应当赋予行政相对人应有的行政程序权利。由于行政相对人在行政实体法律关系中处于劣势的法律地位，要确保行政相对人能够依法维护自身的合法权益，监督行政主体依法行使行政权，在行政程序法律关系中必须为行政相对人确立相应的程序权利，同时为行政主体设置相应的行政程序义务，以确保程序公正原则在行政程序立法时得以体现。

2. 行政主体所选择的行政程序必须符合客观情况，具有可行性。当法律规定行政主体具有行政程序自由裁量权时，行政主体必须充分考虑所选择的行政程序是否具有可行性。缺乏可行性的行政程序，既不能确保行政主体公正地行使行政权力，也不能使行政相对人维护自身的合法权益。

3. 行政主体所选择的行政程序必须符合规律或者常规，具有科学性。客观规律和常规体现了人们对客观事物的认同性。在行政程序的选择上，如果行政主体违背这种认同性，不仅难以达到行使行政权力的目的，而且可能会引发社会的不满情绪，增加行政主体管理社会事务的难度。所以，行政主体必须受程序公正原则约束，所作出的行政行为才会为社会接受，从而获得社会力量的支持，达到行使行政权的目的。

4. 行政主体所选择的行政程序必须符合社会公共道德，具有合理性。社会公共道德不具有与法律一样的强制性，但它是一个社会正常发展的基本条件。人们的许多行为在接受法律规范的同时，也受着社会公共道德的约束。因此，行政主体的行政行为必须充分体现社会公共道德所包含的公平内容，尽可能体现社会绝大部分人的利益和要求。

5. 行政主体所选择的行政程序必须符合社会一般公正心态，具有正当性。自古以来，公正始终是法律内涵的基本价值之一。英国普通法中"自然公正原则"的法律精神现已为民主宪法体制下的法律所接受，在程序法律中影响尤其明显。它要求行政主体必须在公正心态支配下行使行政权。不考虑相关的因素或者考虑了不相关的因素，都是缺乏行政公正性的表现。

（三）行政参与原则

参与原则是指行政主体在作出行政行为过程中，除法律有特别规定外应当尽可能为行政相对人提供参与行政行为的各种条件和机会，从而确保行政相对人实现行政程序权益，同时也可以使行政行为更加符合社会公共利益。这一原则的法律价值是使行政相对一方在行政程序中成为具有独立人格的主体，而不致成为为行政权随意支配的、附属性的客体。这种参与应当是有明确目的的自愿的参与，通过参与不仅可以使行政主体及时了解各方面的意见，而且可以增加相互了解，促进行政主体与行政相对人的合作，提高行政效率和公正性。

参与原则的内容集中体现在行政相对人的行政程序上的权利，这些权利主要有获得通知权、陈述权、抗辩权和申请权。

1. 获得通知权。获得通知权是指行政相对人在符合参与行政程序的法定条件下，有要求行政主体通知其何时、以何种方式参与行政程序的权利。获得通知是行政相对人的一项程序权利，相应地通知便是行政主体应当履行的义务。获得通知权是行政相对人重要的程序权利之一，我国《行政处罚法》

第42条第1款第（2）项规定："行政机关应当在听证的7日内，通知当事人举行听证的时间、地点。"基于行政实践的复杂性，行政主体通知的时间应根据不同的情况分别作出不同的规定，以适应行政实践的需要。但是，我国《行政处罚法》对行政处罚听证程序中的通知采用何种形式没有作出特别规定，而对行政处罚决定的通知方式则规定了依照民事诉讼法的有关规定。[①] 从行政处罚实务中反映出的情况看，法律对行政处罚听证程序中的通知没有规定具体形式，导致实践中行政主体履行通知义务的随意性，而行政处罚决定的通知方式采用民事诉讼法规定的司法文书的送达方式，又因程序过于严格而影响行政效力，因此，今后我国的行政程序法对此问题应当作出统一规定。

2. 陈述权。陈述权是行政相对人就行政案件所涉及的事实向行政主体作陈述的权利。行政相对人是行政案件的当事人，亲身经历了行政案件的事实发生、发展。因此，确认行政相对人的陈述权有利于行政主体全面了解行政案件的事实真相，正确地处理行政案件。同时，确认行政相对人陈述权，也是行政相对人为维护自身合法权益而向行政主体说明行政案件事实真相的需要，虽然行政相对人在陈述行政案件事实时可能会缩小、隐瞒对其不利的事实，夸大、编造对其有利的事实，但行政主体只要把握行政相对人陈述的这个特点，是可以去伪存真的。

行政相对人行使陈述权是行政案件证据来源途径之一。从证据形成的时间上看，它不同于物证、书证和视听资料。行政相对人陈述的内容构成了当事人陈述的证据形式，与物证、书证和视听资料相比，它是在行政案件发生之后在行政主体调查过程中形成的，且行政相对人本身就是案件处理结果的利害关系人，而物证、书证和视听资料在行政案件发生过程中就已客观存在，因此，行政相对人陈述内容所形成的证据，即当事人陈述，其证明效力不如物证、书证和视听资料。因此，行政主体应当区别当事人陈述与物证、书证和视听资料的证明效力。

行政相对人行使陈述权在时间上应当限于行政程序中，在行政程序未开始或者行政程序已经结束后，行政相对人就丧失了行使陈述权的机会。如果行政相对人在行政程序中因客观事由不能行使陈述权的，应当由其代理人代为行使。如果行政相对人没有代理人，且查明行政案件确实需要听取行政相对人陈述的，行政主体应当中止行政程序，待阻碍行政相对人不能行使陈述权的客观事由消失后，再恢复行政程序，听取行政相对人的陈述。

---

① 《中华人民共和国行政处罚法》第40、42条之规定。

3. 抗辩权。抗辩权是行政相对人针对行政主体提出的不利指控,依据其掌握的事实和法律向行政主体提出反驳,旨在法律上消灭或者减轻行政主体对其提出的不利指控的权利。确认行政相对人的抗辩权的法理基础是,当行政主体运用行政权限制、剥夺行政相对人的自由权、财产权等法律权利时,应当给予行政相对人抗辩的权利。这是行政程序正当性的要素之一。如果没有给予抗辩的权利就限制、剥夺了行政相对人自由权、财产权等法律权利,那么这样的行政决定肯定是无效的。

抗辩权是以获得通知权利为前提的。获得通知权利的实现可以使行政相对人了解行政主体对其作出不利决定的依据,从而使行政相对人可以找到反驳的目标。如果行政主体不将作出不利决定的依据通知给行政相对人,行政相对人的抗辩权就会因此而丧失抗辩对象。抗辩权从本质上说它是一种防卫权。这种防卫权从宪政的角度可以视为它是一种基本权利。抗辩权作为一种防卫权是针对防御国家行政权的侵犯,也是对国家行政权形成的一种拘束力量。国家行政权存在是否具有正当性,不能由其自身内容来决定。国家行政权是否具有正当性很大程度上取决于国家是否承认行政相对人对行政权具有抗辩权。因为,只有确认了行政相对人拥有抗辩权,行政相对人在行政程序上才具有独立的人格,才具有自主性。

与此相反的专制体制因政治正当性缺失,公民也就成为行政权可以任意支配的客体,其本身没有什么自主性可言,作为防卫权的抗辩权也就丧失了存在的基础。我国虽然实施宪法将近有50年了,但是,或许是由于我国的专制传统源远流长,或者是我们没有长期认真地落实过宪政、人权、法治思想,虽然现行的行政处罚法确认了行政相对人的抗辩权,但在实务中行政相对人的抗辩权经常在行政主体的执法人员的"坦白从宽、抗拒从严"的训斥中被剥夺得干干净净。这是需要我们关注的一个重要问题。

4. 申请权。申请权是行政相对人请求行政主体启动行政程序的权利。申请权是一项程序权利,行政相对人行使申请权的目的是希望通过行政程序来维护其自身的合法权益。申请权是行政相对人获得行政程序主体资格的重要条件。行政程序之所以在现代法治社会被如此推重,是因为行政程序将行政相对人从行政权可任意支配的客体变为可以约束行政主体的外在力量。行政相对人拥有了申请权,意味着行政相对人可以要求行政主体行使以及如何行使行政权的权利,从而减少行政主体恣意行使行政权。

申请权在行政程序中可以表现为如下几个方面的权利:

(1) 听证请求权。听证是行政相对人通过表达自己意愿,以维护自身合法权益的一种权利。因此，当行政主体向其告知了将要作出的决定所依据的事实和法律规定时，他可以决定是否要求行政主体在听取其意见之后再作出决定。如，我国《行政处罚法》第42条规定："行政机关作出责令停产停业、吊销许可证或者执照、较大数额罚款等行政处罚决定之前，应当告知当事人有要求举行听证的权利；当事人要求听证的，行政机关应当组织听证。"将听证请求权赋予行政相对人，并由其自主决定是否行使，有利于行政相对人自愿接受不利的行政决定。

（2）回避请求权。回避裁决与自己有关的争议是程序公正的基本要求。在行政程序中，行政相对人如认为主持程序并裁决自己与行政主体争议的行政官员具有法定回避情形时，有权请求该行政官员回避。这项申请权的法律意义在于，通过行政相对人的判定将可能不公正主持程序和裁决的行政官员排除在行政程序之外，从而消除行政相对人对程序结果不公正的怀疑。对于行政相对人的回避请求权，行政主体如果予以驳回，应当说明理由。

（3）卷宗阅览请求权。卷宗阅览请求权是行政相对人要求行政主体将卷宗交给其查阅的权利。由于卷宗材料可以成为行政决定的依据，行政相对人事先应当有了解、辩明的权利，从而利用卷宗材料主张权利、抗辩不利指控。我国《行政复议法》第23条第2款规定："申请人、第三人可以查阅被申请人提出的书面答复、作出具体行政行为的证据、依据和其他有关材料，除涉及国家秘密、商业秘密或者个人隐私外，行政复议机关不得拒绝。"实务中的问题是行政主体无限地扩大解释国家秘密、商业秘密或者个人隐私的范围，从而变相地剥夺行政相对人的卷宗阅览权。相应的对策是进一步通过法律明确国家秘密、商业秘密或者个人隐私的内涵，并确立卷宗材料原则上行政相对人都是可以查阅的，不能查阅的例外应当以法律明示。

（4）复议请求权，又称诉愿请求权。复议请求权是行政相对人不服行政主体作出的行政行为，请求复议机关审查的权利。复议程序是行政系统内部的一种层级监督制度，也是行政系统自我纠错的机制。为了保证下一级行政主体行使行政职权的主动性、积极性，复议机关不能主动介入下一级行政主体的执法活动。因此，是否启动行政复议程序应交给行政相对人来决定。因为，只有行政相对人才最了解自己的合法权益是否被侵害、是否需要通过复议程序来救济。

（四）效率原则

效率原则是指行政程序中的各种行为方式、步骤、时限、顺序的设置都必须有助于确保基本的行政效率，并在不损害行政相对人合法权益的前提下适当提高行政效率。也就是说尽量用最短的时间、最少的人力财力和物力取得尽可能多的效益。行政效率是行政权的生命,没有基本的行政效率,就不可能实现行政权维护社会所需要的基本秩序的功能。但是,过分地强调行政效率,又会损及行政相对人的合法权益。因此,行政程序法的效率原则必须体现如下内涵:其一,提高行政效率不得损害行政相对人的合法权益。其二,提高行政效率不得违反公平原则。效率原则主要通过以下行政程序制度来体现。

1. 时效。时效是指行政程序法律关系的主体,在法定期限内不作为,待法定期限届满后即产生相应不利的法律后果。行政主体在法定期限内如不行使职权,在法定期限届满后不得再行使,同时应承担相应的行政责任。行政相对人在法定期限内如不行使权利,即丧失了相应的权利,并承担相应的法律后果。如,1958年《西班牙行政程序法》第125条规定:"提交上诉书后逾期三个月没有得到裁决通知,则视为上诉已被驳回,即可进行下一程序。"时效的法律意义在于,稳定行政法律关系,及时排除行政程序中的不利因素,提高行政效率。

2. 代理。代理是指行政程序法律关系主体不履行或无法履行法定义务时,依法由他人代为履行的制度。代理发生的前提是这种法定义务具有可替代性,否则,代理不得适用。如,1955年意大利《行政程序法草案》第10条第2款规定:"下级机关无正当理由不依上级机关之要求而怠于事件之处理时,上级机关得随时代为事件之处理。"目前,我国行政程序中还没有建立规范化的代理制度,这成为影响我国行政效率的一个重要因素。代理制度的法律意义是,督促行政主体及时履行职责,减少行政怠职,促使行政相对人自觉履行义务,提高行政效率。

3. 不停止执行。不停止执行是指行政相对人因不服行政行为而提起复议或诉讼后,除非有法律的特别的规定,行政行为必须执行。不停止行政行为执行的意义是,在确保行政行为被撤销后,行政相对人可以恢复其权利的前提下,使行政行为获得迅速执行,从而提高行政效率。

二、行政程序的基本制度

贯穿于行政程序之中的制度有很多,有学者曾经列举出了27种之多,有些制度是具体的制度,有些制度是大部分行政行为共同遵守的制度。我们从行政程序的主要价值和基本原则考虑,行政程序的基本制度主要有以下几个。

(一) 行政回避制度

行政回避是指行政机关工作人员在行使职权过程中，因其与所处理的事务有利害关系，为保证实体处理结果和程序进展的公正性，根据当事人的申请或行政机关工作人员的请求，有权机关依法终止其职务的行使并由他人代理的一种法律制度。从世界各国的行政程序法的规定来看，工作人员如果具有法定情形可能会影响案件公正办理的，工作人员应自行申请回避或是当事人申请其回避。

1. 回避缘由。回避缘由是指行政机关工作人员与行政相对人之间因何种理由，导致行政相对人认为其不能公正处理行政事务的心理倾向。从许多国家行政程序法的规定看，回避缘由内容在表述上不尽一致，如"个人偏见""招致不公正事由""偏袒嫌疑""利害关系"等。可见，回避缘由既有行政相对人的主观判断，如"偏见"，也有无法改变的客观存在，如"利害关系"。现分述如下：

（1）偏见。偏见，即偏于一方面的见解。在法律上，这种个人的"偏于一方面的见解"形成于行政机关工作人员在未了解全部案情之前，或者其因民族、种族、性别等非人为因素而对某些事情形成的看法。对于有偏见的行政机关工作人员来说，全面、客观地了解案件真实情况对于他来说已并不重要，他对案件的处理在内心早已有了结论，法律程序作为形成行政决定的过程变成了"过场"。

（2）利害关系。利害关系指案件处理的结果会影响到负责处理案件的行政机关工作人员的金钱、名誉、友情、亲情等增加或减损的情形。人在作为一个社会人时，他始终处于各种利害关系中，离开了这种利害关系，他是无法生存的。因此，人所处的社会关系本质上就是利害关系。行政机关工作人员虽然是经过比较严格的法律程序选拔出来的，但这种选拔程序并没有隔绝其与社会其他成员的关系。基于人天生所具有的趋利避害的本性，行政机关工作人员在行使职权时有时可能会屈从与其有利害关系成员的无理要求，如自己儿子的老师说情，亲朋好友的劝告等，都可能会导致行政机关工作人员失去公正而徇私枉法。因此，利害关系构成了法律上回避的另一个缘由。

2. 回避范围。回避范围是指与那些与行政机关工作人员有利害关系的人为案件当事人时，行政机关工作人员应当回避。一般认为回避范围包括：

（1）当事人中有其亲属的。这里的亲属究竟包括哪些人，不同国家的法律规定并不一致。瑞士《行政程序法》规定"为当事人之直系血亲或三亲等内之旁系血亲或与当事人有婚姻、婚约或收养关系者。"[1] 葡萄牙《行政程序法》规定了"其配偶、任一直系血亲或姻亲、二等亲内之旁系血亲或姻亲"为亲属。这些不同的规定至少说明了在这个问题上，不必强求统一的规定。国情不同，会导致即使是同等亲属，他们之间关系的密切度也是不同的。

（2）与当事人的代理人有亲属关系的。当事人参与行政程序，有时聘用代理人为其提供法律帮助，以便更好地维护自己的合法权益。如处理本案的行政机关工作人员与该代理人有亲属关系，实际无异于与当事人有亲属关系，在此种情况下行政机关工作人员不回避，可能会导致案件处理不公。

（3）在与本案有关的程序中担任过证人、鉴定人的。行政案件在调查程序中，行政机关工作人员作为证人向调查人员提供了证言，或者以专家的身份就案件的专门问题做出鉴定结论，他们提供的证据成为行政机关处理本案的证据之一。当案件进入听证程序时，他们若要成为该案件的听证主持人，则应当回避担任本案的听证主持人，否则"先入为主"足以使当事人的听证权流于形式，也会使当事人感到他们作为听证主持人不可能公正行事。

（4）与当事人之间有监护关系的。监护是指对未成年人和精神病患者的人身、财产以及其他一切合法权益的监督和保护。这种职责的承担者在法律上称为监护人。监护人可以是近亲属，但在没有亲属的情况下，法院可以为其指定监护人。如行政机关工作人员为法院指定为监护人，而被监护人又为本案的当事人时，该行政机关工作人员在法律上就是本案当事人的法定代理人，具有与当事人同等的法律地位。

（5）当事人为社团法人，行政机关工作人员作为其成员之一的。现代社会公民有结社的自由。行政机关工作人员具有的公民身份不影响其参加社团组织，如集邮协会、书法协会等，当这些社团组织成为案件一方当事人时，作为成员的行政机关工作人员因与该社团之间的关系，失去了处理本案的资格。

（6）与当事人有公开敌意或者亲密友谊的。公开敌意是指行政机关工作人员曾公开向本案的当事人或者在当事人不在场的其他公开场合表示过对其的憎恨，或者极不友好的言语。同样，与当事人之间的亲密友谊也可能会影响案件的公正处理。这种亲密友谊可能是恋人关系，或者是救命恩人，也可能是生死之交等。这种关系的存在足以影响到行政机关工作人在处理案件时内生偏心，不能公正行事。

---

[1] 瑞士《行政程序法》第10条之规定。

(7) 其他有充分证据可以证明行政机关工作人员不能公正处理案件的。这是一个兜底说明。除上述情形外，如一方当事人有充分证据证明行政机关工作人员可能有偏私的情况，行政机关工作人员即丧失处理案件的资格。

3. 回避程序。

(1) 自行回避。自行回避是行政机关工作人员认为自己与本案有法律规定的回避情形时，向本机关的负责人主动提出要求回避处理本案的请求，本机关负责人对行政机关工作人员的申请依法进行审查并做出是否准许的决定。自行回避程序大致有以下内容：

第一，请求。行政机关工作人员可以在对案件做出决定之前的任何时候，如认为自己与案件有法律规定的回避情形时，可以提出回避请求。如，德国联邦《行政程序法》规定："有适当理由认为自己执行公务足以产生偏袒嫌疑或某一参与人认为存在此理由时，代表行政机关参与程序的有关人员应通知行政机关首长或其指定的委托人，并根据其指令放弃参与程序行为。涉嫌行政机关首长时，由监督机关做出指令，但行政机关首长放弃参与程序行为时除外。"[①] 行政机关工作人员提出回避请求，应当以书面形式，并说明回避的理由。

第二，审查。行政机关负责人在收到行政机关工作人员回避请求时，应当尽快给予审查。回避审查以书面形式为主，必要时也可以当面听取行政机关工作人员的陈述。如行政机关负责人提出回避请求的，任命机关或者监督机关可以作为审查机关行使审查权。为了确保行政效率，审查期限一般以3天为限。由于自行回避系行政机关的内部行为，因此不需要听取双方当事人的意见。但是，行政机关负责人如认为有了解回避情形必要的，也可以听取当事人的陈述。

第三，决定。回避请求经审查后，行政机关负责人如认为回避情形成立的，应当立即终止该行政机关工作人员处理本案的职权，并任命另一行政机关工作人员接替此案的处理。应回避的行政机关工作人员在接到此决定后，应当尽快将案件材料移交给接替其职权的行政机关工作人员。如果行政机关负责人认为回避情形不存在的，则应命令该行政机关工作人员继续处理本案，直至行政程序结束。对于此决定，当事人不得提出异议。如果有权限的行政机关一时不能确定接替的行政机关工作人员，应决定中止本案的行政程序。

(2) 申请回避。申请回避是当事人认为处理案件的行政机关工作人员有

---

① 德国联邦《行政程序法》第21条之规定。

法律规定的回避情形时，在行政程序结束之前依法向有权限的行政机关提出要求该行政机关工作人员回避处理本案的请求，有权限的行政机关依法对此申请进行审查后做出是否准许的决定。申请回避程序大致有以下内容：

第一，申请。当事人在行政程序进行过程中，如发现负责案件处理的行政机关工作人员有法定回避的情形时，应当在程序终结之前向有处理权限的行政机关提出申请，要求该行政机关工作人员回避处理案件。回避申请应当以书面形式提出，并附有证明回避情形存在的证据材料，送至有处理权限的行政机关。如果当事人提出书面申请有困难的，也可以口头形式提出，接待当事人的行政机关工作人员应当制成笔录，与当事人书面申请具有同等的法律效力。当事人在有处理权限的行政机关做出决定之前，可以撤回申请，但这并不影响他在行政程序结束之前再次提出回避申请。

第二，审查。有权限的行政机关在接到当事人的回避申请后，应当尽快给予审查。审查应当以书面形式为主，必要时应当听取当事人和被申请回避的行政机关工作人员的陈述。审查期限一般也以3天为限，如遇有特殊情况不能完成审查的，可以决定做出适当延长的决定。但延长期限不超过3天。

第三，决定。经审查后，有权限的行政机关认为回避申请理由不成立的，应当决定驳回申请。对于驳回申请的决定，当事人有权申请复核一次。有权限的行政机关认为回避申请理由成立的，应当决定被申请回避的行政机关工作人员停止案件的处理，并及时移交至接替其职权的行政机关工作人员。如果有权限的行政机关一时不能确定接替的行政机关工作人员，应决定中止本案的行政程序。

（二）行政听证制度

听证（Hearing）的含义就是听取当事人的意见，特别是对其作出不利的决定之前。行政听证是行政机关在作出影响行政相对人合法权益的决定之前，由行政机关告知决定理由和听证权利，行政相对人陈述意见、提供证据以及行政机关听取意见、接纳证据并作出相应决定等程序所构成的一种法律制度。

20世纪之后行政权的扩大成了行政领域中最引人注目的现象。在这个时期的行政机关都被授予了广泛的、实质性的和裁量性的权力，并设立了更多的兼立法权、司法权的各种管理委员会。国家的政治中心从议会转移到了政府，政府拥有很大的权限。由此产生的结果是，个人的利益一方面更多地需要政府加以保护，另一方面政府侵害个人权利的机会也大大增加。对此，在以个人主义为基础的西方国家通过借鉴司法权的运作模式，将听证引入行政权领域，从而确立了行政听证制度。

1. 听证制度的范围。从许多国家行政程序法的规定和实践看，行政听证的范围主要包括以下内容：

（1）行政立法。行政立法虽然没有具体的行政相对人，但它涉及"人"的利益重新分配，因此，有必要事先听取利害关系人的意见。这种必要性在法理上可以获得支持，但是将行政立法行为纳入正当法律程序所要求的行政听证范围的国家并不多。如美国虽然非常重视行政程序在规范行政权功能方面的功能，但是，行政机关立法所依据的事实如何确定则不属于行政听证的范围。这就是说，在没有法律明确规定的情况下，行政机关可以不受宪法上的正当法律程序条款的约束，即先举行听证后再制定规章，否则，行政机关在制定规章时必须遵守联邦《行政程序法》规定的听证。其他国家虽然也有将行政立法行为纳入行政听证的范围，如韩国、荷兰等，但也设置了多种限制。

（2）行政决定。行政决定是行政机关对行政事务所作出的一种具体处置行为（虽然行政机关的不作为也是一种行为，但是不作为不涉及是否需要听证的问题。行政相对人对于行政不作为不服可以直接申请法律救济）。然而，并不是所有的行政决定都能纳入听证范围，只有对行政相对人产生不利影响的行政决定，才有给予其听证权必要，这也是符合正当法律程序的基本要求。

2. 行政听证的形式。行政听证的形式可以分为正式听证与非正式听证。这一行政听证形式分类可以使行政听证适应行政实践的多种需要。从立法实践看，正式听证形式一般都有法律的严格规定，而非正式听证法律一般仅作原则规定，非正式听证程序由行政机关根据法律的原则规定自由裁量。

（1）正式听证。正式听证是借助于司法审判程序而发展起来的一种听证形式，其内部结构为三角形程序模式。在这种程序模式中，听证主持人居中，行政机关调查人员和行政相对人各执一方，指控与抗辩互相交涉。这种程序模式讲究方式，按部就班，它会消耗大量的人力、物力和财力，且也不适应行政效力的需求。因此，虽然正式听证更有利于保护行政相对人的合法权益，但正式听证在立法中只是作为一种例外，适用于法律明确规定的范围。我国行政处罚法规定的听证应该说是一种正式的听证。

（2）非正式听证。非正式听证是指不采用司法型审判程序听取意见，且不依笔录作为裁决唯一依据的一种程序模式。在非正式听证中，行政机关对如何进行听证具有较大的自由裁量权，它可以根据案件审理的需要决定程序的进展，或者中止、终结程序。它不太强调听证的形式，只要使当事人得到一个表达意见的机会，也就满足了给予当事人听证的要求。因此，行政程序法一般对非正式听证仅作些原则规定。

3. 行政听证的程序。行政听证的程序，简言之，它是由听证的方式、步骤、时限等构成的一个连续过程。行政听证程序是行政程序的核心，因此，行政听证程序是否合理、正当决定了行政程序法的质量。行政听证的主要程序包括以下步骤：

（1）通知。通知的基本内涵是指行政机关在举行听证之前，将有关听证的事项依法定程序通知到有关当事人的一种行政行为。这里的通知应当是一种要式行为，除非法律另有规定。通知的目的在于让行政相对人了解与听证有关的事项，为其及时、有效地行使听证权提供保障。对于当事人来说，首先听证通知意味着听证程序已经启动。如果是行政机关发动的听证程序，那么，接到通知的当事人就有义务提出答辩书，否则，将视为承认通知中所记载的他方主张；如果是私人发动的听证程序，那么接到通知的当事人有权对通知内容——法律问题或者事实问题——提出异议。其次，听证通知是当事人参加听证的权利的法律依据；没有听证通知书，就意味着其没有听证的权利，因此，听证通知也是行政机关对当事人参与听证权利的确认。最后，听证通知是当事人有充分时间进行听证准备的时间保证。因为，一张合法的听证通知在到达当事人之后，应当给予当事人有充分的听证前的准备时间，否则，听证通知就没有任何法律意义，这张听证通知因此也可能为法院宣告无效。

（2）质辩。质辩是在听证主持人的主持下，由行政机关的调查人员与当事人就行政案件的事实和法律问题展开质证和辩论的过程。质辩是听证的核心。就功能而言，质辩乃是行政案件调查的一种延续，把调查的事实和法律的适用问题交给当事人质疑，从而提高行政机关认定案件事实真实性和适用法律准确性的程度。

听证当事人在质辩中有权陈述对自己有利的事实，并提交相关的证据，发表自己对法律适用问题的看法，对行政机关提出的不利指控进行抗辩。为了更好地行使陈述和抗辩的权利，当事人可以获得律师的帮助，并在律师的帮助下出席听证。因为，在个人受到行政机关指控时，个人永远处于弱势地位。为确保程序的公正性，给弱势方予法律帮助是对这一倾斜法律关系的平衡。

听证无论是行政机关依职权开始还是依申请进行，行政机关手中都已经有了一个拟定的行政决定。听证的主要目的是将该拟定的行政决定交给当事人并听取他的意见。因此，行政机关首先应当向当事人举出该拟定的行政决定所依据的事实和法律规定,否则,听证就不可能进行下去。当事人为了提高自己陈述、抗辩意见的说服力,也应当提出相关的证据。但是,在听证中,由于行政机关和当事人的法律地位不对等,这就决定了双方不可能承担相同的举证责任。不少国家行政程序法中规定行政主体必须对自己的行政行为说明理由,表明在行政程序中行政主体应负有主要的举证责任,当然,相对人在必要时,对自己的主张也应当提出证据加以证明。

(3)决定。经过质辩后,听证主持人应作出一个行政决定,对于听证所涉及的事实和法律问题表明一个认识。这里涉及两个问题:①笔录。笔录是对质辩过程的一种书面记录。在质辩结束之后交当事人阅读、补正后签名,便成为具有法律意义的文书。由此可见,听证笔录就内容而言,大致与法院的庭审笔录相当,但就效力而言,不同的国家有不同的规定。②决定。听证主持人作出的决定是否具有法律效力,许多国家的规定也不一致。在美国,行政法官可以作出两种决定:初步决定和建议性决定。对于行政法官作出的初步决定,如果当事人不提出上诉,行政机关也没有要求复议,则该决定成为行政机关的决定。对于行政法官作出的建设性决定如为行政机关所接受,则成为行政机关的决定。两者的区别在于,前者一经作出即具有法律效力,而后者只有在为行政机关所接受后才对当事人产生约束力。

(三)说明理由制度

行政行为必须说明理由,不仅仅是现代法治国家公认的一项原则,而且说明理由也成为了各国行政程序中的一项基本制度。行政行为说明理由是指行政主体在作出对行政相对人合法权益产生不利影响的行政行为时,除法律有特别规定外,必须向行政相对人说明其作出该行政行为的事实因素、法律依据以及进行自由裁量时所考虑的政策、公益等因素。通常说明理由,不仅迫使行政主体一方事先充分考虑行政行为的事实根据和法律依据,并保证其正确性,而且使公民可以从理由中发现行政行为合法性方面存在的问题,并以此作为获得救济的途径,大大减轻了复议机关和法院在救济程序中审查行政行为合法性和合理性的负担。

行政行为说明理由就内容而言,可以分为合法性理由和正当性理由。前者用于说明行政行为合法性的依据,如事实材料、法律规范;后者则是用于说明行政机关正当行使自由裁量权的依据,如政策形势、公共利益、惯例、公理等。行政行为说明理由的内容及其规则如下:

1. 行政行为的合法性理由。用于支撑行政行为合法性的事实依据和法律依据,我们称之为行政行为的合法性理由。基于现代行政法中依法行政的基本原则，行政主体只有在获得了符合法律规定的事实依据和法律依据之后，才能作出行政行为。当这一行政行为对行政相对人的合法权益产生不利影响时，除法律有特别规定外，行政主体必须将这一行政行为的合法性理由告诉行政相对人，以接受行政相对人对这一行政行为合法性的评判。一个不附合法性理由的行政行为，其内容可能是合法的，但形式却是专横的、不可接受的。现代行政法中行政相对人不应再是行政权的客体，而是可依法支配行政权的主体。基本人权的发达要求行政主体在行使行政权时，尽可能做到对行政相对人的基本人权的尊重与保障，"因为给予决定的理由是一个正常人的正义感所要求的。"[①] 对基本人权的尊重与保障，可演绎出如下结论：行政主体依行政权实施的行政行为如对行政相对人的合法权益产生不利影响时，除法律有特别规定外，应当随附作出该行政行为的合法性理由。

（1）事实依据。事实依据不仅仅是指案件发生后在客观世界中留下的各种痕迹，而且还要求这些痕迹应当由行政主体通过合法程序收集的证据用以证实。由此推定，这里的"事实依据"是法律事实依据，即被合法证据所证实了的客观事实。以行政程序规范行政权的价值目标并不仅仅是为了确保行政主体通过行政权发现案件事实真相，更重要的是防止行政权的不合法行使。因此，行政主体通过不合法的行政程序收集的证据，其内容即便可以反映案件的真实情况，也不能作为定案的证据，并依此作出对行政相对人合法权益产生不利影响的行政行为。

事实依据对行政主体说明理由产生如下规则：第一，禁止主观臆断规则。禁止主观臆断规则是指，行政主体不得依主观臆断的"法律事实"作为行政行为的依据，并将这种"法律事实"强加于行政相对人。行政主体在行使行政权时，可以对案件事实是否存在进行"内心确认"，但这种确认必须建立在一定的证据基础上。因此，任何先入为主所获得的"法律事实"都不得列为说明理由的内容。第二，符合证明逻辑规则。作为说明理由内容之一的"法律事实"是行政主体通过一系列证据在遵循证明逻辑的前提下获得的。在遵循证明逻辑规则下，法律事实能最大限度地接近客观事实的真实性，由此可以最大限度地提高行政行为事实理由的说服力。第三，主要事实依据规则。一个行政行为的事实依据可以分为主要事实依据和次要事实依据。主要事实依据是指足以影响行政行为性质，或能够作出、改变和废除行政行为等情况

[①] 参见［英］威廉·韦德著：《行政法》，徐炳等译，中国大百科全书出版社，1997年版，第192～193页。

的事实依据。

(2) 法律依据。法律依据是指用于支撑行政行为具有合法性的法律规范。法律规范具有确定性、预测性和稳定性之特点。行政主体在已经确定的法律事实基础上能否或者如何作出行政行为以及作出怎样的行政行为，都已由法律作出了明确的规定。依法行政的基本原则要求行政主体作出的行政行为必须具有法律依据，并将所依据的法律规范作为行政行为的理由之一告诉行政相对人，从而使行政相对人根据自己的经历、体验和法律认知水平来判断行政行为的合法性，继而作出是否接受的决定。一个确有法律依据但不展示法律依据的行政行为，无论行政主体可以列出多少种理由，如实际需要、领导意见等，都难以提高行政相对人对行政行为的可接受性程度。如果行政相对人不知道行政行为的法律依据，就无法判定行政行为的合法性，更不用说寻求司法救济的途径。

法律依据对行政主体说明理由应遵守这样三个规则：第一，全面展示法律规则。全面展示法律规则是指，凡是用于支撑行政行为的法律规范，必须以不会引起行政相对人误解的方式，全部展示给行政相对人。任何保留、部分保留或者误导的展示，都是违反此规则的行为。如行政主体以"根据有关规定作出决定"之方式展示法律依据都应当列入禁止范围。第二，法律冲突择上规则。法律冲突择上规则是指，当行政主体面对两个以上、且又发生效力上的冲突时，必须选择处于法律效力位阶最上的法律规范作为行政行为的理由。尽管在法律上行政主体没有审查行政法律规范合法性的权力，但它应有甄别行政法律规范合法性并选择具有合法性法律规范作为行政行为理由之职责。第三，排除非法律性规范规则。非法律性规范是指行政规章以下的其他规范性文件。排除非法律性规范规则是指，行政主体不能将行政规章以下的其他规范性文件作为行政行为理由的内容。因为这些规范性文件主要是由行政主体自己制定的，凭此规范性文件来说明其行政行为的合法性本身缺乏正当性，不容易为行政相对人、社会一般人所接受。

2. 行政行为的正当性理由。用于支撑行政行为自由裁量的事实依据和法律依据，我们称之为行政行为的正当性理由。要求行政主体就行政行为说明正当性理由的客观依据是行政自由裁量权的广泛存在，主观依据是防止行政自由裁量权的滥用。行政行为的自由裁量如果仅仅依赖于政府官员的主观判断、个人好恶与偏见，那么，自由裁量权很可能质变为专横的、不可捉摸的权力，从而偏离设定自由裁量权的法律目的。在实际生活中，这种现象尽管不具有普遍性，但确实无法避免。因为作为行使自由裁量权的政府官员是充满着多重情感的个人，无论他有多么强烈的自律能力，都不能保证他在每次行使自由裁量权的过程中不渗入一点私心杂念，况且在任命政府官员时，我们无法将这种自律能力作为选择的标准。

(1) 筛选事实。行政行为的裁量并不仅仅表现在对法律的适用权上，对事实的确定同样也存在着自由裁量权。① 行政主体在定案过程中经常要对在调查过程中获得的事实进行筛选，将认为与案件有关的事实列入作出行政行为的事实依据，同时排除与案件无关的事实。行政主体的这一筛选行为是一种主观判断，是一种"内心确认"，就本质而言它是一种自由裁量权。如果法律不要求行政主体将支持这一内心确认的依据作为行政行为的理由向行政相对人予以说明，则这种内心确认有可能质变成一种专横的、捉摸不定的权力。尤其令人关注的是，在我国确立行政处罚听证制度之后，对于行政相对人在听证中提出的事实依据，如果行政主体否定这类事实依据而不必说明理由的话，那么听证制度必将流于形式。因为，行政相对人无论提出多么有利的事实依据，行政主体都可以在不展示理由的前提下毫不费力地加以否定，并根据自己在听证所收集的证据和确定的法律依据作出行政行为。因此，强调行政行为必须说明正当性理由的法治意义是显而易见的。

筛选事实遵守如下规则：第一，排除非法证据规则。行政主体用于定案的事实必须是被合法收集的证据所证实，因此，凡是非法证据所证实的事实，必须从定案事实中排除，即使非法证据能够证明案件的真实情况也不能例外。确立这一规则的法理基础是证据的合法性。行政主体可以依据此规则排除某些案件事实符合法律要求。第二，遵循因果联系规则。遵循因果联系规则是指，行政主体只能排除与案件没有任何因果联系的事实，因为这些事实对于案件恢复真相没有任何价值。第三，疑惑事实从无规则。疑惑事实是指根据已有的全部证据仍不能确定，但可以推测与案件有联系的事实。对于疑惑事实行政主体应当推定为并不存在的事实，并从定案的事实中排除。

(2) 选择法律。对于一个事实已经确定的行政案件，行政主体随即面临着对法律适用的选择权。这种法律适用的选择权本质上是一种自由裁量权。它主要表现在以下几个方面：其一，多种情况适用的确定。当行政主体所确定的案件事实在法律上存在着多种适用情况规定时，必须基于一定的正当性理由确定其中一种规定作为处理本案的依据。行政主体依此规定对当事人的具体行政处罚应当具有当事人可以接受的裁决理由。其二，不确定法律概念

---

① 薛刚凌：《对行政诉讼审查范围的几点思考》，载《行政法学研究》1997年第2期。

的界定。不确定法律概念是存在于成文法的一种必然现象,其原因是人类语言文字表达思想的有限性和客观世界中事物的复杂性矛盾所致。对不确定法律概念的界定,其本质是让隐藏的东西显现出来,使不清楚的东西变得清楚,① 从而将一般规则适用于具体案件。然而,行政主体在界定不确定的法律概念时,必须有充足合理的理由支撑,而这些理由又能为社会一般人所接受。其三,法律空白规范的弥补。当没有明确的具体法律规范可适用时,行政主体应当通过解释立法目的和基本原则创造可适用的法律规范。现代行政法应当承认行政主体在无法律规范前提下,基于正当性理由而实施的行政行为仍是一种合法的行政行为,否则将有碍于行政主体维护正常的社会秩序。现代行政法尽管没有丧失控权的功能,但现代社会的发展需要行政法同时也具有确保行政权有效行使的功能。

选择法律产生如下规则:第一,遵守惯例公理规则。惯例是行政主体在以前对同类案件所作出的相同处理而形成的一种习惯性做法。公理是现实生活中人们所遵守的,不言自明、不言而喻、不用论证的行为规范,如不准随地吐痰。惯例与公理具有很强的说服力,行政主体选择法律时援引惯例与公理,可以提高行政行为理由的正当性程度和行政相对人可接受性程度。第二,体现政策形势规则。政策是国家或者政党为实现一定时期的路线而制定的行为准则,它是现代社会政治领域中客观存在的现象。形势是指"一定社会所处的某种状态。"② 它可以影响国家权力的运作方向。政策与形势是支配行政主体选择法律的重要客观因素,但政策与形势具有不稳定性,这就要求行政主体在适用法律时,应当适应政策与形势不确定性所提出的要求。因此,行政主体必须根据政策和形势选择确定对具体案件的法律适用。如假冒伪劣产品泛滥成灾可以成为从重处罚生产、销售假冒伪劣产品这一违法行为的正当性理由。第三,符合公共利益规则。"公共利益是由社会总代表所代表的、凌驾于社会之上的、形式上或实质上的社会利益。"③ 公共利益是现代社会存在和发展的物质基础,行政主体在行使权力时必须充分关注这一点。因此,根据公共利益的需要,行政主体可以将其作为选择法律的理由之一。

(四) 行政资讯公开

行政资讯是行政主体在行使职权过程中所形成的各种"记录",它包括笔

---

① 张汝伦:《意义的探究——当代西文释义学》,辽宁人民出版社,1987年版,第3~4页。
② 王勇:《定罪导论》,中国人民大学出版社,1990年版,第234页。
③ 叶必丰:《行政法学》,武汉大学出版社,1996年版,第59页。

录、书信、书籍、图片、刻印、照片、微缩影片、录音带、可以机器读出的记录与其他非具有固定形式或特征的文件资料以及记录影印或复制的各种信息。行政资讯公开是行政主体根据职权或者行政相对人请求,将行政资讯向行政相对人或者社会公开展示,并允许查阅、摘抄和复制。

  行政资讯公开也被有些学者称为情报公开,主要是关于保障公民了解权和对了解权加以必要限制的法律制度。这种公开为了增加行政的透明度,是第二次世界大战后行政发展的新趋势。如瑞典于 1766 年通过《新闻自由法》承认公民有请求政府公开资讯的权利。美国在 1946 年行政程序法中也作出相应的规定。但因该法规定,行政机关为了"公共利益"或者有"正当理由",可以拒绝提供行政资讯,所以它受到了社会民众的强烈指责。在这样的背景下,美国于 1966 年制定了《资讯自由法》(Freedom of Information Act,简称 FOIA)。即便如此,"美国在行政公开方面的立法比其他西方国家早,而且更为完备,在一定程度上对其他西方国家起了示范作用。"[1] 至今,法国、日本、加拿大、澳大利亚、我国台湾地区等国家和地区实施了有关行政资讯公开的立法。[2] 行政资讯公开法是行政程序法所确立的行政公开原则和听证制度的具体化,这些行政资讯公开方面的立法是行政程序法典之下的一部重要的单行行政程序法。

  1. 行政资讯公开的范围。综观世界不少国家已制定的行政资讯公开法,对行政资讯公开的范围基本上都遵循了"公开为原则,不公开为例外"的基本原则。之所以确立这一基本原则,是"因为行政资讯是由公民缴纳的税金而形成,应当属于公共财产,因此应当开放给公民使用,不应当由政府机关封存、废弃或处置。"[3] 在这一基本原则的指导下,立法首先是以列举的方式确定行政资讯不公开的范围,而将没有列入的行政资讯全部划入可以公开的范围;其次在决定某一行政资讯是否可以公开时,将行政机关裁量权的自由度尽可能收缩到最小程度,防止行政机关通过自由裁量权"裁剪"公民的知情权(如美国 1946 年行政程序法虽然也规定了"情报公开",但同时又规定行政机关为了"公共利益"或者基于"正当理由"拒绝公开资讯)。

---

  [1] 王名扬著:《美国行政法》,中国法制出版社,1995 年版,第 935 页。
  [2] 法国 1978 年制定了《行政和公众关系法》,日本 1998 年制定了《资讯公开法》,加拿大 1982 年制定了《资讯取得法》,澳大利亚 1982 年制定了《资讯公开法》,中国台湾地区在 2000 年也公布了《行政资讯公开办法》。
  [3] 冯国基:《面向 WTO 的中国行政——行政资讯公开法律制度研究》,法律出版社,2002 年版,第 24 页。

那么为什么需要明确不公开的范围呢？确定行政资讯不公开范围的立法目的不应定位于提升行政机关行使职权的效率，而应当是最大限度地保证公民宪法上知情权的实现，尽可能减少秘密行政。虽然公共利益对于每一个人来说都是必不可少的，但是一味强调个人利益要服从公共利益在道义上也是不具有正当性的。因此，通过立法的技巧平衡行政资讯公开中的个人利益与公共利益是一项极其重要的立法政策。"然而，民主政治的特点是在这种平衡中，尽量扩大公民对行政的参与和监督权利，限制官僚秘密活动的范围。"[1]

根据上述论及的确定行政资讯公开的基本原则和不公开的立法目的，行政资讯不公开的范围可以作如下界定：

（1）国家秘密。国家秘密是关系国家的安全和利益，依照法定程序确定，在一定时间内只限一定范围的人员知悉的事项。国家秘密之所以纳入不公开的范围，是因为这类资讯公开可能对国家安全、公共利益产生无法预测的负面影响，从而不利于国家法律、政策的顺利实施。因此，在许多国家的行政资讯公开立法中，都首先将国家秘密排除在行政资讯公开的范围之外。国家秘密可以进一步细分为如下几个方面的内容：①国家事务中的保密资讯；②国防、外交事务中的保密资讯；③国民经济和社会发展中的保密资讯；④科学技术发展中的保密资讯；⑤维护国家安全的保密资讯。⑥其他法律中规定应当保密的资讯。如《中华人民共和国保密法》第8条规定的"其他经国家保密工作部门确定应当保守的国家秘密事项。"为了确保公民的知情权，这一条文表述应改为"其他法律规定的保密资讯"。但这里的"法律"应当限于代议制机关制定的规范性文件。

（2）个人隐私。现代行政机关因社会发展的需要致使其行政权日益扩大。它在纠正社会和经济弊病的同时，也进一步深入到了个人的私生活领域，了解和掌握了大量的个人隐私，成为行政机关行政资讯的重要组成部分。而电脑广泛运用于记载、传播个人隐私方面的行政资讯，使个人隐私权受到了前所未有的威胁。在 Whalen V. Roe 案中，联邦最高法院大法官 Stevens 就隐私权的保护发表了如下判词："本院不是不知道电脑资料库或其他政府档案中大量累积的个人资料对隐私权的潜在威胁。征收税负、发放社会福利津贴、督导公共健康、指挥军队以及执行刑法全部需要有秩序地保存大量的个人资料，这些资料多半涉及隐私且于揭露时很可能造成当事人的困窘或伤害。为公共目的而收集或使用这些资料的权利通常伴随着不可非法揭露资讯的法规上的

---

[1] 王名扬著：《美国行政法》，中国法制出版社，1995年版，第975页。

义务。"① 与此同时，随着社会的不断发展，隐私权在个人权利谱系中显得越来越重要，诸如个人病历、身体缺陷、健康状况、生活经历、财产状况、婚恋、社会关系等等，都直接影响到公民其他权利的实现。

在行政法上，当有关个人隐私的行政资讯成为行政机关行使职权的依据之一时，根据行政公开原则的要求，行政机关有义务公开其行使职权的依据。但是，行政机关主动或者经请求对第三人公开了有关个人隐私的行政资讯，虽然满足了行政公开的要求，但个人隐私权已受到侵害。以损害他人利益来满足某人权利的需要，显然不具有法律正当性。任何权利主体都有权禁止他人利用其个人隐私谋取利益。因此，有关个人隐私的行政资讯公开必须受到限制。当然，行政法上有关个人隐私的行政资讯并不是绝对不能公开。我们知道，隐私权是保护公民有权维护自己的私生活秘密不为他人了解，防止任何人非法侵犯。而知情权则在于保障公民知情的权利，因此这两种权利之间存在不可避免的冲突。解决此冲突的方法是：在行政机关认定个人的隐私权存在以后，就应当平衡个人隐私的利益与公开后所带来的社会利益孰轻孰重，并不是说任何侵犯个人隐私权的事项都不能公开，只有明显地不正当地侵犯个人隐私权时候，才可以拒绝公开个人隐私。

（3）商业秘密。商业秘密是指不为公众所知悉，能为权利人带来经济利益，具有实用性并经权利人采取保密措施的设计资料、程序、产品配方、制作工艺、制作方法、管理诀窍、客户名单、货源情报、产销策略等技术信息和经营信息。商业秘密具有经济利益性，私人严守商业秘密是基于维护自身利益的需要，但是，行政机关在对市场进行管制时，依职权可以获取私人拥有的商业秘密。同时，私人请求行政机关提供服务时通过登记报表也会将有关商业秘密报告给行政机关，因此商业秘密成了行政资讯的一部分。

保护商业秘密的主要目的是获得市场竞争的有利地位。市场经济是一种竞争性的经济，通过公平竞争实现社会资源的合理配置。然而，只有在法律规范下的竞争才是公平的、有效率的。作为行政资讯的商业秘密如果被公开，那么市场经济公平竞争将不复存在，通过获取他人商业秘密谋取利益的行为必将使市场丧失信用，危及市场秩序的正常发展。因此，当行政相对人请求行政机关公开涉及商业秘密的行政资讯时，"行政机关必须证明，如果公开私人提供的某项商业或金融信息，会导致提供信息的人在商业竞争中处于重大

---

① 施文森编辑：《美国联邦最高法院宪法判决选译》（第三辑），中国台湾"司法院"编印，2002年，第51页。

的不利地位，竞争的对手由于从行政机关提供的文件中，知道了他本不知道的情况，会得到很大的利益。如果私人向行政机关提供的信息已为社会一般人所知悉，或者已为竞争对手所知悉，行政机关公开这项信息对提供信息的人没有损害时，则行政机关在有人要求得到这项信息时，不能拒绝公开。"

2. 行政资讯公开的方式。行政资讯公开的方式包括了依职权和依申请公开两种。

（1）依职权公开。行政资讯依职权公开是指行政机关在没有任何人的请求下，主动将其所拥有的行政资讯根据法定的方式向社会公开。根据行政资讯的内容不同，依职权公开可分为两种不同的方式。第一种方式是行政机关必须将行政资讯公布于某一法定的、连续公开出版的刊物上，以便让公众便利地了解、知悉。如，美国《情报自由法》规定，诸如机关组织、职能、工作方法以及实体规则、政策和影响公众权利的法律解释等，必须公布在联邦登记上。我国国务院制定的行政法规的法定公布刊物是"国务院公报和在全国范围内发行的报纸"。国务院部门制定的部门规定的法定公布刊物是"部门公报或者国务院公报和全国范围内发行的有关报纸"。这一类行政资讯对公民参与国家和社会事务管理具有重大的影响，正如王名扬教授所说："公布这些文件的目的是让公众知道怎样对行政机关提出意见和请求、行政决定由谁作出、在什么地方作出、根据什么程序作出，以及行政机关一般性的政策和法规等最基本的问题。"第二种方式是行政机关将行政资讯以其他方式公布于社会。如公众需要了解这方面的行政资讯即可便捷取得。这类行政资讯对于公众的重要性不如前者（如典型案件处理的理由与结论），且数量巨大，用第一种方式公开将给政府增加一定的财政负担。因此，不少国家采用将行政资讯放置公共场所供公众查阅、复制。如，上海市人民政府将政府公报放置指定的邮政局、书店和书报亭。20世纪后期因特网的发展与普及，政府已开始通过网站公开行政资讯，产生了良好的社会效果。

（2）依申请公开。行政资讯依申请公开是指因行政相对人提出申请，行政机关公开其指定的行政资讯，供行政相对人复印、摘抄、查阅。凡是依职权公开的，且属于法定可以公开的行政资讯，都是依申请公开的行政资讯。如下依申请公开的三个问题必须进一步明确：第一，因这类行政资讯数量巨大、变动频繁，行政相对人在请求公开的申请中应当合理地说明需要的文件，使行政机关尽快知道该文件所在地方，并及时提供给申请人。第二，行政机关可以收取必要的费用。如，美国在依请求公开行政资讯中，依法可以向申请人收取检索费、复制费和服务费。但如果申请人是为了公共利益而请求公开行政资讯的,可以提出减免费用的申请。第三,行政机关拒绝行政相对人公开行政资讯的申请,申请人可以请求司法救济,如美国。不过,也有国家如挪威行政公开法规定,此类行政争议需通过行政申诉解决。与依职权公开行政资讯相比,依申请公开的行政资讯对于个人来说更重要。因此,设计一个合理的程序构成了依申请公开行政资讯的重要内容。

行政资讯公开制度是现代社会中公民参与国家和社会事务管理,以及监督行政主体合法、正当地行使行政职权的基本前提,没有这一制度作保障,宪法和法律赋予公民的其他权利也难以实现。

（五）其他制度

由于行政程序的多样性和复杂性,所以除了我们上述的几种制度之外,还包括了证据制度、时效制度、裁审分离制度等。这里对学者提及较多的制度做一些简单的介绍。

1. 行政证据制度。行政证据制度是指法律规定,行政主体查明案件事实,收集、审查和判断证据的程序制度。证据制度是行政程序的核心制度,从实体上,任何行政行为作出之前都必须达到事实清楚、证据确实充分的要求。否则不得作出影响行政相对人权利义务的决定。从程序上,行政主体必须严格遵循"先取证、后裁决"的程序规则,不得违反。事实上,由于行政事务纷繁多样,采取法院的证据规则会非常烦琐且效率较低,并不适应行政管理的需要,加之行政主体在行政领域更为专业,对事实的认定相对于法官更有优势,因此行政程序有其特有的证据规则。

2. 时效制度。时效制度,也可称为期间制度,是行政行为的全过程或是各个阶段应受到法定时间限制的制度。这是保障行政效率,防止行政主体以拖延时间的方式来侵害行政相对人的基本制度。在这种制度下,行政主体如果没有在法定期限内完成特定的程序行为,将承担一定的法律后果。对此,在我国的行政法律中有很多的体现,其他国家也是如此,如葡萄牙的行政许可或批准的程序中规定,如果行政主体在法定期限内不给申请人明确答复的,推定行政主体同意或批准申请人的请求,申请人因而享有被默示批准的权利。

3. 裁审分离制度。裁审分离是指行政主体的审查案件职能和对案件裁决的职能,分别应有其内部不同的机构或人员来行使,以确保行政相对人的合法权益不受侵犯。

行政程序中的裁审分离制度的法理基础是基于分权理论。因为在行政程序中,如果审查案件的人同时又是裁决案件的人,那么行政相对人的合法权益将难以得到保障。因为审查案件的人通常是以其调查和审查案件时所获取的证据为基础,容易先入为主,而妨碍其全面听取行政相对人的意见,这样的情况下做出的裁决往往是有偏见的。另外,行政主体的裁决和法院不同,法院审理案件是作为无利害关系的第三者身份出现的,而行政主体在行政案件中,既是参与者,又是裁判者。所以职能分离是非常重要的,只有通过裁审分离才能达到相互制约的目的。

第三节　行政程序法

目前,除了英国等少数国家,世界上的主要国家和地区都先后制定了行政程序法,如西班牙、德国、日本、奥地利、美国、韩国、葡萄牙、瑞士、意大利、荷兰等。他们通过对行政权行使的程序和规则作出明确规定,能有效地防止权力的滥用,提高行政效率,改善政府与公民的关系。但是我国尚未出台统一的行政程序法,即使理论界和实务界对此呼声很高,但立法的进程依旧十分缓慢。这一方面是由于立法的阻力较大、任务艰巨;另一方面是因为行政行为的多样性和变动性,也为立法增加了难度。

一、对过去我国的行政法制的认识

1949 年以后中国原本可以在一种新的制度理念下构建法治秩序,但是由于种种原因我们的国家和社会偏离了法治的轨道。以一个现代国家法治发展的基本要求看,在过去的 50 年中的前 40 年(即 1949~1989 年),我国的法治建设是不成功的。我们在阶级斗争法学理论的指导下,法律沦为一种工具。法治无论是作为一种理念还是一种制度,都被认为是资产阶级所专有,不承认法治在社会主义国家也具有同样的适用性。当我们以这样的法学理论来构建我国的行政法学时,我国的行政法也必然是一种行政管理的工具。关于何谓行政法?当时具有代表性的论点是:"社会主义行政法的主要目的是提高政府工作效率,保证和促进政府实现其担负的组织、管理、指挥社会主义物质文明和精神文明的任务。""行政法是有关行政管理的法律规范的总称。"因此,这一时期的我国行政法本质上是行政管理法,即行政法是行政机关管理社会事务的工具。

作为行政管理法的行政法,无论是立法还是执法,其重心必然是尽最大可能确保行政权的有效实现。行政管理法的核心内容也必然是行政实体法,对于如何有效地规范行政权行使的步骤、方式、时限等正当程序则无关紧要。因此,作为控制行政权不被滥用的行政程序法就没有客观存在的基础,无论

第七章
行政程序

是立法者还是执法者可能都没有意识到正当程序的基本功能。在这个时期的行政立法中，几乎没有体现现代行政程序法精神的行政法律、法规和规章，更不用说制定单行的行政程序法典，即使有一些程序性的规定也基本上是为行政机关如何便利地行使行政权服务，行政相对人在这些程序性的规定中主要被要求如何履行义务，而不是主张权利。在当时公开出版的行政法学论著中，有关行政程序的论述相当少，更不用说作为单设章节加以论述。因此，在这个时期我国行政法是畸形发展的，但与当时我国奉行的计划经济体制却是相适应的。

在之后的 10 年（即 1989～1999 年）的社会发展中，由于法学理论出现了重大突破，我国法制建设也取得了较大的发展空间。20 世纪 80 年代末以来，随着市场经济体制的确立和完善，法制建设逐渐摆脱了"阶级斗争法学理论"的指导，以落实宪政法治精神的现代行政法——作为控制行政权的管理行政法——开始出现，以现代行政诉讼法、国家赔偿法、行政处罚法和行政复议法为核心所构成的现代行政法体系，在我国法治建设过程开始产生了其他部门法所无法替代的功能，其影响力可以说是波及整个上层建筑。如行政诉讼法首次将具体行政行为"违反法定程序"列为法院撤销判决的理由之一，这些规定可以说是在我国现代行政法中撒下了现代行政程序法理念的种子，史无前例地将行政行为的程序违法与实体违法相提并论。这在具有浓重法律实用主义传统的中国的法治意义非同小可。在同年 10 月份由全国人民代表大会常务委员会制定的《中华人民共和国集会游行示威法》中，现代行政程序法的精神再次获得了认可，其中第 9 条规定："主管机关接到集会、游行、示威申请书后，应当在申请举行日期的两日前，将许可或者不许可的决定书面通知其负责人。不许可的，应当说明理由。逾期不通知的，视为许可。"这一规定首次在我国的行政法上确立了行政行为说明理由的程序法律制度。20 世纪 90 年代制定的《行政处罚法》和《行政复议法》更是现代行政程序法精神在我国行政法中的集中体现。因此，可以说，这 20 年行政法制建设所取得的成果，为我国现代行政程序立法提供了一个较为坚实的立法基础。

二、行政程序法典化面对的现实基础

尽管我们对现代行政程序的认识有了一定质的变化，但这种认识大多仍主要集中在行政法学理论界，对国家立法的影响表现为近期的几部单行的行政程序法，如《行政处罚法》等具有浓厚的专家立法色彩；而对行政机关的执法和法院司法审查的影响并不大，来自实务部门抵制现代行政程序法精神的反法治势力比较强大，因此很难让这些实务部门真诚地接受这种法治精神。

如，近期许多城市中开展的拆除违法建筑的执法运动，基本上没有遵守法定程序，政府虽然取得了立竿见影的效果，但也留下了许多难以解决的后遗症。行政机关在作出对行政相对人不利决定之前，应当听取行政相对人的意见。这一现代行政程序法的理念对于目前的行政机关及其执法人员来说是难以接受的。之所以形成这种现状并不是行政机关及其执法人员的认识水准低，而是在于他们的观念陈旧。因此，在讨论行政程序法制定过程中，我们有必要理性地对待以下行政程序法典化的现实基础。

（一）行政程序法治观念淡薄

近20年来尤其是20世纪90年代以来，尽管我们在行政程序立法方面取得了引人注目的成就，但是，行政程序的法治观念却并没有较好地与行政机关的执法人员意识相结合。许多行政机关及其执法人员仍停留在"法律管的是老百姓""穿制服是高人一等"的认识水平上；在执法上只看结果的合法性，不重视过程的正当性，虽然执法效率较高，但执法的实效却很低。没有行政程序法治观念，必然导致行政程序中人治观念占主导地位，法律实用主义大行其道。行政机关是依法行政还是随意行政，关键是看它是否遵守行政程序，但是，实践中的随意行政、恣意行政的现象可以说是屡见不鲜。笔者认为，形成这种现状的部分原因在于理论上流行于我们法学理论上的"法律工具论"和"治国运动论"。"法律工具论"是将法律当成可以随意取舍的工具，只要达到预期的目的，方式、手段和步骤等程序是可以忽略的，行政权可以不受其制约。而"治国运动论"则表现在各种"执法运动"中抛弃法律程序，从而助长整个社会民众普遍蔑视法律的心理，使普法在社会民众中树立起来的法律信任感、亲近感荡然无存。近几年各行政机关掀起一个又一个的专项整治运动，虽然对整合社会秩序有一定的作用，但对建构行政法治却是有百害而无一利的。从实际情况看，要行政机关转变执法方式，还有相当的难度，因为它涉及更深层的行政管理体制的改革问题，而行政管理体制的改革将是一个长期的、艰巨的任务。如果现有的政治体制不能按照法治国家的要求进行改革，要解决行政管理体制的问题无疑是空中楼阁。但无论是法律工具论还是治国运动论，归根到底都是行政程序法治观淡薄的集中表现。

（二）行政程序价值理念失落

我们诉求的不应当是行政程序法的形式意义，即制定一部形式意义上的行政程序法典，而应当是反映其内涵的科学价值理念的贯彻，即正当的行政程序，也就是说仅有行政程序是不够的，该行政程序必须具有正当性。正当的行政程序有助于行政机关在实现目的时采取更完善的手段，从而使行政行为为行政相对人真心接受。失去了正当行政程序的理念支持，行政程序也可以被设计成为行政机关作"恶"提供合法性的保障和便利性的借口。

现行政治体制的缺陷导致对行政机关委任立法不能进行有效的监督，行政程序法的正当性理念有时无法得到张扬，由行政机关自己设计的"行政程序"经常是以维护行政权为己任，它表现在为行政相对人设置各种较为困难的行政程序，从而导致行政相对人难以实现自己的权利。这种"刁难"程序在现实生活中经常是以"开明的专制"形式出现的。目前一些行政机关建立的"两公开一监督"的办事制度，似乎是一种公开、民主的行政程序制度。其实不然，因为它对违反者并不追究法律责任，公民对于违反者的投诉也无法律保障，况且它公开的内容以及公开的程度都是由行政机关自己说了算，不公开的内容也无需说明理由，公开的程度不能超过行政机关自我承受的最低线，否则行政机关随时可以收回这一办事制度。这种行政程序是否被遵守，完全取决于行政机关的自律能力。因此，从本质上讲，它仍是以维护行政权为核心的一项制度。

行政公开是行政程序法的基本法律价值所在。由于我国传统法律文化的消极影响，国家权力行使过程不公开的问题始终未能得到有效的解决。在行政公开这个问题上，中国当今的现状是，凡是可以公开的都是不重要的，凡是重要的都是不可以公开的。因此，这种被人称颂的"两公开一监督"本质上也是行政程序价值理念失落的产物。只要我们仔细地考察一下各种有关"两公开一监督"的具体规定，就不难发现其中有中国传统法文化中"法藏官府，威严莫测"，"民可使由之，不可使知之"的现象重现。

另外，尽管我国现行行政诉讼法已规定了具体行政行为违反法定程序的，法院依法可以判决撤销，但在司法实践中，对此种违法的具体行政行为给予撤销的并不多见。行政机关违反法定程序实施具体行政行为而受到法律追究的情况并不多见，不按法定程序办事已成为我国行政事务中的一个恶习。"不给好处不办事，给了好处乱办事。"社会不正之风，政府腐败现象莫不与此有关。

（三）行政程序法律化程度滞后

行政程序法律化作为现代行政法发展的一个基本趋势，已为步入或者将要步入法治社会的人们所共识。作为法治社会的一个标志，行政程序法律化——进而发展成为法典化——已成为现代国家政策性选择的一个目标，同时也成为测试一个社会法治化程度高低的刚性指标。20世纪80年代我们的立法基本上侧重于行政实体法，忽视行政程序法，导致行政法发展在内容上极不平衡，其原因是那个时期的行政法仍然没有抹去行政管理法的痕迹，行政程序法也不可能获得其应有的地位。20世纪90年代以后这种局面有所改变，国家赔偿法、行政处罚法和行政复议法的制定，使行政程序法在行政法中占有一席之地。但是，目前仍有大量的行政行为缺乏应有的行政程序加以规范，如行政许可，行政强制和行政规章、规定的制定等。与依法行政的要求相比，行政程序法律化程度还是比较低的。尽管行政机关内部制定了不少内部行政程序，以弥补外部行政程序的不足，但由于没有正确的理念指导，这种内部行政程序本质上仍是维护行政权有效行使的工具，因为这种内部行政程序中根本看不到行政相对人作为主体地位的规定。再如，现行的"行政首长接待日""现场办公制度"之所以出现，是因为现实的需要。为什么老百姓平时到政府机关不能办成的事，到了"行政首长接待日"或者"现场办公制度"时却能顺利办成？这不正是说明我们行政机关行使职权缺少起码的程序规范，为具体经办的"小吏"欺压百姓提供了机遇。如果受欺的百姓只能在以"青天"形象出现在"接待日"或者"现场办公"的行政首长面前才能获得一个个来之不易的申冤机会，那么我们所诉求的法治将永远不可实现。因此，就本质而言，"行政首长接待日""现场办公制度"仍是一种人治制度，是对行政程序欠缺的一种补救机制。对于这种制度我们不必过分地称赞，更不能将这种制度当成解决问题的法宝。

然而，令人困惑的是，面对这种令社会民众不解的制度，我们不是用心地、真诚地去反思这种制度的缺陷，却常常津津乐道地通过新闻媒介张扬着这种制度所带来的不可预期的"个别正义"，而对老百姓通过正常途径不能办事的原因却讳莫如深，惧怕说出来影响政府的"形象"。"行政首长接待日"和"现场办公"是我们政府中某些人给上级领导的一种作秀，如不加以彻底废除，必然阻碍着现代行政程序法治精神的弘扬，也不利于推进行政程序法典化的进程。

三、对我国行政程序法典化的几点认识

随着我国市场经济的建立和完善，依法治国作为治国方略写入宪法，人们对作为法治行政标志的"行政程序法典"寄予了很大的希望。在行政程序法制定过程中，以下几个理论问题也是一个方法问题，我们应当有一个基本共识。

（一）行政程序立法的价值取向：控制行政权

现代社会中行政权是一种相当大的国家权力，具有强大的支配力，与公

民的基本权利和自由密切相关，且行政权的核心是行政自由裁量权，更具有侵权的可能性。基于此，行政权必须加以限制。这是行政法始终恪守的一条基本信念，也正是在这个意义上，"控权法"几乎成了行政法的代名词。在英美法系中，"行政法定义的第一个含义就是它是关于控制政府权力的法。无论如何，这是此科学的核心。"① 而在大陆法系中，"依法行政原则要求行政受立法约束，同时处于行政法院的控制之下，行政法院应当在其主管权之内审查行政机关遵守法律的情况。"② 因此，现代行政法下的行政权必须是一种有限的权力。行政实体法在授予行政机关的行政职权并确定其范围之后，对要求其正当地行使行政职权几乎是无所作为，而行政程序法则具有确保行政职权正当行使的功能。当然，行政程序法也不能不顾及行政权的基本效率。"建立一套公正而有效率的行政程序法律制度，是我国行政程序立法的目的。"③ 因此，我国行政程序法在设计上应当体现公正兼顾效率的法律价值，任何走极端的立法都无助于控制行政权的目的。

（二）政程序立法与借鉴：重视法律本土资源

现代行政程序法源于西方法治发达国家的理论与实践。许多西方法治国家都在20世纪制定了各自的行政程序法典。20世纪80年代伴随着我国对外开放和法制建设的发展，法治观念逐渐导入我国，中译本的行政程序法典也陆续出版，对我国行政程序法的研究起到了积极的推进作用。因此，要构建我国行政程序法典，必须借鉴西方法治发达国家在行政程序法典化方面成功的经验，以免走我们可以避开的弯路。但是，在制定我国行政程序法过程中，重视法律本土资源开发与利用也是应当坚持的一个同样重要的基本原则。以日本为例，自明治维新以来，尽管它接受了西方法治国家的法律影响，但它能很好地结合本国的实际情况，并有所创新，在行政程序立法上创造的行政指导、公听会等就是一些很好的例证。对现代行政程序法进行制度创新我们也具有充分的条件，如兼听则明、偏听则暗的传统法制思想，建国后形成的走群众路线的工作方法以及为公众熟悉的"座谈会"等，都是不可多得的行政程序法律本土资源。

（三）行政程序立法的模式：近期单行法律，远期统一法典

行政程序法典是我们最终的目标，这是行政法治的基本要求。从行政法

---

① ［英］威廉·韦德著：《行政法》，徐炳等译，中国大百科全书出版社，1997年版，第5页。
② ［德］哈特穆特·毛雷尔著：《行政法学总论》，高家伟译，法律出版社，2000年版，第103页。
③ 张春生：《中国行政程序法的发展与展望》，东亚行政法研究会第三届年会暨行政程序法国际研讨会提交论文（1998年，上海）。

治发达西方国家看,其制定行政程序法典先后都经历了一个长达几十年的准备期。这可能与行政程序法典所涉及的问题本身的复杂性有关。不要过分乐观地相信立法者和学者驾驭如此复杂立法事件的能力;不要过分地低估现有行政管理体制排斥行政程序理念的反动力量;不要过分地相信社会民众应有的认知能力。鉴于我国的立法技术和行政法学理论发展的状况,近期可先制定单行的行政程序法,除已制定的行政处罚法、行政复议法等,还有"行政强制法""行政许可法"等,并通过切实有效的实施,使行政程序法所内含的价值与观念为社会接受,等条件成熟后再编纂为统一的行政程序法典;即使制定了统一的行政程序法典,也希望规定不少于3年的缓冲期。

目前较有影响力且落实为行政程序法立法实践的是一个地方政府规章,即《湖南省行政程序规定》,该规定于2008年10月1日起实施。《湖南省行政程序规定》分别从总则、行政程序的主体、行政决策程序、行政执法程序、特别行为程序、行政听证、行政公开、行政监督、责任追究及附则十个方面对行政程序作出了规定。这是一部专门规定政府自身行为的规章,填补了我国行政程序方面立法的空白,是建立责任政府、规范政府、法治政府的一次探索,具有非常重要的意义。如果可以有更多的立法实践,将其最终完善上升为统一的《行政程序法》,是众多学者的期盼,也是政府的迫切需求。

【复习思考题】

1. 我国行政程序法典化面临哪些障碍?
2. 行政行为违反行政程序有哪些法律后果?
3. 行政程序主要包括哪些制度?
4. 行政程序的作用包括哪些?

【引导案例解析】

《中华人民共和国价格法》第23条规定:"制定关系群众切身利益的公用事业价格、公益性服务价格、自然垄断经营的商品价格等政府指导价、政府定价,应当建立听证会制度,由政府价格主管部门主持,征求消费者、经营者和有关方面的意见,论证其必要性、可行性。"也就是说,在对涉及群众切身利益的相关事项的价格进行调整之前,应该举行听证会,听证会的举行是相关价格调整的一个法定程序,如果相关价格的调整没有遵循法定程序,就属于违法行为,应该予以撤销或者确认无效。因此,对于本案而言,关键问题在于列车票价是否属于应该举行听证会的事项。

第七章 行政程序

在案件审理过程中，原铁道部认为，铁路运输旅客列车票价并不属于《价格法》所规定的公用事业价格、公益性服务价格、自然垄断经营的商品价格，因此不属于应当举行听证会的范围。原铁道部的这一理解是不正确的。对一个法律规范含义的理解，应当侧重对其内涵的认识，只要是"制定关系群众切身利益的公用事业价格、公益性服务价格、自然垄断经营的商品价格等政府指导价、政府定价"，都应当属于举行听证会的范围。铁路运输旅客列车票价涉及几千万旅客的经济利益，可以说其社会影响巨大。同时，《价格法》中还有"等"字的表述，也是铁路运输旅客列车票价应当举行听证会的法律根据。因此，原国家计委在没有举行听证会的情况下，即批准了铁道部关于2001年春运期间部分旅客列车车票涨价的请示，是违反法定程序的。所以，原国家计委的批准行为应当是无效的。

【练习案例】

2004年5月10日，董某向徐汇区房地局申请查阅一处房屋的产权登记历史资料，董某称"该处房屋由其父于1947年以240两黄金从法商中国建业地产公司购买，自1947年9月1日起至1968年7月16日董某一家实际居住该房屋"。针对董某的查阅请求，徐汇区房地局作出书面回复："因该处房屋原属外产，已由国家接管，董某不是产权人，故不能提供查阅。"董某认为自己查阅房屋产权登记历史资料的目的在于获取该房屋历史上属于自己、只是由于特殊原因被他人占用的证据，从而为自己的民事诉讼提供充足证据。对徐汇区房地局拒绝公开行为不服，向徐汇区法院提起行政诉讼，要求法院判令被告履行信息公开义务。董某提起诉讼的理由是：根据《上海市政府信息公开规定》（以下简称《信息公开规定》），政府信息公开工作应以公开为原则，不公开为例外；除法律明文规定可以免除公开的信息，其余政府信息应该按规定公开。而徐汇区房地局没有法律依据，拒绝公开她要求查询的信息，违反了《信息公开规定》，因为该规定确定了任何人可以请求查阅政府信息的要求行政公开的权利。

问题：徐汇区房地局的行政行为在程序上存在什么问题？

第八章
行政责任

【引导案例】

游某于2003年12月2日被某市人民政府征兵办公室批准入伍。入伍前,游某曾参加省第三建筑公司招聘干部的考试。入伍后,游某得知考试被录取,便以视力不好为由,要求回地方招干。为此,在部队对新兵实施体格复检时,他弄虚作假,视力由原来在街道、市以及地区医院体检时的右眼5.0、左眼4.9,降至右眼4.2、左眼4.1,于2004年2月1日被遣回。市征兵办公室认为游某入伍动机不纯,弄虚作假,逃避服兵役,根据《省征兵工作奖罚规定》第17条之规定,于2004年2月25日对游某作出处罚决定,处以罚款600元,在3年内不准参加升学考试,不予招工、招干,不予发放营业执照。游某不服,向某地区征兵办公室申请复议,某地区征兵办公室逾期未作出复议决定,游某向法院提起诉讼,请求撤销市征兵办公室的处罚决定。

行政违法是违反行政合法性原则的行政行为,行政不当是违反行政合理性原则的行政行为。因此,行政违法和行政不当都是有瑕疵的行政行为。行政违法和行政不当是行政主体承担行政责任的前提和根据。在行政法中设立行政责任制度的直接目的就是纠正行政违法和行政不当,并补救由此而给行政相对人造成的损害以及督促行政主体及其工作人员依法行政。

第一节 行政违法

一、行政违法的基本含义

(一) 行政违法的概念

"行政违法"这个术语并不是各国行政立法和行政法学中的通用词汇,但是不直接使用行政违法的国家，都有与之相近似的概念。例如，法国的"越权之诉的撤销理由"，英国的"越权"的情形等，实际上指的就是行政违法。而且，各国行政违法概念所指的违法主体，几乎都只是行政主体一方。

所谓行政违法，是与行政合法相对的概念，是指行政机关、其他行政公务组织和行政公务人员实施的违反行政法律规范的规定和要求的行政行为。

（二）行政违法的特征

与一般违法行为相比，行政违法不仅具有同一般违法行为相同的特性，如一定的社会危害性、违法性和应受法律制裁性等，而且行政违法有其自身的属性。行政违法具有下列特征。

1. 行政性。行政违法发生于行政管理活动过程中，是行政领域中的违法行为，离开了行政不可能构成行政违法。行政违法的行政性具体表现在以下几方面：

（1）行政违法的主体是行政机关或其他行政公务组织、行政公务人员，其他国家机关及其工作人员、其他组织和公民等一般不能成为行政违法的主体。

（2）行政违法是行使国家行政权的违法而非其他违法。没有行政权和行政权的行使，就没有行政行为，因此也不会存在行政违法。如果是司法权行使过程中的司法违法或者是立法权行使过程中的立法违法，都不属于行政违法的范畴。

（3）就行政违法所违反的法律规范而言，是行政法律规范而非民事法律规范、刑事法律规范等。虽然行政违法行为往往不仅仅表现为单纯性质的违法行为，而且甚至和犯罪行为或者民事违法行为具有一定的交叉性或者重合性，但是如果离开了行政法律规范的根据，则行政违法行为难以确定。

（4）行政违法在主观上表现为行政过错或行政职务过错。任何违法行为都是主客观相统一的结果。因此行政违法也表现为主客观的统一，没有主观意思方面过错的行为，一般而言不会构成违法行为。行政违法行为主观上表现为行政机关或者组织的过错行为，或者是行政公务人员的职务过错。

（5）行政违法在客观上对行政管理秩序造成了破坏，妨碍了国家正常行政管理的运行。

（6）行政违法同其他任何违法行为一样应受到法律制裁，所受的法律制裁主要表现为行政制裁。

2. 违法性。行政违法的违法性在法律上的具体表现是对行政法律规范及其价值的违反。违法性是违法行为都具备的基本法律特征，也是对违法行为在法律上的一种否定评价。违法性是违法行为与其他具有社会危害性的行为相区别的重要标志。

首先,行政违法是违反行政法律规范的行为。"违反行政法律规范"是行政违法的形式特征,在内容上行政违法即违反了行政法律规范所设定的具体权利和义务。与公民和组织的一般违法行为及犯罪行为不同,在行政违法中,不仅对义务的违反是行政违法,而且对权利的违反也构成行政违法。因为行政机关和被授权组织及公务人员对法律赋予的权利必须依法行使,不得自由处分,否则就构成滥用职权、违法失职。行政违法违反行政法律规范,既可是违反强行性规范,也可以是违反任意性规范。

其次,行政违法不仅表现为违反行政法律规范的明文规定,还表现在违反法律原则、法律价值和法律精神。法治对行政的要求与对"无禁止即为许可"的公民行为的要求正好相反,其体现为"无许可即为禁止"。行政机关对法定权利义务的违反,不仅指对法律直接规定的权利义务的违反,也包括了对法律间接为其规定的权利义务的违反。法定的权利义务不仅指法律设定的特定的权利义务,也包括职务上的一般义务要求和政纪要求。可见,行政违法的违法性具有十分丰富的内涵,较之民事违法等违法而言更具复杂性。

3. 侵权性。行政违法行为不仅外在表现为违反行政法律规范,而且还往往侵害到公民、法人和其他组织的合法权益,甚至造成人身、财产的损害。一般来说,侵权和违法是联系在一起的,如果行政行为违法,就会对行政相对人的权利造成侵害。行政违法行为侵权的内容涉及公民、法人和其他组织的人身权、财产权及其他权益,所侵害的既可能是被侵害人公法上的权利,也可能是其私法上的权利。它具体表现为违法剥夺或限制公民或组织的合法权利,违法科处义务或违法要求行政相对人履行义务等。

4. 受制裁性和救济性。任何违法者对其违法行为都要承担相应的法律责任,所有的违法行为都会受到法律制裁。因此应受法律制裁也是违法行为的基本特征之一。行政违法行为同样也会受到法律制裁,而不会享有不受法律制裁的特权,这也是法治原则的基本要求。行政违法应受到制裁,表明了国家对于行政违法行为在法律上持否定评价。对于行政违法的法律制裁主要表现为对行政违法者予以惩戒和赔偿损失等。

相对应的是,由于行政违法行为往往会侵害到公民、法人和其他组织的合法权益,因此,行政违法行为在受到法律制裁之外,还必须基于受侵害的行政相对人或是利害关系人以救济的权利,以便于有关机关及时撤销或是纠正违法行为,弥补过错,并对造成损害的公民、组织给予行政赔偿,从而保护和恢复公民、组织被侵害的合法权利及利益。

受制裁性和救济性，是统一、一致的，二者的结合就在于控制、防范和纠正行政违法行为，保障公民的合法权益不受行政主体的非法侵害。

二、行政违法的构成要件

行政违法的构成要件，是指由法律规定的、构成行政违法所必须具备的主客观条件的总和。行政违法的构成要件，是认定某一行为构成行政违法、追究法律责任的根据。

（一）行政违法的主体要件

在行政违法的主体构成上，我们应注意把握其主体构成的复杂性，既不能将行政违法的主体简单地等同于现有"行政主体"的概念和范围，也不能将其视为就是行政机关及其公务员。我们认为，凡是实施行政违法行为的组织体（包括受委托组织）及其行政公务人员（行政机关中的公务员、被授权组织中的行政公务人员、受委托组织中的工作人员）个体，都可以作为行政违法的主体，并可以将行政违法主体归为两大类型：

一类是行政违法的外部主体或名义主体。行政违法的外部主体只能以组织体的形式出现，它是对外独立承担违法名义和责任的违法主体，具体包括实施行政违法行为的行政机关和被授权组织两类。

另一类是行政违法的内部主体。行政违法的内部主体，是不能以自己的名义对外独立承担行政违法之名及行政违法责任的主体，但他们是行政违法行为的具体实施者或中介者。行政违法的内部主体包括行政机关中的公务员、被授权组织中的公务人员以及受委托组织及其工作人员。其中我们应当特别注意的是并非所有公务员都是行政违法的内部主体。只有具体实施违法行为的公务员或者对违法行为负有主管、监督之职的公务员才是行政违法的内部主体。可包括具体或直接实施违法行为的公务员、行政机关的主管人员或行政机关的首长。

（二）行政违法的客体要件

行政违法的客体，是行政违法行为所侵害或破坏的，受行政法保护的合法正常的行政关系及其关系中的行政权力运行秩序。具体而言，只要具有下列情形之一，我们即可确定行政违法行为侵害了行政法所保护的行政关系：

1. 侵害了公民、法人和其他组织的合法权益。如对符合许可条件的申请，行政机关不颁发许可证，即属于侵犯了申请人的合法权益。

2. 对社会公益、社会公共秩序造成侵害。如对不符合许可条件的申请，行政机关却颁发许可证，虽未侵害申请人的合法权益，却对社会公益或他人权益造成侵害。

3. 对国家行政管理秩序、行政职能的实现造成破坏。如，以权谋私行为、基于不正当动机而为的行为等。

4. 对行政权力的运作规则和秩序造成破坏。如，违反权限规则、违反法定程序等。

（三）行政违法的主观方面

行政违法的主观方面，是指行政机关和其他行政公务组织及其行政公务人员实施违法行为时的主观心理状态。具体而言，不同的行政违法主体具有不同的主观心态。在一般情况下，对行政公务人员个体的行政违法，必须要确定其主观心态是故意或过失。也就是说行政公务人员的行政违法，需要在主观方面具有故意或者过失。这是区分行政公务人员的行为是否构成行政违法及责任的有无和轻重的主观基础与重要标志。行政公务人员行政违法的故意，是指行政公务人员明知自己的行为是或可能与其法定的职责义务相违背，而希望或放任损害行为、结果发生的心态。故意有直接故意与间接故意之分，无论何种故意，都构成行政违法的主观方面，不影响对行政公务人员行政违法的认定。行政公务人员行政违法的过失，是指行政公务人员在执行公务中应当预见自己的行为违反行政法律规范及其所产生的危害后果，因疏忽大意而没有预见以致违法，或者已经预见但轻信能够避免而致危害后果产生的心理状态。

而对行政机关、被授权组织及受委托组织，则无须严格区分主观心态是故意还是过失。故意或过失的主观心态，对行政机关组织体行政违法的构成没有直接影响，我们只需确定行政违法行为是在行政机关的主观意志支配下所为的行为即可。而其主观意志正是通过行政公务人员的主观过错体现的。

当然，无论是行政公务人员还是行政机关、组织，如果有证据证明虽然行为在客观上违反了行政法律规范，但不是出于过错，而是不可抗拒或不能预见的原因引起的，不能认为是行政违法。

（四）行政违法的客观方面

客观要件是指构成行政违法的客观事实情况。对于行政违法的客观要件究竟应包含哪些内容，学术界有不同看法。有的观点认为，客观要件是指行政主体及其工作人员的行为必须是违反行政法律规范的行为。有的观点认为违反行政法律规范的行为既包括违反实体性行政法律规范的行为，也包括违反程序性行政法律规范的行为。还有观点认为，客观要件既包括行政违法行为,也包括行政违法后果。我们认为,行政违法的客观要件是指行政机关、其他行政公务组织和行政公务人员实施的违反行政法律规范的行为。

关于违反行政法律规范的行为,应注意把握以下几点:

1. 行政违法主体必须在主观意图指导下实施了一定的客观行为,包括积极的作为和消极的不作为。如果只有违法的意图而没有外化为行为是不能构成行政违法的。

2. 主体的行为违反了行政法律规范,即具有行政违法性。这里的违法包括同法律相抵触、适用法律错误、越权、滥用职权、不履行或者拖延履行法定职责、违反法定行政程序等。

3. 违法行为发生在行政主体行使行政职权、履行行政职责过程中,与行政主体的职权和职责具有不可分割的关联性。

三、行政违法的分类

(一)国外对行政违法的分类

1. 英国越权理论。该理论认为行政违法的具体内容包括:

(1)违反自然公正原则。自然公正原则包含两项基本原则:一是任何人都不应成为自己案件的法官;二是未经公开听证,任何人不应受到不利处理。

(2)违反明确的法定程序。当法律明确规定行政机关行使职权的程序时,行政机关必须严格遵守,否则即构成了程序越权。

(3)违反管辖条件。行政机关在法定条件下不具备或条件不相符合时行使职权即为违反管辖条件。

(4)不正当的委托。在授权明示或暗示禁止行政机关转授权力和委托权力时,行政机关自行转授和委托权力即构成越权。

(5)不合理。行政机关行使行政权必须合理、善意且正当,这是合理原则的要求。行政机关违反合理原则即属于实体越权。

(6)不相关的考虑。这是指行政机关实施行政行为时,考虑了不相关的事实。

(7)不适当的动机。行政机关实施某种行为是为了实现议会法的目的,其动机是适当的,否则即为不适当。

(8)案卷表面错误。案卷表面错误最初作为司法审查的一个独立根据,后来逐步归入到越权原则之中,成为越权原则的一个理由。

2. 美国司法复审理论。在美国的行政法理论中,行政违法是由普通法院在司法审查过程中确定的,行政违法理论与司法复审理论紧密联系,甚至可以说，司法复审理论是行政违法理论的基础。《联邦行政程序法》规定了行政违法的表现形态，也是对行政行为进行司法审查的标准。具体包括：

（1）非法拒绝履行或不正当延误的机关行为。根据行政管理的效率原则，行政主体应及时行使行政权，履行法定职责。但在实践中，行政机关不作为和拖拉、迟延的现象经常出现。同时，行政机关负有积极作为的义务，因为这种不作为会给行政相对人造成极大损害。

（2）专横、任性、滥用自由裁量权或其他的不符合法律的行为。控制自由裁量权是美国司法审查的重要任务之一，严格地讲，只有在法律不能作出明确规定的领域，才允许存在自由裁量行为。根据司法实践，滥用自由裁量权的行为包括：不符合法定目的和原意；专横和反复无常，不遵守自己的惯例和诺言；考虑了不相干的因素或未考虑相关因素；同宪法规定的权利、权力、特权与豁免权相抵触；超越法定的管辖权、权力或限制，或者没有法定的权利；违反法定程序；没有可定案的证据做依据；没有事实根据。

3. 法国越权理论。法国行政法上的越权理论是法国行政违法理论最重要的组成部分。法国行政法院传统上把越权之诉的违法行为分为四种：主体违法（无权限）；形式或程序违法（形式上的缺陷）；目的违法（滥用权力）；内容或根据违法（违反法律）。

（二）我国对行政违法的分类

根据《行政复议法》第28条和《行政诉讼法》第54条的规定，我国行政违法行为可分为以下六类：

1. 主要证据不足。主要证据不足是指行政行为的事实依据不确凿、不充分。证据不确凿指行政行为的事实依据不真实、不可靠；证据不充分指行政行为的事实依据不能充分满足法律规范预先设置的各种事实要素而有所遗漏。行政行为证据是否确凿充分是行政行为是否合法的前提，因此，行政组织及其行政公务人员在作出行政行为时必须先取证、后裁决，在充分掌握证据的基础上依照法律、法规作出行政行为。应当强调的是，判定行政行为的证据是否确凿充分，并非指行政案件审理时证据是否确凿充分，而是根据行政行为作出时的证据进行认定。但是，如果行政案件审理时发现行政行为作出时主要证据不足，行政复议机关或者人民法院应当确认行政行为违法并予以撤销。

2. 适用法律、法规错误。由于行政公务人员对法律、法规理解的错误，行政行为适用法律、法规错误的违法现象时有发生。主要表现在：适用法律、法规性质错误，如应当适用此法而适用彼法；适用法律、法规条款错误，如应当适用此条款而适用彼条款；适用法律、法规违反法律、法规适用的原则，如应当适用上位法而适用下位法，应当适用新法而适用旧法，应当适用特别法而适用一般法等；适用法律、法规未考虑案件的特殊情况；适用尚未施行的法律、法规以及适用废止的法律、法规等。

3. 违反法定行政程序。程序违法是指行政行为违反行政程序法所规定的步骤和所必备的形式。步骤违法指行政行为的作出不符合法律规定的步骤，如未经必经步骤、添加了不必经过的步骤、步骤颠倒、不遵守时限等。形式违法指行政行为的作出不符合法律规定的形式，如法律规定某一行政行为必须采取书面形式而未采用的。

4. 超越行政职权。超越行政职权指行政组织及其行政公务人员在法定的权责权限范围之外运用职权，行使了其他权力主体的职权。在实践中，行政组织及其行政公务人员超越职权有诸多表现，如：行政组织违反分工原则，行使了不该由其行使的权力；行政行为超越权力行使的地域范围；行政行为超越法律规定的手段；行政行为超越法律规定的幅度等。

5. 滥用行政职权。滥用行政职权既包括滥用自由裁量的权力，也包括滥用羁束的权力，其特征是行政权力的运用者出于主观故意，胡乱地、过度地使用权力，使权力的运用只满足私利而背离法律精神和公共利益。滥用权力不同于行政越权，行政组织运用职权超越了法定的权责权限范围属于行政越权，但是，如果行政组织在法定的权责权限范围内胡乱、无节制地用权，就属于滥用职权的行为。滥用职权的表现形式是多种多样的，如故意拖延、畸轻畸重、反复无常等。滥用职权并不是一种独立于行政违法和行政不当之外的行政瑕疵，任何滥用职权的行为都要通过行政违法和行政不当表现出来，也就是说滥用职权与行政违法和行政不当之间具有交叉关系。

6. 行政不作为违法。行政不作为违法是指行政组织及其公务人员违反法定作为义务的行为。其表现主要有两方面：一是行政组织及其公务人员不履行法定职责或者明确拒绝公民、法人和其他组织要求其履行法定职责的请求，如对行政相对人的申请不作答复。二是行政组织及其公务人员拖延履行法定职责，如不及时履行或者超过法定期限后方予履行等。如果法律、法规并未明确规定行政组织及其公务人员履行某项职责的具体期限，则行政组织及其公务人员应当以履行这种职责通常所需要的时间为标准。在实践中，行政不作为违法是一种较为普遍的行政违法现象，会使行政相对人的合法权益遭受损害。

第二节 行政不当

一、行政不当的基本含义

（一）行政不当的概念

对行政不当的概念，学术界有广义和狭义两种。广义的行政不当认为，依据行政法治原则和行政法律规范的要求，行政行为应当做到既合理又合法。合理行政与合法行政同属行政法的基本要求，违反法律有效要件的行政行为构成违法，而违反法律规范的目的与精神要求、显失公平的行政行为，即行政不当也构成实质上的违法。狭义的行政不当则认为，行政不当是以行政合法为前提的一种有瑕疵的行政行为。

本教材采用狭义观点，认为行政不当，也可称为行政失当，是指国家行政机关、被授权组织、被委托组织及其公务人员实施行政行为在形式上合乎法律规定的对象、范围、幅度和方式，但在内容上却由于违背法的内在精神和真正目的而显得不合理、不适当。也就说行政不当是专门针对行政自由裁量权的不合理行使而言的。

（二）行政不当的特征

与行政违法相比，行政不当具有如下特征：

1. 以行政合法为前提。行政不当不构成违法行政，它以合法为前提，是合法幅度内的失当，表现为畸轻畸重、显失公正等。

2. 它发生在法律允许的范围之内，以自由裁量权为基础。行政不当只基于裁量行为，是针对行政主体在自由裁量幅度内的行政行为不合理而产生的。也就是说行政不当是行政行为不适当，有瑕疵，而非违法。

3. 是一种可撤销行为，而不是一种无效行为。也是说行政违法的情形一旦确认，一般是溯及其发生时，即自始无效；而行政不当则不一样，一般采取的是补救性的行政责任，通常影响的也只是部分行政行为的效力。

二、行政不当的表现形式

行政不当是行政行为在合法范围内的失当，具体表现在以下方面。

（一）目的不当

目的不当指行政行为的目的背离法律赋予行政组织此项权力的原初目的，或者行政组织运用此项权力的目的不正当。如，警察对违反交通规则的人施加行政处罚，目的是维护交通安全。但是，如果警察出于报复目的，对某个与其结有宿怨的违规者作出显失公正的行政处罚，其行为即为行政不当。

（二）专断、刚愎、恣意

专断、刚愎、恣意指行政行为不顾及自然公正和社会公正原则而任意所为。如，政府首脑拟批准动用财政资金在自然保护区内建设旅游设施，遭到其他政府官员的强烈反对，但是，政府首脑置这些强烈反对于不顾，仍然批准了该建设项目。在这里，法律赋予政府首脑批准或不批准修建旅游设施的自由裁量权，但是，如果政府首脑不考虑法律的宗旨和基于这一宗旨所附加的条件，就是滥用自由裁量权。

（三）不相关考虑

不相关考虑指行政行为不考虑相关因素而考虑不相关因素。如，执法人员对违法行为人实施行政处罚，不考虑违法行为人的违法事实以及社会危害程度等相关因素，而考虑其家庭背景和社会地位等不相关因素。

（四）反复无常

反复无常指行政组织放弃法律关系的稳定性而随意撤销、变更原行政行为。行政行为是具有确定力的，行政行为一经作出，非依法定理由和非经法定程序不得随意改变或撤销。

三、行政不当和行政违法的联系和区别

（一）行政不当和行政违法的联系

行政不当与行政违法是两个相互联系又相互区别的概念。二者之间的密切联系主要表现在以下几方面：

1. 均系国家行政机关、被授权组织、被委托组织及其公务人员行使行政职权过程中出现的、与行政职责相连的法律问题。也就是说二者的主体是相同的。

2. 都是以行政法的规范、目的、精神为依据确认的。无论是行政不当还是行政违法的认定依据都是源自于行政法律规范。

3. 都是在主观上有过错的行为。一般来说，行政不当和行政违法都要求行政主体主观上具有一定的过错，无论是故意还是过失。

（二）行政不当和行政违法的区别

二者之间的明显区别主要表现在以下几方面：

1. 行为的合法性不同。行政违法行为明确违反法律规定；而行政不当行为以合法性为前提，是合法范围内的失当。

2. 发生的场合不同。行政违法行为既可发生在自由裁量场合也可发生在其他场合；而行政不当行为只能发生在自由裁量行为中。

3. 危害性程度不同。一般来说，行政违法比行政不当的危害性更大。

4. 行为的责任不同。行政违法一般会引起行政责任；而行政不当与行政责任不具有必然联系，法律往往只确认明显不合理的不当行为的行政责任，行政不当一般仅负改进责任。

5. 效力不同。行政违法一般无效而且自始至终不发生法律效力；但在行政不当中，一般的不当行为仍承认其法律效力，只有明显失去公正合理的不当行为，才因撤销而不具有效力或者因变更而部分无效。如《行政复议法》第28条规定，对明显不当的具体行政行为，复议机关可以决定撤销或变更。

6. 救济途径不同。在救济和监督上，行政违法是司法途径救济和行政途径救济并用；而行政不当行为，属行政机关的自由裁量范围，一般不受司法审查。根据《行政诉讼法》的规定，只有行政处罚显失公正的，才可由人民法院判决撤销或变更，而对其他具体行政行为的不合理性，人民法院无权审查。

四、行政不当的后果

行政不当与行政违法一样，也会引起相应的法律后果。主要表现在以下几个方面：

第一，关于效力的后果。在这个问题上，各国的做法有所差异。目前在我国，行政不当并不一律导致该行为无效，通常只会影响到部分效力。

第二，关于责任的后果。行政不当与承担行政责任之间没有必然的因果联系，而且承担责任时一般也以补救性的责任为限。

第三，关于救济的后果。"有损害必有救济"是现代法治的一项要义。行政不当的一个重要的法律后果是寻求法律救济，以保障相对人的合法权益。

第三节 行政责任

一、行政责任的基本内涵

（一）行政责任的概念和特征

行政责任是行政法学的重要概念之一，是指行政主体及其公务人员因在

现代行政法学

行使行政权的过程中违反了行政法律规范而应承担的法律责任。① 行政责任与其他法律责任相比较而言，有其自身的特殊含义。因此，正确理解这一概念，需要把握行政责任的以下特征。

1. 行政责任主体的特定性。行政责任的主体是行政主体及其行政公务人员。也就是说行政责任的主体排除了行政相对人。在我国，能够以自己的名义行使行政权并承担责任的组织有两种，即行政机关和法律、法规授权的组织。那么一些行政机关委托行使职权的组织是否属于行政责任的主体呢？由于这些被委托的组织不具有独立的法律人格，不能以自己的名义行使行政权和承担责任，其行政责任由委托的行政机关或者授权组织承担，因此这些组织不应当认定为行政责任的主体。能够行使行政权的人员也有两种，即国家公务员和其他行政公务人员。其他行政公务人员主要指那些不具有国家公务员身份，但在授权组织或者委托组织内执行公务的人员。国家公务员和其他行政公务人员应当合法、适当地履行其职责，否则就要承担行政责任。因为，行政权力归根结底是通过一个个行政公务人员行使的，故行政责任主体理应包括国家公务员和其他行政公务人员。

2. 行政责任的追责原因的特定性。行政责任追究责任的原因行为必须具有职权性和违法、不当性两项要求。其中，职权性要求行政责任必须是发生在行政主体或公务人员行使行政职权的过程中，与职权无关的个人行为不属行政责任的范畴。如何认定"职权性"，理论上有主观说和客观说两种。主观说认为行使行政职权必须是为公共行政之目的；客观说认为只要该行为从外观上可认为属于行使职权的范围即可。目前多数国家采用客观标准认定，具体包括行使行政职权行为本身和与行使行政职权密不可分的行为。而违法、不当性是指行政责任的前提是行政违法和部分行政不当。行政主体及其行政公务人员的行政行为无论是违法还是不当，都必须承担行政责任。在我国，衡量一个行政行为是否违法的法律依据是法律、法规；衡量一个行政行为是否违法的标准是看这个行政行为是否具有相应的事实根据，是否适用法律、法规错误，是否违反法律程序，是否超越和滥用职权，以及是否履行法定职责。

---

① 对"行政责任"一词的理解学术界有不同观点。如罗豪才认为，行政责任是行政法律关系主体由于违反法律规范或不履行行政法律义务而依法应承担的行政法律后果。张世信等认为行政责任是指行政职责，是行政主体在行使行政职权的过程中所必须承担的法定义务。胡建淼认为行政责任是指行政主体及其工作人员因违反行政法律规范而依法必须承担的法律责任，它是行政违法和部分行政不当所引起的法律后果。

3. 行政责任承担的多样性。就责任承担方式而言，民事责任侧重于对受害方的赔偿，多为财产责任；刑事责任侧重于对施害方的惩罚，多为人身自由的限制或生命的剥夺；行政责任兼具两者的特点，不仅有以国家赔偿为主的责任救济方式，还有对公务人员实施的以惩戒为主要目的的行政处分。

就责任实现的途径而言，无论民事责任还是刑事责任，均以司法追究为原则，尤其是刑事责任，非经人民法院依法判决，对任何人都不得确定有罪；行政责任的追究主体除了人民法院以外，还有行政主体和权力机关，所适用的程序也因追究主体不同而有所差异。

就责任表现形式而言，行政责任既有惩罚性责任，也有补救性责任。刑事责任主要是惩罚性，民事责任主要是补救性的。而行政责任更为复杂，种类也更多，但是无论是惩罚性的还是补救性的责任形式，对于责任主体来说都是一种否定性的法律后果。

4. 行政责任形态的法定性。这表现在行政责任是这些主体违反了行政法律义务，而并非道德、宗教义务，也并非违反了民事或是刑事义务。行政责任的起因是由于行政违法或是行政不当行为引起的法律后果。行政责任是一种法律责任，是由法律规范设定的与违宪责任、民事责任、刑事责任相并列的法律责任，而不是基于约定和道义产生的责任。行政责任以法律规范规定的职责为基础，以法律规范规定的内容和承担方式为依据，并通过一定的法律途径，如行政复议、行政诉讼等来实现。

（二）行政责任与民事责任、刑事责任的联系和区别

行政责任与民事责任、刑事责任既有区别又有联系。它们的联系主要表现在：一是本质相同，都是特定主体对其特有义务的违反而应承担的法律责任；二是在一定情况下有交叉，甚至可以相互转化。它们的区别在于所调整和保障的社会关系不同、严厉程度的差别等。

1. 行政责任与民事责任的区别。民事责任是民事主体在从事民事活动过程中，违反民法或合法有效的民事约定而承担的民事上的行为责任。民事责任与行政责任的区别表现在如下几个方面：

（1）责任存在的法律关系不同。民事责任在民事法律关系中形成；而行政责任必须在行政关系中发生。

（2）民事责任可以是违反法定义务也可以是违反约定义务而承担的责任；而行政责任一般都是因违反法定义务而形成。

（3）民事责任的形式是补救性的，如赔偿损失、恢复原状、返还原物等；而行政责任的形式既有补救性的，也有惩罚性的。

(4) 民事责任的追偿机关主要是人民法院,追究责任程序适用民事诉讼法;而行政责任的追究机关包括权力机关、行政机关和人民法院,责任追究程序也不统一。

2. 行政责任与刑事责任的区别。刑事责任是指违反国家刑事法律规范的行为,依据刑事法律的规定而应当承担的接受国家有罪宣判,并处以相应刑罚或免除刑罚的责任。刑事责任与行政责任的区别在于:

(1) 刑事责任追究的是犯罪行为;而行政责任追究的是违法、部分不当行政行为。

(2) 刑事责任只能由人民法院追究;而行政责任的追究机关包括权力机关、行政机关和人民法院。

(3) 刑事责任的责任形式、追究程序分别由刑法和刑事诉讼法规定;而行政责任的责任形式、追究程序则由各个单行的法律、法规、规章和行政诉讼法予以规定。

在实践中,我们必须把握好行政责任与民事责任、刑事责任的联系和区别,准确运用法律维护和保障公民、法人和其他组织的合法权益,维持社会良好秩序。

二、行政责任的构成要件

行政责任的确定,除了必须要求行为具备行政违法的各项要件外,还必须看是否符合行政责任的构成要件。行政责任构成要件包括行政责任主体、行政违法或不当行为存在、主观上有故意或过失三个方面。

第一,行政责任的主体包括了行政主体和行政公务人员两类。其中,行政主体要求享有国家行政权,能以自己的名义行使行政职权,并能独立地承担因此而产生的相应法律责任。包括了行政机关和法律、法规授权组织。

行政公务人员是代表行政主体行使相应的行政职权的,其相应责任由行政主体承担,因此,行政公务人员不是外部行政法律关系主体,也不是外部行政责任主体。但行政公务人员由于与行政主体的特殊关系,负有积极、合理行政义务,其违法与不当行为将引起由有权机关所科予的相关责任,这种责任主要是内部的、行政惩戒性的责任。尽管行政公务人员责任与行政主体责任不同,但两者有着密切联系,两者共同构成行政权力行使一方责任的内容。

第二,行政责任产生的前提条件是有违法行政或行政不当的存在。也就是说行政主体及其行政公务人员应当履行法定的职责,不滥用职权,遵循法定的程序，合理而合法地行政，这是行政主体及其执行公务人员的法定义务。如有违反，产生违法行政或行政不当，则必须承担相应的责任，这也是行政法治的要求。

第三，承担行政责任需要有主观上的过错，包括了故意和过失。法律责任是违法行政或行政不当的必然法律后果。而违法行政或行政不当是以主观过错为必要条件的，因而行政责任的承担也应以主观上的故意或过失为要件。

违法在主观上的要件是具有主观意志，这不是说必然要求具有主观过错，而是在责任的构成要件上，一般需要具有过错要件，否则，无过错就不能承担责任。当然对于不同的违法主体、不同的违法行为，对过错的要求是不同的。如，法国的赔偿制度中，既有基于公务过错产生的赔偿责任，也有无过错责任（包括基于危险的无过错责任和基于公共负担平等的无过错责任），但是原则上责任主体只对公务过错产生的损害承担赔偿责任。另外，在具有过错的前提下，还要区分过错的程度，以作为责任大小、轻重的判断标准。

第四，其他特殊要件。在行政责任的确定上，除了上述的三个一般的构成要件之外，可能还需要具备一些特殊要件，这具体就需要结合不同的行政违法行为来确定。如，行政侵权责任，就不仅要求具备构成行政违法或者不当、主观有过错等之类的要求，还需要具备存在侵权的事实、违法行为和损害后果之间有因果关系等。如，行政赔偿责任中，除了一般的构成要件之外，还需要有实际的损害结果、违法行为和损害后果之间存在因果关系等构成要件。

三、行政责任的种类和表现形式

（一）行政责任的种类

行政责任根据不同的标准可以进行以下的分类：

1. 行政主体责任和行政公务人员责任。根据行政责任承担的主体不同，可以分为行政主体责任和行政公务人员责任。行政主体是国家行政职能的组织载体，享有广泛的行政职权，也负有相应的行政职责。行政主体不仅要对自己违法、不当行政行为的后果负责，而且还要在一定范围和程度上对其公务人员和受其委托组织及人员的行政违法、行政不当的后果负责。当然行政公务人员对自己的职务行为违法也负有责任。特别需要注意的是，行政主体和行政公务人员的责任不能相互替代。由于行政主体和行政公务人员具有本质区别，其行政行为所引起的责任在内容、承担方式和追究程序等方面都存在着差别。

2. 抽象行政行为责任和具体行政行为责任。根据责任行为的调整对象，可分为抽象行政行为责任和具体行政行为责任。抽象行政行为是指行政主体制定具有普遍约束力的规范性文件的行为。具体行政行为是指行政主体针对特定对象，就特定的事项所作出的处理决定。无论是抽象行政行为还是具体行政行为违法，都要承担一定的法律责任，但两者有许多不同之处：第一，责任主体不同。前者只能是行政主体，而不包括公务人员；后者除行政主体外，还包括了行政公务人员。第二，责任形式不同。前者主要体现为撤销或改变规范性法律文件；后者则更多地表现为停止侵害、恢复名誉、恢复原状、返还财产、行政处分和行政赔偿等。第三，追究责任的主体不同。根据我国法律规定，对违法抽象行政行为有权追究责任的主体仅限于权力机关和行政主体，排除了司法机关；而对违法具体行政行为追究责任的主体既包括该机关自身、上级行政机关，也包括司法机关，权力机关一般不直接参与具体行政行为行政责任的确定与追究。

3. 内部行政责任和外部行政责任。以责任行为适用与效力作用的对象范围为标准，可以分为内部行政责任和外部行政责任。内部行政责任是指行政系统内部行政主体及其行政公务人员行政违法、行政不当而引起的法律责任。内部行政法律责任必定是内部行政法律关系中一方主体对另一方主体的责任，如公务人员对行政主体承担的法律责任（行政处分）。外部行政责任是指行政主体行使行政职权时，因其行为违法、不当造成行政相对人的损害，依法承担的行政法律责任。外部行政法律责任接受司法机关的审查，内部行政法律责任则排斥司法审查。

4. 行政决策责任、行政执行责任和行政监督责任。根据行政行为性质，可以分为行政决策责任、行政执行责任和行政监督责任。从行政权力的运行过程，可以将行政行为分为行政决策、行政执行和行政监督。以此为基础，相应地产生的责任即为行政决策责任、行政执行责任和行政监督责任。行政决策责任是指行政主体在实施行政决策时违反法律规定而应承担的不利后果。行政执行责任是指行政主体针对特定对象而实施的产生法律效力的行为违法而应当承担的法律后果。社会生活中，大量存在的行政责任属于行政执行责任。行政监督责任是指具有行政监督职能的行政主体违反法律、法规规定，未履行监督职责而产生的法律后果。在我国现阶段，具有行政监督职能的责任主体包括上级行政主体和专门行政机构，前者包括所属人民政府和上级主管部门，而后者包括审计和行政监察机构。

5. 权力机关确认和追究的行政责任、行政主体确认和追究的行政责任、司法机关确认和追究的行政责任。根据追责主体不同，分为权力机关确认和追究的行政责任、行政主体确认和追究的行政责任，以及司法机关确认和追究的行政责任。权力机关有监督职权，理应成为行政责任追究主体。行政主体是重要的归责主体，上级行政主体对下级行政主体享有监督权，自然成为确认和追究行政违法行为的法律责任的主体。现实生活中发生的行政违法多数是通过上级行政主体的责任追究来实现的。司法机关是归责主体，用司法权审查行政行为的合法性，是"权力制约"理念的贯彻，对司法机关确认和追究的行政责任，其基本救济方式是行政诉讼。其具体内容在下一部分行政责任的追究中会有详细的阐释。

6. 补救性责任和惩罚性责任。根据责任实现的功能和目的不同，分为补救性责任和惩罚性责任。补救性责任是指以恢复被扰乱的行政法律秩序为主要目的的责任形式。其实施侧重社会现实损害的弥补，目的在于对行政相对人的救济，承担责任的方式以财产赔偿为主。惩罚性责任是对责任主体实施某种行为，造成其心理压力、进行精神惩戒或剥夺某种权力或资格，或科以某种义务，进而防止违法行为的再次发生。补救性责任以补救行政违法后果为内容，惩罚性责任以惩罚违法行为主体为内容。

惩罚性责任与补救性责任主要有以下区别：第一，发生场合不同。惩罚性责任主要发生在内部行政关系中；而补救性责任主要发生在外部行政关系中。第二，主体不同。一般情况下，惩罚性责任由行政公务人员承担；而补救性责任主要由行政主体承担。第三，发生根据不同。惩罚性责任的发生根据主要是责任人的主观过错，即责任人的主观恶性程度；而补救性责任发生的根据主要是客观损害后果，即给行政相对人合法权益造成的实际损害。第四，载体不同。法律责任的载体主要有四种，即财产、行为、精神和人身。惩罚性责任的主要功能是给责任人的精神施加压力，从而防止行政违法、不当行为的再次发生，必须以受惩罚者的人身或者职务身份等作为行政责任的主要载体；而补救性责任的主要功能是恢复受破坏的行政法律秩序，必须以财产或行为作为主要的载体。

（二）行政责任的表现形式

1. 行政主体承担行政责任的形式。

（1）通报批评。通报批评是一种惩罚性行政责任，是指在行政主体或者行政公务人员的行政责任确定以后，由上级行政机关或者行政监察机关通过文件、报刊、会议等途径对下级行政主体的违法事实、影响以及处理结果予以公布，对作出违法行政行为的行政主体及其行政公务人员起到警诫作用。

（2）承认错误、赔礼道歉。承认错误、赔礼道歉是一种对轻微精神损害进行补救的行政责任形式，一般是在行政主体的违法责任确定以后，由行政主体的主要负责人向行政相对人或者由行政主体以书面形式向行政相对人表示歉意、承认错误。例如，我国《治安管理处罚法》第117条规定，公安机关及其人民警察违法行使职权，侵犯公民、法人和其他组织合法权益的，应当赔礼道歉；造成损害的，应当依法承担赔偿责任。赔礼道歉既可以是口头的，也可以是书面的。由于书面形式较正式、严肃，宜采用书面形式。

（3）恢复名誉、消除影响。恢复名誉、消除影响是一种精神上的补救性行政责任。这一措施适用于行政主体的违法行为已对行政相对人造成了名誉上的损害，产生了不良的影响的情况。消除影响是指通过相应途径和方式消除违法行政行为对行政相对人的人格造成的不良影响。恢复名誉是指恢复受害人被损害的名誉。恢复名誉可以采取在一定范围会议上宣布正确决定、在报刊上更正原处理决定或者向有关单位寄送书面更正材料等方法。方法的选择取决于行政相对人名誉受损的程度和范围。上述两种责任形式密不可分，消除影响是手段，恢复名誉是目的。它可以通过报刊更正其所作的决定，或者向有关单位寄送更正决定等书面材料，也可以以会议的形式公开进行。具体方法的选择必须结合行政相对人名誉受损的程度和不良影响的扩散范围来考虑。

（4）返还权益。这是行政主体承担的一种财产上的补救性行政责任形式，它适用于行政主体的违法行为产生了剥夺行政相对人对财产的占有权及其他权益（如职务）等情形。行政主体违法剥夺行政相对人的合法权益并造成损害，有权机关在撤销违法行政行为的同时，必须责令行政主体返还行政相对人的合法权益。合法权益不单指财产权益，还包括政治权益，如恢复职务。如，公安机关违法作出没收的治安管理处罚，应当向被处罚人退回罚没款项和财物。

（5）恢复原状。恢复原状指将违法行政行为损害的物，通过修复，使其恢复到原来的状态和特征。恢复原状既是民事责任形式，也是行政责任形式。如行政机关违法对行政相对人的财产实施查封、扣押，应当解除对财产的查封、扣押。

（6）停止违法行为。这是由行政机关承担的一种惩戒性行政责任形式。由于行政主体的某些违法行为具有持续性，甚至行政相对人向有关机关申请法律救济时，违法行政行为仍在继续，因而由有权机关责令行为人停止违法行为可作为行政主体承担行政责任的一种形式。

(7) 撤销违法行政行为。这是由行政主体承担的一种惩戒性行政责任形式。行政行为一经作出即具有确定力。但是，如果该行为属于违法行为，从行政法治的原则出发，有权机关应当予以撤销。撤销违法行政行为主要有两种情况：一是撤销已完成的行为，如宣布原行政决定违法而予以撤销；二是撤销正在进行中的行为，如宣布撤销禁止性命令等。如，《行政诉讼法》第54条规定："具体行政行为具有主要证据不足、适用法律法规错误、违反法定程序、超越职权或者滥用职权等情形之一的，人民法院应当判决撤销或者部分撤销。"且该法第55条规定："人民法院判决被告重新作出具体行政行为的，被告不得以同一的事实和理由作出与原具体行政行为基本相同的具体行政行为。"

(8) 纠正不当。这是由行政主体承担的一种行为上的补救性责任形式。它主要是针对行政不当而产生的。行政不当不一定构成撤销行政行为的理由，但行为人有义务纠正，行政相对人有权要求行政主体及其工作人员纠正自己的不当行为，上级行政机关有权要求下级行政机关纠正不当。行政复议机关和人民法院作为有变更权的机关，对不当行政行为引起的法律责任应予以变更。如《行政诉讼法》第54条规定，对行政处罚显失公正的，人民法院可以判决变更。

(9) 履行职责。这是由行政主体承担的一项行为上的补救性行政责任形式。行政主体及其行政公务人员不履行法定职责即构成行政失职。行政主体及其行政公务人员对于行政失职所要承担的法律责任是履行职责。如行政相对人不服行政机关的行政行为而申请行政复议，但行政复议机关却置之不理，申请人有权要求行政复议机关履行法定职责，受理行政复议申请并作出行政复议决定。

(10) 行政赔偿。这是由行政主体承担的一种财产上的补救性行政责任形式。损害赔偿是一种由行政侵权引起的行政责任形式，是在返还权益和恢复原状已无法补救权益损害时使用的补救性行政责任形式。根据《国家赔偿法》第32条的规定，行政赔偿以支付赔偿金为主要方式。

2. 行政公务人员承担行政责任的形式。行政主体工作人员的行政责任承担方式是指行政主体工作人员在违反行政法律义务时，承担法定的否定性后果的具体形式。我国行政立法通常对行政主体工作人员在行政管理活动中的违法责任的承担方式作出明确规定，在确认行政主体对行政行为负有责任的前提下，考察行政主体工作人员的主观态度，如存在故意或者重大过失的情况，往往也确定由行政主体的负责人和直接责任人承担相应的行政责任。行政公务人员承担行政责任的方式主要包括通报批评、行政处分和行政追偿等。

（1）通报批评。通报批评是一种惩罚性行政责任。由该行政公务人员所属的行政主体以书面形式作出，目的是批评教育违法行使职权的行政公务人员。

（2）行政处分。行政处分是行政主体基于行政隶属关系对有轻微违法、违纪行为的行政公务人员所作出的制裁性行为。作为行政责任，行政处分的实施必须遵循一定的原则：第一，处分法定原则。即必须由具有行政处分权的行政主体依据法定权限、条件和程序，对应当给予行政处分的行政公务人员实施。第二，处分与教育相结合原则。即行政处分是手段，通过行政处分达到促使行政公务人员自觉遵守法律、依法行政的目的。第三，过错与处分相适应原则。即实施的行政处分必须与行政公务人员违法行为的事实、性质、情节以及社会危害程度相当。第四，平等原则。即所有行政公务人员适用行政处分一律平等。《公务员法》第53条规定了公务员的各项纪律，第56条规定了对公务员的六种处分，即警告、记过、记大过、降级、撤职、开除。

（3）行政追偿。行政追偿是惩罚性和补救性兼有的行政责任。行政公务人员的违法行为如果存在主观故意或者重大过失，给行政相对人合法权益造成损害的，先由行政赔偿义务机关履行行政赔偿义务，然后向符合条件的行政公务人员实施行政追偿，由其承担部分或全部赔偿费用。

除此之外，行政公务人员承担行政责任的方式还包括了赔礼道歉、承认错误、停止违法行为等。

四、行政责任的追究、免除、转继和消灭

（一）行政责任的追究

行政责任的追究是指有权机关根据行政责任的构成要件，依照法定程序认定和追究行政责任的过程。其中，认定行政责任是追究行政责任的前提。有权机关根据行政违法和行政不当行为的事实、性质、情节和程度，选择与之适应的行政责任形式。在我国，有权追究行政责任的机关有三类，即权力机关、行政机关和司法机关。

1. 权力机关的追究。行政机关作为权力机关的执行机关，权力机关有权监督行政机关的活动，并通过一定的手段、方式追究行政机关的法律责任。对于行政机关制定的不合法或者不适当的决定、命令、规范性文件等抽象行政行为，权力机关一般采用撤销的方式追究责任，并有权对政府组成人员追究行政责任。

2. 行政机关的追究。行政机关主要通过三种方式追究行政责任：

（1）行政主体通过自我监督，发现职权行为的违法或者不当，并主动予以撤销、纠正；

（2）上一级行政机关通过监督、检查，责令下一级行政机关撤销、纠正职权行为的违法或者不当，并可对行政公务人员进行行政处分；

（3）行政复议机关受理公民、法人或者其他组织的复议申请，通过行政争议的解决，追究行政违法或者行政不当的法律责任。

3. 司法机关的追究。司法机关的追究主要是通过行政诉讼来实现的。人民法院通过对具体行政行为合法性的审查，按照司法程序作出撤销、变更、限期履行职责等司法判决，以司法裁判的方式追究行政主体的行政责任，对行政相对人的合法权益进行补救。

（二）行政责任的免除

有时，行政主体的行为不符合法律的规定，具有行政违法的特征，但是，如果该行为是出于保护社会公共利益，则行政主体可以免于承担行政责任。按照有关法律的规定，免除行政主体行政责任的情形主要有以下两种。

1. 正当防卫。正当防卫是行政公务人员为了使本人权益、他人权益或者公共利益免受正在进行的侵害而对侵害人实施侵害，以迫使其停止、放弃侵害的行为。正当防卫以侵害来制止不当侵害，其实施必须是针对违法侵害行为，并且是正在进行的侵害行为；而且不得超过必要的限度，超过必要限度，应当承担行政责任。

2. 紧急避险。紧急避险是行政公务人员为了使本人权益、他人权益或者公共利益免受正在发生的危险，出于不得已而侵害受法律保护的他人权益或者公共利益的行为。紧急避险的成立必须具备三个条件：一是为了使合法权益免受正在发生的危险；二是情况紧急，没有其他途径可供选择；三是侵害的合法权益不得超过保护的合法权益。

（三）行政责任的转继

行政责任的转继指行政责任为另一行政主体所继受。行政责任原则上不得转继，如果转继，必须符合两个要件：一是行政责任已经确定，但尚未履行或者未履行完毕；二是出现了导致责任转继的法律事实，如行政主体合并、撤销、分解等。

（四）行政责任的消灭

行政责任的消灭是指行政责任所确定的行政义务终止。引起行政责任消灭的法律事由包括：行政责任已经履行完毕；权利人放弃权利；履行行政责任失去意义；履行行政责任成为不可能；追究行政责任的决定被依法取消等。

【复习思考题】

1. 行政违法与行政不当有哪些区别？
2. 行政责任的构成要件是什么？
3. 行政责任的具体承担形式包括哪些？
4. 行政责任的归责原则如何界定？

【引导案例解析】

某市人民政府征兵办公室认定本案事实的主要证据不足。主要证据是指能够证明案件基本事实的证据。如果主要证据不足，基本事实就不能认定。而行政诉讼的举证责任应由作出该具体行政行为的行政机关承担，如举不出足以证明行政相对人的违法行为存在的证据，实施处罚就是主要证据不足。本案中游某入伍后经所在部队复检认定不合格，某市人民政府征兵办公室认定游某弄虚作假的依据仅是入伍前后两次体检的对比。而原告在举证中提出其在中学念书期间体检时即有近视的证据。因此某市人民政府征兵办公室作出的处罚主要证据不足。根据《行政诉讼法》第54条第2项之规定，行政机关的具体行政行为主要证据不足的，人民法院应当判决撤销。

行政主体合法是具体行政行为合法有效的要件之一。行政主体合法的要求是：①必须是法定的行政主体；②必须是在法定的职责权限范围内实施行政行为。根据《兵役法》和该省《省征兵工作奖惩规定》的规定，县（市）人民武装部是同级人民政府的兵役机关，行使兵役行政管理职权。本案中，某市人民政府征兵办公室是根据国务院、中央军委发布的《征兵工作条例》规定，由某市人民政府组织兵役机关和公安、卫生及其他有关部门成立的临时机构，在征兵期间，依照《征兵工作条例》行使职权。根据上述法律、法规的有关规定，征兵办公室对游某作出行政处罚决定，超越其法定职权范围。因此，人民法院根据《行政诉讼法》的规定，对于行政机关超越职权的具体行政行为，依法应予判决撤销。

【练习案例】

2007年6月28日中午12时，甘肃省山丹县杨某在该县一家酒楼设宴招待亲友，至15时有一参宴者声言腹痛并呕吐，至23时先后又有4人出现呕吐、腹痛等症状，相继去县医院就诊，被诊断为食物中毒。第二天，杨某两次向卫生局反映此事，卫生局接到举报后，于6月30日会同有关单位对该酒楼的卫生状况进行了检查，发现该酒楼冰柜内生熟食物混放，操作间内苍蝇多，防蝇、防尘及消毒设施不健全，并制作了现场卫生监督笔录。后又调查了46名当日就餐者，有4人反映有呕吐腹泻等症状，于就近医疗单位诊治；有5人住院治疗；另有24人自述有胃肠道症状；余13人无任何反应。据此，县卫生局卫生监督办公室于7月8日作出了没收该酒楼非法所得10 000元，处以罚款8 000元，责令停业5天限期改进和赔偿受害者医疗费等经济损失的卫生行政处罚决定。该酒楼不服处罚决定，向县人民法院提起诉讼。

　　法院经审理认为：卫生局行政处罚决定书加盖卫生局卫生监督办公室的公章显属不当。被告作出的行政处罚决定书在事实认定及适用法律上均存在主要证据不足、引用法律条文不当的问题。据此法院判决撤销该行政处罚决定。宣判后，县卫生局不服，提起上诉，并列举理由认为其所作处罚决定是公正和合法的。经中级人民法院审理认为：处罚决定书加盖卫生监督办公室的印章不当，引用法律条文错误，在行使行政职权中，程序违法，应予撤销。原审法院认定事实清楚，但适用法律不当。据此，中级人民法院判决：撤销县法院的判决和卫生局的处罚决定，判令卫生局重新作出具体行政行为。至此，这场行政诉讼案经一年的审理才告结束。

　　问题：本案中行政执法机关有无行政违法行为？为什么？

第九章
行政赔偿

【引导案例】

2002年6月26日，尹琛琰在卢氏县东门开办的"工艺礼花渔具门市部"被盗。小偷行窃时惊动了门市部对面"劳动就业培训中心招待所"的店主和旅客。他们即先后两次向卢氏县公安局"110指挥中心"报案，但卢氏县公安局始终没有派人出警。20多分钟后，小偷将所盗物品装上摩托车拉走。被盗货物价值24 546.5元，被毁坏物品折价455元，共计25 001.5元。案发后，尹琛琰向卢氏县公安局提交了申诉材料，要求卢氏县公安局惩处有关责任人，尽快破案，并赔偿其损失，但卢氏县公安局一直未有答复。尹琛琰向人民法院提起行政赔偿诉讼，请求法院根据《国家赔偿法》的规定，责令被告赔偿其全部损失。

《中华人民共和国国家赔偿法》于1994年5月12日第八届全国人大常委会第七次会议通过，后于2010年4月29日第十一届全国人大会常委会第十四次会议进行了修正。作为国家赔偿制度中的重要组成部分，行政赔偿是我国行政救济的重要途径，也是保障公民、法人和其他组织合法权益的重要手段。

第一节 行政赔偿概述

一、行政赔偿的概念和特征

行政赔偿是指行政主体及工作人员在行使职权过程中，有违反《国家赔偿法》规定的行为，侵犯了公民、法人或其他组织的合法权益并造成损害，由行政主体给予赔偿的法律制度。建立行政赔偿制度有利于监督行政机关及其工作人员依法行政，为行政侵权的受害人提供有效的救济。行政赔偿是国家赔偿的重要组成部分，与其他法律赔偿形式相比较，行政赔偿具有以下特征。

第一，行政赔偿的实质是一种国家赔偿。国家根据管理社会事务的需要设立各类行政机关，聘任相应的工作人员。虽然造成侵权损害的行为是由行政机关的工作人员具体实施的，但工作人员都是以国家的名义，代表国家行使行政职权，实施行政管理活动，所以，行政行为的结果应由国家来承担。而国家是一个抽象的政治实体，不能具体参与行政赔偿活动，故实施具体行政赔偿的义务主体是行政主体，但最终的赔偿责任承担者是国家。

第二，行政赔偿的起因是行政侵权损害行为。在国家行政管理活动中，行政主体代表国家行使行政职权。行政主体正当合法地行使行政职权不会引起行政赔偿的发生，只有行政主体的行政行为具有违法性，即违反了法律、法规或规章的规定的侵权行为才承担行政赔偿责任。根据《国家赔偿法》第2条的规定，实行职务侵权责任原则是我国行政赔偿制度的重要特点。

第三，行政赔偿的赔偿范围以具体行政行为造成的实际损害为限。行政赔偿只有在行政相对人的合法权益受到实际损害时才会发生。所谓合法权益，是指行政相对人根据法律规定已经获得的或可能获得的权利和利益，包括财产利益和精神利益。所谓实际损害，是指合法权益的损害必须是实际确定已发生或将要发生的，不能是假想臆造的。对于财产权的损失，应是直接损失，间接损失国家不予赔偿；对于公民人身权的损害，按照国家法定标准予以确定。

第四，行政赔偿的赔偿义务主体是行政主体。行政主体的违法行政行为造成的损害，无论是由集体决定产生的，还是由行政机关工作人员个人过错产生的，都由该行政机关予以赔偿。在实际行政管理活动中，行政机关可能会委托其他组织或者个人行使行政权力，这时，如果受委托的行政权力侵犯了行政相对人的合法权益并造成损害的，委托的行政机关则为赔偿义务主体。此外，在由法律、法规授权的组织行使授予的行政权力时侵犯了行政相对人的合法权益造成损害的，则被授权的组织为赔偿义务主体。

二、行政赔偿和其他法律赔偿的区别

（一）行政赔偿和刑事赔偿

刑事赔偿，是指行使国家侦查、检察、审判、监狱管理职权的机关及其工作人员违法行使职权，侵犯公民、法人和其他组织的合法权益造成实际损害的，由该司法机关依法予以赔偿的法律救济制度。刑事赔偿是基于行使国家侦查、检察、审判、监狱管理职权的机关及其工作人员违法行使职权行为引起的，这类违法职权行为对公民、法人和其他组织的合法权益造成损害时，由相应的司法机关承担赔偿责任。

从宏观上看，刑事赔偿与行政赔偿并无差异，都是指因国家机关及其工作人员违法行使国家权力而侵犯公民、法人和其他组织的合法权益并造成损害时，由国家承担赔偿责任的法律救济制度。并且刑事赔偿与行政赔偿共同构成了国家赔偿法律救济制度。但从微观上看，行政赔偿与刑事赔偿在赔偿范围、赔偿义务主体、引起赔偿的原因行为以及赔偿程序等方面均有差异，因此在理论与实践中应予以明确区分。

（二）行政赔偿和民事赔偿

民事赔偿，是指公民、法人和其他组织在民事活动中，由于一方侵害了另一方的合法权益，由侵权方对被侵害方赔偿损失的一种法律制度。民事赔偿作为一种承担法律责任的形式，以弥补他人的损失为目的，以一定的财产给付为内容，是侵权人承担的一项强制性的法律义务。

行政赔偿与民事赔偿具有密切的关系，行政赔偿具有民事赔偿的一般性，它是从民事赔偿中独立、分化和演变而来的。作为已独立出来的行政赔偿，与民事赔偿的区别主要有以下几点。

1. 赔偿发生的基础不同。行政赔偿发生的前提是行政主体及其工作人员在行使行政职权的行政活动中有违法行为，对公民、法人和其他组织的合法权益造成了损害；民事赔偿发生的前提是平等民事主体在进行民事活动中发生的民事侵权，与国家权力无关。

2. 赔偿主体不同。行政赔偿的赔偿义务主体是国家行政主体；民事赔偿的赔偿义务主体是侵权主体，是具体的公民、法人和其他组织。

3. 赔偿费用的来源不同。行政赔偿的经费主要来源于国家财政的预算，作专项开支。民事赔偿中，公民个人作为赔偿义务主体的，从个人合法收入中支出；法人或其他组织作为赔偿义务主体的，赔偿费用从该组织的自有资金或者预算外资金中支出。

（三）行政赔偿和行政补偿

行政补偿是行政主体及其工作人员在行使职权的过程中，因其合法行为使无特定义务的公民、法人或其他组织的合法权益受到损失，依法由国家给予补偿的制度。如国家对征用土地的补偿等。行政补偿的前提是行政主体为了公共利益的需要，依法行使公共权力造成行政相对人合法权益的损失而进行的一般为事前补偿的制度。行政赔偿与行政补偿都是国家对行政主体及其公务人员行使职权过程中给公民、法人或者其他组织合法权益造成的损害采取补救措施，但行政补偿是由合法行为引起的，这与由违法行为引起的行政赔偿具有本质的区别。

三、行政赔偿的归责原则

归责原则是确定和判断行为人侵权责任的依据和标准。行政赔偿的归责原则，是指确定和判断行政主体及其工作人员行政侵权责任的根据和标准。它是确定和判断行政侵权是否承担法律责任的理论基础。

从理论和国外的立法实践来看，行政赔偿责任制度的归责原则体系主要有以下三种。

（一）过错责任原则

过错责任原则，是指行政主体在行使行政职权时因过错给受害人的合法权益造成损害才承担赔偿责任的一种归责原则。过错责任原则，是民事责任的主要归责原则，世界各国行政赔偿责任理论深受民事责任理论的影响，基本上都确立了过错责任原则。过错是行为人的一种心理状态，分为故意和过失两种，过错责任原则属于主观归责原则，行为人必须具有主观上的过错存在，才对其行为造成的损害承担赔偿责任。过错责任从理论上合理地解决了共同侵权行为和混合过错的责任承担问题，明确了救济范围，有助于减轻国家财政负担。但是，采用过错责任原则追究行政主体的侵权责任，需要受害人举证证明行政主体在从事行政行为时主观上有过错，这在实践中困难较大，不利于保护行政相对人的合法权益。因此，采用过错责任原则的国家，比较注重引入其他一些措施修正该原则，如减轻受害人的举证责任、引入危险责任原则等。

（二）无过错责任原则

无过错责任原则也称"危险责任原则"或"严格责任原则"，是指只要行政机关及其工作人员行使行政职权侵犯了受害人的合法权益，该行政机关就应承担赔偿责任，而不评判侵权行为引起的原因、性质与内容，不考虑行政机关及其工作人员是否违法或有无过错。无过错责任原则是一种基于结果的国家责任，它加重了国家的责任，因此，西方国家在适用该原则时都尽量避免将其一般化，而仅作为过错原则的补充。无过错责任原则在整个归责体系中一直处于辅助和从属的地位。

(三) 职务侵权责任原则

职务侵权责任原则，是指行政机关及其工作人员违法行使职权侵犯了受害人的合法权益并造成损害的，由该行政机关承担赔偿责任的一种归责原则。采用职务侵权责任原则的国家首推瑞士，《瑞士联邦责任法》（1959年）第3条规定："联邦对于公务员执行职务时，不法侵害他人权利者，不问该公务员有无过错，应负赔偿责任。"职务侵权责任原则在审判实践中，标准客观，易于把握。

我国行政赔偿制度采用职务侵权责任原则。我国《国家赔偿法》第2条规定："国家机关和国家机关工作人员行使职权，有本法规定的侵犯公民、法人和其他组织合法权益的情形，造成损害的，受害人有依照本法取得国家赔偿的权利。"

四、行政赔偿责任的构成要件

行政机关及其工作人员侵犯公民、法人和其他组织的合法权益，依照法律规定应该承担行政赔偿责任，但这并不表示只要行政相对人受到损害，行政机关就必须给予赔偿。根据《国家赔偿法》第2条的规定，承担行政赔偿责任应同时具备以下条件。

（一）主体要件

承担行政赔偿责任的主体是指因侵权行为而承担法律责任的义务主体。我国行政赔偿责任制度的侵权主体是国家行政机关及其工作人员。确定行政赔偿的责任主体，就是要明确国家行政机关对于哪些组织或个人的侵权行为所造成的损害承担赔偿责任。请求行政赔偿，必须肯定侵权行为主体是国家行政机关及其工作人员，不是行政机关及其工作人员的侵权行为，行政机关不承担赔偿责任。

（二）行为要件

承担行政赔偿责任的行为必须是侵权行为，具体是指行政机关及其工作人员违法侵害公民、法人和其他组织合法权益造成损害的行为。侵权行为是违法行为，它是行政赔偿责任中的一种重要构成要件。违法既包括实体上的违法，也包括程序上的违法。违法行为有两种表现形式：作为的违法行为和不作为的违法行为。

（三）损害结果要件

确立行政赔偿责任的目的在于对受害人进行赔偿，因此，损害存在是行政赔偿责任产生的前提条件。我国《行政赔偿法》将损害结果确定为人身权的损害与财产权的损害两个方面。损害必须具备两个条件：一是必须是已经发生的或将来一定要发生的；二是损害只能发生于受法律保护的权益，即合法权益。

（四）行为与损害结果之间的因果要件

行政侵权行为与损害结果之间必须存在着法律上的因果关系。因果关系是指各个客观现象之间的一种内在的、必然的联系。行政侵权行为与损害之间的因果关系，是指行政侵权行为的发生是损害发生的直接原因，损害的发生是行政侵权行为发生的必然结果。在行政赔偿责任的构成要件中，因果关系是较为稳定的要件。

五、行政赔偿的范围

行政赔偿范围的概念应解决两个问题：一是哪些行政侵权行为应当承担行政赔偿责任；二是哪些损失应获得行政赔偿。行政赔偿范围决定了国家承担的赔偿责任的大小，行政赔偿范围的确定受到一国人权保障观念、经济实力、政治体制、法学理论等条件的影响，在一定层面上反映了一个国家对公民、法人及其他组织合法权益的保护水平。我国《国家赔偿法》第2章规定的行政赔偿范围只解决了行政赔偿范围概念应解决的第一个问题，即只解决了行政主体的哪些行为导致行政相对人的合法权益受到损害应承担行政赔偿责任，哪些行为不承担行政赔偿责任的问题。《国家赔偿法》用概括和列举相结合的方法，针对我国行政管理的实际情况，规定了应当承担行政赔偿责任的行为限于侵犯人身权和财产权的行为。这里的"行为"不仅包括职务行为，也包括与职务相关的行为。所谓"与职务相关的行为"，依据最高人民法院1997年4月29日发布的《关于审理行政赔偿案件若干问题的规定》的规定，"包括具体行政行为和与行政机关及其工作人员行使行政职权有关的，给公民、法人或者其他组织造成损害的，违反行政职责的行为"。行政机关工作人员行使与职权无关的个人行为，国家不承担赔偿责任。具体而言，我国行政赔偿的范围包括肯定范围与否定范围。

（一）承担行政赔偿的范围

《国家赔偿法》规定的承担行政赔偿的情形包括侵犯人身权和侵犯财产权两大类。

1. 侵犯人身权的行为。根据《国家赔偿法》第3条的规定，行政机关及其工作人员在行使职权时有下列侵犯人身权情形之一的，受害人有取得赔偿的权利：①违法拘留或者违法采取限制公民人身自由的行政强制措施的；

②非法拘禁或者以其他方法非法剥夺公民人身自由的；③以殴打、虐待等行为或者唆使、放纵他人以殴打、虐待等行为造成公民身体伤害或者死亡的；④违法使用武器、警械造成公民身体伤害或者死亡的；⑤造成公民身体伤害或者死亡的其他违法行为。

2. 侵犯财产权的行为。根据《国家赔偿法》第4条的规定，行政机关及其工作人员在行使职权时有下列侵犯财产权情形之一的，受害人有取得赔偿的权利：①违法实施罚款、吊销许可证和执照、责令停产停业、没收财物等行政处罚的；②违法对财产采取查封、扣押、冻结等行政强制措施的；③违法征收、征用财产的；④造成财产损害的其他违法行为。

（二）不承担行政赔偿的范围

根据我国《国家赔偿法》第5条的规定，属于下列情形之一的，国家不承担赔偿责任：①行政机关工作人员行使与职权无关的个人行为；②因公民、法人和其他组织自己的行为致使损害的；③法律规定的其他情形。

另外，最高人民法院《关于审理行政赔偿案件若干问题的规定》第6条规定："公民、法人或者其他组织以国防、外交等国家行为或者行政机关制定发布行政法规、规章或者具有普遍约束力的决定、命令侵犯其合法权益造成损害为由，向人民法院提起行政赔偿诉讼的，人民法院不予受理。"据此，国家行为和抽象行政行为也排除在行政赔偿范围之外。

六、行政赔偿请求人

行政赔偿请求人，是指因国家行政机关及其工作人员违法行使行政职权而遭受损害，依法请求国家予以赔偿的公民、法人和其他组织。

（一）公民

公民作为行政赔偿请求人包括以下两种情况。

1. 受害的公民本人。受害的公民本人因其合法权益受到行政机关及其工作人员违法行政行为的侵害，有权依法请求行政机关予以赔偿。当受害的公民是未成年人或者精神病人，无法有效适当地行使赔偿请求权时，其监护人可以作为赔偿请求人。监护人的范围依据《民法通则》的规定确定。

2. 受害公民的继承人和其他有抚养关系的亲属。如果受害的公民死亡，他的继承人和其他有抚养关系的亲属有权要求赔偿。有关继承人的范围和顺序，根据《继承法》的规定确定。其他有抚养关系的亲属，包括两种情形：一种是指继承人以外的由受害人抚养的无劳动能力的亲属；另一种则是指继承人以外的抚养受害人的亲属。

（二）法人和其他组织

法人和其他组织作为行政赔偿请求人包括以下两种情况。

1. 受害的法人和其他组织。受害的法人和其他组织因其合法权益受到行政机关及其工作人员违法行政行为的侵害，有权依法请求行政机关予以赔偿。

2. 受害的法人或者其他组织终止后，承受其权利的法人或者其他组织有权要求赔偿。法人或者其他组织终止后，法人或者其他组织就无法以自己的名义要求赔偿，这种情况下，由承受其权利的法人或者其他组织作为赔偿请求人。《关于审理行政赔偿案件若干问题的规定》第16条规定："企业法人或者其他组织被行政机关撤销、变更、兼并、注销，认为经营自主权受到侵害，依法提起行政赔偿诉讼，原企业法人或其他组织，或者对其享有权利的法人或其他组织均具有原告资格。"

七、行政赔偿义务机关

行政赔偿义务机关，是指代表国家处理赔偿请求、支付赔偿费用、参加赔偿诉讼的行政机关。我国的行政赔偿义务机关包括以下几类。

（一）实施侵害的行政机关

1. 行政机关违法行使行政职权侵犯公民、法人和其他组织的合法权益造成损害的，该行政机关为行政赔偿义务机关。

2. 行政机关的工作人员违法行使行政职权侵犯公民、法人和其他组织的合法权益造成损害的，该工作人员所在的行政机关为行政赔偿义务机关。

（二）法律、法规授予行政权的组织

法律、法规授予行政权的组织在行使被授予的行政权时，侵犯公民、法人和其他组织的合法权益造成损害的，被授权的组织为行政赔偿义务机关。当该组织在行使其固有职权或所授予的非行政权时侵犯公民、法人和其他组织的合法权益造成损害的，该组织并不能成为行政赔偿义务机关，因为此时并没有产生行政赔偿关系。

（三）委托的行政机关

受行政机关委托的组织或个人在行使受委托的行政权时，侵犯公民、法人和其他组织的合法权益造成损害的，委托的行政机关为赔偿义务机关。

（四）行政复议机关

行政复议机关只有在被复议的行政行为侵害了公民、法人和其他组织的合法权益造成损害，并因行政复议机关的复议决定加重了损害的情况下，才能成为行政赔偿义务机关，且仅对加重的损害部分承担赔偿责任。对于由最

初作出具体行政行为的行政机关所造成的损害,该行政机关为赔偿义务机关。

(五)赔偿义务机关被撤销后的赔偿义务机关

上述行政赔偿义务机关被撤销的,继续行使其职权的行政机关为赔偿义务机关;没有继续行使其职权的行政机关的,撤销该赔偿义务机关的行政机关为行政赔偿义务机关。

第二节 行政赔偿的程序

行政赔偿程序是行政赔偿请求人向行政赔偿义务机关请求行政赔偿,行政赔偿义务机关处理行政赔偿申请,以及人民法院解决行政赔偿纠纷的程序。行政赔偿程序包括行政程序和行政赔偿诉讼程序两部分。

一、行政程序

行政赔偿的行政程序是行政赔偿请求人向行政赔偿义务机关请求行政赔偿,行政赔偿义务机关单独处理行政赔偿申请的程序。

(一)行政赔偿请求人

行政赔偿请求人是合法权益受到行政机关及其工作人员违法行使行政职权行为的侵害,向有关国家机关请求赔偿的公民、法人或其他组织。行政赔偿请求人一般是受害人,具体分为以下几种情况。

1. 直接受害人。一般情况,可以申请行政赔偿的人应是直接受害人,包括行使职权的行为所直接指向的人以及受害人本人(自然人、法人和其他组织)。

2. 间接受害人。特殊情况下,间接受害人也可以成为行政赔偿请求人,具体包括两种情形:受害的公民死亡,其继承人和其他有抚养关系的亲属是间接受害人;受害的法人或其他组织终止,承受其权利的法人或其他组织是间接受害人。

(二)行政赔偿义务机关

行政赔偿义务机关是具体履行行政赔偿义务的机关。具体有以下几类。

1. 行政机关及其工作人员行使行政职权侵犯公民、法人和其他组织的合法权益造成损害的,该行政机关为赔偿义务机关。

2. 两个以上行政机关共同行使行政职权时侵犯公民、法人和其他组织的合法权益造成损害的,共同行使行政职权的行政机关为共同赔偿义务机关。

3. 法律、法规授权的组织在行使授予的行政权时侵犯公民、法人和其他组织的合法权益造成损害的，被授权的组织为赔偿义务机关。

4. 受行政机关委托的组织或者个人在行使受委托的行政权时侵犯公民、法人和其他组织的合法权益造成损害的，委托的行政机关为赔偿义务机关。

5. 赔偿义务机关被撤销的，继续行使其职权的行政机关为赔偿义务机关；没有继续行使其职权的行政机关的，撤销该赔偿义务机关的行政机关为赔偿义务机关。

6. 经复议机关复议的，最初造成侵权行为的行政机关为赔偿义务机关，但复议机关的复议决定加重损害的，复议机关对加重的部分履行赔偿义务。

（三）行政赔偿请求方式

行政赔偿程序的启动以赔偿请求人提出行政赔偿请求为前提，行政赔偿请求人可以以不同的方式向行政赔偿义务机关提出行政赔偿请求。

1. 单独式。单独式指受害人的请求仅限于赔偿，不涉及行政职权行为是否合法的审查。赔偿请求人要求赔偿，应当先向赔偿义务机关提出，赔偿义务机关不予赔偿或赔偿请求人对赔偿数额有异议时，赔偿请求人才可以向赔偿义务机关的上一级行政机关申请复议或向人民法院提起诉讼。

2. 一并提出赔偿请求。赔偿请求人在申请复议或提出行政诉讼时，要求确认行政机关的职权行为是否违法或要求撤销违法职权行为时，可以一并提出赔偿请求。一并提出赔偿请求后，复议机关或人民法院一般必须先确定行政机关的职权行为是否违法或撤销、变更该违法行为，然后审理赔偿问题。

3. 提出数项赔偿请求。赔偿请求人根据受到的不同损害，可以同时提出数项赔偿要求。

无论以何种方式提出行政赔偿，都应以书面形式进行。赔偿应当递交申请书，申请书应当载明下列事项：①受害人的姓名、性别、年龄、工作单位和住所，法人或者其他组织的名称、住所和法定代表人或者主要负责人的姓名、职务；②具体的要求、事实根据和理由；③申请的年、月、日。

赔偿请求人书写申请书确有困难的，可以委托他人代书；也可以口头申请，由赔偿义务机关记入笔录。赔偿请求人不是受害人本人的，应当说明与受害人的关系，并提供相应证明。赔偿请求人当面递交申请书的，赔偿义务机关应当当场出具加盖本行政机关专用印章并注明收讫日期的书面凭证。申请材料不齐全的，赔偿义务机关应当当场或者在5日内一次性告知赔偿请求人需要补正的全部内容。

赔偿请求人请求国家赔偿的时效为2年，自其知道或者应当知道国家机关及其工作人员行使职权时的行为侵犯其人身权、财产权之日起计算，但被羁押等限制人身自由期间不计算在内。在申请行政复议或者提起行政诉讼时一并提出赔偿请求的，适用行政复议法、行政诉讼法有关时效的规定。赔偿请求人在赔偿请求时效的最后6个月内，因不可抗力或者其他障碍不能行使请求权的，时效中止。从中止时效的原因消除之日起，赔偿请求时效期间继续计算。

行政赔偿义务机关收到请求赔偿的申请后，要对之进行审查。如果审查结果认为该申请符合赔偿条件，应立案受理，并应在收到申请之日起2个月内，对赔偿请求人按照国家规定的方式和标准进行赔偿。如果赔偿义务机关认为本机关并未给赔偿请求人造成损害，或者认为赔偿请求人主体不适格，以及被请求赔偿之损害事实不在《国家赔偿法》所规定赔偿范围内的，可以拒绝赔偿。

（四）行政程序的具体操作

赔偿请求人根据实际情况选择适合的方式提出赔偿请求。赔偿义务机关应当自收到申请之日起2个月内，作出是否赔偿的决定。赔偿义务机关作出赔偿决定，应当充分听取赔偿请求人的意见，并可以与赔偿请求人就赔偿方式、赔偿项目和赔偿数额进行协商。

赔偿义务机关决定赔偿的，应当制作赔偿决定书，并自作出决定之日起10日内送达赔偿请求人。赔偿义务机关决定不予赔偿的，应当自作出决定之日起10日内书面通知赔偿请求人，并说明不予赔偿的理由。

二、行政赔偿诉讼程序

行政赔偿诉讼是关于行政赔偿诉讼的法定程序。行政赔偿诉讼是指公民、法人或其他组织认为其合法权益受到行政机关及其工作人员违法行使职权行为的侵害，受害人向人民法院提起的要求赔偿义务机关给予行政赔偿的程序。依据《国家赔偿法》的规定，赔偿义务机关在规定期限内未作出是否赔偿的决定的，赔偿请求人可以自期限届满之日起3个月内，向人民法院提起诉讼。赔偿请求人对赔偿的方式、项目、数额有异议的，或者赔偿义务机关作出不予赔偿决定的，赔偿请求人可以自赔偿义务机关作出赔偿或者不予赔偿决定之日起3个月内，向人民法院提起诉讼。

（一）行政赔偿诉讼的特点

行政赔偿诉讼不同于普通的行政诉讼，具有以下特殊之处。

1. 行政赔偿诉讼行政赔偿诉讼可以调解。行政案件的审理不适用调解，但行政赔偿诉讼可以调解。因为行政赔偿诉讼所要解决的是受害人的人身权、财产权的损害赔偿问题，是可以自由处分的。人民法院可以就双方当事人之间因权利受损发生的赔偿争议进行调解，以达到解决赔偿争议的目的。

2. 行政赔偿诉讼举证责任合理分配。行政诉讼中由被告负举证责任，由人民法院审理行政赔偿案件，赔偿请求人和赔偿义务机关对自己提出的主张，应当提供证据。赔偿义务机关采取行政拘留或者限制人身自由的强制措施期间，被限制人身自由的人死亡或者丧失行为能力的，赔偿义务机关的行为与被限制人身自由的人的死亡或者丧失行为能力是否存在因果关系，赔偿义务机关应当提供证据。

（二）行政赔偿诉讼的提起和受理

根据《关于审理行政赔偿案件若干问题的规定》的规定，赔偿请求人单独提起行政赔偿诉讼，应当符合下列条件：①原告具有请求资格；②有明确的被告；③有具体的赔偿请求和受损害的事实根据；④加害行为为具体行政行为的，该行为已被确认为违法；⑤赔偿义务机关已先行处理或超过法定期限不予处理；⑥属于人民法院行政赔偿诉讼的受案范围和受诉人民法院管辖；⑦符合法律规定的起诉期限。

人民法院接到行政赔偿起诉状后，在7日内不能确定可否受理的，应当先予受理。审理中发现不符合受理条件的，裁定驳回起诉。当事人对不予受理或者驳回起诉的裁定不服的，可以在裁定书送达之日起10日内向上一级人民法院提起上诉。

（三）行政赔偿诉讼的审理和判决

根据《关于审理行政赔偿案件若干问题的规定》，原先在行政赔偿诉讼中对自己的主张承担举证责任。被告有权提供不予赔偿或者减少赔偿数额方面的证据。被告的具体行政行为违法但尚未对原告合法权益造成损害的，或者原告的请求没有事实根据或法律根据的，人民法院应当判决驳回原告的赔偿请求。人民法院对赔偿请求人未经确认程序而直接提起行政诉讼的案件，在判决时应当对赔偿义务机关的致害行为是否违法予以确认。

人民法院对单独提起的行政赔偿诉讼经过审理后，依法作出以下判决：①维持赔偿义务机关作出的赔偿处理决定；②改变赔偿义务机关作出的赔偿处理决定；③驳回赔偿请求人提出的赔偿请求。

第三节 行政赔偿方式和计算标准

一、行政赔偿的方式

行政赔偿的方式，是指国家承担行政赔偿责任的形式。从各国立法看，国家赔偿方式均以金钱赔偿为原则。《国家赔偿法》第32条规定："国家赔偿以支付赔偿金为主要方式。能够返还财产或者恢复原状的，予以返还财产或者恢复原状。"这一规定表明，我国行政赔偿采取的是以支付赔偿金为主，恢复原状和返还财产等为辅助的方式。

（一）支付赔偿金

支付赔偿金也称为"金钱赔偿"，即以货币支付的形式，在计算或估算损失程度后，给予受害者适当的赔偿。之所以将支付金钱作为行政赔偿的主要方式，是因为金钱赔偿具有很强的适应性，无论是对于人身自由、健康生命的损害，还是财产的毁灭损失，一般都可以通过计算或估价进行适当的赔偿。同时金钱赔偿在具体执行上比较简便易行，无论损害情况是简单还是复杂，损害结果较轻还是严重，采用金钱赔偿都可以根据实际损失的价值，按照法定的计算标准给予受害人一定额度的赔偿。

（二）恢复原状

恢复原状是指负有赔偿义务的机关根据被害人的愿望和要求恢复毁损发生之前的本来状态。《国家赔偿法》第36条第3款规定，"应当返还的财产损坏的，能够恢复原状的恢复原状"。一般来说，恢复原状可以给予受害人公正和充分的救济。无论受害人受到何种程度的损害，赔偿义务方都将尽可能恢复到原有水平的状态，这说明恢复原状是比较合理和公平的。但是，恢复原状在具体操作上比较复杂且须具备一定的条件。恢复原状须具备以下前提条件：

1. 需要有受害人的请求。当某一侵权损害案件已被国家有关部门确认为应予赔偿时，受害人应先行明确提出恢复原状的请求。

2. 侵权后客观上能恢复到原来的状态。恢复原状在具体操作上是比较复杂的，并非任何侵权损害都可以恢复到原来状态。因此，必须首先要了解需恢复标的原本状态及其详细情况，确定可以最终恢复到原来的状态时才能采用恢复原状作为赔偿方式。

3. 采用恢复原状方式给予赔偿，是符合法律规定条件的，不会造成违法结果。如果恢复原状的行为过程违反了法律的规定，并有可能造成违法结果，此种情况下不宜采用恢复原状的赔偿方式。

（三）返还财产

返还财产是指赔偿义务机关将违法占有或控制的受害人的财产返还给受害人的一种赔偿方式。《国家赔偿法》第36条第1款规定，"处罚款、罚金、追缴、没收财产或者违法征收、征用财产的，返还财产"。返还财产的优点是比较便捷易行，并可以使损害得到直接赔偿。但是，返还财产的赔偿方式，也需在一定的条件下才可适用：

1. 原物存在。原物如果已经毁损或者丢失，则无法实现返还。
2. 比金钱赔偿更便捷。如果返还原物的操作过程复杂，费时、费力、费钱，则不宜采用此种方式，而应考虑用金钱直接支付。
3. 不影响公务。如果返还原物在一定情况下会影响公务，就不能采用返还财产这一赔偿方式，而宜用金钱赔偿。
4. 消除影响、恢复名誉、赔礼道歉。违法行为侵犯公民、法人或其他组织的权益，并造成受害人名誉权、荣誉权损害，应在侵权行为影响的范围内，为受害人消除影响、恢复名誉、赔礼道歉。
5. 支付精神损害抚慰金。违法行为致人精神损害造成严重后果的，应当支付相应的精神损害抚慰金。

在上述赔偿方式中，赔偿义务机关一般都以其中某一种具体方式实施赔偿。但在某些情况下，如果单独采用某一种赔偿方式不足以弥补受害者的损失时，则赔偿义务机关可能合并使用上述行政赔偿方式。

二、行政赔偿的计算标准

（一）确定行政赔偿标准的原则

行政赔偿标准的确定是一个比较复杂的问题。世界上大多数国家一般都根据本国的实际情况加以确定。总体看来，各国奉行的确定赔偿标准的原则一般有以下三种。[①]

1. 惩罚性原则。是指侵权方的赔偿除弥补受害人所蒙损害的费用外，还要付出对自己违法行政行为应负责任的惩罚费用，即赔偿费用等于损失费用加上惩罚费用。也就是说，国家赔偿额对侵权人具有惩罚性。这一原则下的赔偿费用较高，大多是发达国家所采取的原则。

---

① 皮纯协、何寿生编著：《比较国家赔偿法》，中国法制出版社，1998年版，第172~173页。

2. 补偿性原则。是指赔偿费用能够弥补受害人所受的实际损害，即赔偿费用等于实际损失费用。按照这一原则，国家赔偿额对侵权人不具有惩罚性，其赔偿范围基本上与民法上的赔偿范围一致。

3. 慰抚性原则。这一原则认为行政赔偿不可能对受害人的实际损失实行充分救济，行政机关本身的性质决定了行政赔偿额以慰抚受害人为目的，不足以弥补受害人的全部损失。这一原则之下的赔偿费用的最高限额限制在实际所受损失额，且一般低于实际所受损失额。

我国确定行政赔偿标准的原则是，既要使受害者所受到的损失能够得到适当弥补，也要考虑国家的经济和财力能够负担的状况。从《国家赔偿法》的规定来看，我国行政赔偿标准所依据的原则基本上是慰抚性的，这就排除了适用损益相抵原则的可能性，因为损益相抵是与全部赔偿原则联系在一起的。但根据《国家赔偿法》的规定，我国行政赔偿标准确定的慰抚性原则与过错相抵原则在实践中应结合适用。

（二）行政赔偿的计算标准

1. 侵犯人身自由的赔偿标准。根据《国家赔偿法》第33条的规定，侵犯公民人身自由的，每日的赔偿金按照国家上年度职工日平均工资计算。

2. 侵犯公民生命健康权的赔偿标准。根据《国家赔偿法》第34条的规定，侵犯公民生命健康权的赔偿，赔偿金按照下列规定计算：①造成身体伤害的，应当支付医疗费、护理费，以及赔偿因误工减少的收入。因减少收入赔付的每日的赔偿金按照国家上年度职工日平均工资计算，最高额为国家上年度职工年平均工资的5倍。②造成部分或者全部丧失劳动能力的，应当支付医疗费、护理费、残疾生活辅助用具费、康复费等因残疾而增加的必要支出和继续治疗所必需的费用，以及残疾赔偿金。残疾赔偿金根据丧失劳动能力的程度，按照国家规定的伤残等级确定，最高不超过国家上年度职工年平均工资的20倍。造成全部丧失劳动能力的，对其扶养的无劳动能力的人，还应当支付生活费。③造成死亡的，应当支付死亡赔偿金、丧葬费，总额为国家上年度职工年平均工资的20倍。对死者生前扶养的无劳动能力的人，还应当支付生活费。生活费的发放标准，参照当地最低生活保障标准执行。被扶养的人是未成年人的，生活费给付至18周岁止；其他无劳动能力的人，生活费给付至死亡时止。

3. 侵犯公民、法人和其他组织财产权的赔偿标准。根据《国家赔偿法》第36条的规定，侵犯公民、法人和其他组织的财产权造成损害的，按照下列规定处理。

(1) 处罚款、罚金、追缴、没收财产或者违法征收、征用财产的，返还财产。

(2) 查封、扣押、冻结财产的，解除对财产的查封、扣押、冻结，造成财产损害或者灭失的，能够恢复原状的恢复原状，不能恢复原状的，按照损害程度给付相应的赔偿金；应当返还的财产灭失的，给付相应的赔偿金。

(3) 应当返还的财产损害的，能够恢复原状的恢复原状；不能恢复原状的，按照损害程度给付相应的赔偿金。

(4) 应当返还的财产灭失的，给付相应的赔偿金。

(5) 财产已经拍卖或者变卖的，给付拍卖或者变卖所得的价款；变卖的价款明显低于财产价值的，应当支付相应的赔偿金。

(6) 吊销许可证和执照、责令停产停业的，赔偿停产停业期间必要的经常性费用开支。

(7) 返还执行的罚款或者罚金、追缴或者没收的金钱，解除冻结的存款或者汇款的，应当支付银行同期存款利息。

(8) 对财产权造成其他损害的，按照直接损失给予赔偿。

三、行政赔偿费用

行政赔偿费用，是行政赔偿义务机关依照《国家赔偿法》的规定向赔偿请求人支付的各种费用。行政赔偿属于国家赔偿，赔偿费用应由国家承担。《行政诉讼法》第69条规定："赔偿费用，从各级财政列支。"《国家赔偿法》第37条规定："赔偿费用列入各级财政预算。"

国务院于1995年制定的《国家赔偿费用管理办法》中就对国家赔偿费用作了详细规定。2011年施行的《国家赔偿费用管理条例》第3条规定："国家赔偿费用由各级人民政府按照财政管理体制分级负担。各级人民政府应当根据实际情况，安排一定数额的国家赔偿费用，列入本年度财政预算。当年需要支付的国家赔偿费用超过本级年度财政预算安排的，应当按照规定及时安排资金。"

赔偿请求人要求国家赔偿的，赔偿义务机关、复议机关和人民法院不得向赔偿请求人收取任何费用。对赔偿请求人取得的赔偿金不予征税。

第四节 行政追偿

行政追偿，是指行政赔偿义务机关向受害人赔偿损失后，责令有故意或重大过失的工作人员或者受委托的组织或个人,承担部分或全部赔偿费用的制度。

行政追偿的成立条件如下:

1. 前提条件。必须有违法行政行为导致合法权益受损害。

2. 客观条件。行政赔偿义务机关已向受害人实际履行了赔偿义务。这里的实际履行赔偿义务是指行政赔偿义务机关向受害人实际支付了赔偿费用。如果赔偿义务机关只是返还财产、恢复原状或者消除影响、恢复名誉、赔礼道歉,并没有实际支出赔偿费用,就不能行使追偿权。

3. 主观条件。被追偿人违法行使行政职权时在主观上必须存在重大过错,即故意或重大过失。由于我国国家赔偿的归责原则采用的是违法原则,因此主观过错对于国家是否应承担赔偿责任没有决定性的意义。

【复习思考题】

1. 简述行政赔偿的构成要件。
2. 判断某一行政机关是否是行政赔偿义务机关,应该从哪几个方面分析?举例说明。
3. 行政赔偿程序有哪些?
4. 请结合实际,谈谈我国现行的行政赔偿制度存在哪些不足?

【引导案例解析】

《国家赔偿法》第2条规定:"国家机关和国家机关工作人员行使职权,有本法规定的侵犯公民、法人和其他组织合法权益的情形,造成损害的,受害人有依照本法取得国家赔偿的权利。"本案中主要的问题是确定被告卢氏县公安局的行为是否属于《国家赔偿法》规定的行政赔偿范围。

在案件审理过程中,原告尹琛琰提供的证据有:证人吴古栾、程新发、任春风书面证言及卢氏县公安局卢公字(2002)68号文件,证明卢氏县公安局接到报警后不出警行为的存在;起诉前递交卢氏县公安局的申请材料一份;"工艺礼花渔具门市部"证明自己损失数额的发票3张。被告卢氏县公安局辩称:"110指挥中心"接到报案后未出警是事实,但对原告尹琛琰主张的损失数额有异议。请求法院划清其承担损失的责任。

人民法院经审理认为:尹琛琰门市部的财产损失,是有人进行盗窃犯罪活动直接造成的,卢氏县公安局没有及时依法履行查处犯罪活动的职责,使尹琛琰有可能避免的财产损失没能得以避免,故应对盗窃犯罪造成的财产损失承担相应的赔偿责任。尹琛琰的门市部发生盗窃时,尹琛琰没有派人值班或照看,对财产由于无人照看而被盗所造成的损失,也应承担相应的责任。判决卢氏县公安局赔偿尹琛琰25 001.5元损失的50%,即12 500.75元。

《人民警察法》第2条规定:"人民警察的任务是维护国家安全,维护社会治安秩序,保护公民的人身安全、人身自由和合法财产,保护公共财产,预防、制止和惩治违法犯罪活动"。第21条规定:"人民警察遇到公民人身、财产安全受到侵犯或者处于其他危难情形,应当立即救助;对公民提出解决纠纷的要求,应当给予帮助;对公民的报警案件,应当及时查处"。依法及时查处危害社会治安的各种违法犯罪活动,保护公民的合法财产,是公安机关的法律职责。被告卢氏县公安局在本案中,两次接到群众报警后,都没有按规定立即派出人员到现场对正在发生的盗窃犯罪进行查处,不履行应该履行的法律职责,其不作为的行为是违法的,该不作为行为相对原告尹琛琰的财产安全来说,是具体的行政行为,且与门市部的货物因盗窃犯罪而损失在法律上存在因果关系。因此,尹琛琰有权向卢氏县公安局主张赔偿。原告尹琛琰主张的损失数额,有合法的依据,被告卢氏县公安局虽然对具体数额表示怀疑,但由于没有提供相关的具体证据予以否认,因此,对尹琛琰主张的财产损失数额应予以认定。

【练习案例】

2001年1月8日晚,陕西省泾阳县公安局蒋路乡派出所以麻旦旦涉嫌卖淫为由将其口头传唤到派出所,到所后办理了传唤证。在麻旦旦不承认有卖淫行为的情况下,派出所聘用司机胡安定、民警王海涛、所长彭亮等人对麻旦旦有殴打行为,并用手铐将麻旦旦铐在所内篮球架下,1月9日晚7时,麻旦旦被非法讯问23小时后被释放。同一天,泾阳县公安局出具了一份《治安管理处罚裁决书》,该裁决书以"嫖娼"为由决定对麻旦旦拘留15日。裁决书上,麻旦旦的性别被写成男性,落款的日期居然是2001年2月9日。如此荒唐的裁决使麻旦旦非常生气,遂向咸阳市公安局提出行政复议申请。2月6日,麻旦旦在咸阳市公安局的要求下,在咸阳215医院作了医疗鉴定,结果证明处女膜完好无损。2月9日,公安局又将麻旦旦送至咸阳市第二人民医院再次检查,鉴定结果与第一次相同。

麻旦旦2月13日以咸阳市公安局作为被告、泾阳县公安局为第三人,向咸阳市中级人民法院提起行政诉讼。2月16日咸阳市中级人民法院指定由咸阳市秦都区人民法院受理。后者于3月20日公开开庭审理此案,5月9日作出一审判决：确认被告泾阳县公安局传唤原告麻旦旦并限制其人身自由23小时的具体行政行为违法；确认被告泾阳县公安局对原告麻旦旦使用械具行为违法；确认被告咸阳市公安局委托医院对原告麻旦旦做医学鉴定的具体行政行为违法。自判决生效后10日内，被告泾阳县公安局向原告麻旦旦支付人身自由损害赔偿金74.66元；赔偿原告医疗费1 354.34元及误工损失费；驳回原告麻旦旦其他诉讼请求。

原告对一审判决不服，当庭表示要上诉。7月18日，咸阳市中级人民法院对此案开庭审理。二审法院认为，咸阳市、泾阳县两级公安局的行政违法行为给麻旦旦造成了一定精神损害，泾阳县公安局应在其侵权范围内为麻旦旦消除影响、恢复名誉、赔礼道歉；麻旦旦提出的500万元精神损害赔偿的请求不符合国家赔偿法规定，请求公安机关在媒体上公开赔礼道歉也没有事实依据，不予支持。遂判决如下：确认泾阳县公安局对麻旦旦讯问时使用械具并殴打、限制其人身自由的行政行为违法；确认咸阳市公安局委托医院对麻旦旦做医学鉴定的具体行政行为违法；自判决书生效后10日内，泾阳县公安局支付麻旦旦违法限制其人身自由两天的赔偿金74.66元，赔偿麻旦旦医疗费1 671.44元，交通、住宿费669.50元，180天误工费6 719.40元，共计9 135元整。一审及二审诉讼费用360元由两级公安局承担。

问题：请结合相关法律知识，对该案件所涉的行政机关行为以及法院的判决进行分析。

第十章 行政复议

【引导案例】

2000年8月3日,西安市张某和王某将陕西省人民政府告上法庭。理由是:根据陕西省人民政府1998年2月9日以陕政发(1998)4号文件形式下发的《陕西省人民政府关于印发对宾馆、饭店、娱乐场所等行业征收帮困基金暂行办法的通知》的有关规定,电信部门在收取手机电话费时,向每部手机用户每月代收10元帮困基金的行为,侵犯了其合法权益。2000年11月10日,受理此案的西安市中级人民法院裁定驳回起诉。理由为,陕政发(1998)4号文件是具有普遍约束力的规范性文件,属于抽象行政行为,人民法院不予受理。但围绕法院的裁定是否恰当和当事人是否能够通过行政复议途径解决引发了热烈讨论。

第一节 行政复议概述

一、行政复议的概念

所谓行政复议,是指行政相对人认为行政主体的具体行政行为侵犯其合法权益,依法请求上一级行政机关或其他法定复议机关重新审查该具体行政行为的合法性、适当性,行政复议机关依照法定程序对被申请的具体行政行为进行审查,并作出决定的一种法律制度。

以上关于行政复议的概念可以从以下几方面予以理解:

第一,行政复议是因行政相对人申请而进行的。行政复议机关在收到作为行政相对人的公民、法人或其他组织的申请后,决定是否进行立案,进而进行审理并作出处理决定。如果没有行政相对人的申请,则不会开始行政复议程序。

第二，行政复议是行政机关进行的行政行为。行政复议机关是法律规定的管辖复议案的行政机关，一般是作出被申请行政行为的行政机关的上一级行政机关或者作出被申请行政行为的行政机关所属的人民政府，法律也规定在一定情况下作出被申请行政行为的行政主体作为复议机关。复议机关进行的复议活动，属于具体行政行为。

第三，行政复议的审查范围是对行政机关的具体行政行为的合法性审查和合理性审查。这和行政诉讼的司法审查不同，人民法院在行政诉讼中只能对具体行政行为的合法性进行审查。《中华人民共和国行政复议法》（简称《行政复议法》）第1条规定："为了防止和纠正违法的或者不当的具体行政行为，保护公民、法人和其他组织的合法权益，保障和监督行政机关依法行使职权，根据宪法，制定本法。"其中"违法的或者不当的"规定，即表明了行政复议的审查范围。

第四，行政机关的具体行政行为是指广义的行政机关的行政行为，广义的行政机关既包括组织法上规定的行政机关，也包括法律法规授权的以自己的名义进行行政活动的组织。

第五，行政复议主要是对具体行政行为进行审查。具体行政行为是行政主体作出的，直接影响特定行政相对人的权利利益的行为。作为行政机关作出的具体行政行为依据的抽象政行为，如果属行政立法行为，不能提起行政复议。但《行政复议法》第七条规定，对一定的抽象行政行为，可以在对具体行政行为申请复议的同时，一并提出对该规定进行审查的申请。

第六，行政复议是关于权利救济和对行政监督的一种法律制度。行政复议法律制度，包括法律关系主体的权利义务、复议程序、处理权限、不服的司法救济等一系列法律制度。

行政复议是在世界大多数国家普遍建立的一项行政救济制度，但各国对行政复议的称谓并不一致。如法国称为"行政救济"，德国称为"声明异议程序"，日本称为"行政不服审查"，韩国和我国台湾地区则称为"诉愿"。

在《行政复议条例》颁布之前，我国规定行政复议的法律、法规和规章很多，但名称并不统一，如《治安管理处罚条例》把复议称为"申诉"，其他的称谓包括"复核""复审""复查""复验""再审查""再异议"等等。早期行政法学界对行政复议制度也有不同的认识和称谓，相当一部分学者因为行政复议制度和行政诉讼制度一样具有解决行政争议的性质，而对两种制度不加区分，行政复议制度被作为广义的行政诉讼制度来看待。也有的学者提出了"行政复查"的学术概念，以区别于行政诉讼。1989年颁布的《行政诉讼法》对这两种制度作了区分，并对两项制度相衔接的有关问题作了具体规定，明确使用了"复议"和"复议机关"的概念，对统一和规范行政复议制度起到了重要的导向作用。此后，行政法学界趋向于统一使用"行政复议"的概念。1990年《行政复议条例》正式颁布，"行政复议"概念从学术研究到制度规范层面得以全面确立。

二、行政复议的性质与特征

（一）行政复议的性质

由于行政复议兼具多方面的属性，学者们从不同的角度对行政复议的性质有不同的认识和概括。有的学者认为，行政复议是一种纯行政性活动，是行政机关按照行政上下级监督关系，直接地、单方面行使行政权力的行为。有的学者认为，行政复议是由特定的行政机关进行的一种司法性活动，是行政司法行为。还有的学者将行政复议归结为对行政进行监督和救济的行为，认为行政复议属于行政法制监督的范畴。这些观点，都从不同层面揭示了行政复议的属性。我们认为，行政复议的性质，可以从以下几个方面来认识和把握：

1. 行政复议是具有一定司法性的行政行为。行政复议首先是一种行政行为。因为行政复议机关享有行政主体的地位，复议机关所行使的复议权也是基于行政系统内部上下级领导关系而产生的层级监督权，是行政职权的组成部分，复议机关所作出的复议决定具有行政法律效力。这些特性表明，行政复议符合行政行为的所有要件，是一种典型的行政行为。

但是，行政复议又具有不同于其他行政行为的司法属性：第一，行政复议与行政诉讼一样，所要处理和解决的都是行政争议，都是行政争议和行政纠纷的解决机制；第二，与行政诉讼相同，在行政复议中也具有三方法律关系，即行政争议的双方当事人（作为行政复议申请人的行政相对人和作为被申请人的行政机关）和行政复议机关。复议机关作为行政争议的裁决者，是独立于双方当事人的第三方，具有类似于法官的相对超然的法律地位；第三，行政复议采用某些司法和"准司法"程序对行政争议进行审查和裁决。

由于行政复议兼具"行政"的和"司法"的属性，很多学者将行政复议行为定性为一种行政司法行为[1]。

---

[1] 如皮纯协主编，《中国行政法教程》，中国政法大学出版社，1988年版；应松年、朱维究主编，《行政法与行政诉讼法教程》，中国政法大学出版社，1989年版等。

2. 行政复议是行政系统内部对行政进行监督和救济的制度。在行政法学研究中，通常区分"行政监督"（一种行政行为）和"监督行政"（一种对行政行为进行监督的行为）。而行政复议由于监督主体和监督对象都是行政主体，所以它兼具了这两种行为的特性。一方面，从复议机关的角度看，行政复议是一种由行政主体所实施的具有监督属性的行政行为，是由上级行政机关对下级或者所属的行政机关作出的违法或者不当的具体行政行为实施的一种监督和纠错行为。另一方面，从被监督的行政机关的角度看，行政复议又是为防止行政违法和不当的发生而在行政系统内部所设置的一种监督制度，是国家行政法制监督的重要组成部分。对于行政相对人而言，这种监督行政的制度又是一种重要的行政救济制度。

（二）行政复议的特征

上述关于行政复议性质的概括，一定程度上揭示了行政复议与其他行政行为和行政诉讼制度的区别和联系，行政复议的特征还可以从以下几方面进一步认识：

行政复议的审查对象主要是具体行政行为的合法性与适当性，并附带审查部分抽象行政行为。行政主体作出的行政行为可以分为具体行政行为和抽象行政行为，具体行政行为如行政征收、行政处罚、行政强制、行政许可等；抽象行政行为如制定和发布行政法规、规章和其他规范性文件等。我国行政复议以具体行政行为作为审查对象，并附带审查部分抽象行政行为，如国务院部门的规定、县级以上地方各级政府及部门的规定、乡镇政府的规定等。

1. 行政复议解决的是行政争议。行政争议是指行政主体在行政管理过程中，行使行政权进行具体行政行为而与特定的行政相对人发生的争议。这种争议的核心是该具体行政行为是否合法、适当。这与法院的审理范围包括民事、行政、刑事争议的广泛性有很大不同。

2. 行政复议以具体行政行为为审查对象，并附带审查部分抽象行政行为。根据行政复议法的规定，行政相对人只能对具体行政行为提出复议申请，但可以对作为被审查的具体行政行为依据的部分特定的抽象行政行为附带进行审查。

3. 行政复议以合法性和合理性（适当性）为审查标准。在行政复议中，行政复议机关不仅要审查具体行政行为的合法性，也要审查具体行政行为的适当性。这与行政诉讼只对具体行政行为的合法性进行审查是不同的。这种区别的主要原因在于这两种审查权的性质和来源不同。在行政复议中，复议机关的审查权是基于行政系统内部上下级领导关系而产生的，它仍然是一种行政权，是行政系统内部上级对下级的一种监督权，更是一种领导和指挥权。因而它可以对行政行为的合法性与适当性进行全面审查，不仅可以撤销违法的行政行为，也可以变更不适当的行政行为。而行政审判权则是基于国家司法权和行政权的分工和制约而产生的外部监督权，它只能就具体行政行为的合法性进行审查，作出裁断，可以撤销违法的行政行为，原则上不能干预属于行政自由裁量权范围内的合理性问题，不能代替行政机关作出行政决定。

4. 行政复议原则上采取书面审查方式，但当事人申请或复议机关认为必要时，复议机关可以决定调查取证，当面听取申请人、被申请人及第三人意见。这与法院审理案件必须开庭审理，原则上公开、不公开作例外的审判制度正好相反。行政复议采用书面审查方式的目的，在于确保行政复议必要的行政效率，所以行政复议程序不能照搬诉讼程序。

5. 行政复议采取一级复议制，决定以书面作出。复议案件除法律规定终局的以外，当事人可以提起行政诉讼，但不能再向上级复议机关提出复议申请，这与法院审判案件的二审终审制不同。复议机关作出复议决定必须以书面作出，并且要依法送达方能生效，这与行政机关的一般行政行为的形式也多有不同，例如，行政机关的其他行政行为有的并没有规定作出行政行为的形式。

三、西方主要国家行政复议制度概况

从总体上说，行政复议制度是近代资产阶级民主政治发展的产物，是为了弥补司法审查制度效率低下的不足，发挥行政裁决比司法裁判更为廉价、更为方便、更为迅速的优势，实现对行政行为的有效控制而产生的。行政复议制度普遍存在于世界各国的法律体系中，但称谓和内容却各不相同。下面我们选取西方主要国家与行政复议相近似的制度作一下介绍。

（一）英国的行政裁判所制度

在英国，类似行政复议的制度是行政救济，主要包括部长救济和行政裁判所救济。部长救济受分散的法律调整，但程序性较差，具有较大的随意性。

在英国，行政裁判所制度是因19世纪后行政争议数量急剧增加、专业性增强、普通法院难以及时处理而设立的。最早的裁判所是建立于1846年的"铁路专员公署"。行政裁判所都是根据议会制定的法律设立的，不属于普通法院系统，在组织上与行政机关相联系，在活动上则保持独立性。各裁判所由精通法律和具有行政经验的人士组成，裁决案件适用具有司法性质的行政裁判程序。由于行政裁判的程序方便，迅速，费用低，且裁判所的成员具有专门的知识，善于解决行政纠纷，因而获得了较大的发展。为了统一对各行政裁判所的管理，英国议会于1958年和1971年两次颁行《行政裁判所与调查法》，对行政裁判所的组成原则、基本程序、上诉及司法审查等作了规定，同时决定设立全国裁判所委员会，以监督、协调行政裁判所的工作。

（二）美国行政复议和裁判制度

在美国，根据司法审查中的"成熟原则"和"穷尽原则"的要求，受指控的行政行为必须发生了事实上的而不是假定的影响，时间才算成熟，而且行政争议当事人必须在"穷尽"了行政机关的所有救济之后才被允许提起行政诉讼（司法审查），因此，几乎所有的行政争议在诉诸法院解决之前，都必须经过行政机关的行政复议或行政裁判机构的裁决。可见美国的行政复议和行政裁判是与司法审查制度密切相关的制度，在解决行政争议机制中具有重要作用。

1946年制定的《美国联邦行政程序法》对行政复议也有明确规定。根据该法，当事人不服行政机关的初审裁决，均可提起行政上诉。上诉不是向上级行政机关提出，一般是向原机关的行政首长或专门机构提出。该法还规定了类似于英国的行政裁判所的"独立管制机构"的制度。这些机构通常拥有裁决特定行政纠纷的权力。

（三）法国的行政复议制度

法国的行政复议制度主要包括善意救济和层级救济。所谓善意救济，又称原行政机关的自我监督，是指行政行为的受害人向原行政机关提出，请求撤销或变更原行政行为。所谓层级救济，又称上级行政机关监督，是指行政行为的受害人向作出行政决定的行政机关的上级机关申请救济的活动。

（四）德国的异议审查制度

一般认为，德国的异议审查制度就是行政复议制度。该制度建立于联邦德国成立之后，是在废除旧德国的诉愿制度的基础上，把诉愿和声明异议合并而成的。在新的制度中，当事人对行政主体的行政处分不服时，可以先向原处分机关提出，请求审查，这称为声明异议。如果原机关认为请求有理由，则给予救济；如果认为请求没有理由，该请求可移送上级机关或其他有管辖权的机关进行再审查，这称为诉愿。如果异议人对该上级机关的决定仍然不服，便可以向行政法院提起行政诉讼。根据《德国行政法院法》，当事人在向行政法院提起撤销之诉和承担义务之诉之前，必须经过异议审查程序。也就是说，在行政复议和行政诉讼的关系上，实行复议前置原则。

（五）日本的行政不服审查制度

在日本，与行政复议制度相类的制度为行政不服申诉制度，包括行政不服审查、行政裁判和苦情处理。

日本的行政不服审查制度可以追溯到 1876 年公布的《诉愿法》。该法于 1962 年废止，被《行政不服审查法》所取代。根据该法，行政不服审查共有三种：一是审查请求，是指当事人向处分厅以外的行政厅提出不服申诉；二是异议申诉，是指当事人向原处分厅提出的不服申诉；三是再审查请求，是指当事人对经过审查请求作出裁决后提出的不服申诉。其中后两者是日本行政不服申诉制度的核心。

日本的行政裁判是在二战后模仿美国的"独立管制机构"制度而建立的，并根据分散的法律规定而设置。由于这种制度不太适合日本的社会状况，只有公正交易委员会和劳工委员会等少量行政裁判机构保存下来。而日本的苦情处理程序则是一种非正式程序，类似于中国的信访制度。

四、我国行政复议制度的历史发展

旧中国行政复议制度始于辛亥革命之后。《中华民国约法》第 8 条规定："人民依法律所定，有请愿于行政官署及陈述于平政院之权。" 1930 年，国民政府公布施行了《诉愿法》，确立了行政复议制度（诉愿制度）。根据该法规定，行政相对人因行政官署违法或不当处分致其权利受到损害时，可以向原官署或上级官署请求撤销或变更原处分。这种诉愿分为诉愿和再诉愿两级，不服再诉愿的可以提起行政诉讼。但是，旧中国虽然在形式上规定了行政复议制度，但并未真正实施，作用极其有限。此后此法经多次修订，目前仍在我国台湾地区有效。

新中国成立初期，我国制定的许多法律、法规都对行政复议作了规定。1950 年 11 月 15 日，经政务院批准，财政部发布的《财政部设立财政检查机构办法》第 6 条规定，"被检查的部门，对检查机构的措施认为不当时，得具备理由，向其上级检查机构申请复核处理"。这是建国后最早规定行政复议制度的规范性文件。1950 年 12 月 15 日政务院通过的《税务复议委员会组织通则》第一次在法规上正式出现了"复议"两字。政务院还同时通过了另一个有关行政复议的法规，即《印花税暂行条例》。该条例第 21 条明确规定：被处罚人不服税务机关之处罚，得于 5 日内提请复议或向上级税务机关申诉。1950 年以后，涉及行政复议的法规日益增多，复议的范围和领域不断扩大。行政复议制度有了一定的发展，如 1957 年的《治安管理处罚条例》、《国境卫生检疫条例》和1958年的《农业税条例》等一系列法律、法规对复议的规定更加明确。这一时期的复议决定均为终局决定，当事人不能对复议决定提起诉讼。

从20世纪60年代到70年代后期，由于"左"的思想和法律虚无主义的影响，行政法制建设基本停顿，行政复议制度也几乎消失。在这近20年间，仅有1971年交通部发布的《海损事故调查和处理规则（试行）》一部规范性文件涉及行政复议。

1979年后，随着民主与法制建设的加强，行政复议制度得到了迅速发展。特别是1989年后，行政诉讼制度的全面建立对于促进和规范行政复议制度起到了非常积极的推动作用。截止到1990年底《行政复议条例》正式颁布前，我国已有100多个法律、法规和规章规定了行政复议制度。地方性法规也有许多规定了这项制度。

1990年12月24日国务院颁布了《行政复议条例》，结束了长期以来行政复议仅靠各个单行法律、法规分散规定的局面，在全国范围内建立起了相对统一的行政复议机构，规定了统一的行政复议规则和程序，标志着我国行政复议制度的全面建立。1994年10月9日，国务院对《行政复议条例》就复议范围和管辖等进行了修订。1999年4月29日九届人大常委会通过了《行政复议法》，自同年10月1日起正式实施。规定行政复议制度的基本规范从行政法规上升为法律，标志行政复议制度的发展又上了一个新的台阶。复议法与复议条例相比，增加了很多新的内容，使得我国的行政复议制度更加成熟、规范和科学。

五、行政复议的基本原则

行政复议的基本原则，是指贯彻在行政复议过程中，对行政复议具有普遍指导意义的基本准则。根据《行政复议法》第四条规定，行政复议应当遵循以下基本原则。

（一）合法原则

合法原则，是指行政复议机关进行行政复议活动必须主体合法，符合法定程序，符合权限规定，作出处理决定以事实为根据、以法律法规为准绳。主体合法是行政复议合法性的基本要求，受理行政复议案件的行政机关必须是法律、法规规定的行政复议机关，并且在法定的权限内管辖行政复议案件。程序合法要求进行复议的过程必须符合法定的程序，对行政复议法以及其他有关法律、法规作出的程序规定，行政复议机关必须遵守，以确保行政复议程序的合法性。行政复议机关受理案件及作出处理决定必须符合法律、法规及规章规定的权限，不能超越其权限范围。作出处理决定，必须在查明事实的基础上，认定具体行政行为是否合法与适当，并且根据法律、法规以及规章的规定作出处理。

（二）公正原则

公正原则，是指行政复议机关对被申请的具体行政行为进行审查时既要审查其合法性，又要审查其合理性，作出客观公正的处理决定。由于被申请的具体行政行为多数是依据行政自由裁量权作出的处理，如果行政复议不深入审查被申请的具体行政行为的合理性，有时难以达到行政复议的目的。所以，行政复议不仅要考察该行政行为的合法性，还应当认真审查其合理性，以使作出的复议处理决定客观公正，达到以行政复议保障公民、法人及其他组织的合法权益的目的。这一原则的基本要求是：

1. 行政复议机关应当从合法性和合理性两个层面审查被申请的具体行政行为。如果具体行政行为不合法或不合理，可以作出撤销、变更或确认违法的决定。

2. 行政复议机关应当本着对行政相对人、被申请的行政机关以及第三人高度负责的精神，深入细致地查明与案件有关的必要事实，作出准确的认定；对被申请的具体行政行为所适用的法律、法规等条款，作出客观公正的理解和正确的适用。

3. 行政复议机关应当正当、合理地行使复议自由裁量权。这是作出公正、合理的行政复议决定的基本保证。

（三）公开原则

公开原则，是贯穿在行政复议程序中的一个重要规则，是行政民主的必然要求，对保证行政复议决定的正确处理非常必要。公开原则要求行政复议机关在行政复议过程中，要尽量公开进行，以使行政复议的申请人、被申请人以及第三人了解有关情况，监督行政复议进行，消除误解。行政复议机关在申请人、第三人的请求下，公开与行政复议案件有关的一切材料，确保申请人和第三人有效地参与行政复议程序。除涉及国家秘密、商业秘密和个人隐私的案件以外，与复议有关的法律依据、证据材料及其他有关材料应当向行政复议申请人及第三人公开，允许其查阅复制；要给予当事人充分的机会陈述意见、互相质证，以使当事人能够充分行使程序上的权利、了解有关情况；处理结果必须以法定形式通知和送达有关的当事人。贯彻公开原则，是确保行政复议合法、公正的基本条件，也是防止行政复议权滥用的最好手段。

(四) 及时原则

及时原则，是行政效率原则在行政复议中的具体要求，是指行政复议机关应当在法律规定的期限内，尽快完成复议案件的审查，并及时作出行政复议决定。行政复议作为一种权利救济手段，具有司法性质，要体现公正；同时又属于行政行为，要符合行政特点，要符合行政效率的要求。及时原则主要要求行政复议机关应当严格遵守法定的期限，确保每个行政复议决定都能在法定的期限内完成，如果法律规范没有明确规定期限，行政复议机关则应当尽快完成行政复议行为。行政复议机关在法定时限内不能作出行政复议裁决的，应当依法定程序报行政复议机关负责人批准延长审理期限。行政复议机关违反法定期限规定的，应当承担相应的法律责任。行政复议当事人也应当遵守法定的期限规定，如在规定期限内没有主张程序上的权利，则将影响或丧失该权利。行政复议机关也应当要求和督促当事人在法律法规规定的时限内，完成有关的程序行为及主张有关的权利。

(五) 便民原则

便民原则，是指行政复议机关应当在行政复议过程中，尽可能地为行政复议当事人，特别是为作为行政相对人的申请人及第三人行使各项权利提供必要的便利，以保证公民、法人及其他组织利用行政复议制度实现对合法权益的救济。这一原则的主要要求是：第一，有关行政复议的规定应当尽可能地考虑为申请人提供复议的便利。比如，实行一级复议制，减少上一级行政机关管辖行政复议案件的规定；不向申请人收取行政复议费用等。第二，行政复议机关应当在法定范围内为当事人提供进行复议活动的便利条件，例如，对不能提供书面申请的相对人，允许以口头方式向行政复议机关提出复议申请等。

第二节 行政复议范围

一、行政复议范围概述

行政复议范围，是指行政机关受理行政复议案件的范围。就行政相对人而言，行政复议范围要解决的是对哪些行政行为不服，可以依法向行政复议机关请求申请复议。

行政复议作为一种行政救济手段，其范围大小直接关系到其价值与功能的实现。由于各国司法制度和救济制度的不同设计及各项制度的不同功能定位，各国在行政复议范围的规定上有较大差异，但从总体上看，呈现一种不断扩大的趋势。目前，从各国行政程序法看，原则上可以对一切行政行为提起行政救济。①

具体而言，法国的行政复议范围较大，相对人不仅可以对具体的行政处理行为申请复议，对侵犯了自己权益的抽象行政行为，除法律有明白或默示的作出排除或限制的规定外，都可以向行政机关申请救济。在美国，能提起行政复议的主要是行政裁决，即行政机关对公民的权利、义务作出处分的单方的具体的行政活动。但其《联邦行政程序法》第553条第5项同时规定："各机关应给予有利害关系的人申请发布、修改或废除某项规章的权利。"葡萄牙《行政程序法》第166条规定，"受其他机关等级权力拘束的机关所作的一切行政行为，均可成为诉愿的对象，但法律排除这一可能性的情况除外。"而日本对当事人不服审查的范围则主要限于处分行为，根据《行政不服审查法》，其范围为"行政厅的处分及其他相当于行使公权力的行为。"

二、我国行政复议范围的演变

我国行政复议范围经历了一个不断扩大的发展过程。初期的行政复议只限于涉及公民财产和经济权利的，《治安管理处罚条例》将复议保障的范围扩大到公民的人身权利。

我国行政复议制度的立法建设是从《行政诉讼法》公布后，为适应和配合行政诉讼制度的施行，被迅速提上日程的。因而我国《行政复议条例》有关行政复议范围的规定，无论是内容方面还是在立法技术方面甚至在具体的文字表述方面，基本上是《行政诉讼法》有关受案范围的规定的直接翻版。复议范围与行政诉讼一样，限于法律法规明确规定涉及人身权和财产权的具体行政行为。值得注意的是，《行政复议条例》列举的复议范围中有这样的规定："法律、法规规定的其他可以提起行政诉讼或者可以申请行政复议的具体行政行为"，这表明行政复议的范围不仅完全覆盖了而且还大于行政诉讼的受案范围，也就是说，凡是可以提起诉讼的具体行政行为都可以先申请复议，但是没有纳入行政诉讼受案范围的具体行政行为，如果法律法规规定了可以复议，也属于复议的范围。如，《集会游行示威法》规定，相对人申请集会、游行、示威未被许可的，可以申请行政复议。

1994年修订的《行政复议条例》将行政机关对土地、矿产等自然资源的

---

① 应松年主编：《行政法新论》，中国法制出版社，1999年版，第349页。

权属纠纷的处理纳入了复议的范围，但对行政机关的其他处理行为仍不得申请复议。

而《行政复议法》则对复议范围有了较大突破，规定只要公民、法人和其他组织认为行政机关的行政行为侵犯其合法权益，就可以申请行政复议。同原来的复议范围相比，《行政复议法》明确增加可复议的内容主要有：对行政机关作出的有关资质证、资格证等证书变更、中止、撤销的决定不服的；认为行政机关变更或者废止农业承包合同，侵犯其合法权益的；认为行政机关违法集资、征收财物、摊派费用的；申请行政机关颁发许可证、执照、资质证、资格证等证书，或者申请行政机关审批、登记有关事项，行政机关没有依法办理的；申请行政机关履行保护受教育权利的法定职责，行政机关没有依法履行的；申请行政机关依法发放社会保险金或者最低生活保障费，行政机关没有依法发放的。同时，对部分抽象行政行为，《行政复议法》规定可以在对具体行政行为申请复议时一并提请审查。

《行政复议法》虽然在复议范围上有了较大的扩展，但与西方国家相比，我国的行政复议范围仍然较小。因此不断扩大行政复议的范围，仍将是未来行政复议制度发展的一个主要内容。

三、现行法关于行政复议范围的具体规定

《行政复议法》第二章专章对行政复议的范围作出了具体规定。

（一）可申请复议的具体行政行为

《行政复议法》第6条规定，下列行政行为公民、法人或者其他组织可以申请行政复议：

1. 对行政机关作出的行政处罚决定不服的。行政处罚是指行政机关对违反行政法律规范，尚未构成犯罪的行政相对人，依法给予的一种法律制裁。《行政复议法》列举的行政处罚有：警告、罚款、没收违法所得、没收非法财物、责令停产停业、暂扣或吊销许可证、暂扣或吊销执照、行政拘留。但并不限于此，凡是行政主体作出的、影响相对人权利利益的行政处罚，行政相对人不服，都可以提起行政复议。

2. 对行政机关作出的行政强制措施决定不服的。行政强制措施是行政主体对拒不履行法定义务或者违反法定义务的行政相对人实施的具体行政行为，或者出于维护国家、社会公益的需要而对特定行政相对人实施的具体行政行为，如扣留等限制人身自由措施，查封、扣押、冻结等对财产采取的措施等。

3. 对行政机关作出的有关许可证、执照、资质证、资格证等证书变更、

中止、撤销等决定不服的。这类证书通常决定着行政相对人从事某种职业的资格，对公民、法人及其他组织的权利有很大影响。

4. 对行政机关作出的关于确认不动产的所有权或者使用权的决定不服的。根据法律规定，这些不动产主要是指土地、矿藏、水流、森林、山岭、草原、荒地、滩涂、海域等自然资源。

5. 认为行政机关侵犯合法经营自主权的。这是行政复议法对受案范围的概括性规定。行政机关对这种权利的侵犯，将直接影响到行政相对人的财产权。因此，法律允许行政相对人对这种具体行政行为提起行政复议。例如，行政机关强制企业合并、转产、安排人员、转让知识产权等。

6. 认为行政机关变更或者废止农业承包合同，侵犯其合法权益的。

7. 认为行政机关违法要求履行义务的。行政相对人的义务必须由法律规范事先规定，如果行政机关在法律规范之外要求行政相对人履行义务，这种具体行政行为就属于违法要求履行义务。例如，行政机关乱摊派、乱收费、违法集资、违法征收财物等都属于此类。

8. 认为符合法定条件而行政机关不依法办理行政许可等事项的。行政相对人认为自己符合法定条件，而向行政机关申请许可证、执照、资质证、资格证等证书，或者申请行政机关审批、登记有关事项的，行政机关拒绝办理或者不予答复的。

9. 认为行政机关应履行保护人身权、财产权、受教育权等法定职责，而行政机关没有依法履行的。每一个行政机关都具有法定的职责，对涉及行政相对人人身权、财产权和受教育权的法定职责，如果行政相对人认为已经依法申请，但行政机关拒不履行或者不予答复的，行政相对人可以提起行政复议。

10. 申请行政机关依法发放抚恤金、社会保险金或者最低生活保障费，行政机关没有依法发放的。

11. 认为行政机关其他具体行政行为侵犯其合法权益的。这是一条概括性的规定。凡不属于上述列举情形的具体行政行为，只要行政相对人认为行政机关侵犯了自己的合法权益的，都可以提起行政复议。

（二）可以附带提起审查的抽象行政行为

抽象行政行为，是指行政机关对不特定的对象作出的具有普遍约束力的决定和命令的行为，包括制定行政法规、规章、决定、命令及其他具有普遍约束力的规范性文件的行为。《行政复议法》第7条规定，公民、法人或者其他组织认为行政机关的具体行政行为所依据的下列规定不合法，在对具体行政行为申请复议时，可以一并向行政复议机关提出对该规定的审查申请：

1. 国务院部门的规定。
2. 县级以上地方各级人民政府及其工作部门的规定。
3. 乡、镇人民政府的规定。

该法又规定，以上列举的三类规定不包含部门规章和地方政府规章。规章的审查依照法律、行政法规的规定办理。

（三）不可以申请行政复议的事项

《行政复议法》规定的不能提起行政复议的事项有以下三类：

1. 行政法规和规章。行政主体的抽象行政行为包括行政主体制定和发布的行政法规、规章以及其他具有普遍约束力的决定、命令。行政相对人对抽象行政行为中的行政法规、规章不服的，可以向有关国家机关提出，由有关国家机关依照法律、行政法规的有关规定处理。

2. 内部行政行为。行政主体对其所属的国家公务员作出的行政处分或者其他人事处理决定，属内部行政行为，被处分或被处理的人不服，不能申请复议，可依照有关法律和行政法规的规定提出申诉。

3. 对民事纠纷的调解或其他处理。行政主体对公民、法人或者其他组织之间的民事纠纷作出的调解、仲裁等行为，对双方当事人的约束力取决于其自愿接受，因此，一方当事人如不服，可以向人民法院提起诉讼或者向仲裁机关申请仲裁，但不能申请行政复议。

第三节 行政复议机关及管辖

一、行政复议机关

（一）行政复议机关

行政复议机关，是指依照法律规定，有权受理行政复议申请，依法对被申请的行政行为进行合法性、适当性审查并作出决定的行政机关。

行政复议机关具有下列特征：

1. 行政复议机关是国家行政机关。只有行政机关才能实施行政复议行为。

2. 行政复议机关是享有行政复议权的行政机关。并非所有的行政机关都是行政复议机关，只有依法享有行政复议权的行政机关才能成为行政复议机关。在我国，县以上各级人民政府都享有行政复议权，而它们的工作部门则不一定享有。而乡、镇人民政府除法律规定的少数情况外，一般不享有行政复议权，不能成为行政复议机关。

3. 行政复议机关是能以自己的名义行使行政复议权，并对其复议行为的后果独立承担法律责任的行政机关。

（二）行政复议机构

行政复议机构是享有行政复议权的行政机关内部设立的专门负责行政复议案件受理、审查和裁决工作的办事机构。行政复议机构不具有行政主体资格，不能以自己的名义对外行使职权。它从属于行政复议机关，受行政复议机关的委托代表复议机关承办复议的具体事项，并以复议机关的名义作出复议决定，其法律后果也归属于复议机关。

根据《行政复议法》的规定，行政复议机关中负责法制工作的机构为行政复议机构。行政复议机构行使下列职责：受理行政复议申请；向有关组织和人员调查取证，查阅文件和资料；审查申请行政复议的具体行政行为是否合法与适当，拟定行政复议决定；处理或者转送有关抽象行政行为的审查申请；对行政机关违反复议法规定的行为依规定权限和程序提出处理建议；办理因不服行政复议决定而提起诉讼的应诉事项；法律、法规规定的其他职责。

二、行政复议管辖

（一）行政复议管辖概述

1. 行政复议管辖的概念。行政复议管辖，是指行政复议机关对行政复议案件在受理上的具体分工。管辖的实质意义在于确定某一具体的行政复议案件由哪一个行政复议机关行使行政复议权。对行政相对人来说，管辖意味着相对人对某一行政行为不服可以依法向哪一个行政机关申请复议。

2. 国外行政复议管辖制度概况。行政复议管辖的确定，一般要考虑下列因素：第一，要与行政机关的内部领导体制相适应，便于行政机关行使行政复议权；第二，要坚持便民原则，尽可能便利复议申请人提出申请或参加复议；第三，要兼顾各级行政机关分担行政复议工作量的适当与均衡。

由于各国行政体制的差异，在关于复议管辖的规定上也各不相同。法国的善意救济由作出原行政行为的机关管辖，而层级救济则由作出原行政行为的机关的上一级机关管辖。日本的《行政不服审查法》对不同的复议种类规定了不同的管辖机关。审查请求由处分厅的直接上级行政厅管辖。异议申诉原则上由原处分厅管辖。关于再审查请求，在原权限厅委任处分权限时，由委任厅管辖；关于国家机关的委任事务，由主管大臣管辖。英国的行政复议主要根据行政争端的不同性质和内容,由不同的行政裁决所管辖。针对地方政府的行为,则由部长管辖。

(二)我国行政复议管辖的演变

我国行政复议管辖的基本原则历来是由作出原具体行政行为机关的上一级行政机关管辖,即"上一级管辖"原则。但在政府工作部门的行政行为的复议管辖问题中经历了一个变化的过程。1990年颁布的《行政复议条例》规定了"条条"的管辖体制,即对县级以上的地方各级人民政府工作部门的具体行政行为不服申请复议的,由上级人民政府中相应的工作部门管辖,这样的规定主要考虑是上级主管部门更加熟悉行业管理规则和知识,有利于解决有关专业性、技术性的行政纠纷。1994年对此作了修改,规定了行政复议由申请人选择管辖的原则,但修改后的规定实施却很困难,管辖问题仍没有很好解决。《行政复议法》在总结实践经验的基础上,规定了以"块块"为主,以"条条"为辅的复议管辖体制。在明确申请人的管辖选择权的基础上,倾向于鼓励申请人向本级人民政府申请复议,同时对实行垂直领导的行政机关规定了"条条"管辖体制。这些变化,扩大了行政复议当事人对行政复议管辖机关的自主选择权,充分体现了行政复议的便民原则。

(三)我国行政复议管辖的具体适用

根据行政复议法的规定,我国行政复议的具体管辖如下:

1. 对县级以上地方各级人民政府工作部门作出的具体行政行为不服的复议,由申请人选择,由该部门的本级人民政府或上一级主管部门管辖。具体行政行为绝大部分是由县级以上地方各级人民政府工作部门作出的,这一条规定实际上表明"选择管辖"是我国行政复议管辖的基本原则。

2. 对海关、金融、国税、外汇管理、技术监督、工商等实行垂直领导的行政机关和国家安全机关的具体行政行为不服的,由上一级主管部门管辖。

3. 对地方人民政府的具体行政行为不服的,由上一级地方人民政府管辖。

4. 对省、自治区人民政府依法设立的派出机关所属的县级人民政府的具体行政行为不服的,由该派出机关管辖。这一规定实际上确立了派出机关作为行政复议机关的法律地位。

5. 对国务院部门或者省、自治区、直辖市人民政府的具体行政行为不服的,向作出该具体行政行为的国务院部门或者省、自治区、直辖市人民政府申请复议。对行政复议决定不服的,可以向人民法院提起行政诉讼,也可以向国务院申请裁决,国务院依照《行政复议法》的规定作出的裁决是最终裁决。关于这一条规定，学术界有一些批评意见：一是由原行为机关复议，违背了"任何人不能做自己案件的法官"的自然公正原则；二是原行为机关复议后，可再向国务院申请裁决，实际上是规定了二级复议制，与行政复议法确定的一级复议制不相协调；三是规定了国务院的裁决为最终裁决，刻意规避国务院成为行政诉讼的被告，违背"司法最终裁决"这一项重要的法治原则，与法治的发展趋势背道而驰。①

6. 对县级以上地方人民政府依法设立的派出机关作出的具体行政行为不服申请复议的，由设立该派出机关的人民政府管辖。根据《地方各级人民代表大会和地方各级人民政府组织法》的规定，我国地方人民政府的派出机关主要有三类：即省、自治区人民政府派出的行政公署；县、自治县人民政府派出的区公所；市辖区、不设区的市人民政府派出的街道办事处。这些派出机关虽不是一级人民政府，但承担着大量的行政职责，实际上履行着一级人民政府的职能。由于没有相关法律的具体规定，这些派出机关的法律地位问题一直是行政法学界争议的话题。《行政复议法》的这一规定，从法律上确认了这些派出机关具有行政主体的法律地位。

7. 对人民政府的工作部门依法设立的派出机构根据法律、法规和规章规定以自己名义作出的具体行政行为不服申请复议的，由设立该派出机构的部门或者该部门的本级人民政府管辖。这一规定解决了行政法学界长期以来存在的关于规章授权主体的法律地位问题的争议，确认了其作为行政主体的资格，应该说，这种解决思路，主要不是出于理论的考虑，而是为了便于相对人申请和参加复议，也更有利于相对人的权利保障，完全是一种便民的务实考虑。另外，从理论上讲，按照行政复议的"上一级管辖"原则，对具有行政主体资格派出机构的行政行为应由设立该派出机构的部门管辖，而这条规定却同时将该部门的本级人民政府也列为享有管辖权的行政复议机关，同样体现了行政复议的便民原则。

8. 对法律、法规授权组织作出的具体行政行为不服申请复议的，由直接主管该组织的地方人民政府、地方人民政府的工作部门或者国务院部门管辖。

9. 对两个以上行政机关以共同名义作出的具体行政行为申请复议的，由它们的共同上一级行政机关管辖。这里的"以共同名义作出"具体行政行为

---

① 我国早年有关法律中关于行政最终裁决的规定已在近年法律的修订中予以废除，如《商标法》和《专利法》的修订，就反映了这种趋势。这也是WTO规则关于建立相应的司法审查机制的具体要求。

应理解为共同签署和作出具体行政行为。

10. 对被撤销的行政机关在其被撤销前作出的具体行政行为不服申请复议的，由继续行使其职权的行政机关的上一级行政机关管辖。

《行政复议法》关于复议管辖的规定具体而又系统，可操作性强。为方便行政相对人适用复议管辖，复议法还特别规定，对各级人民政府及其工作部门之外的其他行政机关、组织的具体行政行为不服的，申请人也可以向具体行政行为发生地的县级地方人民政府提出行政复议申请，由接受申请的县级地方人民政府依法受理或转送有管辖权的行政复议机关受理。

第四节 行政复议参加人

一、申请人

（一）申请人的概念和特征

申请人是指对行政主体作出的具体行政行为不服，依据法律、法规的规定，以自己的名义向行政复议机关提起行政复议申请的公民、法人或者其他组织。

申请人具有以下法律特征：

1. 申请人必须是行政相对人，包括公民、法人或者其他组织以及外国人、无国籍人。公民是指具有中国国籍的自然人。法人是指符合法定条件而成立的一种组织，分为企业法人、机关法人、事业法人和社团法人。国家机关（包括国家行政机关）在作为行政管理对象时，可以作为机关法人成为行政复议中的申请人。其他组织是指不具备法人条件的组织，如合伙组织、联营企业等。而外国人、无国籍人在我国境内一样受到我国法律的约束和保护，具体到是否可以申请行政复议，则根据对等原则确定。

2. 申请人是认为被具体行政行为侵害其合法权益的法律主体。当然，这里的"认为"只是申请人的一种主观认识，只要申请人认为行政主体的具体行政行为侵犯了其合法权益，他就可以申请行政复议。而具体行政行为是否确实违法并侵犯了其合法权益，则必须等到行政复议机关审查后才能确定。

（二）申请人资格的转移

在特定条件下，行政复议申请人的资格可以发生转移。根据《行政复议法》的规定，行政复议申请人资格转移的情况有以下两种：

1. 有权申请行政复议的公民死亡，其近亲属可以申请行政复议。近亲属包括其配偶、父母、子女、兄弟姐妹、祖父母、外祖父母、孙子女、外孙子女和其他具有扶养、赡养关系的亲属。

2. 有权申请行政复议的法人或者其他组织终止，承受其权利的法人或者其他组织可以申请行政复议。

二、被申请人

（一）被申请人的概念和特征

被申请人是指作出被申请行政复议的具体行政行为的行政主体。被申请人具有如下法律特征：

1. 被申请人必须是行政主体。根据我国有关法律规定，行政主体包括行政机关和法律、法规和规章授权组织。①

2. 被申请人必须是作出被申请复议的具体行政行为的行政主体，即该行政行为的责任主体。

（二）被申请人的具体情形

根据《行政复议法》的规定，被申请人主要有以下几种情形：

1. 申请人对行政机关作出的具体行政行为不服，直接申请复议的，该行政机关是被申请人。

2. 两个或两个以上的行政机关以共同名义作出同一具体行政行为的，共同作出具体行政行为的行政机关是共同被申请人。

3. 对法律、法规和规章授权的组织作出的具体行政行为不服的，以该组织为被申请人。

4. 对行政机关委托的组织作出的具体行政行为不服的，委托的行政机关是被申请人。

5. 作出具体行政行为的行政机关被撤销后，当事人对该机关原来作出的行为不服，申请复议的，继续行使其职权的行政机关是被申请人。

三、第三人

---

① 根据《行政诉讼法》等法律的规定，行政法学界一般认为行政主体只能是行政机关和法律、法规授权组织。规章和其他规范性文件的授权应一律视为行政委托。但近年来，很多学者从便于行政相对人权利救济的角度，主张行政主体应该扩展到规章授权组织。鉴于《行政复议法》（第15条2款）和最高人民法院关于行政诉讼的司法解释已经一定程度上采纳了这一观点，承认规章授权主体的行政主体地位，几乎成了趋势。

（一）第三人的概念和特征

行政复议中的第三人，是指因与被申请复议的具体行政行为有利害关系，通过申请或者复议机关通知，参加到行政复议中去的公民、法人或者其他组织。

行政复议的第三人具有如下法律特征：

1. 第三人与被申请复议的具体行政行为有利害关系。这种利害关系必须是直接的，而不是间接的，即具体行政行为必须是直接地影响到第三人的合法权益。

2. 第三人通过申请或者复议机关通知参加到行政复议中。

3. 第三人在行政复议中具有独立的法律地位。在行政复议中，第三人既不依附于申请人也不依附于被申请人，其参加行政复议是为了维护自己的合法权益。

（二）第三人的主要情形

关于行政复议第三人，从行政复议法的字面规定①看，似乎主要是指行政管理中的相对人一方，他们与复议申请人具有基本相同的复议权利。从行政复议的实践看，这类第三人主要有以下几种情形：

1. 在行政处罚案件中，如果被处罚人或受害人（权益受被处罚人侵害的人）其中一方申请行政复议，另一方可以作为第三人参加行政复议。

2. 在行政裁决案件中，如果被裁决的民事纠纷的一方当事人申请行政复议，另一方当事人可以作为第三人参加行政复议。

3. 在有共同被处罚人的行政处罚案件中，如果有一部分被处罚人申请行政复议，另外的被处罚人可以作为第三人参加行政复议。

四、代理人

行政复议代理人是指由法律、法规规定或由复议机关指定或者由复议参加人委托，以被代理人的名义参加复议活动的人。即复议代理人可以分为法定代理人、指定代理人和委托代理人。

关于法定代理，《行政复议法》第10条明确规定："有权申请行政复议的公民为无民事行为能力或者限制民事行为能力人的，其法定代理人可以代为

---

① 参见《行政复议法》第10条，在规定"被申请人"之前，紧接着有关"申请人"的规定，强调同申请复议的具体行政行为有利害关系的其他公民、法人或者其他组织，可以作为第三人。而且只规定申请人、第三人（没提及被申请人）可以委托代理人代为参加行政复议等。

申请行政复议。"

关于行政复议中的指定代理问题，法律并无明确规定，但实践中仍存在指定代理人的情况。如当两个或两个以上的法定代理人在互相推诿代理无行为能力或限制行为能力的公民参加复议责任时，行政复议机关就应指定其中一人履行法定代理职责。

关于委托代理问题，《行政复议法》规定："申请人、第三人可以委托代理人代为参加行政复议。"实行委托代理制度，允许当事人委托代理人特别是律师参加行政复议活动，有助于复议案件的公正合法解决，有助于相对人权利的保障。有关被申请人的委托代理问题，学术界有两点分歧：一是作为被申请人的行政机关能否委托代理人参加行政复议；二是行政复议实践中一般均由行政机关工作人员代表行政首长参加复议，这是不是委托代理。我们认为，虽然现行《行政复议法》没有明确赋予被申请人委托代理人参加复议的权利，但从理论上分析，似应允许被申请人在其认为确有必要时可以委托代理人代为参加行政复议。而行政机关工作人员代表行政首长参加复议的，符合委托代理的特征，应视为委托代理。

第五节 行政复议程序及决定

一、复议申请

行政复议申请，是指行政相对人不服行政机关的具体行政行为，而向行政复议机关提出要求撤销或变更该具体行政行为的请求。由于行政复议是一种依申请的行政行为，因此，没有行政相对人的申请，不能启动行政复议程序。行政复议申请是引起行政复议程序开始的关键。

（一）申请复议的条件

行政相对人申请行政复议，一般应当具备以下条件：

1. 申请人符合资格。申请人必须是认为具体行政行为侵犯其合法权益的公民、法人或者其他组织。一般情况下，只有具体行政行为的相对人才能对该具体行政行为申请复议。但在特殊情况下，申请人资格也会发生转移，即有权申请复议的公民死亡的，其近亲属可以申请复议；有权申请复议的法人或者其他组织终止的，承受其权利的法人或其他组织可以申请复议。

2. 有明确的被申请人。申请人提起行政复议，必须有明确的被申请人，即指明要求行政复议机关审查的具体行政行为是哪个行政机关作出的。没有明确的被申请人，复议机关无法进行审理，申请人的请求也无法实现。如果复议机关认为申请书所列的被申请人不合格，可以要求申请人变更。没有明确的被申请人的，复议机关可以要求申请人予以明确。

3. 有具体的请求和事实根据。复议请求是申请人申请复议提出的具体要求。一般复议的要求主要有：请求撤销违法的具体行政行为决定；请求变更不适当的具体行政行为决定；请求责令被申请人限期履行法定职责；请求确认具体行政行为违法或责令被申请人赔偿损失，等等。复议请求应当明确具体，以便于复议机关作出适当处理。申请人所提出的事实根据，主要是指侵害自己合法权益的具体行政行为存在以及认为该具体行政行为违法、不当或者应当进行赔偿的事实理由，以及自己所主张的事实情况。

4. 属于受理案件的复议机关管辖。复议管辖范围是法定的，因此，申请人必须向有案件管辖权的复议机关提出复议申请。复议机关对不属于自己管辖的复议案件应当告知申请人向有管辖权的复议机关提起申请。

5. 在复议期限内提出。申请人必须在法定期限内提出复议申请。根据《行政复议法》第9条规定，行政相对人应当在知道该具体行政行为之日起60日内提出行政复议申请，但法律规定的申请期限超过60日的除外。因不可抗力或者其他正当理由耽误法定申请期限的，申请期限自障碍消除之日起继续计算。

6. 法律、法规规定的其他条件。

（二）复议申请书

根据《行政复议法》第11条规定，申请人申请行政复议，可以书面申请，也可以口头申请。口头申请的，行政复议机关应当当场记录申请人的基本情况，行政复议请求，申请行政复议的主要事实、理由和提出申请时间等内容。法律没有要求申请必须以书面形式，主要是为了行政相对方提起行政复议的方便，但为了申请人更好地主张权利，同时便于复议机关审理，凡有书写条件的还应以提交申请书的形式为好。

申请人向复议机关提交复议申请书的，一般应当写明以下内容：

1. 申请人的姓名、性别、年龄、职业和住所，法人或者其他组织的名称、住所和法定代表人或者主要负责人的姓名、职务。

2. 被申请人的名称、地址。

3. 申请复议的要求、理由及事实根据。

4. 申请的年、月、日。

申请复议口头申请的，行政复议机关的收案人员应当当场制作笔录，记录申请人的基本情况，行政复议请求，申请复议的主要事实、理由和提起复议的时间，并由申请人签名或盖章。

二、行政复议的受理

（一）行政复议申请受理一般规则

行政复议的受理，是指复议申请人在法律规定期限提出复议申请后，经有管辖权的行政复议机关审查，认为符合申请条件决定立案审理的活动。

根据《行政复议法》的规定，行政复议机关收到行政复议申请后，应当在 5 日内进行审查，并分别对不同情况作出相应的处理：

1. 对符合复议申请条件的，复议机关应当决定受理。但对于决定受理的，行政复议机关不需要再作出书面的受理决定。法律明确规定，除明示不受理的外，复议申请一经收到即视为受理。也就是说，只要行政复议机关没有明确告知申请人不予受理，那么所有行政复议申请自行政复议机关负责法制工作的机构（行政复议机构）收到之日即为受理。可以直接进入复议审查阶段，通知被申请人参加复议。这样的规定有利于督促复议机构及时履行复议职责，从而保障相对人获得复议救济的权利。

2. 对不符合行政复议法规定条件的行政复议申请，决定不予受理，并书面告知申请人。

3. 对符合行政复议法规定的申请条件，但是不属于本机关受理的行政复议申请，应当告知申请人向管辖权的行政复议机关提出。

（二）行政复议申请受理的特殊规则

1. 县级地方人民政府根据《行政复议法》第 15 条的规定，接受对各级人民政府及其工作部门之外的其他行政机关、组织的具体行政行为不服的行政复议申请的，依法决定受理，或在 7 日内，转送有管辖权的其他行政复议机关，并告知申请人。接受转送的行政复议机关应决定受理，或在 5 日内作出不予以受理的决定，书面告知申请人，或告知申请人向有关行政复议机关提出。

2. 公民、法人或者其他组织依法提出行政复议申请，行政机关无正当理由不予受理的，上级行政机关应当责令其受理；必要时，上级行政机关也可以直接受理。这条规定体现了上级行政机关对下级行政机关在复议受理环节上的监督和制约，同时也是赋予上级行政机关可以在必要时行使应该由下级机关享有的行政复议管辖权，有助于保障相对人复议权利的实现。

（三）行政复议受理和行政诉讼的衔接

1. 公民、法人或者其他组织申请行政复议，行政复议机关已经依法受理的，在法定的行政复议期限内不得向人民法院提起行政诉讼。

2. 法律、法规规定行政复议作为行政诉讼前置程序的，公民、法人或者其他组织对具体行政行为不服的，必须先向行政复议机关申请复议，对行政复议决定不服再向人民法院提起行政诉讼。但是行政复议机关对行政复议申请决定不予受理或者受理后超过行政复议期限不作答复的，公民、法人或者其他组织可以自收到不予受理决定书之日起或者行政复议期满之日起15日内，依法向人民法院提起行政诉讼。

另外，《行政复议法》还新规定了在自然资源管理领域的复议前置和行政最终裁决。规定公民、法人或者其他组织认为行政机关的具体行政行为侵犯其已经依法取得的土地、矿藏等自然资源的所有权或者使用权的，应当先申请行政复议；对复议决定不服，才能再提起行政诉讼。同时规定，根据国务院或者省级（省、自治区、直辖市）人民政府对行政区划的勘定、调整或者征用土地的决定，省级人民政府确认自然资源权属的行政复议决定为最终裁决。《行政复议法》是规定复议普遍规则的程序法，在这样一部法中规定某一特殊行政管理领域的程序规则，似有不太协调之处。特别是新增加了一个行政最终裁决，违背"司法最终裁决"这一重要的法治原则，受到学者们的批评，应在法律的修订中予以废除。

（四）行政复议的受理与具体行政行为的效力

《行政复议法》与《行政诉讼法》相类似，也作了关于"行政复议期间具体行政行为以不停止执行为原则，以停止执行为例外"的规定。根据法律，例外的规定是指下列情形：

第一，被申请人认为需要停止执行的；

第二，行政复议机关认为需要停止执行的；

第三，申请人申请停止执行，行政复议机关认为其要求合理，决定停止执行的；

第四，法律规定停止执行的。

这样的规定一直为传统的行政法理论所确认，认为其理论依据是行政行为的公定力理论。但是，在执法实践中，这一规定流于形式，在实际运行中停止执行是原则，不停止执行是例外。学者们注意到，在西方发达国家，如美国和行政行为公定力理论盛行的德国，已经开始实行在行政复议和行政诉讼期间停止执行行政行为的原则。[①] 有学者还从该原则在理论和操作层面的缺陷进行了分析，认为应该在今后的立法中加以修改。[②]

三、行政复议的审理

行政复议审理，是行政复议机关对被申请的具体行政行为及附带提出的抽象行政行为进行审查的活动。

（一）审理前的准备

审理前的准备工作，主要是复议文书的发送和有关证据材料的收集。根据《行政复议法》第23条的规定，行政复议机关负责法制工作的机构应当自行政复议申请受理之日起7日内，将行政复议申请书副本或者行政复议申请笔录复印件发送被申请人。被申请人应当自收到申请书副本或者申请笔录复印件之日起10日内，提出书面答复，并提交当初作出具体行政行为的全部证据、依据和其他有关材料。

申请人、第三人可以查阅被申请人提出的书面答复，作出具体行政行为的证据、依据和其他有关材料。除涉及国家秘密、商业秘密或者个人隐私以外，行政复议机关不得拒绝。

（二）审理的方式

《行政复议法》第22条规定，行政复议原则上采取书面审理的办法，但申请人提出要求或者行政复议机关负责法制工作的机构认为有必要时，应当听取申请人、被申请人和第三人的意见，并可以向有关组织和人员调查情况。这一规定确立了行政复议书面审理作为原则，其他审理方式作为例外。确立行政复议书面审理原则，是由行政复议的性质决定的。行政复议是一种行政行为，它要符合行政效率的要求，虽然行政复议具有一定的司法性，但它一般不是最终的救济手段，如果申请人对复议决定不服，还可提起行政诉讼，获得司法救济。同时行政复议以书面审理为主，也便于提高行政效率。为保证行政复议的公正性，法律在规定行政复议原则上进行书面审理的同时，又规定在一定情况下，复议机关可以决定通过举行听证的方式，听取双方当事人的意见；以及复议机关可以调查、取证，收集有关证据等。

---

① 参见［德］平特纳著：《德国普通行政法》，朱林译，中国政法大学出版社，1999年版，第141页。

② 参见赵祥生：《评复议期间具体行政行为不停止执行原则》，载于《行政法学研究》1994年第3期等。

（三）审理依据

行政复议机关审理复议案件，应以法律、行政法规、地方性法规、规章以及上级行政机关依法制定和发布的具有普遍约束力的决定、命令为依据。根据《行政复议法》第26条、第27条规定，行政复议机关在申请人申请或者进行审查时发现该被申请的具体行政行为所依据的规范性文件不合法，本复议机关有权处理的，应当在30日内依法处理；如果本复议机关无权处理的，应当在7日内依法定程序转送有权处理的行政机关或其他国家机关依法处理。处理期间，中止对具体行政行为的审查。

（四）举证责任

行政复议法对行政复议中的举证责任没有作出明确规定。可以理解为，根据行政复议的性质和特点，可以参照行政诉讼举证责任的规定，即应当由被申请人承担举证责任，提供作出具体行政行为决定的事实依据和法律依据，以证明其所作出的具体行政行为决定的合法性和合理性。被申请人举证，应当举出在作出具体行政行为以前的证据，不能在复议过程中向申请人或其他有关的组织和个人收集证据。

（五）复议申请的撤回

行政复议申请的撤回，是指复议申请被复议机关受理后，在复议决定作出之前，复议申请人要求撤回申请终止审理，经行政复议机关准许复议申请人撤回复议申请，从而复议机关终止该复议案件审理的活动。《行政复议法》第25条规定，行政复议决定作出以前，申请人要求撤回行政复议申请的，经说明理由，可以撤回；撤回行政复议申请的，行政复议终止。

（六）复议不停止执行

《行政复议法》第21条规定，行政复议期间具体行政行为不停止执行；但是，有下列情形之一的，可以停止执行：

1. 被申请人认为需要停止执行的。
2. 行政复议机关认为需要停止执行的。
3. 申请人申请停止执行，行政复议机关认为其要求合理，决定停止执行的。
4. 法律规定停止执行的。

由此可见，行政复议的具体行政行为不停止执行是原则，停止执行是例外。这是由行政权性质和行政管理的特点决定的，因为行政权具有优先性，行政行为一经作出就推定其合法有效，先予执行；如认为违法或不当则依救济途径救济。但为避免有的具体行政行为的执行可能造成不可挽回的损失，法律在规定具体行政行为在复议中不停止执行的原则的同时，又规定了一定情形的可以停止执行的例外。

四、行政复议的决定

（一）复议决定的期限

根据《行政复议法》第31条规定，行政复议机关应当在受理申请之日起60日内作出行政复议决定；但其他法律规定的行政复议期限少于60日的除外。情况复杂、不能在复议期限内作出行政复议决定的，经行政复议机关的负责人批准，可以适当延长，并告知申请人和被申请人，但延长期限最多不能超过30日。

根据《行政复议法》第26条的规定，申请人依法附带提出对抽象行政行为审查申请的，行政复议机关对该规定有权处理的，应当在30日内依法处理；无权处理的，应当在7日内按照法定程序转送有权处理的行政机关依法处理，有权处理的行政机关应当在60日内依法处理。并且根据该法第27条规定，行政复议机关在对被申请人作出的具体行政行为进行审查时，认为其依据不合法，本机关有权处理的，应当在30日内依法处理；无权处理的，应当在7日内按照法定程序转送有权处理的国家机关依法处理。

（二）复议决定的作出

复议决定是行政复议机关对行政复议案件进行审理后，所作出的对该具体行政行为具有法律效力的决定。行政复议机关应当对申请人申请复议的具体行政行为所依据的事实、证据和所适用的法律规范进行审查，然后对该具体行政行为是否合法和是否适当作出判断。行政机关作出行政复议决定，应当制作行政复议决定书，并加盖印章。

根据行政复议法规定，行政复议决定一般包括以下种类：

1. 维持的决定。维持决定是指行政复议机关作出维持被申请的具体行政行为的决定。对被申请的具体行政行为，复议机关认为事实清楚，证据确凿，适用法律、法规、规章和具有普遍约束力的决定、命令正确以及程序合法、内容适当的，应当依法作出维持该具体行政行为的复议决定。

2. 责令履行的决定。履行决定是指行政复议机关责令被申请的行政机关在一定期限内履行法定职责的决定。它主要适用于如下两种情况：其一，被申请的行政机关拒绝履行法定职责；其二，被申请人拖延履行法定职责。

3. 撤销、变更或确认违法并且责令重作的决定。此种决定是指行政复议机关经过对被申请复议的具体行政行为进行审查，认为该行为具有如下情形之一的，依法作出撤销、变更或者确认该行政行为违法的决定。在作出以上决定的同时，复议机关可以一并决定责令被申请人在一定期限内重新作出具体行政行为。行政复议机关责令被申请人重新作出具体行政行为的，被申请人不得以同一事实和理由作出与原具体行政行为相同或者基本相同的具体行政行为。

《行政复议法》第28条第3项列举的此种决定的情形有：
(1) 主要事实不清、证据不足的。
(2) 适用依据错误的。
(3) 违反法定程序的。
(4) 超越或者滥用职权的。
(5) 具体行政行为明显不当的。

4. 视为没有证据、依据而撤销的决定。根据《行政复议法》第28条第4项规定，被申请人不按《行政复议法》第23条的规定提出书面答复、提交当初作出具体行政行为的全部证据、依据和其他有关材料的，视为该具体行政行为没有证据、依据，决定撤销该具体行政行为。

5. 复议附带行政赔偿的决定。根据《行政复议法》第29条的规定，申请人在申请行政复议时可以一并提出行政赔偿请求，行政复议机关对符合国家赔偿法的有关规定应当给予赔偿的，在决定撤销、变更具体行政行为或者确认具体行政行为违法时，应当同时决定被申请人依法给予赔偿。申请人在申请行政复议时没有提出行政赔偿请求的，行政复议机关在依法决定撤销或者变更罚款，撤销没收财物、征收财物、摊派费用以及对财产的查封、扣押、冻结等具体行政行为时，应当同时责令被申请人返还财产，解除对财产的查封、扣押、冻结措施，或者赔偿相应的价款。

6. 关于土地等自然资源的权属争议的决定。根据《行政复议法》第20条的规定，公民、法人或者其他组织认为行政机关的具体行政行为侵犯其已经依法取得的土地、矿藏、水流、森林、山岭、草原、荒地、滩涂、海域等自然资源的所有权或者使用权的，应当先申请行政复议；对行政复议决定不服的，可以依法向人民法院提起行政诉讼。根据国务院或者省、自治区、直辖市人民政府对行政区划的勘定、调整，或者征用土地的决定，省、自治区、直辖市人民政府确认土地、矿藏、水流、森林、山岭、草原、荒地、滩涂、海域等自然资源的所有权或者使用权的行政复议决定为最终裁决。

7. 对抽象行政行为审查的决定。根据《行政复议法》第26条的规定，申请人在申请行政复议时，一并提出对该法第7条所列有关规定的审查申请的，行政复议机关对该规定有权处理的，应当在 30 日内依法处理；无权处理的，应当在 7 日内按照法定程序转送有权处理的行政机关依法处理，有权处理的行政机关应当在 60 日内依法处理。处理期间，中止对具体行政行为的审查。根据《行政复议法》第 27 条的规定，行政复议机关在对被申请人作出的具体行政行为进行审查时，认为其依据不合法，本机关有权处理的，应当在 30 日内依法处理；无权处理的，应当在 7 日内按照法定程序转送有权处理的国家机关依法处理。处理期间，中止对具体行政行为的审查。

行政复议机关及其他行政机关，对附带提起的抽象行政行为的审查或主动提起的对抽象行政行为的审查，成为进一步审查该具体行政行为的前提。对抽象行政行为的审查决定，应当作为复议决定的单独种类。

五、行政复议决定的送达和执行

（一）复议决定的送达

行政复议机关作出复议决定后，应当依法送达当事人，方能产生法律效力。申请人如果不服行政复议决定，可依法提起行政诉讼。法律规定复议为终局决定的，行政复议决定一经送达即发生法律效力。法律规定可以起诉的行政复议决定，当事人在法定的期间内既不提起行政诉讼，又不履行复议决定，超过法定起诉期限的，复议决定即具强制执行的法律效力。

（二）复议决定的执行

根据《行政复议法》第 32 条的规定，被申请人应当履行行政复议决定。被申请人不履行或者无正当理由拖延履行行政复议决定的，行政复议机关或者有关上级行政机关应当责令其限期履行。

根据《行政复议法》第 33 条规定，申请人逾期不起诉又不履行行政复议决定的，或者不履行终局的行政复议决定的，按照下列规定分别处理：

1. 维持具体行政行为的行政复议决定，由作出具体行政行为的行政机关依法强制执行，或者申请人民法院强制执行。

2. 变更具体行政行为的行政复议决定，由行政复议机关依法强制执行，或者申请人民法院强制执行。

【复习思考题】

1. 行政复议机关办理行政复议案件应当遵循哪些原则？
2. 我国《行政复议法》规定对哪些行政行为可以申请行政复议？
3. 我国《行政复议法》对行政复议的管辖是如何规定的？

4. 行政复议的被申请人主要有哪些类型？
5. 行政相对人申请行政复议，一般应当具备哪些条件？

【引导案例解析】

法院裁定驳回起诉的理由是成立的。因为我国《行政诉讼法》第 12 条规定：公民、法人或者其他组织对"行政法规、规章或者行政机关制定、发布的具有普遍约束力的决定、命令"事项提起的诉讼，人民法院不予受理。但这并不意味着如果公民认为抽象行政行为违法就没有途径获得解决。

结合本章相关内容，可以通过《行政复议法》第 7 条、第 26 条和第 27 条确定的制度对本案的难题加以解决，即因为陕西省的文件属于规章之下的规范性法律文件，按照《行政复议法》的规定，当事人可以在对具体行政行为申请复议的同时提出对于作为具体行政行为依据的部分抽象行政行为的审查。具体而言，《行政复议法》第 7 条和第 26 条确立了依申请审查方式；《行政复议法》第 27 条确立了主动审查方式。依申请审查方式具有以下特点：①属于当事人行政复议申请权范围的抽象行政行为仅限于除行政法规和规章以外的其他抽象行政行为。②当事人必须是在对具体行政行为提出复议申请的同时一并提出对"规定"的复议申请。③能够被申请复议的"规定"必须是作为同时提起复议申请的具体行政行为的依据。行政复议法规定的是"一并式"或称"附带式"，因此，不是作为同时提起复议的具体行政行为依据的"规定"，不能成为行政复议的对象。主动审查方式主要特点如下：①行政复议机关在复议过程中主动进行审查，申请人没有提出申请。②能够被审查的对象仅限于作为具体行政行为依据的"依据"，不仅包括抽象行政行为，也包括法律、地方性法规等。③"主动审查方式"的前置程序是复议申请人提出了对具体行政行为的复议申请。④审查的标准是合法标准而不是相抵触标准。

对于本案而言，张某和王某可以依据行政复议法确定的依申请审查方式要求对有关的规范性文件进行审查，但必须符合以下条件：第一，陕西省人民政府发布的通知不是规章，可以通过依申请审查方式进行审查；第二，张某和王某必须要证明其曾经被收过 10 元帮困基金，也就是说，要证明自己是某行政机关依据陕西省人民政府发布的通知作出的行政征收行为的行政相对人；第三，要在对行政征收行为不服申请复议的同时提出对通知的复议申请。

【练习案例】

2000 年 5 月 14 日，深圳市人民政府作出深府复决〔2000〕62 号行政复议决定（深圳市建信房地产公司为行政复议申请人），撤销深圳市规划国土局以深规土［2000］68号文件作出的具体行政行为，并责令其依据《深圳经济特区房地产登记条例》第51条重新作出具体行政行为。但深圳市规划国土局一直未按照深府复决［2000］62号行政复议决定的要求重新作出行政行为，致使行政复议申请人所申请的问题长期得不到解决。后行政复议申请人根据《中华人民共和国行政复议法》第32条第2款"被申请人不履行或者无正当理由拖延履行行政复议决定的，行政复议机关或者有关上级机关应当责令其限期履行"的规定，以深圳市人民政府没有履行法定职责，致使复议决定至今未履行为由，向深圳市人民法院提起行政诉讼。法院查实，深圳市人民政府于2001年4月16日发出了深府复办函［2001］01号《关于依法履行深府复决［2000］62号（深圳市人民政府行政复议决定书）的函》，但因没有规定限期履行的期限，深圳市规划国土局至今仍未按照深府复决［2000］62号行政复议决定的要求重新作出行政行为。

问题：深圳市人民政府是否应该对本案中行政复议决定没有得到及时履行承担法律责任？为什么？

第十一章 行政诉讼法

【引导案例】

2000年10月30日下午2时,四川省叙永县某造纸厂发生火灾,10月31日,县公安消防大队接到报案后,立即赶赴火灾现场进行了勘查,在向有关知情人员询问调查后,于同年11月1日分别作出叙公消(2000)第05号火灾原因认定书和叙公消责(2000)第07号和第10号火灾事故责任书,认定火灾原因系刘健、赵前两儿童玩火引起,其监护人赵康兰、刘贵全对造成火灾损失负有直接责任,业主杨延学负次要责任。经过重新认定,赵康兰、刘贵全还是不服,遂以叙永县公安消防大队为被告提起行政诉讼。在诉讼过程中,被告提出,公安部曾于2000年3月2日以公复字[2000]3号作出《关于对火灾事故责任认定不服是否属行政诉讼受案范围的批复》,在该批复中,公安部指出,火灾事故责任认定不是一种独立的具体行政行为,不属于《行政诉讼法》第11条规定的受案范围。当事人对火灾事故责任认定不服的,依据公安部《火灾事故调查规定》第31条的规定,可以申请重新认定。既然公安部已经对该问题作出了明确规定,那么应该适用公安部的规定,法院不能受理该案件。那么,人民法院究竟能否受理此案?

《中华人民共和国行政诉讼法》于1989年4月4日第七届全国人大第二次会议通过,1990年10月1日起施行。我国的行政诉讼主要解决行政机关作出的具体行政行为的合法性问题,其原告只能是公民、法人或者其他组织,而被告只能是行政机关或者法律法规授权的组织。这一法律制度是为公民、法人或者其他组织在认为行政机关或者法律法规授权的组织所作出的具体行政行为侵犯自己的合法权益时,提供的法律上的救济手段,故又称"民告官"。

第一节 行政诉讼概述

一、行政诉讼的概念与行政诉讼法律关系

（一）行政诉讼的概念和特征

1. 行政争议。行政诉讼是解决行政争议的重要法律制度。所谓行政争议，是指行政机关和法律法规授权的组织因行使行政职权而与另一方发生的争议。主要包括：一是行政机关之间因行使行政职权而发生的争议；二是行政机关与其所属的公务员之间因行使行政职权而发生的争议；三是行政机关或者法律法规授权的组织与公民、法人或者其他组织之间因行使行政职权而发生的争议。行政争议发生的基本原因是行使行政职权，而行政职权包括内部行政职权和外部行政职权，因此，行政争议也分为内部行政争议和外部行政争议。外部行政争议即行政机关或者法律法规授权的组织因行使外部行政职权而与公民、法人或者其他组织之间发生的争议。在我国，解决外部行政争议的法律制度主要有行政复议和行政诉讼。

2. 行政诉讼的概念。行政诉讼作为一种制度，发端于法国的行政法院制度，后来逐渐被英美法系国家承认和接受。虽然各国行政诉讼的定义和范围不尽相同，但是都包括如下含义：司法机关经法人、公民申请，依法监督行政机关行政行为合法性及合理性的活动，是行政法上的救济手段之一。

在我国，行政诉讼是指公民、法人或者其他组织认为行政机关和法律法规授权的组织作出的具体行政行为侵犯其合法权益，依法定程序向人民法院起诉，人民法院在当事人及其他诉讼参与人的参加下，对具体行政行为的合法性进行审查并作出裁决的制度。

3. 行政诉讼的特征。我国的行政诉讼具有如下特征：

（1）行政案件由人民法院受理和审理。在英美法系国家，由普通法院审理行政案件，同时普通法院内部也不设行政审判庭；在大陆法系国家，由专门成立的行政法院审理行政案件。而在我国，法院组织只设立一套人民法院系统，根据《行政诉讼法》第3条的规定，人民法院行使对行政案件的审判权，人民法院在其内部设立行政审判庭，专门审理行政案件。同时，根据最高人民法院的司法解释，专门人民法院、人民法庭不受理和审理行政案件。

（2）人民法院审理的行政案件只限于就行政机关作出的具体行政行为的合法性发生的争议。行政机关作出的抽象行政行为及具体行政行为的合理性

不具有可诉性，即不是人民法院直接审理的对象，不能通过行政诉讼的方式解决。只有当抽象行政行为（除国务院制定的具有普遍约束力的行政法规、决定、命令外）作为被诉具体行政行为的依据时，人民法院才可以对该抽象行政行为的合法性进行审查，并决定是否适用。

（3）行政复议不是行政诉讼的必经阶段或者前置程序。在其他国家，通常情况下，行政复议是行政诉讼的必经阶段或者前置程序，而且行政复议分为两级，即原复议和再复议，只有经过两级复议后，当事人才能向法院提起行政诉讼。而依据我国《行政复议法》的规定，除法律、法规规定向人民法院起诉之前必须经过行政复议者外，是否经过行政复议，由公民、法人或者其他组织自行选择。同时，即使是必须经过行政复议才能向人民法院起诉的行政案件，其行政复议的次数通常为一级，无须经过再复议程序。

（4）行政案件的审理方式原则上为开庭审理。依据《行政诉讼法》的规定，人民法院在审理一审案件时必须开庭审理，二审法院在审理上诉案件时，只有在事实清楚的情况下，才可以采用书面审理方式。

（二）行政诉讼和相关制度的比较

1. 行政诉讼和行政复议。行政诉讼和行政复议都以行政争议为处理对象，都是法律为行政相对人提供的救济手段，二者之间存在着密切关系。

（1）法律、法规规定必须先向复议机关申请复议，对复议决定不服才能向人民法院起诉的，公民、法人或者其他组织在起诉前必须先经过复议程序，否则人民法院不予受理。

（2）除上述情况外，凡属于人民法院受案范围内的行政案件，公民、法人或者其他组织既可先向复议机关申请复议，对复议决定不服再向人民法院起诉，也可直接向人民法院起诉。

（3）法律规定复议终局的，不得再提起行政诉讼。但是，行政诉讼与行政复议作为两种不同的救济手段，二者有以下区别：

第一，性质不同。行政复议属行政活动，适用行政程序；行政诉讼属司法活动，适用司法程序。

第二，审理机关不同。行政复议机关为作出具体行政行为的行政主体的上级行政主体或法律、法规规定的其他行政主体；行政诉讼的审理机关则为人民法院。

第三，对具体行政行为审查的范围不同。行政复议对具体行政行为是否合法和适当进行全面审查；行政诉讼只对具体行政行为是否合法进行审查，一般不审查其适当性。

第四，审理方式不同。行政复议一般实行书面审查方式；行政诉讼一般采用开庭审理方式（一审必须开庭审理）。

第五，审级不同。行政复议一般实行一级复议制；行政诉讼则实行两审终审制。

第六，法律效力不同。行政复议决定一般不具有最终的法律效力，公民、法人或者其他组织对复议决定不服的，仍可以向人民法院提起行政诉讼；而人民法院依法对案件所作的判决具有最终的法律效力。此外，行政诉讼与行政复议在当事人称谓、法定期限、受案范围等方面也有所不同。

2. 行政诉讼和民事诉讼。行政诉讼和民事诉讼也有许多相同之处，我国在《行政诉讼法》实施以前，对行政案件的审理就适用民事诉讼程序。但是，行政诉讼与民事诉讼存在许多区别：

（1）审理案件的性质不同。行政诉讼审理的是行政案件，即行政相对人不服行政主体的具体行政行为而向人民法院起诉的案件；民事诉讼审理的是民事案件，它所要解决的是平等民事主体之间发生的民事争议。

（2）审判依据不同。行政诉讼的审判依据是行政诉讼法、行政实体法和行政程序法规范；民事诉讼的审判依据则是民事诉讼法和民事实体法规范。

（3）诉讼当事人及其诉权不同。行政诉讼中原、被告具有恒定性，原告只能是作为行政相对人的公民、法人或其他组织，被告只能是行使国家行政权的行政主体，二者的位置不能互换；在民事诉讼中，公民、法人和其他组织既可以当原告，也可以当被告。行政诉讼的被告没有起诉权，也没有反诉权；而民事诉讼当事人的诉权是相对应的，原告有起诉权，被告有反诉权。

（4）提起诉讼的诉前程序不同。行政诉讼中有的案件要求有行政复议作为必经的诉前程序；而民事诉讼没有这样的要求。

（5）举证责任不同。民事诉讼中举证责任由双方当事人承担，哪一方提出主张，哪一方就要对自己的主张负举证责任，即谁主张，谁举证；在行政诉讼中，法律规定由被告行政主体对其作出的具体行政行为的合法性负举证责任。

（6）结案方式不同。在行政诉讼中，只能以判决或裁定的方式结案，不能以调解的方式结案；在民事诉讼中，除以判决或裁定的方式结案外，还可以调解的方式结案。

二、我国行政诉讼制度的历史发展

1982年颁布的《民事诉讼法（试行）》第3条第2款规定，"法律规定由人民法院审理的行政案件，适用本法规定"，从而正式确立了行政诉讼制度。1983年在人民法院内设立经济审判庭，受理经济行政案件。1986年9月颁布的《中华人民共和国治安管理处罚条例》（现已失效）规定，公民对公安机关及其工作人员的行政违法行为，可以向人民法院起诉，从而确立了我国治安行政诉讼制度。此后，各级地方人民法院陆续建立了行政审判庭。

1989年4月，全国人大审议通过了《行政诉讼法》，于1990年10月施行。这是中国法律史上第一部社会主义性质的独立的行政诉讼法典。它是中国行政诉讼制度最终确立并走向成熟的标志。

三、行政诉讼法律关系

（一）行政诉讼法律关系的含义

行政诉讼法律关系是指人民法院和一切诉讼人之间的、以诉讼权利义务为内容的、由行政诉讼法律规范所调整的、以人民法院为主导的具体社会关系。它不同于行政法律关系、民事诉讼法律关系和行政诉讼关系。行政诉讼法律关系是行政诉讼法律规范作用于特定社会关系的结果，具有以下特点：

1. 行政诉讼法律关系是人民法院和一切诉讼参与人之间所形成的一种社会关系。公民、法人或者其他组织与行政机关发生行政争议尚未诉诸人民法院时，其与行政机关的关系只是行政实体法上的权利义务关系，并不发生行政诉讼法上的联系。只有公民、法人或者其他组织将行政争议起诉，人民法院受理后，才产生人民法院同当事人及其他诉讼参与人之间的行政诉讼法律关系。而且，在行政诉讼参与人之间并不存在直接的诉讼权利义务关系，如当事人一方的诉讼权利并不直接表现为另一方相应的诉讼义务，它们诉讼权利和义务的行使、履行要通过人民法院，以人民法院为中介——它们各自和人民法院发生行政诉讼法律关系。

2. 人民法院在行政诉讼法律关系中始终处于主导地位。人民法院行使国家审判权，在行政诉讼中，决定受理原告的起诉而引起行政诉讼法律关系的产生，依法确定行政诉讼的参加人与参与人，依法决定行政决定是否停止执行，依法对行政案件作出裁判，并监督当事人对裁判的执行情况，保障诉讼参加人和参与人正确行使诉讼权利、依法履行诉讼义务，保证诉讼顺利进行，指挥诉讼的全部过程。

3. 行政诉讼法律关系的主体中，必有一方是作为被告的行政机关。这是行政诉讼法律关系区别于其他诉讼法律关系的显著特点之一。我国《行政诉讼法》第25条规定行政诉讼的被告是作出具体行政行为的各种行政机关，第

41条规定提起行政诉讼必须"有明确的被告"。没有作为被告的行政机关，行政诉讼不能发生，行政诉讼法律关系也就不能产生。行政诉讼一旦成立，必有一方是作为被告的行政机关。

4. 引发一系列行政诉讼法律关系产生的起诉行为只能由公民、法人或者其他组织实施。行政诉讼法律关系的产生必须有起诉行为，人民法院不能主动开始行政诉讼。《行政诉讼法》第24条第1款规定，"依照本法提起诉讼的公民、法人或者其他组织是原告"，第25条规定行政机关作为被告参加行政诉讼。可见，行政诉讼能否产生的主动权在公民、法人或者其他组织；行政机关处于被动地位，只能成为被告当事人，既不能起诉也不能反诉。行政机关在行政管理中是管理者，如认为管理相对人没有依法履行义务，可以依职权对违法者进行处罚，而无须作为原告向人民法院提起行政诉讼、借助法院的强制力以审判的方式进行行政管理和制裁一般违法行为者。公民、法人或者其他组织在行政管理中作为"弱者"身份出现，没有行政机关所拥有的诸多权力，为了保护其合法权益，法律赋予其起诉权，以通过司法程序获得救济。

5. 行政诉讼法律关系具有直接监督行政权的性质。人民法院审理行政案件时，如发现行政机关的具体行政行为主要证据不足、适用法律法规错误、违反法定程序、超越职权或滥用职权，可以撤销；如发现行政管理中存在问题，可通过司法建议向有关行政机关提出，以改进行政机关的行政管理工作。人民法院通过司法审查，监督行政机关的具体行政行为，是权力制约原则的表现，也是行政诉讼法律关系不同于其他诉讼法律关系的明显特点。

6. 行政诉讼法律关系中双方当事人的诉讼权利和诉讼义务不对等。行政诉讼双方当事人在行政诉讼中法律地位平等，但双方诉讼权利义务不对等。在起诉权上，只有公民、法人或者其他组织享有，而行政机关只有作为被告享有答辩权，没有起诉权和反诉权。在举证责任上，被告负有举证责任，如不能举出证据作为作出具体行政行为的主要证据及法律依据，就要承担败诉的法律后果，而一般情况下原告没有这个义务；并且被告在诉讼期间不得自行取证，其代理律师在诉讼过程中也不能自行取证，而对原告及原告的代理律师则没有限制。与民事诉讼法律关系中原告、被告诉讼权利义务的对等性相比，这是行政诉法律关系的一大特色。

7. 行政诉讼法律关系中人民法院的审判权限受到一定限制。人民法院对行政案件的受案范围仅限于《行政诉讼法》第11条规定的涉及人身权、财产权等且属于具体行政行为引起的案件。在案件的证据调查上，人民法院主要是审查证据而不是调查取证，有权要求当事人提供和补充证据，向有关行政机关、其他组织、公民调取证据及采取措施保全证据。在审查内容上，人民法院主要是对行政机关具体行政行为的合法性进行审查，对于具体行政行为的合理性原则上不予审查评价。在裁判权限上，人民法院只享有维持、撤销、判决履行及对显失公正的行政处罚可以行使有限的变更权。在行政裁判的执行上，对原告不履行行政判决的人民法院可以强制执行，而对被告不履行行政判决人民法院只能采取《行政诉讼法》规定的四项执行措施。《行政诉讼法》还严格规定了人民法院审结案件的限期。总之，人民法院在行政诉讼法律关系中的审判权限要小于在民事诉讼法律关系中的审判权限。

（二）行政诉讼法律关系的要素

行政诉讼法律关系由主体、客体和内容三要素构成。

1. 行政诉讼法律关系的主体。行政诉讼法律关系的主体是指行政诉讼权利义务的承担者，即行政诉讼法律关系的参加者。凡是参加行政诉讼并在其中享有诉讼权利、承担诉讼义务的人，都是行政诉讼法律关系的主体。行政法律关系的主体包括人民法院、诉讼参加人及其他诉讼参与人。

（1）人民法院。人民法院是行政诉讼法律关系最重要的主体，也是最重要的行政诉讼主体，没有人民法院的参加，就不可能有行政诉讼。在行政诉讼过程中，人民法院享有审理权、裁判权和指挥权，决定着整个诉讼程序的发生、变更或消灭。

（2）诉讼参加人。诉讼参加人是指参加诉讼维护自己的合法权益的当事人以及与当事人诉讼地位类似的人。狭义当事人指原告、被告；广义当事人除原告、被告外，还包括第三人和共同诉讼人。与当事人诉讼地位类似的人指法定代表人和诉讼代理人。诉讼参加人除诉讼代理人外都同诉讼结果有直接利害关系，在行政诉讼中有使诉讼程序发生、变更或消灭的权利（被告只能使诉讼程序变更或消灭，而没有使诉讼程序发生的权利），既是行政诉讼法律关系的主体，又是行政诉讼主体。诉讼代理人以被代理人的名义参加行政诉讼，与被诉具体行政行为和行政案件没有直接利害关系，非经被代理人授权，其诉讼行为不能使行政诉讼程序发生、变更或消灭，只是行政诉讼法律关系的主体而不是行政诉讼主体。司法实践中，行政机关专门设置的诉讼代理人是所代理行政机关的成员之一，所从事的诉讼代理是行政机关法定代表人指派的本职工作，其诉讼地位和性质与指定、法定或委托代理人都有所不同。

（3）其他诉讼参与人。诉讼参与人是指参与行政诉讼活动的除人民法院以外的一切人，包括当事人、共同诉讼人、第三人、诉讼代理人、证人、鉴定人、翻译人员和勘验人员。其他诉讼参与人是指除诉讼参加人以外的参与行政诉讼活动的人，即证人、鉴定人、翻译人员和勘验人员，他们与被诉具体行政行为和诉讼结果没有法律上的利害关系，参与行政诉讼只是协助人民法院和当事人查明案件的事实，在诉讼中也承担一定的权利和义务，但对于行政诉讼程序的发生、变更或消灭不发生直接影响，不是行政诉讼主体。

2. 行政诉讼法律关系的客体。行政诉讼法律关系的客体是指行政诉讼法律关系主体的诉讼权利义务所指向的对象，即行政诉讼所要解决的问题。人民法院与其他行政诉讼法律关系主体之间的诉讼权利义务不同，诉讼权利义务所指向的对象也不完全相同。

（1）人民法院与当事人之间的行政诉讼权利义务所指向的对象是查明案件事实真相，解决行政纠纷。原告起诉、人民法院受理后，原告、被告都有权要求人民法院查明案情，保护其合法权益或维护行政管理的正常进行，都有义务提供证据以证实其诉讼请求。人民法院有权就当事人双方争议的案件进行审查，也有义务依法认真审理、查明案情并作出公正裁决。因此，人民法院与当事人之间的行政诉讼法律关系的客体是案件的事实和实体权利的请求。

（2）人民法院与证人、鉴定人、翻译人员和勘验人员之间的行政诉讼权利义务所指向的对象是查明案件事实（案件事实的一部分或主要部分）。证人、鉴定人、翻译人员和勘验人员与被诉具体行政行为和案件的结果没有利害关系，依法参加行政诉讼目的是帮助人民法院查明案件事实真相、正确处理案件，他们有权利也有义务如实提供证言、如实作出正确的鉴定结论、真实地进行翻译和认真进行勘验。因此，人民法院与证人、鉴定人、翻译人员和勘验人员之间的行政诉讼法律关系的客体是案件的事实。

3. 行政诉讼法律关系的内容。行政诉讼法律关系的内容是指行政诉讼法律关系主体依照行政诉讼法律规范所享有的诉讼权利和所承担的诉讼义务。行政诉讼法律关系的主体不同，享有的诉讼权利和承担的诉讼义务也各不相同。

（1）人民法院的诉讼权利和义务。人民法院是行使国家审判权的机关，是最重要的行政诉讼法律关系主体，在行政诉讼中享有的诉讼权利主要有受理权、收集证据权、审理权、指挥诉讼权、判决裁判决定权、排除诉讼障碍权、强制执行权、收取诉讼费用权；承担的诉讼义务主要有依法及时准确地审理行政案件和作出公正的裁判，以保护公民、法人或者其他组织的合法权益，维护和监督行政机关依法行使职权。

(2) 诉讼参加人的诉讼权利和义务。诉讼参加人除诉讼代理人的情况特殊外，在行政诉讼中享有的诉讼权利和承担的诉讼义务大致相同。他们享有的诉讼权利主要有：委托诉讼代理人的权利、辩论权、申请回避权、使用本民族语言文字诉讼权、申请查阅和补正庭审笔录权、申请保全证据权、上诉权、申请强制执行权。其中仅为原告享有的诉讼权利有：起诉权、撤诉权和变更诉讼请求权；他为被告享有的诉讼权利有：答辩权、变更原具体行政行为权和强制执行权。他们承担的诉讼义务主要有：按照规定的程序和时限依法出庭，遵守法庭秩序、服从法庭指挥，被告根据人民法院的要求提供据以作出具体行政行为的证据和规范性文件、执行人民法院的裁判。行政诉讼代理人依诉讼代理权来源不同分为法定代理人、指定代理人和委托代理人。

(3) 其他诉讼参与人的诉讼权利和义务。在行政诉讼中，证人、鉴定人、翻译人员和勘验人员享有的诉讼权利是实事求是地提供证言、证物、鉴定笔录、翻译和勘验笔录等；承担的诉讼义务是服从人民法院的指挥、准确和实事求是地提供服务、不徇私舞弊、不作伪证等。

四、行政诉讼法的含义与立法目的

（一）行政诉讼法的概念

行政诉讼法是指有关调整人民法院和当事人及其他诉讼参与人在审理行政案件过程中所进行的各种诉讼活动以及所形成的各种诉讼关系的法律规范的总和。简言之，行政诉讼法就是调整行政诉讼法律关系的法律规范的总和。

行政诉讼法有狭义和广义之分。狭义的行政诉讼法又称形式意义的行政诉讼法，仅指行政诉讼法典。在我国即指1989年通过的《行政诉讼法》。广义的行政诉讼法又称实质意义的行政诉讼法，既包括行政诉讼法典，也包括民事诉讼法及其他法律、法规中有关或者适用于行政诉讼的原则、制度和一些具体规定等。

行政诉讼法以行政诉讼法律关系为调整对象，由此决定了它具有以下特点：

1. 行政诉讼法是我国法律体系中的重要法律部门。法律部门的主要划分标准是调整对象的特定性，行政诉讼法就是以行政诉讼法律关系为调整对象的。人民法院主持下的行政诉讼活动及由此形成的诉讼关系必须依据行政诉讼法进行。行政诉讼法是我国的三大诉讼法之一。行政诉讼法是全国人大制定的基本法律，这决定了它在我国法律体系中的重要地位。

2. 行政诉讼法是一种诉讼程序法。行政诉讼的主要任务是裁判公民、法人或者其他组织认为行政机关或者法律法规授权的组织作出的具体行政行为违法而与作出该具体行政行为的行政机关或者法律法规授权的组织发生的争议,行政诉讼法就是具体规范裁判过程及人民法院和诉讼参加人在诉讼过程中的各种活动的。行政诉讼法与行政法之间的关系,不同于刑事诉讼法与刑法、民事诉讼法与民法之间的关系。刑法、民法是实体法,刑事诉讼法和民事诉讼法是程序法,而行政法自身既有实体法的内容,也有程序法的内容。行政机关和法律法规授权的组织在行政管理过程中,既要遵循实体法的规定,也要遵循程序法的规定,违反实体法和程序法的规定都构成违法。行政诉讼既要裁判实体违法问题,也要裁判程序违法问题。

(二)行政诉讼法的渊源

我国广义的即实质意义的行政诉讼法的渊源主要有以下几方面:

1.《中华人民共和国行政诉讼法》。《中华人民共和国行政诉讼法》1989年4月4日由七届全国人大二次会议通过,并于1990年10月1日起施行,共11章75条,对我国行政诉讼的基本原则、受案范围、管辖、诉讼参加人、证据、起诉和受理、审理和判决、执行、侵权赔偿责任、涉外行政诉讼等行政诉讼各方面的问题,作出了比较系统的规定,成为我国广义行政诉讼法的主体部分。

2. 单行法律、法规中有关行政诉讼问题的规定。《行政诉讼法》第11条第2款规定:"除前款规定外,人民法院受理法律、法规规定可以提起诉讼的其他行政案件";第37条第2款规定:"法律、法规规定应当先向行政机关申请复议,对复议不服再向人民法院提起诉讼的,依照法律、法规的规定";第38条规定,法律、法规另有规定的除外等。因而,法律、行政法规、地方性法规、自治条例和单行条例中有关行政诉讼的规定,也属于行政诉讼法的一部分。

3. 民事诉讼法中可以适用于行政诉讼的规定。最高人民法院在2000年所作的《关于执行〈中华人民共和国行政诉讼法〉若干问题的解释》(以下简称《若干解释》)第97条规定:"人民法院审理行政案件,除依照行政诉讼法和本解释外,可以参照民事诉讼的有关规定。"据此,行政诉讼法和若干解释没有规定,而民事诉讼法已有规定,并且这些规定可以适用于行政诉讼的,法院在审理行政案件时,可以参照民事诉讼的有关规定。民事诉讼法的这些规定即是行政诉讼法的一部分。

4. 最高人民法院和最高人民检察院关于审理行政案件的司法解释。如

1991年最高人民法院制定了《关于贯彻〈中华人民共和国行政诉讼法〉若干问题的意见（试行）》，共115条，较为系统地对行政诉讼法作了解释和补充规定。2000年最高人民法院根据行政诉讼的实际情况和新的需要，又制定了第64条的《若干解释》，共98条。最高人民检察院于1990年制定了《关于执行行政诉讼法暂行规定》，共9条。2002年最高人民法院制定了《最高人民法院关于行政诉讼证据若干问题的规定》，共80条。2008年最高人民法院制定了《最高人民法院关于行政案件管辖若干问题的规定》，共10条。等等。

5. 国际条约和行政协定中有关行政诉讼的规定。在涉外行政诉讼中，要适用我国参加的国际条约和行政协定（我国声明保留的条款除外）。

（三）行政诉讼法的立法目的

我国《行政诉讼法》具有以下三个方面的立法目的：

1. 保证法院正确、及时地审理行政案件。

（1）《行政诉讼法》主要从人民法院依法独立行使行政审判权、审判原则、证据制度、行政诉讼强制措施、审判依据、两审终审制及审判监督程序等方面，对保证人民法院正确审理行政案件作出了规定。

（2）为了防止行政案件久拖不决，《行政诉讼法》作了一系列的期限规定，如申请行政复议期限、复议审理期限、起诉期限、受理期限、诉讼审理期限等，这一系列法定期限之间又是互相衔接的。

2. 保障公民、法人或者其他组织的合法权益。

（1）《行政诉讼法》的制定和实施，为公民、法人或者其他组织在认为行政机关或者法律法规授权的组织的行政行为侵犯其合法权益时提供了比较有效的司法救济途径。

（2）《行政诉讼法》第11条规定了人民法院的受案范围，即公民、法人或者其他组织受到司法机关保护的范围。这一规定与该法制定之前的状况相比较，大大扩大了司法机关保护的范围。

（3）用专章规定了行政机关的行政侵权赔偿责任，对申请赔偿的程序、排斥责任以及赔偿费用的来源等，作了明确规定。

（4）规定了公民、法人或者其他组织在诉讼过程中的程序性权利。如人民法院作出裁定不受理起诉或者驳回起诉，原告对裁定不服的，可以向上一级人民法院提出上诉；对人民法院作出的第一审判决不服的，可在法定期限内向上一级人民法院提出上诉；人民法院判决被告重新作出具体行政行为的，被告不得以同一事实和理由作出与原具体行政行为基本相同的具体行政行为等。

3. 维护和监督行政机关依法行使行政职权。

（1）人民法院经过审理，认为行政机关的具体行政行为是合法的和公正的，应判决维持，驳回原告的起诉。这就维护了行政机关的威信，保证了行政效率，稳定了行政秩序。

（2）行政机关及其工作人员由于种种原因，其具体行政行为侵害了公民、法人或者其他组织的合法权益，由人民法院经过审理，根据不同情况，判决撤销、变更行政处理决定或者强制行政机关履行义务，从而起到了司法权监督行政权的作用，保证了行政机关严格依法行政。

五、行政诉讼的基本原则

（一）行政诉讼与其他诉讼的共有原则

1. 人民法院独立行使国家审判权原则。《宪法》第126条和《中华人民共和国人民法院组织法》第4条均规定人民法院依照法律规定独立行使审判权，不受行政机关、社会团体和个人的干涉。《行政诉讼法》第3条规定："人民法院依法对行政案件行使审判权，不受行政机关、社会团体和个人的干涉。"在我国，只设立统一的人民法院行使国家司法审判权，不设立行政法院和其他专门行政审判机关。法律是人民法院行使审判权的唯一依据，司法机关在司法活动中，独立于行政机关、社会团体和个人。另外我国的司法独立是指人民法院独立行使审判权，而不是法官或法院内部审判组织独立行使审判权。

2. 以事实为根据、以法律为准绳原则。《行政诉讼法》第4条规定："人民法院审理行政案件，以事实为根据，以法律为准绳。"事实和法律是审判活动的两个基本要素，弄清事实是行使审判权的前提和基础，法律则是对处于争议中的客观事实进行判断的依据。

3. 合议、回避、公开审判和两审终审原则。《人民法院组织法》第7条、第10条、第12条、第16条分别规定，人民法院审理案件，除涉及国家机密、个人隐私和未成年人犯罪外，一律公开进行；实行合议制；实行两审终审判；实行回避制。《行政诉讼法》第6条规定："人民法院审理行政案件，依法实行合议、回避、公开审判和两审终审制度。"

4. 当事人法律地位平等原则。《行政诉讼法》第7条规定："当事人在行政诉讼中的法律地位平等。"《民事诉讼法》和《刑事诉讼法》也有相似的规定，其含义是法律面前人人平等，禁止任何人享有超越宪法和法律的特权。

5. 使用本民族语言文字进行诉讼原则。《行政诉讼法》第8条规定："各民族公民都有用本民族语言、文字进行行政诉讼的权利。"另外两大诉讼法也有一致的规定。

6. 当事人有权辩论原则。《行政诉讼法》第9条规定:"当事人在行政诉讼中有权进行辩论。"辩论原则是指在人民法院主持下,当事人有权就案件的事实和争议的问题,各自陈述自己的主张和根据,互相进行反驳和答辩,以维护自己的合法权益。

7. 检察机关监督原则。《宪法》规定,人民检察院是国家的法律监督机关。《中华人民共和国人民检察院组织法》规定,人民检察院对人民法院的审判活动是否合法实行监督。《人民法院组织法》规定,人民检察院对人民法院已经发生法律效力的判决和裁定,如果发现确有错误,有权按照审判监督程序提出抗诉。《行政诉讼法》第10条规定:"人民检察院有权对行政诉讼实行法律监督。"

(二)行政诉讼的特有原则

1. 当事人选择复议原则。当事人选择复议原则,是指对属于人民法院受案范围的行政案件,在法律、法规没有明确规定必须经过复议的情况下,当事人对具体行政行为不服时,既可以先向上一级行政机关或者法律规定的特定机关申请复议,对复议决定不服,再向法院起诉,也可以不经复议直接向法院起诉。简言之,在我国,复议原则上不是进行行政诉讼的必经程序,是否经过复议,由当事人自己选择。

把行政复议作为行政诉讼的必经阶段,即行政复议前置原则,是一些国家行政诉讼的一项基本原则。其理论根据是,在进行行政诉讼之前,必须穷尽一切救济手段;其实践意义是,由行政机关自我检查、自我纠正,既可以维护行政机关的威信,也可以减轻法院的负担,还体现了司法权对行政权的尊重。

在我国,行政复议与行政诉讼有以下几种关系:

(1)必须经过复议才能向法院提起行政诉讼。

(2)是否经过复议再向法院提起行政诉讼,由当事人选择。

(3)行政复议和行政诉讼由当事人任择其一。

(4)法律规定复议决定为终局决定,当事人不得向人民法院提起行政诉讼。

(5)当事人对行政复议决定不服,或者向国务院申请裁决,或者向法院提起行政诉讼。其中,由当事人选择是先向复议机关申请复议再向法院起诉,还是直接向人民法院起诉,是处理行政复议与行政诉讼关系的最基本的原则。

2. 审查具体行政行为合法性原则。抽象行政行为和具体行政行为都有可能对公民、法人或者其他组织的合法权益构成侵害，但考虑到抽象行政行为对相对人权益的影响的特殊性，以及我国的政治体制和人民法院的地位，《行政诉讼法》第 2 条规定："公民、法人或者其他组织认为行政机关和行政机关工作人员的具体行政行为侵犯其合法权益，有权依照本法向人民法院提起诉讼。"据此，具体行政行为是行政诉讼中的起诉对象，而抽象行政行为不是行政诉讼的起诉对象。

对行政机关作出的具体行政行为的要求应当包括两个方面，即合法性和合理性。具体行政行为违法或者虽然合法但不合理（即不适当），都有可能对公民、法人或者其他组织的合法权益构成侵害。《行政诉讼法》考虑到法院的性质和司法权与行政权的关系，在第 5 条规定："人民法院审理行政案件，对具体行政行为是否合法进行审查。"因此，公民、法人或者其他组织只有在对具体行政行为的合法性提出异议时，才能通过行政诉讼的方式解决，而行政机关在法律、法规授予的行政自由裁量权范围内作出的具体行政行为是否合理、适当的问题，原则上只能通过行政复议由行政机关自行判断和处理。

3. 具体行政行为不因诉讼而停止执行原则。这一原则的基本内涵是，具体行政行为作出以后，当事人即使提起了行政诉讼，仍要按照具体行政行为所规定的内容履行自己的义务，否则，行政机关或者行政机关通过人民法院有权对当事人采取强制措施，迫使当事人履行义务。其基本根据是：

（1）具体行政行为是行政机关代表国家依据法律、法规的规定作出的，一旦作出即应推定为合法，即行政机关的具体行政行为具有先定力。合法的具体行政行为相应地也就具有约束力、确定力及执行力。因而，即使当事人认为具体行政行为违法并向人民法院起诉，要求改变或者撤销违法具体行政行为，但在法院代表国家依据有关法律、法规作出生效判决之前，具体行政行为仍然被推定为合法有效，也就要求得到执行。

（2）实行这一原则也有利于保证国家行政管理活动的正常进行和行政效率。

我国的一些其他法律也对这一原则作了规定。如：《行政复议法》规定，具体行政行为不因复议而停止执行；《行政处罚法》规定，行政处罚决定不因行政复议和行政诉讼而停止执行。

行政诉讼法同时也考虑到在某些特殊情况下，具体行政行为应当停止执行，否则将可能造成难以弥补的损失。《行政诉讼法》第 44 条规定，在以下三种情况下，具体行政行为要停止执行：

(1) 被告认为需要停止执行的。

(2) 原告在提起行政诉讼的同时，申请法院停止执行具体行政行为，法院认为该具体行政行为的执行将会造成难以弥补的损失，并且停止执行不损害社会公共利益的，裁定停止执行。

(3) 法律、法规规定停止执行的，这种情形在全国目前尚无典型的规定，比较相近的规定是治安管理处罚中关于拘留的规定。原《治安管理处罚条例》规定，被拘留人提起诉讼的，在交纳了保证金或者提供了担保人的情况下，可以暂缓拘留。这显然是考虑到了拘留这种限制人身自由的行政处罚的特殊性。

在诉讼过程中，被告或者具体行政行为确定的权利人申请人民法院强制执行被诉具体行政行为，人民法院不予执行；但不及时执行可能给国家利益、公共利益或者他人合法权益造成不可弥补的损失的，人民法院可以先予执行；后者申请强制执行的，应当提供相应的财产担保。

4. 不适用调解原则。不适用调解原则，是指人民法院审理行政案件，既不能把调解作为行政诉讼过程中的一个必经阶段，也不能把调解作为结案的一种方式。《行政诉讼法》第50条规定："人民法院审理行政案件，不适用调解。"所谓法院调解，是指在人民法院审判人员的主持下，双方当事人自愿就争议进行平等协商，达成协议，从而解决纠纷的诉讼活动。调解的前提是，当事人对双方所发生争议的标的具有处分权，即双方当事人对争议的标的，可以互谅互让，互相妥协，可以退让或者放弃。

《行政诉讼法》第67条规定："赔偿诉讼可以适用调解"。这是因为，行政诉讼和行政赔偿诉讼是两种性质的诉讼。行政诉讼的标的是具体行政行为是否合法，而行政赔偿诉讼涉及两个问题：一是具体行政行为是否造成了实际损害；二是损害的程度如何。相应地，人民法院审理这类案件也是解决两个问题：一是是否赔偿；二是赔偿的数额。而这两个问题均不涉及行政机关的法定职权，仅在于对损害事实的认定及相应的赔偿。因此，双方可以通过协商，本着互谅互让的原则，解决行政赔偿责任问题。

5. 司法变更权有限原则。司法变更权是指人民法院对被诉具体行政行为经过审理后，认为该具体行政行为违法而改变该具体行政行为的权力。司法变更权涉及司法权与行政权的关系问题。《行政诉讼法》既考虑到最大限度地保护当事人合法权益的需要及保障司法权行使的有效性，又考虑到法定的权力分配关系，在第54条第4项规定，人民法院认为"行政处罚显失公正的，可以判决变更"。因此，法院享有司法变更权。

《行政诉讼法》中的司法变更权有限原则作为行政诉讼的特有原则，其限制条件包括：

（1）人民法院可以行使变更权的领域仅限于行政处罚，对于除此以外的具体行政行为，人民法院经过审理认为违法也不能行使变更权。

（2）只有在行政处罚显失公正的情况下，人民法院才可以予以变更。

（3）在行政处罚显失公正的情况下，人民法院"可以"变更，而不是必须变更，是否变更由人民法院视具体情况而定。

此外，"被告行政机关负举证责任原则"，也是行政诉讼中的一项重要原则，这一原则的内容及其原因将在行政诉讼证据部分作详细介绍。

第二节 行政诉讼受案范围

一、确立受案范围的原则与方式

（一）确立受案范围的原则

行政诉讼受案范围，是指人民法院受理行政争议案件的范围。受案范围从人民法院的角度而言，是指人民法院对行政机关的哪些行政行为拥有司法审判权；从公民、法人或者其他组织的角度而言，是指其对行政机关的哪些行政行为不服时可以向人民法院起诉，以寻求司法救济。行政诉讼以行政争议为处理对象，而行政争议的范围和种类极其广泛，确定受案范围，受人民法院在我国政权体制中的地位、人民法院的审判力量、人民法院与行政机关的关系、国家的法治水平及公民的法治意识等因素制约。人民法院不可能受理并审理所有的行政争议，所以必须以法律规定人民法院的受案范围。行政诉讼法在规定人民法院的受案范围时，应考虑的原则主要有：

1. 尽可能扩大人民法院的受案范围。人民法院受案范围的宽窄关系着公民、法人或者其他组织的合法权益受司法保护的范围。行政诉讼法在现有条件下努力扩大人民法院的主管范围，其主要表现是：第一，行政诉讼法主要以分类列举的方式确定了人民法院的受案范围，比该法制定前由单行法律、法规以个别列举方式确定的人民法院受案范围，显然要宽得多；第二，不仅行政机关以作为方式作出的具体行政行为可以被起诉到法院，而且以不作为方式作出的具体行政行为也可以被起诉到法院。

2. 妥善处理司法权与行政权的关系。任何不受监督的权力都必然导致腐败，行政权力也是如此。行政诉讼即是司法权监督行政权力的一种方式，同时，司法权监督行政权力又必须根据一国的具体情况界定一个合理的范围和界限。司法监督权过宽过细，必然损害行政效率和行政权威，也会损害某些应享有司法豁免权的国家利益和社会利益。另一方面，司法监督权过小，司法机关无所作为，也达不到设置行政审判制度的目的。我国行政诉讼法规定，八类行政案件及法律、法规规定可以起诉的行政案件，人民法院有权主管；但有四类行政争议不能起诉到法院，以避免司法权代替行政权。

3. 人民法院在政权体制中的地位。我国实行民主集中制的人民代表大会制度，在这一政权组织形式下，人民法院只具有审判权，而无违宪审查权。人民法院既无权专门对法律及行政机关制定的规范性文件进行审查，也无权在审理具体案件时附带地对该案件所涉及的行政机关制定的规范性文件进行审查判断。

4. 既借鉴外国经验，又考虑本国实际。借鉴他国经验，主要表现在两点：第一是在总则部分对受案范围作概括规定，为将来扩大受案范围提供了法律依据；第二是国防、外交等国家行为享有司法豁免权。考虑自身所处政治、经济、文化、法律环境，主要表现在两点：一是认为行政机关侵犯人身权、财产权，可以向人民法院起诉，认为行政机关侵犯其他权利暂不可向人民法院起诉；二是法律规定由行政机关最终裁决的案件，不可向人民法院起诉。

（二）确立受案范围的方式

受案范围的确定方式决定着受案范围的宽窄。由于各国的法律制度、历史传统及行政审判制度的发达程度不同，所采用的确定受案范围的方式也有所不同。归纳起来，主要有以下三种：

1. 列举式。列举式又有两种具体形式：一是由单行法律、法规分别列举；二是由行政诉讼法典分类列举。列举式的优点是简单明了、易于掌握；缺点是范围较窄，难免挂一漏万，而且容易相互矛盾。这种方式一般为初步建立行政审判制度的国家所采用。我国在行政诉讼法典制定以前，因缺乏行政审判经验，采用分别列举式。

2. 概括式。即在统一的行政诉讼法典上对法院的受案范围作概括规定。如有的国家行政诉讼法典规定，关于一切行政处分（具体行政行为）合法性的争议均可起诉到法院。这种方式的优点是法院受案范围较宽，更有利于保护相对方的合法权益，但对行政审判制度的完善程度以及社会条件、法院审判能力及人员素质等要求较高。这种方式一般为行政审判制度较为发达的国家所采用。

3. 结合式。又称混合式，即行政诉讼法典对法院的受案范围先作概括规定，在此前提下，再作列举式规定。这种方式的优点在于既能依据各国的具体情况确定相应的范围，又能为以后不断扩大受案范围提供基础。

我国行政诉讼法典根据我国的具体情况，在确定人民法院受案范围时，采用了第三种方式，但又具有自身特色。概括起来，我国行政诉讼法对法院的受案范围的规定，采取以下形式规定：

（1）总的概括规定。《行政诉讼法》第2条规定："公民、法人或者其他组织认为行政机关和行政机关工作人员的具体行政行为侵犯其合法权益，有权依照本法向人民法院提起诉讼。"这一规定限定总的受案范围是因具体行政行为发生的争议，排除了因抽象行政行为发生的争议的诉讼案件。

（2）限定的概括规定。《行政诉讼法》第五条规定："人民法院审理行政案件，对具体行政行为是否合法进行审查。"这一规定限定了受案范围原则上为因具体行政行为是否合法发生的争议，排除了因具体行政行为是否合理发生的争议的可诉性。但有总的概括规定作为依据，作为例外，某些因具体行政行为是否合理发生的争议，如行政处罚案件，也可以纳入受案范围。

（3）肯定式分类列举。《行政诉讼法》第11条列举了八类因具体行政行为合法性发生的争议，进一步明确所列举的8类具体行政行为因是否合法发生的争议属于行政诉讼的受案范围。

（4）否定式分类列举。《行政诉讼法》第12条列举了4类不属于人民法院行政诉讼受案范围的案件。

二、人民法院受理的行政案件

《行政诉讼法》第11条第1、2款具体规定的人民法院受理的行政案件主要有以下几类。

（一）对拘留、罚款、吊销许可证和执照、责令停产停业、没收财物等行政处罚不服的

行政处罚行为是行政机关对相对人的一种惩处，是典型的具体行政行为。行政处罚的种类主要有以下几种：

1. 申诫罚。包括警告和通报两种方式。虽然申诫罚主要是对行政相对人精神上的惩戒，一般影响的是相对人的人身权，但有时也会对相对人的财产权造成侵犯。比如，通报某一企业的产品为不合格产品，往往会影响这个企业的营业额。对此，应该允许相对人提起诉讼。

2. 财产罚。包括罚款、没收违法所得和没收非法财物，是对行政相对人

财产权的剥夺。

3. 行为罚。行为罚是一种限制或剥夺行政相对人从事特定行为的能力或资格的制裁，可分为以下两种：一是责令停产停业和暂扣许可证、执照。这两种处罚形式均是对被处罚人已具有的权能施以一定期间的限制，在被限制期间内，被处罚人不得从事依许可证、执照能够从事的活动。二是吊销许可证、执照。这种处罚形式从根本上剥夺了被处罚人从事一定行为的能力或资格，而且有时对被处罚人还有后续性影响。比如，被撤销教师资格的，自撤销之日起5年内不得重新申请认定教师资格。

4. 人身自由罚。主要指行政拘留，是对被处罚人人身自由的一种限制。违法的行政拘留会严重侵害公民的人身权乃至财产权。

（二）对限制人身自由或者对财产的查封、扣押、冻结等行政强制措施不服的

行政强制措施是行政机关根据需要对有关人员的人身或财产施加限制的强制性手段。行政强制措施有的是为查明某种事实而采取的；有的是为执行某一具体行政行为，如强制划拨；有的则是为有效控制或结束违法、危险状态而采取的，如强制预备人员服兵役、对醉酒者的强制管束。行政相对人因不服这些行为而提起的行政诉讼，属于人民法院的受案范围。

需要注意的是，如果行政相对人是因为不服行政强制措施所执行的具体行政行为而不服行政强制措施的，应该以所执行的具体行政行为为诉讼标的提起行政诉讼；如果认为行政强制措施执行错误，比如超范围划拨，方可单独起诉执行行为。

（三）认为行政机关侵犯法律规定的经营自主权的

此处的"法律"包括法律、法规和行政规章。经营自主权是市场主体依法享有的自主调配和使用其人力、财产和物力的权利。在市场经济体制下，享有经营自主权的是各市场参与主体，主要包括个体经营户、农村承包经营户、各类企业和经济组织以及实行企业管理的事业单位。保持自身的独立性、参与市场竞争是获取经济利益的必要条件。实践中侵犯市场主体经营自主权的主要表现形式有：强行上缴税收利润；强制变更企业名称、改变企业性质；强行联营、分立或者兼并，改变企业隶属关系；核定资产的使用权与所有权；强行签订、变更、解除合同，非法确认合同的效力；干预、限制供销渠道，撤换依法应由职工代表大会或股东大会、董事会选举或聘任的企业领导人、法定代表人；强行定价，干预人事管理权等。行政相对人对以上诸种行为不服的，均可以提起行

诉讼。

(四) 认为符合法定条件申请行政机关颁发许可证和执照，而行政机关拒绝颁发或者不予答复的

行政许可诉讼是指相对人认为符合条件申请行政机关颁发许可证，而行政机关拒绝颁发或不予答复所提起的诉讼。行政许可理论表明，行政许可对行政相对人普遍性的限制可以对个别行政相对人解除。解除的条件有二：一是行政相对人向有关行政机关提出解除申请（表现为申请行政机关颁发许可证和执照）；二是行政机关认为其符合相应条件而解除对其的普遍性限制（表现为许可证或执照的颁发）。在行政相对人提出申请后，行政机关如果拒绝颁发，说明申请人不符合从事该项行为与活动的法律条件，相对人也就不能从事该项活动或行为，无法取得相应的经济利益。而如果行政机关迟迟不予答复，即消极的不作为，申请人依旧无法取得许可证与执照。因此，上述两种行为引发的争议均属于人民法院的受案范围。

(五) 申请行政机关履行保护人身权、财产权法定职责，行政机关拒绝履行或者不予答复的

保护行政相对人的人身权、财产权是许多行政机关的法定职责。如《人民警察法》第2条规定，人民警察的任务之一是保护公民的人身安全、人身自由和合法财产。因此，公安机关有维持管辖区域内社会治安的法定职责，当行政相对人的人身权、财产权受到侵犯时，行政相对人有权要求警察予以保护，警察如不予答复则构成不作为。对于因为警察的不作为而引发的相对人的损失，人民法院应该根据公安机关的不作为行为在该相对人的损失中的原因程度承担责任。

行政机关不履行保护人身权、财产权法定职责的后果有两种：一种是影响行政相对人权益的实现；另一种是给行政相对人的人身权、财产权造成实际损害。对行政机关不履行职责的行为，行政相对人如果认为行政机关继续履行职责仍有必要的，可提起行政诉讼；如果实际损害已经造成，行政机关继续履行职责已无意义，行政相对人可以提起行政诉讼，得到人民法院作出的确认判决，然后提起行政赔偿诉讼。

(六) 认为行政机关没有依法发给抚恤金的

抚恤金是军人、国家机关工作人员、参战民兵、民工等因公牺牲或者因病伤残、死亡后，国家为死者家属或者伤残者本人设立的一项基金，用以补助他们的生活，维持其本人或家属的日常生活的有关款项。

对"没有依法发给抚恤金的"行为提起诉讼应注意以下几点：

1. 该项抚恤金必须是法律、法规规定发放的，代表国家发放抚恤金的是各级政府的民政部门，企事业单位发放抚恤金的行为不属于行政诉讼的范围。

2. 行政相对人具备依法享受、领取抚恤金的法定条件。

3. 行政相对人已经向有权发放抚恤金的民政部门提出过申请，但有关部门没有满足其要求。

4. 没有依法发给是指拒绝发给或未依规定的范围、对象、标准、数额、时限等发给。

5. 对抚恤金应作广泛意义的理解，即凡属涉及公民人身权利和财产权利而又应由行政机关发给的救济金、福利金、保险金、奖励金等都在此范围，都受行政诉讼制度的保护。

（七）认为行政机关违法要求履行义务的

行政相对人在行政法上的义务是由法律、法规设定的，如纳税、缴费、服兵役、提供劳务等，行政相对人必须依法履行。但除法定义务外，行政机关不得违法要求行政相对人履行法定外义务。否则，行政相对人有权提起行政诉讼。

行政机关要求行政相对人履行义务通常包括财物上的义务和行为上的义务。财物上的义务是要求交付一定的财物，如交纳费用或实物；行为上的义务是要求作出或不作出一定的行为，要求作出一定的行为如要求服兵役等，要求不作出一定的行为如不得进入某地域或者某地段行走等。无论哪种形式都会涉及行政相对人的人身权和财产权。

《行政诉讼法》规定，人民法院受理行政相对人认为行政机关违法要求履行义务而提起的诉讼。对该类行为提起诉讼应注意，以下几点均在行政诉讼受案范围之列：第一，法律、法规没有设定义务，但行政机关以无权设定义务的规范性文件来设置义务并要求履行，甚至无任何根据以具体行政行为随意决定义务，如乱收费、乱摊派等；第二，行政相对人已依法履行了应有的义务，但行政机关仍重复要求履行该义务；第三，行政机关在要求履行义务时违反法定程序，如收费不出具法定的收据，任意改变履行义务的期限等；第四，行政机关要求履行义务超出了法律、法规规定的种类、幅度和方式等。

（八）认为行政机关侵犯其他人身权、财产权的

"其他人身权、财产权"是指除上述七类案件所涉及的有关人身权、财产权以外的人身权、财产权。这也可以看作是《行政诉讼法》对人身权、财产权保护的一种概括规定，即在我国，公民、法人或者其他组织认为行政机关

侵犯任何一种人身权、财产权，都可以向人民法院提起行政诉讼。

根据我国现行法律、法规的规定，法院受理的侵犯其他人身权、财产权的案件，主要有：

1. 行政裁决行为。行政裁决行为不同于以民事争议双方当事人自愿为基础的行政调解行为和旨在解决劳动争议的行政仲裁行为。它的作出不以民事争议双方当事人的同意为前提，产生了处分民事争议双方当事人权利、义务的法律效果。由此引发的争议属行政诉讼的受案范围。

2. 行政确认行为。行政确认是指行政机关依法证明和确定某种既存事实或者某种法律关系的具体行政行为。比如，民政机关对烈属、军属、残废军人、优抚对象身份的证明行为，对现役军人死亡性质、伤残性质的确认；教育管理机关对学历、学位、培训资格的证明行为；公安机关对居民的户籍、身份的证明行为等。

行政确认行为实质是一种公权力的宣告，虽然只是对行政相对人既存的法律地位的确认和宣告，但行政确认行为可能会影响到行政相对人的人身权、财产权。比如，对伤残等级的确认可能影响到被确认人所获的民事赔偿数额，对亲属关系的确认可能影响被确认人的继承权的享有等。因此，行政相对人不服行政确认行为时，可以提起行政诉讼。

3. 行政合同行为。在行政合同法律关系之中，行政机关与行政相对人的权利义务具有不对等性，行政机关所行使的诸如单方面变更、对不履行合同义务相对人的制裁权均是行政权力，其运用具有单方性和强制性。因此，因行政合同的缔结、解除、变更、废除而引发的争议，也属人民法院的受案范围。

4. 行政检查行为。行政检查是行政主体基于行政职权依法对行政相对人是否遵守法律的情况进行的检查，常以诸如审查、调查、检查、责令提供必要的资料和凭证等方式进行。行政检查行为是行政机关取得信息，进行行政管理的必要手段，比如工商机关对农贸市场的各种摊贩是否合法经营进行的检查行为等。但违法的行政检查行为也会扰乱被检查人正常的生活和生产经营秩序，侵犯相对人的人身权和财产权，因而其引发的争议属于行政诉讼的受案范围。

（九）法律、法规规定可以提起诉讼的其他行政案件

此处的"法律"是指全国人大及其常委会制定的规范性文件；"法规"是指行政法规、地方性法规。所谓"其他行政案件"是指行政机关侵犯人身权、财产权和经营自主权以外的其他权利而引起的行政争议。如，根据《教

育法》的规定，公民的受教育权受到侵犯时，有权向人民法院提起行政诉讼。《教育法》的规定，即是人民法院受理涉及受教育权案件的法律依据，虽然受教育权不在行政诉讼法规定的受案范围，但它是由单行法律规定的，人民法院也应当予以受理。

三、人民法院不予受理的事项

（一）国防、外交等国家行为

国家行为又称"统治行为""政治行为"，是指涉及国家之间关系、国家安全以及其他涉及国家重大利益的政治性行为。一般认为，国家机关根据宪法和法律授予的自由裁量权就国家重大政治问题所采取的行动，属于政治性行为而非法律性行为。因此，因国家行为产生的争议，不能由司法机关而只能由人民或者政治性机关来追究责任。各国一般都将国防和外交这两种行为视为国家行为。国防是保卫国家安全、领土完整和全民族利益而抵御外来侵略、颠覆所进行的活动，如进行军事演习、调集军队、发动战争等；外交是为实现国家的对外政策而进行的国家间交往活动，如签订国防条约、协议及建交等。《最高人民法院关于执行〈中华人民共和国行政诉讼法〉若干问题的解释》（以下简称《若干解释》）指出，国家行为是指国务院、中央军事委员会、国防部、外交部等根据宪法和法律的授权，以国家的名义所实施的有关国防和外交事务的行为，以及特定机关宣布紧急状态、实施戒严、总动员的行为。国家行为应当是由以上有权代表国家的机关，以国家名义作出的行为，其他机关则无此权。

（二）抽象行政行为

抽象行政行为是指行政机关针对广泛、不特定对象作出具有普遍约束力的、能反复适用的行政规范性文件的行为。根据宪法规定，国务院制定的同宪法、法律相抵触的行政法规以及具有普遍约束力的决定和命令，只有全国人大常委会有权撤销；地方各级人民政府及其部门制定的同宪法、法律、法规相抵触的行政规章或者其他具有普遍约束力的决定、决议、命令，只有其上级行政机关或同级人大常委会或上级人大常委会才有权撤销。可见，在我国，法院不享有对抽象行政行为的司法审查权。

当然，法院在审理行政案件的过程中，可以在查明事实的基础上正确适用法律。如果发现抽象行政行为与更高层次的法律事件相抵触或者同等效力的抽象行为之间相互矛盾，有权送请有关机关作出解释或进行裁决。

（三）内部行政行为

人民法院不受理公民、法人或其他组织就行政机关对其工作人员的奖惩、任免等决定提起的诉讼。因为这些决定是行政机关管理其内部事务的行政行为，人民法院对此不能通过审判程序加以干涉，以避免用司法权代替行政权。同时，行政机关奖惩、任免工作人员的决定一般以内部规定为依据，法院很难判断这些决定是否合法与适当。因此，因行政机关任免、奖惩等内部行政行为遭受利益损失的公务员，可以向上级行政机关、人事部门或监察部门申诉，而不能提起行政诉讼。

（四）法律规定由行政机关最终裁决的行为

此处的"法律"仅指狭义的法律，不包括法规和规章。引起行政纠纷的具体行政行为，如果法律规定由行政机关最终裁决的，不能提起行政诉讼。这主要是考虑到有些行政机关的行政行为具有很强的专业性、技术性，而让具有掌握本行业专业知识和技术的人才和专家的行政机关解决此类纠纷，更为适宜。但是，对这类规定应严格限制。

在我国，目前由行政机关行使最终裁决权的具体行政行为有四种情况：

1.《中华人民共和国公民出境入境管理法》第15条规定："受公安机关拘留处罚的公民对处罚不服的，在接到通知之日起15日内，可以向上一级公安机关提出申诉，由上一级公安机关作出最后的裁决，也可以直接向当地人民法院提起诉讼。"

2.《外国人入境出境管理法》第29条第2款规定："受公安机关罚款或者拘留处罚的外国人，对处罚不服的，在接到通知之日起15日内，可以向上一级公安机关提出申诉，由上一级公安机关作出最后的裁决，也可以直接向当地人民法院提起诉讼。"

以上两种情况，当事人可以在复议和起诉中选择，但复议决定为终局决定。这些规定显然是考虑到解决这类纠纷的时效性，如果经过复议程序再进入诉讼程序，耗费的时间将很长，如果规定直接进入诉讼程序，又与我国的选择复议原则不一致。

3.《行政复议法》第14条规定："对国务院部门或者省、自治区、直辖市人民政府的具体行政行为不服的，向作出该具体行政行为的国务院部门或者省、自治区、直辖市人民政府申请行政复议。对行政复议决定不服的，可以向人民法院提起行政诉讼；也可以向国务院申请裁决，国务院依照本法的规定作出最终裁决。"

4.《行政复议法》第30条第2款规定："根据国务院或者省、自治区、直辖市对行政区划的勘定、调整或者征用土地的决定,省、自治区、直辖市人民政府确认土地、矿藏、水流、森林、山岭、草原、荒地、滩涂、海域等自然资源的所有权或者使用权的行政复议决定为最终裁决。"

(五) 刑事司法行为

刑事司法行为,主要是指公安、国家机关依照刑事诉讼法明确授权所实施的刑事侦查行为。公安机关具有特殊性,它既有刑事侦查的职权,又有行政管理的职权。在司法实践中,如何区分刑事侦查行为和行政管理行为,是一个难题。《若干解释》采取了严格的"授权"标准,只要公安机关、国家安全机关实施的行为具有刑事诉讼法上明确的依据,就不可以对其提起行政诉讼。如,《刑事诉讼法》第50条规定:"人民法院、人民检察院和公安机关根据案件情况,对犯罪嫌疑人、被告人可以拘传、取保候审或者监视居住。"第61条规定:"公安机关对于现行犯或者重大嫌疑分子,如果有下列情形之一的,可以先行拘留……"

(六) 行政调解行为

行政调解是指由国家行政机关主持的,以争议双方自愿为原则,通过行政机关的说服教育等方式,促使当事人互谅互让,达成和解协议,从而解决与行政管理有关的民事纠纷的活动。

行政调解行为虽然也是行政机关的行为,但是,行政机关始终处于居中调停的地位,并没有行使强制性的行政权力。而且民事主体始终处于意思自治状态,可以不经调解或未达成调解协议而直接起诉,也可以不遵守调解协议而起诉。因此,对行政调解行为不服的,不能提起行政诉讼。

(七) 法律规定的行政仲裁行为

行政仲裁是指行政主体以中立者的身份,对当事人之间的民事争议,按照法定的程序,作出具有法律拘束力的判定的行为。将"仲裁"限定为"法律规定的",这里的"法律"仅指由全国人大及其常委会制定、通过的规范性文件。因此,只要不是"法律"所规定的行政仲裁行为,就不能排除行政相对人对该"仲裁行为"提起行政诉讼。选择仲裁这种纠纷解决方式,意味着双方自愿接受一裁终局的结果,放弃向人民法院起诉的权利。

(八) 行政指导行为

人民法院不受理行政相对人对不具有强制力的行政指导行为提起的诉讼。行政指导是指行政机关在其所管辖的事务范围内,根据国家的政策规定或者法律原则,针对特定的行政相对人,用非强制性的方法或手段,取得该行政相对人的同意或协助,有效地实现一定的行政目的的主动的管理行为。行政指导行为的一个最重要的特征是对行政相对人不具有法律约束力，公民、法人或其他组织没有服从的义务，行政机关与行政相对人之间不产生法定的权利义务关系。

（九）行政重复处理行为

行政重复处理行为是指行政机关所作出的没有改变原有行政法律关系，没有对当事人的权利义务发生新的影响的行为。最高人民法院《若干解释》把行政重复处理行为的情形限制为：当事人对处理历史遗留问题的行政行为，对已过诉讼期间的行政行为或行政机关具有终极裁判权的行为不服，向行政机关提出申诉，行政机关经过审查，维持原有的行为，驳回当事人的申诉。

（十）对公民、法人或者其他组织的权利义务不产生实际影响的行为

这里主要是指还没有最终正式作出的尚在形成中的行政行为，如通知、调查、咨询等准备性行为。此类行为对相对人的权利义务未产生实际影响，可诉时机未成熟，一般不能纳入行政诉讼受案范围。

第三节 行政诉讼管辖

一、行政诉讼管辖概述

（一）行政诉讼管辖的概念

行政诉讼管辖是指上下级法院之间、同级法院之间受理第一审行政案件的分工和权限。从受理和审理的角度看，它解决的是法院内部的分工和权限；从起诉的角度看，它解决的是公民、法人或者其他组织认为属于法院受案范围的具体行政行为侵犯了自己的合法权益时，向哪一级哪一个人民法院起诉的问题。属于人民法院受案范围的行政争议，并不是每一级及每一个人民法院都有管辖权。《行政诉讼法》对行政案件的管辖权作出具体规定，便于公民、法人或者其他组织提起诉讼，便于人民法院系统内部的合理分工及明确人民法院的内部职责，便于有关国家机关及全体人民对法院的工作进行监督。

（二）确定管辖的原则

《行政诉讼法》所确定的行政诉讼管辖，体现了以下原则：

1. 人民法院内部的合理分工。这包括上下级人民法院之间、同级人民法院之间的合理分工，避免畸轻畸重。如，第一审行政案件主要由基层人民法院审理，但最高人民法院、高级人民法院和中级人民法院也审理某些第一审行政案件。

2. 便于人民法院及时合法地办理案件。人民法院办理行政案件主要有两个步骤：一是查明事实；二是适用法律。而查明事实又是办案的关键。因此，在确定管辖时就要便于法院查明案件事实。如，《行政诉讼法》规定的"行政案件由最初作出具体行政行为的行政机关所在地人民法院管辖""因不动产提起的行政诉讼，由不动产所在地人民法院管辖"等，都是从便于人民法院查明案件事实方面加以考虑的。

3. 有利于人民法院公正地审理案件。行政案件的当事人一方是行使行政权的国家行政机关，它有可能利用行政权干预人民法院的审理活动。因此，《行政诉讼法》规定，对国务院各部门或者省、自治区、直辖市人民政府所作的具体行政行为提起诉讼的案件由中级人民法院审理；高级人民法院管辖本辖区内重大、复杂的第一审行政案件；最高人民法院管辖全国范围内重大、复杂的第一审行政案件。

4. 根据不同情况，便于原告或者被告参加诉讼。一般情况下，采取"原告就被告"的原则。这是因为：第一，具体行政行为是被告作出的，由被告所在地人民法院管辖，既有利于人民法院的审理活动，又有利于裁判的执行；第二，通常情况下，原告、被告同处一地，在特殊情况下，则作了便于原告诉讼的规定，如：《行政诉讼法》第18条规定："对限制人身自由的行政强制措施不服提起的诉讼，由被告所在地或者原告所在地人民法院管辖"；第20条规定："两个以上人民法院都有管辖权的案件，原告可以选择其中一个人民法院提起诉讼"。

5. 原则性与灵活性相结合。《行政诉讼法》对最高人民法院和地方各级人民法院所管辖的第一审行政案件作了分工，又规定了管辖权的转移，作为级别管辖的补充；《行政诉讼法》既规定了地域管辖，又规定了指定管辖作为地域管辖的补充。

二、行政诉讼管辖的种类

行政诉讼管辖分为级别管辖、地域管辖和裁定管辖三类，其中级别管辖和地域管辖是由法律明确规定的，又合称为"法定管辖"。

（一）级别管辖

我国一共设有四级人民法院，即最高人民法院、高级人民法院、中级人民法院和基层人民法院。因此，首先需要根据行政案件的各种因素，在上下级人民法院之间对案件的管辖权作出分配。级别管辖是指上下级人民法院受理第一审行政案件的分工和权限。级别管辖是从纵向上解决哪些第一审行政案件应由哪一级法院受理和审理的问题。《行政诉讼法》关于级别管辖的规定是：

1. 基层人民法院管辖的案件。基层人民法院管辖除上级人民法院管辖的第一审行政案件以外的其他第一审行政案件。

《行政诉讼法》第13条规定："基层人民法院管辖第一审行政案件。"一般来说，行政案件都由基层人民法院管辖。这是因为在多数情况下基层人民法院既是原告和被告所在地，又是行政机关和行政争议的发生地，如此规定便于人民法院和行政机关参加诉讼，也有利于人民法院及时公正地处理行政争议。

2. 中级人民法院管辖的案件。根据《行政诉讼法》第14条的规定，中级人民法院管辖下列第一审行政案件：

（1）确定发明专利权的案件和海关处理的案件。前者主要包括三类案件：第一，关于是否应当授予发明专利权的争议案件；第二，关于宣告授予的发明专利权无效或者维持发明专利权的争议案件；第三，关于实施强制许可的争议案件。由于确认发明专利权案件的被告是设在北京的国家知识产权局内的专利复审委员会，因而由北京市中级人民法院作为第一审法院。确认发明专利案件和海关处理的案件都属专业性、技术性较强的案件，由中级人民法院管辖，有利于提高办案质量。

（2）对国务院各部门或者省一级政府所作出的具体行政行为提起诉讼的案件。这些机关所作的行政行为，往往影响广泛、牵涉面广、有较强的政策性，因而需要慎重对待。

（3）本辖区重大、复杂的案件。对于何者为中级法院辖区内容重大、复杂的案件，最高人民法院《若干解释》作了进一步具体说明，主要包括四种情形：第一，被告为县级以上政府，但以县级以上人民政府名义办理不动产物权登记的案件可以除外。这是因为我国法院的行政化和地方化倾向严重，各级法院受制于地方政府，如此规定，有利于排除行政机关的干扰。第二，社会影响重大的共同诉讼、集团诉讼案件。共同诉讼是指当事人一方或者双方为二人以上，其诉讼标的是共同的或者同一种类的，人民法院认为可以合并审理并经当事人同意的诉讼。集团诉讼是共同诉讼的一种特殊形式。社会影响较小的共同诉讼、集团诉讼案件，由基层人民法院管辖；社会影响重大的则由中级人民法院管辖。第三，重大涉外及涉港、澳、台案件。这指原告、第三人是外国公民或组织以及中国香港、澳门特区、台湾地区的公民或组织，而且影响重大的行政案件。第四，其他重大、复杂案件。

3. 高级人民法院管辖的案件。高级人民法院管辖本辖区内重大、复杂的第一审行政案件。《行政诉讼法》第 15 条规定："高级人民法院管辖本辖区内重大、复杂的第一审行政案件。"高级人民法院设置在省、自治区、直辖市一级，因而它管辖的是省、自治区、直辖市范围内重大复杂的案件。

4. 最高人民法院管辖的案件。最高人民法院管辖全国范围内重大、复杂的第一审行政案件。《行政诉讼法》第 16 条规定："最高人民法院管辖全国范围内重大、复杂的第一审行政案件。"

(二) 地域管辖

地域管辖又称"区域管辖"，是指同级人民法院之间受理第一审行政案件的分工和权限。它是在级别管辖确定的前提下，对管辖权的深化。它主要根据人民法院的辖区与当事人所在地或者与诉讼标的所在地的关系确定第一审行政案件的管辖。《行政诉讼法》所确定的地域管辖分为一般地域管辖和特殊地域管辖。

1. 一般地域管辖。一般地域管辖又称"普通地域管辖"，是指按照最初作出具体行政行为的行政机关所在地确定的管辖。根据《行政诉讼法》的规定，以下两种情况下，由最初作出具体行政行为的行政机关所在地人民法院管辖：

(1) 凡是未经行政复议而直接向人民法院起诉的。

(2) 经过行政复议，行政复议机关维持原决定的。这一规定的出发点主要是考虑便于双方当事人进行诉讼，便于人民法院审理案件及地方性法规、规章的适用。

2. 特殊地域管辖。特殊地域管辖又称"特别管辖"，是指根据具体行政行为的特殊性或者标的物所在地来确定管辖的人民法院。又分为以下两种：

(1) 共同管辖，即两个或者两个以上的人民法院对同一行政案件都有管辖权。共同管辖有两种情况：

第一，经过行政复议，行政复议机关改变原具体行政行为的，由最初作出具体行政行为的行政机关所在地或者由复议机关所在地的人民法院管辖。所谓"改变原具体行政行为"，包括三种情况：一是改变原来具体行政行为所认定的主要事实和证据的；二是改变原具体行政行为所适用的规范依据且对定性产生影响的；三是撤销、部分撤销或者变更原具体行政行为处理结果的。具有以上三种情形之一的，均属于改变原具体行政行为。

第二，对限制人身自由的行政强制措施不服提起的行政诉讼，由被告所在地或者原告所在地人民法院管辖。所谓"原告所在地"，包括原告的户籍所在地、经常居住地和被限制人身自由地。

行政机关基于同一事实既对人身又对财产实施行政处罚或者采取行政强制措施的，被限制人身自由的公民，被扣押或者没收财产的公民、法人或者其他组织对上述行为均不服的，既可以向被告所在地人民法院提起诉讼，也可以向原告所在地人民法院提起诉讼，受诉人民法院可一并管辖。

在上述情况下，原告可以选择两个或者两个以上有管辖权的人民法院中的一个起诉。如果原告同时向两个或者两个以上有管辖权的人民法院起诉的，由最先收到起诉状的人民法院管辖。

（2）专属管辖，即因不动产提起的行政诉讼，由不动产所在地人民法院管辖。在此情况下，确定管辖的其他标准均不适用。如，县级人民政府对因土地的使用权或者所有权发生的争议进行裁决，当事人一方对该裁决不服，申请行政复议，行政复议机关改变了原裁决，另一方当事人不服，向人民法院起诉。按照共同管辖的规定，当事人既可以向复议机关所在地人民法院，也可以向原裁决机关所在地人民法院提起行政诉讼。但因为该案件涉及土地这一不动产，因此，当事人只能向不动产所在地法院起诉，而不能到复议机关所在地人民法院起诉。

（三）裁定管辖

裁定管辖是指人民法院在某些特殊情况下，以裁定的方式确定行政案件的管辖法院。裁定管辖是法定管辖的补充。裁定管辖分为：

1. 移送管辖。移送管辖，是指某一人民法院受理行政案件后，发现本法院对该案件没有管辖权，将案件移送给有管辖权的法院审理。当然，移送的前提是根据法律规定，该案件属于人民法院的受案范围。如果人民法院受理某一案件，而该案件不属于人民法院的受案范围，人民法院应当裁定驳回起诉。

移送管辖必须具备下列条件：移送法院已经受理了该案件；移送法院对该案件没有管辖权；接受移送的法院必须对该案件有管辖权。

移送法院在移送时，作出移送裁定，移送裁定对接受移送的法院具有约束力，接受移送的法院不得再自行移送。接受移送的法院如果认为移送的案件也不属于自己管辖，应说明理由，报请共同上一级法院，由其指定某个下级法院管辖。移送管辖只限于同级法院之间行政案件的移送。

《行政诉讼法》设立这种管辖的目的在于保护原告的利益。因为如果受理错误的法院以自己没有管辖权为由，驳回起诉，由当事人自行到有管辖权的法院起诉，则可能因诉讼时效已过，即使是有管辖权的法院也不可能受理。

同时，法院应当对自己的错误受理承担法律责任。

2. 指定管辖。指定管辖，是指上级人民法院以裁定的方式指定某一下级人民法院管辖某一行政案件。指定管辖适用于以下两种情况：

（1）由于特殊原因，有管辖权的人民法院无法行使管辖权。此处的"特殊原因"包括事实原因和法律原因。事实原因包括水灾、地震、战争、动乱、意外事件等；法律原因包括法官回避而无法组成合议庭、人民法院缺乏审理该案件的技术条件等。

（2）人民法院之间对管辖权发生争议，协商不成的。在共同管辖或者行政区域变动的情况下，两个或者两个以上的人民法院都要管辖该案件或者都不管辖该案件时，首先由争议的人民法院之间进行协商，协商不成时，由共同的上级人民法院指定其中的一个人民法院行使管辖权。

3. 管辖权的转移。

（1）管辖权转移的条件。管辖权的转移，是指行政案件的管辖权在上下级人民法院之间的移动。管辖权的转移必须具备三个条件：一是移交的人民法院审理的第一审行政案件；二是移交的人民法院对该案件有管辖权；三是移交的人民法院与接受移交的人民法院之间具有上下级审判监督关系。实际上，管辖权的转移是在法律对行政案件的管辖权已经确定的前提下，对某一案件有管辖权的上级人民法院或者下级人民法院因种种原因不行使管辖权，而将该案件的管辖权下放或者上移。但无论是下放或者是上移，均必须是由上级人民法院决定或者同意。因此，管辖权的转移是级别管辖的补充。

（2）管辖权转移的情形。管辖权的转移包括三种情形：上级人民法院审理下级人民法院管辖的第一审行政案件；上级人民法院把自己管辖的第一审行政案件移交下级人民法院审理；下级人民法院把自己管辖的第一审行政案件报请上级人民法院审理。

4. 司法解释对裁定管辖的补充规定。依据2007年最高人民法院《关于行政案件管辖若干问题的规定》：

（1）当事人以案件重大复杂为由或者认为有管辖权的基层人民法院不宜行使管辖权，直接向中级人民法院起诉，中级人民法院应当根据不同情况在7日内分别作出以下处理：①指定本辖区其他基层人民法院管辖；②决定自己审理；③书面告知当事人向有管辖权的基层人民法院起诉。

（2）当事人向有管辖权的基层人民法院起诉，受诉人民法院在7日内未立案也未作出裁定，当事人向中级人民法院起诉，中级人民法院应当根据不同情况在7日内分别作出以下处理：①要求有管辖权的基层人民法院依法处理；②指定本辖区其他基层人民法院管辖；③决定自己审理。

（3）基层人民法院对其管辖的第一审行政案件，认为需要由中级人民法院审理或者指定管辖的，可以报请中级人民法院决定。中级人民法院应当根据不同情况在7日内分别作出以下处理：①决定自己审理；②指定本辖区其他基层人民法院管辖；③决定由报请的人民法院审理。

（4）中级人民法院对基层人民法院管辖的第一审行政案件，根据案件情况，可以决定自己审理，也可以指定本辖区其他基层人民法院管辖。

（四）管辖权异议

管辖权异议，是指当事人向受诉人民法院提出的该院对于案件没有管辖权的主张。管辖问题的复杂性会使当事人之间、法院之间产生有关管辖权的争议，法官有时也会作出对管辖权的错误判断而受理不属于本院管辖的案件。同时由于受社会不良风气的影响，少数法院会为维护狭隘的地方利益而人为地制造管辖混乱，争夺管辖权，致使管辖问题更加复杂。为了正确确定案件管辖，纠正错误管辖，保证行政诉讼案件的公正审理，为了使当事人有机会向法院表达关于管辖权问题的不同意见，同时也为了使法院能够在充分听取当事人意见后对管辖问题作出审慎的决定，使法律关于管辖的规定得到正确地适用，《行政诉讼法》除了要求上级人民法院加强管辖监督之外，还赋予了诉讼当事人在对案件的管辖权有不同意见时可以向受案法院提出异议的权利，也即管辖异议权。

最高人民法院《若干解释》第10条规定："当事人提出管辖异议，应当在接到人民法院应诉通知之日起10日内以书面形式提出。对当事人提出的管辖异议，人民法院应当进行审查。异议成立的，裁定将案件移送有管辖权的人民法院；异议不成立的，裁定驳回。"根据该条的规定，当事人提出管辖异议，必须符合下列条件：第一，提出异议的主体是本案的当事人，案件的当事人包括原告、被告。第二，管辖权异议的客体是第一审行政案件的管辖权。当事人只能对第一审行政案件的管辖权提出异议，对第二审行政案件不得提出管辖权异议。第三，提出管辖权异议的时间必须在接到人民法院应诉通知之日起10日内。法律作这样的时间要求，目的在于既要保障当事人享有管辖权异议的权利，又要避免在案件已进入实体审理后再来重提管辖权的异议，致使时间延误，影响诉讼的正常进行。第四，必须以书面形式提出异议。这就对当事人提出管辖权异议的形式要件作出了规定，当事人只能够以书面形式提出管辖权异议，而不能以口头形式提出管辖权异议。

第四节 行政诉讼参加人

一、行政诉讼参加人概述

（一）行政诉讼参加人

行政诉讼参加人，是指起诉、应诉以及参加到行政诉讼活动中来的人。简言之就是指当事人和类似当事人地位的诉讼代理人。具体包括原告、被告、第三人和诉讼代理人。

行政诉讼参加人和其他诉讼参与人不同。行政诉讼的其他参与人，是指行政诉讼参加人之外的参与行政诉讼的证人、鉴定人、勘验人和翻译人员等。这些诉讼参与人参加行政诉讼只是协助人民法院和当事人查明案件事实，与诉讼的结果没有利害关系。

行政诉讼参加人与行政诉讼法律关系主体不同，后者的范围更为广泛，不仅包括人民法院、行政诉讼参加人，也包括证人、勘验人、鉴定人、翻译人员等。

（二）行政诉讼当事人

1. 行政诉讼当事人的概念。行政诉讼当事人，是指因具体行政行为发生争议，以自己的名义起诉、应诉和参加诉讼，并受人民法院裁判拘束的人，有狭义与广义之分。狭义的当事人仅指原告与被告，包括共同原告和共同被告。广义的当事人除原告和被告外，还包括第三人。本书采用广义上的概念。在行政诉讼的不同阶段，当事人的称谓不同。第一审程序中当事人的称谓是原告、被告和第三人；在第二审程序中，当事人被称为上诉人和被上诉人；在执行程序中，当事人则被称为申请人和被申请人；当事人在审判监督程序中的称谓与在第一审程序及第二审程序的称谓相同。第二审程序、执行程序以及审判监督程序不是行政诉讼的必经程序，因此人们通常用第一审程序中的原告、被告、第三人来概括当事人的范围。

2. 行政诉讼当事人的特征。

（1）行政诉讼当事人是发生争议的行政法律关系主体。其中，行政相对人认为具体行政行为违法侵犯其合法权益，因而作为原告向人民法院起诉；而作出具体行政行为的行政主体则作为被告应诉；第三人是与提起诉讼的具体行政行为有利害关系的原告、被告以外的公民、法人或其他组织。

（2）当事人以自己的名义进行诉讼。原告、被告和第三人通过诉讼所要解决的是自己的而不是他人的权利义务争议，并由自己来承担诉讼裁判的法律后果，因而应以自己的名义进行诉讼。凡不以自己的名义而以他人的名义进行诉讼活动的，就不是行政诉讼的当事人。

(3) 当事人与案件有直接利害关系。对行政相对人来说，利害关系是指其权利义务的得失、变更。行政相对人无论是作为原告还是作为第三人参加诉讼，都是为了保护自己的合法权益。对被告行政主体来说，利害关系则是指其权力行使的合法、正当与否。

(4) 当事人是受人民法院裁判拘束的人。当事人是发生争议的行政法律关系主体，而人民法院的裁判是针对行政争议作出的，所以当事人是受到人民法院裁判拘束的人。其他人，如证人、鉴定人等，由于与案件无利害关系，自然不会受到裁判拘束。

3. 当事人的行政诉讼权利能力和行为能力。行政诉讼权利能力是指当事人拥有的能够以自己名义进行行政诉讼活动并享有相应的诉讼权利、承担诉讼义务的资格和能力。对公民而言，其行政诉讼权利能力始于出生、终于死亡；对法人和其他组织（包括行政机关）而言，其行政诉讼权利能力始于成立之时，终于解散、被合法撤销之时。行政诉讼行为能力是指当事人能够亲自进行行政诉讼活动，具有独立行使诉讼权利和履行诉讼义务的能力。对公民而言，18周岁以上或16周岁以上不满18周岁、以自己的劳动收入为主要生活来源且智力正常的，具有诉讼行为能力。未成年人、精神病人不具有诉讼行为能力，为切实保障其合法权益，法律禁止他们亲自参加诉讼，而需由其法定代理人代理诉讼。至于法人和其他组织（包括行政机关）的行政诉讼行为能力，与其诉讼权利能力相一致，自成立时产生，至解散或被合法撤销时终止。

(三) 行政诉讼代理人

1. 行政诉讼代理人的概念和特征。行政诉讼代理人，是指在代理权限内，以当事人的名义进行行政诉讼活动的人。具有如下特征：

(1) 行政诉讼代理人只能以被代理人的名义进行诉讼活动。这就意味着代理人不能以自己的名义参加诉讼。并且其只能代理一方当事人而不能同时代理双方当事人，因为双方当事人的利益是矛盾和冲突的。这一特征是由诉讼代理人参加诉讼的目的所决定的。

(2) 行政诉讼代理人只能在代理权限范围内活动。代理人的代理权限或者取决于法律的规定，如法定代理人的代理权；或者由当事人授予，如委托代理人的代理权。诉讼代理人无论通过何种方式取得代理权，都必须认真地行使权利、履行职责，既不能随意放弃权利，也不能超越权限。

（3）行政诉讼代理人不承担诉讼行为的法律后果。代理行为是帮助他人所实施的行为，不是为了代理人自己的利益，因而其行为的法律后果要由被代理人承担，而不是由代理人承担。当然，如果代理行为越权，代理人要承担相应的责任。

（4）行政诉讼代理人必须具有诉讼行为能力。这是能够成为诉讼代理人，为被代理人提供帮助的首要条件。不具有诉讼行为能力的人，不能成为诉讼代理人。如果诉讼代理人在诉讼过程中丧失诉讼行为能力，就不能继续担当代理人。

2. 行政诉讼代理人的种类。根据《行政诉讼法》的规定，依照代理人代理权限的不同来源，可将行政诉讼代理人分为下列三类。

（1）法定代理人。这是指根据法律的直接规定而享有代理权，代替无诉讼行为能力人进行行政诉讼的人。《行政诉讼法》第28条规定："没有诉讼行为能力的公民，由其法定代理人代为诉讼。"法定代理人的构成条件是：①被代理人是没有诉讼行为能力的公民，具体包括未成年人和精神病人。②被代理人的监护人就是其法定代理人。法定代理权的取得、消灭与监护权的取得、消灭同步。在诉讼存续期间，监护权的丧失必然导致法定代理权的消灭。法定代理权一旦消灭，诉讼代理人就应当退出诉讼。法定代理为全权代理。法定代理人具有和当事人基本相同的地位，可以处分实体权利和诉讼权利，所实施的一切诉讼行为视同当事人的行为。当然，法定代理人不等同于当事人，其诉讼地位也有所区别。例如，人民法院确定管辖时是以当事人的住所地为准，而不考虑法定代理人的住所地等。

（2）指定代理人。这是指基于人民法院指定而享有代理权，代替无诉讼行为能力人进行行政诉讼的人。指定代理人制度同样是为无诉讼行为能力人设定的，是对法定代理人制度的补充。《行政诉讼法》第28条规定："……法定代理人互相推诿代理责任的，由人民法院指定其中一人代为诉讼。"此外，法定代理人不能行使代理权的，也可由人民法院指定代理。指定代理人一旦被人民法院指定即发生法律效力，而不论被代理人是否同意。指定代理人代理权限的大小，依其与被代理人的关系而定：如果指定代理人属于法定代理人的范畴，则指定代理人可以行使被代理人的所有权利，即全权代理；如果指定代理人不属于法定代理人的范畴，则指定代理人的代理权限由人民法院确定。

（3）委托代理人。这是指受当事人、法定代理人的委托，代理其进行行政诉讼活动的人。《行政诉讼法》第29条第1款:"当事人、法定代理人,可以委托1~2人代为诉讼。"当事人委托诉讼代理人,应当向人民法院提交由委托人签名或者盖章的授权委托书。委托书应载明委托事项和具体权限。公民在特殊情况下无法书面委托的,也可以口头委托。口头委托的,人民法院应当核实并记录在卷;被诉机关或者其他有义务协助的机关拒绝人民法院向被限制人身自由的公民核实的,视为委托成立。当事人解除委托或者变更委托的,应当书面报告人民法院,由人民法院通知其他当事人。律师、社会团体、提起诉讼的公民的近亲属或者所在单位推荐的人,以及经人民法院许可的其他公民,经委托都可以成为委托代理人。代理诉讼的律师,可以依照规定查阅本案有关材料,可以向有关组织和公民调查、收集证据。对涉及国家秘密和个人隐私的材料,应当依照法律规定保密。社会团体接受委托时,该社会团体的法定代表人为委托诉讼代理人。社会团体的法定代表人征得委托人的同意,可以指定该社会团体的成员或者聘请律师作为诉讼代理人。经人民法院许可,当事人和其他诉讼代理人可以查阅本案庭审材料,但涉及国家秘密和个人隐私的除外。

二、行政诉讼原告

(一) 行政诉讼原告的概念及原告资格

行政诉讼的原告,是认为行政主体及其工作人员的具体行政行为侵犯其合法权益,而向人民法院提起诉讼的公民、法人或其他组织。《行政诉讼法》第24条用专门的法律条文规定行政诉讼的原告。根据《行政诉讼法》第24条的规定,享有原告资格的法定条件有三:①原告必须是个人或者组织,即原告定位于行政相对人;②原告必须是认为具体行政行为侵犯其合法权益的行政相对人;③原告必须是向人民法院提起行政诉讼的行政相对人。据此,可认为我国行政诉讼原告资格实行"合法权益"标准。

"合法权益"标准在理论界及审判实践中,存在以下两个问题:一是法律没有区分原告资格享有者,是仅限于行政行为的直接行政相对人,还是既包括直接行政相对人,又包括利害关系人。对于这个问题,《行政诉讼法若干问题的解释》第13条已作了回答。二是法律没有明确界分"合法权益"是"法律上保护的利益"还是"值得法律保护的利益"。所谓"法律上保护的利益"是指行政法规范"以保护私人等权利主体之个人利益为目的,而以制约行政权之行使手段所保护的利益"①。目前国内学界和实务界一般皆采用此说：认为判定原告资格是否具有"合法权益"，应以行政法规范的规定有无为基准，而不应以受损害的不利益是否值得法律保护作基准。但是随着社会的演进，如果立法机关无法适时地对社会发展作出回应，制定相应保护行政相对人利益的法律，那么行政相对人的利益无法得到及时有效的救济，法律对行政的控制也将大打折扣。尤其是加入 WTO 以后，WTO 规则中规定的行政相对人的利益无法迅速地体现在实定法中，如要求行政资讯公开的权利、行政措施参与的权利等各种新的权利与利益，因为国内缺乏相应的立法，而使得权利保护有流于形式之虞。因此对"合法权益"作"法律上保护的利益"的界说已不适应 WTO 对我国行政诉讼制度提出的要求。因此需要对目前行政诉讼法中原告资格的规定作一番修正，判断行政诉讼原告资格应按以下标准：①起诉人与被起诉人行为之间是否存在利害关系；②起诉人是否具有值得法律保护的利益，不管这种利益是现实的还是将来的，是直接的还是间接的；③人民法院能否提供适当的救济。行政诉讼法关于原告资格可以抽象表述为"只要公权力主体的行为对行政相对人值得法律保护的利益造成了不利影响，而人民法院又能够提供有效救济的，则该行政相对人享有提起诉讼的权利"。

行政诉讼的原告既可以是个人，也可以是组织。个人主要指中国公民，也包括外国人和无国籍人。所谓公民，是指具有中华人民共和国国籍的自然人。外国人、无国籍人在我国领域内进行行政诉讼，根据《行政诉讼法》第70条的规定，在对等的原则下，也适用《行政诉讼法》关于原告的规定，同我国公民享有同等的诉讼权利和义务。组织包括法人和其他非法人组织。所谓法人，是指依法独立享有民事权利和承担民事义务的组织；所谓其他组织，是指法人以外的团体，主要是指不具备法人条件，没有取得法人资格的社会集合体。不具备法人资格的其他组织向人民法院提起行政诉讼，由该组织的主要负责人做诉讼代表人；没有主要负责人时，可以由实际上的负责人做诉讼代表人。

（二）行政诉讼原告资格的其他情形

由于行政诉讼法的立法规定比较原则，实践中，在一些情形下原告资格难以确定，人民法院在审判实践中逐步确立起了以下一些规则：

1. 个人合伙组织向人民法院提起行政诉讼的，应依核准登记的字号为原告，由合伙负责人为诉讼代表人参加诉讼。未起字号的，合伙人为共同原告，

---

① （中国台湾）陈清秀著：《行政诉讼法》，翰芦出版有限公司，1999年版，第79页。

合伙人人数众多的，可推选诉讼代表人参加诉讼。

2. 与具体行政行为有法律上的利害关系但不是具体行政行为直接针对的对象的公民、法人或者其他组织，对该具体行政行为不服的，可以原告的身份提起行政诉讼。

3. 农村土地承包人或者村民小组对行政机关征用或者以其他方式处分其使用的农村集体所有土地的行为不服，可依法提起行政诉讼。

4. 行政机关撤销或者变更具体行政行为，与被撤销、变更的行为有法律上利害关系的个人或组织对撤销行为不服的，可依法提起行政诉讼。

5. 被注销、撤销、合并、强令兼并、分立或改变隶属关系的企业，不服行政机关作出上述行为的，可以原企业的名义提起行政诉讼。

6. 股份制企业的股东大会、股东代表大会、董事会、特别股东会或者独立董事认为行政机关作出的具体行政行为侵犯企业的经营自主权的，可以企业名义提起行政诉讼。

非股份有限公司的企业职工大会、职工代表大会认为行政机关作出的具体行政为侵犯企业的经营自主权，但企业的法定代表人因故不提起行政诉讼的，可以推举代表提起行政诉讼。

7. 被撤换的企业、事业或其他组织的法定代表人不服行政机关作出的撤换法定代表人的决定，可以个人的名义提起行政诉讼。

8. 联营企业的联营各方、中外合资或合作企业的合营合作各方认为联营或合资、合作企业权益或己方权益受具体行政行为侵害的，均可以自己的名义提起行政诉讼。

9. 当事人在被限制人身自由期间，其近亲属可以依当事人的口头或者书面委托，以当事人的名义提起和参加诉讼。

10. 被诉的具体行政行为涉及其相邻权或者公平竞争权的。

（三）行政诉讼原告资格的转移

根据《行政诉讼法》第 24 条的规定和相关司法解释，行政诉讼原告资格的转移主要有以下几种情形。

1. 有权提起诉讼的公民死亡，其近亲属可以提起诉讼。在这种情况之下，已死亡的公民不能列为原告，提起诉讼的近亲属是以原告的身份而不是以诉讼代理人的身份提起诉讼。近亲属的具体范围包括：配偶、父母、子女、兄弟姐妹、祖父母、外祖父母、孙子女、外孙子女以及对公婆、岳父母尽了赡养义务的儿媳、女婿。

2. 有权可以提起诉讼的法人或其他组织终止，承受其权利的法人或者其他组织也可以提起诉讼。法人或者其他组织终止是指法人或者其他组织解散、合并和分立等。具体有两种情况：一种是自行终止；另一种是因行政决定终止。自行终止的，原告资格转移到承受其权利的法人或者其他组织；因行政决定终止的，则原法人或者其他组织仍具有原告资格。但原法人或者其他组织对终止决定没有异议的，原告资格转移到承受其权利的法人或者其他组织。

（四）行政诉讼原告资格若干问题的探讨①

我国《行政诉讼法》有关原告资格共有三方面的立法规定：一是《行政诉讼法》第2条关于行政诉权的规定；二是《行政诉讼法》第24条关于原告的具体内容；三是《行政诉讼法》第37条至第41条关于起诉受理条件的规定。依据《行政诉讼法》的上述规定，人们习惯于将行政相对人作为标准来判定原告资格。

由于《行政诉讼法》的立法规定比较原则，难以解决司法实践中原告资格的确定问题，为此，《行政诉讼法若干问题的解释》第12条规定了在审判实践中确立原告资格新的标准，即与具体行政行为有法律上的利害关系的公民、法人或者其他组织对该行为不服的，可以依法提起行政诉讼。

"与具体行政行为有法律上的利害关系"的表述来源于《行政诉讼法》第27条关于第三人的立法规定。这一规定不仅表明我们将用"法律上的利害关系"标准替代"行政相对人"标准，而且表明所有行政诉讼第三人都可以成为行政诉讼的原告，即第三人的标准和原告的标准相同②。

目前对"法律上的利害关系"的理解较为混乱。

首先，如何理解"法律上的利害关系"中"法律上"的含义。应当区分法律上的利害关系和法律上应当保护的利害关系。法律上的利害关系是指法律上的利益，是起诉人通过诉讼期望获得法律保护的利益；法律上应当保护的利害关系是指起诉人通过诉讼能够获得保护的利益，与起诉人的胜诉权相关。

其次，如何理解"法律上的利害关系"中"利害关系"的含义。一般来讲，利害关系可以区分为直接的利害关系和间接的利害关系、切身的利害关系和非切身的利害关系、现实的利害关系和可能的利害关系。根据《行政诉

---

① 参见姜明安主编：《行政法与行政诉讼法》，北京大学出版社、高等教育出版社，2011年版，第452~454页。

② 我国行政法学界对原告资格的讨论相当热烈，涉及原告资格的概念、性质、构成要件、制约因素、法定标准以及具体情况下原告资格的确定问题等。参阅应松年、杨伟东编：《中国行政法学20年研究报告》，中国政法大学出版社，2007年版，第668~679页。

讼法》和相关司法解释的有关规定，法律上的利害关系应当理解为切身的利害关系（《行政诉讼法》第2条、第41条第1项）、现实的利害关系（《行政诉讼法若干问题的解释》第1条第6项）和直接的利害关系。

以"法律上的利害关系"为标准来确定原告资格，具有重要的理论和实践意义。

第一，扩大了原告资格的范围，有利于保护相对人的行政诉权。由于"法律上的利害关系"的标准与行政诉讼第三人的标准相同，所以行政诉讼第三人都可以作为原告提起诉讼。如果以"行政相对人"作为标准来确定原告资格，一些与具体行政行为有利害关系而非行政相对人的当事人将不能以原告的身份提起诉讼，只能以第三人的身份参加诉讼，但这必须以行政相对人已提起诉讼为前提，否则，这一类当事人的行政诉权难以保护。

第二，事实上拓宽了行政诉讼的受案范围。根据行政诉讼法的规定，原告只能就其人身权、财产权受到行政行为侵害而提起行政诉讼；而采用"法律上的利害关系"，原告只要主张其法律上的利益受到行政行为的侵害，都可以提起诉讼，不仅限于人身权、财产权的范围，也不限于公法上的利益，还包括私法上的利益，不仅包括已被立法确认的法定权利类型，也包括尚未被立法确认的权利类型。

第三，符合我国行政诉讼的客观实际。从我国行政诉讼的实践来看，行政相对人在起诉阶段普遍存在的问题是不愿告、不敢告、不会告的问题，行政案件的数量总体上不多，没有必要对原告资格进行过多的限制。

根据《行政诉讼法司法解释》第13条，有下列情形之一的，公民、法人或者其他组织可以依法提起行政诉讼。

（1）被诉的具体行政行为涉及其相邻权[①]或者公平竞争权的。相邻权是一项民事权利，它是指不动产上的相邻权，根据我国《土地管理法》《城乡规划法》《草原法》《森林法》《水法》《矿产资源法》《环境保护法》《建筑法》《道路交通安全法》《农业法》的有关规定，相关领域的行政机关在行政管理活动中有可能侵犯或者影响到相邻权人的相邻权，相邻权人就有权提起行政诉讼。

公平竞争权是市场主场的一项基本权利，行政机关在维护市场秩序、确

[①] 我国《民法通则》第83条规定："不动产的相邻各方，应当按照有利生产、方便生活、团结互助、公平合理的精神，正确处理截水、排水、通行、通风、采光等方面的相邻关系。给相邻方造成妨碍或者损失的，应当停止侵害，排除妨碍，赔偿损失。"

保市场主体的公平竞争方面负有法定的职责；并且行政机关在配置稀缺的社会资源方面应当采用市场化的方法，公平、公正、公开地配置资源。行政机关在对市场行使行政管理权的过程中，其行政行为有可能侵害或影响到市场主体的公平竞争权。享有公平竞争权的人有权提起行政诉讼。

（2）与被诉的行政复议决定有法律上利害关系或者在复议程序中被追加为第三人的。这里规定了两种情形：一种是与被诉行政复议决定有法律上的利害关系；另一种是在复议程序中被追加为第三人的行政相对人。应当说，后一种情形已被包括在前一种情形中，在复议程序中被追加为第三人的行政相对人只是与被诉行政复议决定有利害关系的一种情形，二者在逻辑上属于种属关系、包容关系。

（3）要求主管行政机关依法追究加害人法律责任的。行政相对人要求主管行政机关追究加害人的法律责任，主管行政机关拒绝追究的情形下，行政相对人（受害人）有权提起行政诉讼。当公民的权利受到侵害时，除了少数情形下可以由公民自力救济以外，一般需要国家机关进行公力救济，通过依法追究加害人的法律责任来维护自身的权利。因此，如果行政相对人要求主管行政机关追究加害人的法律责任，行政机关拒绝或逾期不履行法定职责的，受害人有权提起诉讼。

（4）与撤销或者变更具体行政行为有法律上利害关系的。行政行为是国家权力的一种表现形式，一旦正式生效之后，就其内容而言对行政主体和行政相对人产生拘束力，就其形式而言行政行为具有不可撤销性，即未经法定程序不得撤销或变更。因此，当行政相对人认为与撤销或变更具体行政行为有法律上的利害关系的，有权提起行政诉讼。

《行政诉讼法若干问题的解释》第14条至第18条还具体规定了其他情形的行政诉讼原告资格。

三、行政诉讼被告

（一）行政诉讼被告的概念和特征

行政诉讼的被告是指被原告指控其具体行政行为侵犯原告的合法权益而向人民法院起诉，并由人民法院通知其应诉的行政机关或法律、法规授权的组织。

行政诉讼被告具有下列特征：
1. 被告必须是行政主体。不是行政主体就不能成为行政诉讼的被告。
2. 被告必须是作出被诉具体行政行为的行政主体。如果行政机关或法律、法规授权的组织仅具有行政主体资格，未作出具体行政行为，则不会与行政相对人发生行政争议，也不可能成为行政诉讼的被告。

3. 被告是被原告指控并由人民法院通知应诉的人。被告必须是被原告指控的人，而且是由人民法院审查确定后通知应诉的人。这是程序上的一个重要的标准与特征。没有原告的指控，人民法院不能确定被告；仅有原告指控，没有人民法院的审查确定，也不能构成行政诉讼，被告也不会产生。

（二）行政诉讼被告的确认

根据《行政诉讼法》第25条以及《行政诉讼法若干问题的解释》，确认行政诉讼被告分为如下几种情况。

1. 直接起诉的被告。对行政机关的具体行政行为，法律、法规没有明确规定实行复议前置的，行政相对人可选择先复议、后起诉，或者直接起诉。行政相对人直接向人民法院起诉的，作出具体行政行为的行政机关是被告。这里的行政机关必须具有行政主体资格。因行政机关内部机构以及工作人员的管理行为引起争议的，由其所在行政机关做被告。

2. 经过行政复议程序的被告。行政相对人经过行政复议程序，对行政复议决定仍不服的，被告有如下几种情况：

（1）复议机关维持原具体行政行为的，作出原具体行政行为的行政机关是被告。规定由作出具体行政行为的原行政机关做被告，是考虑到原行政机关了解情况，掌握作出具体行政行为的证据和规范性文件，并且原行政机关应当对自己的行为负责。

（2）复议机关改变原具体行政行为的，复议机关是被告。改变原具体行政行为是指：①改变原具体行政行为所认定的主要事实和证据的，如将原治安处罚决定中认定的某公民有扰乱公共秩序的行为改为侵犯他人人身权利的行为。②改变原具体行政行为所适用的规范依据，且对定性产生影响的。③撤销、部分撤销或者变更原具体行政行为处理结果的。规定复议机关改变具体行政行为的，由复议机关为被告，是因为复议机关清楚对具体行政行为加以改变的缘由，掌握新的具体行政行为的证据和所依据的规范性文件。另外，复议机关改变原具体行政行为，相当于复议机关重新作出具体行政行为，原具体行政行为自动失效，显然应当由复议机关对自己的行为负责。

（3）复议机关在法定期限内不作复议决定，当事人对原具体行政行为不服，向人民法院起诉的，应当以作出原具体行政行为的行政机关为被告；当事人对复议机关不作为不服提起诉讼的，应当以复议机关为被告。

3. 共同作出具体行政行为的被告。在通常情况下，由行政机关各自的职权所决定，具体行政行为都是由单个行政机关作出的，但也不排除在职权交叉等特殊情况下由两个以上行政机关共同作出。两个以上行政机关作出一具体行政行为的，共同作出具体行政行为的行政机关是共同被告。关于共同行为的认定，实践中一般以共同名义为标准。具体情况分析如下：行政机关以共同名义签署（以公章为准）而作出具体行为的，作出的机关是共同被告；如果只有一个行政机关签署，则无论有无其他行政机关与非行政机关共同署名作出处理的，只能以作出决定的行政机关为被告，非行政机关的组织不能做被告，这是由行政诉讼的性质决定的，非行政机关的组织不具有行政权，对行政相对人作出的处理决定不具有和行政行为相同的效力，因而不能成为行政诉讼的被告。但行政机关和非行政机关共同作出的行为侵犯了行政相对人合法权益，需要赔偿的，人民法院可通知非行政机关的组织作为第三人参加诉讼。

4. 法律、法规授权的组织作出具体行政行为时的被告。法律、法规授权的组织是指行除政机构序列外，经法律、法规授权行使一定职能的组织，包括法律、法规授权的事业单位、企业单位和社会团体等。法律、法规授权的组织依法获得职权，有权以自己的名义独立地对外管理，具有行政主体资格。因而《行政诉讼法》第25条明确规定，法律、法规授权的组织作出的行政行为，该组织是被告。

5. 受委托的组织作出具体行政行为时的被告。在行政实践中，行政委托大量存在。有的具有法律依据，有的为行政机关自行委托。目前，只有《行政处罚法》对委托的条件作了明确规定。尽管行政委托制度尚不完善，但不妨碍委托行政引起争议时被告的确认。按照一般的委托代理理论，受委托人以委托人的名义进行活动，其行为的后果由委托人承担。这一理论同样适用于行政活动。《行政诉讼法》第25条规定由行政机关委托的组织所作出的具体行政行为，委托的行政机关是被告。

6. 《行政诉讼法若干问题的解释》规定的确认行政诉讼被告的其他情况。

（1）当事人不服经上级行政机关批准的具体行政行为，向人民法院提起诉讼的，应当以在对外发生法律效力的文书上署名的机关为被告。

（2）行政机关组建并赋予行政管理职能但不具有独立承担法律责任能力的机构，以自己的名义作出具体行政行为，当事人不服提起诉讼的，应当以组建该机构的行政机关为被告。

（3）行政机关的内设机构或者派出机构在没有法律、法规或者规章授权的情况下，以自己的名义作出具体行政行为，当事人不服提起诉讼的，应当以该行政机关为被告。

（4）法律、法规或者规章授权行使行政职权的行政机关内设机构、派出机构或者其他组织，超出法定授权范围实施行政行为，当事人不服提起诉讼的，应当以实施该行为的机构或者组织为被告。

（5）行政机关在没有法律、法规或者规章规定的情况下，授权其内设机构、派出机构或者其他组织行使行政职权的；应当视为委托。当事人不服提起诉讼的，应当以该行政机关为被告。

（三）被告资格的转移

《行政诉讼法》第25条第5款规定了行政机关被撤销的，继续行使其职权的行政机关为被告。在实践中，应当作为被告的行政机关被撤销，可能发生在以下两种情形上：

1. 作出具体行政行为之后，在原告尚未提起诉讼时被撤销。在这种情况下，原告应以继续行使其职权的行政机关为被告。

2. 在诉讼过程中，人民法院作出裁判之前被撤销。在这种情况下，人民法院应当更换被告，通知新的被告应诉。

以上两种情形都是假定行政机关被撤销之后，有继续行使其职权的行政机关存在。但是，如果行政机关被撤销之后，没有继续行使其职权的行政机关，其被告的主体资格应当如何确定，通常认为，在这种情况下，应当由作出撤销决定的行政机关为被告。这样确定被告的主体资格有类似的立法规定可供参照，例如《国家赔偿法》第7条第5款规定："赔偿义务机关被撤销的，继续行使其职权的行政机关为赔偿义务机关；没有继续行使其职权的行政机关的，撤销该赔偿义务机关的行政机关为赔偿义务机关。"

四、行政诉讼第三人

（一）第三人的概念和特征

行政诉讼第三人，是指与被诉具体行政行为有利害关系，申请参加或者由人民法院通知其参加到行政诉讼中来的其他公民、法人或者其他组织。设定第三人制度，主要是为了实现诉讼的合并，减少不必要的诉讼，同时也是为了查清案件事实，有利于人民法院的公正审判。

行政诉讼第三人具有以下特征：

1. 第三人是原告、被告以外的人。这是第三人最原始的含义。第三人既不是原告，也不是被告，而是原告、被告以外的人。当然，不排除有些具有原告资格的人放弃诉权而成为第三人。在具体的行政案件中，无论是行政相对人还是行政机关都可能成为第三人。

2. 第三人具有独立的诉讼地位。在行政诉讼中，第三人具有独立的诉讼地位。有权站在原告一方要求撤销违法的具体行政行为；也有权和被告一道请求维持被诉具体行政行为；还可能既不请求维持，也不请求撤销被诉具体行政行为，仅主张自己的行为合法，或者主张某种民事权益，避免诉讼结果对自己不利。第三人参加诉讼主要是为了维护自己的合法权益。

3. 第三人参加的是他人已经开始、尚未结束的诉讼。第三人参加诉讼必须以原告、被告之间的诉讼正在进行为前提。如果原告、被告之间的诉讼尚未开始，或者原告、被告之间的诉讼已经审结，都不可能存在第三人。

行政诉讼的第三人和民事诉讼的第三人有明显区别。民事诉讼第三人可分为有独立请求权的第三人和无独立请求权的第三人。两种第三人参加诉讼的原因不同，诉讼地位和诉讼权利不同，参加诉讼的方式也不相同。而在行政诉讼中，不严格区分有独立请求权的第三人和无独立请求权的第三人，这是由行政诉讼的性质所决定的。行政诉讼所要解决的问题是具体行政行为是否合法、是否有效。这里只可能存在两种主张，即请求维持合法的具体行政行为或者撤销违法的具体行政行为。至于主张某种民事权益，严格地说，不属于行政诉讼的请求范围。

（二）第三人的资格

行政诉讼第三人的资格，是指某一公民或组织充当行政诉讼第三人所应具备的条件。《行政诉讼法》第 27 条规定："同提起诉讼的具体行政行为有利害关系的其他公民、法人或者其他组织，可以作为第三人申请参加诉讼，或者由人民法院通知参加诉讼。"由此可见，第三人的资格包括两项：第一，第三人必须是行政诉讼原告、被告以外的其他公民、法人或者其他组织。第二，第三人必须同被诉具体行政行为有利害关系，即法律上的权利义务关系。换言之，被诉具体行政行为在客观上已影响到第三人的权利义务。具体行政行为的变动必将导致第三人法律地位和相关权利义务的变化。因此，将第三人纳入行政诉讼程序有利于保护其合法权益。

（三）第三人的几种情形

行政诉讼的第三人非常复杂。从行政诉讼的实践来看，第三人主要有以下几种情形：

1. 行政处罚案件中的第三人。行政处罚案件中的第三人有两类：第一类是行政处罚案件中的受害人或被处罚人。被处罚人对行政处罚不服起诉的，受害人可作为第三人参加诉讼；受害人对行政处罚不服起诉的，被处罚人可作为第三人参加诉讼。第二类是行政处罚案件中的共同被处罚人。在同一行政处罚案件中，行政机关处罚了两个以上的违法行为人。其中，一部分被处罚人向人民法院起诉，而另一部分被处罚人没有起诉的，可作为第三人参加诉讼。

2. 行政裁决案件中的第三人。行政裁决是行政机关解决民事纠纷的行为。比较重要的行政裁决有行政确权裁决、侵权赔偿争议裁决、强制性补偿裁决等。行政裁决的结果常对一方有利，对另一方不利。其中，不利一方当事人不服行政裁决提起行政诉讼的，另一方当事人有权作为第三人参加诉讼。

3. 受具体行政行为影响的第三人。这里的第三人是指除上述两类第三人外，受具体行政行为影响的直接行政相对人以外的人。如，有些具体行政行为虽然是针对行政相对人甲作出的，但对行政相对人乙的权利义务产生了影响，如果行政相对人甲不服，提起行政诉讼，行政相对人乙就有权作为第三人参加诉讼。

4. 具体行政行为冲突案件中的第三人。当两个以上行政机关作出相互矛盾的具体行政行为时，非被告的行政机关为第三人。例如，规划部门批准了公民甲的建房申请，但甲的房屋被水利部门以违章建筑强行拆除。公民甲对水利部门的拆房决定不服，起诉到人民法院，规划部门可能作为第三人参加诉讼。因为若公民甲败诉，规划部门可能要承担赔偿责任。规划部门参加诉讼的目的是证明自己的行为正当。

5. 参与作出具体行政行为的非行政机关为第三人。在行政管理体制中，有些具体行政行为由行政机关和非行政机关的组织共同署名作出。非行政机关的组织没有法律的授权不能成为行政诉讼的被告，但由于非行政机关的组织参与了具体行政行为的决定，因而非行政机关的组织与诉讼结果有法律上的利害关系。如果行政相对人不服，提起行政诉讼，应以行政机关为被告。非行政机关的组织可作为第三人参加诉讼。

（四）第三人参加行政诉讼的程序

第三人参加诉讼的程序包括第三人参加诉讼的时间和方式等内容。第三人参加诉讼的时间为他人之间的行政诉讼开始以后、终结以前。如果他人之间的行政诉讼没有开始，本诉尚未成立，不能有第三人。如果他人之间的诉讼已经结束，也不存在第三人，其利益受到影响的人只能提起新的诉讼。第三人参加诉讼的方式有两种：一种是第三人主动申请参加，由人民法院决定。如果人民法院准许，则以书面形式通知第三人；如果未获准许，人民法院则以裁定形式予以驳回。另一种是第三人未主动申请，人民法院通知其参加诉讼。如果第三人拒绝参加，可以缺席判决。

行政诉讼第三人和其他诉讼主体一样，享有诉讼权利，承担诉讼义务。前者如有权提供证据、聘请律师等，后者如遵守法庭秩序等。第三人不服一审判决、裁定的，有权提起上诉。

五、共同诉讼人

（一）共同诉讼人的概念

在行政诉讼中，共同诉讼人是指共同诉讼的当事人，包括共同原告和共同被告。其中构成条件如下：

1. 当事人一方或双方为两人以上。
2. 共同的诉讼标的，又包括同一标的和同样标的的两种类型。
3. 属于同一人民法院管辖并由人民法院合并审理。共同诉讼是诉讼主体的合并。按照《行政诉讼法》的规定，共同诉讼分为必要共同诉讼和普通共同诉讼，因而共同诉讼人也可分为必要的共同诉讼人和普通的共同诉讼人。

（二）必要的共同诉讼人

必要共同诉讼，是指当事人一方或双方为两人以上，诉讼标的是同一具体行政行为的诉讼。必要共同诉讼中的共同原告和共同被告统称为必要的共同诉讼人。必要共同诉讼是当事人因同一具体行政行为发生争议而引起的，不可分离，因而必须实行诉讼主体的合并。在实践中，必要的共同诉讼人主要有以下几种情形：

1. 共同被处罚人，即两个以上的当事人因共同违法而被一个行政机关在一个处罚决定书中分别予以处罚。
2. 共同受害人，即两个以上的受害人不服一个行政机关对加害人作出的行政处罚而提起行政诉讼的，他们成为共同原告。
3. 两个以上的行政机关以一个共同行政决定的形式，处理或处罚了一个或若干个当事人。
4. 行政机关在一个行政决定中同时对法人或其他组织以及其主要负责人或直接责任人员进行处理，行政相对人不服而提起行政诉讼的，其他的被处理者就成为必要的共同诉讼人。

值得注意的是，对于必要共同原告，人民法院有义务通知那些没有起诉的共同原告起诉；但如果他们不愿起诉，则人民法院不得强行追加，可以通知他们作为第三人参加诉讼。对于原告在起诉中遗漏的必要共同被告，人民法院有权在征得原告同意后追加，此时被追加的被告不得拒绝参加诉讼；如果原告不同意追加的，则人民法院应该通知他们作为第三人参加诉讼。

（三）普通的共同诉讼人

这是指一方或双方是两人以上，因同样的具体行政行为发生行政争议，人民法院认为可以合并审理的诉讼当事人。其构成要件如下：

1. 诉讼标的是同样的具体行政行为。

2. 人民法院认为可以合并审理，以简化诉讼程序，节省时间和费用，避免对同一类型的案件作出相互矛盾的判决。

3. 适用同一诉讼程序，属于同一人民法院管辖。由此可见，普通共同诉讼人之间没有必然的联系。每个共同诉讼人诉讼行为的效力，仅及于自己的权利和义务，对他人没有约束力。人民法院也要分别查明、认定并在裁判文书中分别陈述有关事实，分别确定当事人的权利和义务。人民法院的裁判文书分别作出和发布，以便于当事人行使上诉权，也便于执行。[①]

（四）集团诉讼

集团诉讼，是指由人数众多的原告推选代表人参加的且人民法院的判决及于全体利害关系人的行政诉讼。集团诉讼具有以下特点：

1. 原告方人数众多。所谓众多，是指同案原告人数须为5人以上。

2. 原告方实行诉讼代表制。集团诉讼的代表人必须是当事人。

3. 人民法院的裁判效力不仅及于诉讼代表人，也及于其他未亲自参加诉讼的当事人。

4. 诉讼代表人的产生途径包括原告推选和人民法院指定。

5. 诉讼代表人的总数限为1~5人。

第五节 行政诉讼证据

一、行政诉讼证据概述

行政诉讼证据是指行政诉讼法律关系主体用以证明被诉具体行政行为是否真实合法的材料。根据《行政诉讼法》第31条的规定，行政诉讼证据包括：①书证；②物证；③视听资料；④证人证言；⑤当事人的陈述；⑥鉴定结论；⑦勘验笔录、现场笔录。为使行政诉讼顺利进行，行政诉讼法还规定

[①] 参见于安、江必新、郑淑娜编著：《行政诉讼法学》，法律出版社，1997年版，第137页。

了证据保全制度①。

行政诉讼证据具有一般诉讼证据的特征，同时也具有自身的特点，主要可以体现为以下几个方面：

第一，行政诉讼证据与案件事实之间具有关联性。证据的关联性是指证据与待证事实之间具有事实上或者法律上的某种联系，具有证明待证事实的可能性。② 传统的证据学理论混淆了证据的关联性与证据的证明力之间的关系，事实上，有关联的证据未必具有证明力。

第二，行政诉讼证据应当具有合法性。根据最高人民法院《关于行政诉讼证据若干问题的规定》（以下简称《行政诉讼证据规定》）第55条的规定，证据的合法性是指证据应当符合法定的形式，证据的取得应当符合法律、法规、司法解释和规章的要求。如果行政机关采用严重违反法定程序收集的证据，则该证据不具有合法性。

第三，行政诉讼证据应当具有真实性。证据的真实性，是指行政诉讼的当事人向人民法院提供的证据属于客观真实的材料。当然具有真实性的证据，不等于一定能够证明案件事实。法院还要通过一系列的认证与质证，从而确定证据的证明力。

第四，行政诉讼证据是用来证明案件事实的材料，而不一定是定案的根据。其根据是《行政诉讼法》第31条第2款的规定，证据经法庭审查属实，才能作为定案的证据。

另外，行政诉讼证据相对于一般的证据而言，最主要的证明主体是作为被告的行政机关与法律、法规授权的组织，而在民事诉讼中，原告与被告均成为重要的证明主体。行政诉讼证据的证明对象是被诉具体行政行为的合法性，其通常是在行政程序中形成的，尽管我国相关的法律规范没有明确规定采用"案卷主义"证据规则，但要求行政机关先取证、后裁决，禁止先裁决、后举证。因此，在诉讼过程中，被告应当用在行政程序中形成的证据证明被诉具体行政行为的合法性。

二、行政诉讼的举证责任

行政诉讼的举证责任是指由法律预先规定，在行政案件的真实情况难以确定的情况下，由一方当事人提供证据予以证明，如提供不出证明相应事实

---

① 《行政诉讼法》第36条。
② 毕玉谦：《民事证据法及程序功能》，法律出版社，1997年版，第17~18页。

情况的证据则承担败诉风险及不利后果的制度。①

（一）行政诉讼举证责任的分配与范围

1. 行政诉讼举证责任的分配。在行政诉讼过程中，举证责任主要由被诉的行政主体一方承担②。这是主要基于以下一些理由和根据：

（1）人民法院审理行政案件是对具体行政行为的合法性进行审查，而被诉具体行政行为又是由行政机关作出的，因而由行政机关举证证明其所作出的具体行政行为合法，符合自然公正原则，也符合"谁主张，谁举证"的原则。

（2）依据法治原则，行政机关必须依法行政，由此产生对行政机关的两项基本要求：一是根据正当法律程序的要求，行政机关必须在有充分事实根据的基础上，才能对当事人作出具体行政行为，即"先取证，后裁定"；二是行政机关必须根据明确的法律规定，才能对当事人作出具体行政行为。当公民、法人或者其他组织认为行政机关的具体行政行为侵犯自己的合法权益，向人民法院起诉后，行政机关应当有责任证明所作出的具体行政行为是有充分的事实根据和法律根据的。

（3）被告行政机关的举证能力比原告强，行政机关是在某一领域的专门管理部门，技术手段先进，人员素质高，特别是在环境保护、食品卫生、发明专利等专业性很强的行政案件中，行政机关的举证能力显然强于原告。

（4）与原告相比较，被告行政机关对其作出的具体行政行为的根据更为了解。

总之，行政诉讼法确定被告对被诉的具体行政行为负举证责任，是行政诉讼举证责任的原则和特色，之所以如此规定，主要考虑由被告方负举证责任，可以充分发挥行政主体的举证优势，从而有利于促进行政主体依法行政，有利于保护原告一方的诉权。当然，《行政诉讼法》立法仍显简单，对此最高人民法院《若干问题的解释》与《行政诉讼证据规定》进行了细化。

2. 被告举证的范围。根据行政诉讼法的规定，被告举证的范围包含三方面的内容：

（1）具体行政行为是否合法应由被告承担举证责任。

---

① 高家伟：《论行政诉讼举证责任》，载《行政法论丛》（第1卷），法律出版社，1998年版，第446～450页。

② 《行政诉讼法》第32条规定："被告对作出的具体行政行为负有举证责任，应当提供作出该具体行政行为的证据和所依据的规范性文件"。

（2）被告既要就作出具体行政行为的事实依据举证，又要就作出具体行政行为的法律依据举证。事实依据既包括实体上的事实，也包括程序上的事实。如有关法律要求行政机关在作出具体行政行为之前应当举行听证的，则诉讼中被告应当就是否依法举行听证进行举证。①

（3）如果被告对于引起诉讼的具体行政行为，不能提供作出该具体行政行为的证据和所依据的规范性文件，来证明该具体行政行为的正确与合法，则被诉行政机关可能承担败诉的法律后果。

此外，其他应由被告证明的事实还包括：①对原告起诉是否超过起诉期限有争议的，由被告负举证责任。②对有利于自己的程序意义上的事实负有举证责任，如管辖异议、回避等。③有关民事上的问题，仍然遵循"谁主张、谁举证"的原则。

3. 原告举证的范围。行政诉讼法规定被告对作出的具体行政行为负举证责任，并不是说被告承担行政诉讼中一切的举证责任。由于行政诉讼的诉讼标的就是具体行政行为的合法性问题，所以说行政诉讼中被告承担主要的举证责任。但在一定情况下，行政诉讼中的原告也要承担相应的举证责任。行政诉讼原告对下列事项承担举证责任：

（1）证明起诉符合法定条件，但被告认为原告起诉超过起诉期限的除外。

（2）在起诉被告不作为的案件中，证明其提出申请的事实。

（3）在一并提起的行政赔偿诉讼中，证明因受被诉行政行为侵害而造成损失的事实。

（4）其他应当由原告承担举证责任的事实，主要有：①证明被诉具体行政行为的存在。在一般情况下，原告对具体行政行为的存在即被告曾作出了对其不利的具体行政行为应负举证责任，如行政机关作出的书面决定或者有关收据、证人、证言。②对被告提供的证据进行反驳时，提供具体行政行为违法的证据。③对有利于自己的程序意义的事实负举证责任。④有关民事上的问题，仍然遵循"谁主张、谁举证"的原则。如行政赔偿案件中原告对被诉具体行政行为造成损害的事实、损害状况应负主要的举证责任。

（二）行政诉讼举证责任的时限

在行政诉讼中，举证时限制度的存在对于提高行政审判效率、充分保护当事人的合法权益是具有重要意义的。《行政诉讼证据规定》根据行政案件的具体情况，对当事人的举证时限分别作出了不同的规定，从而确定了当事人

---

① 林莉红：《行政诉讼法学》，武汉大学出版社，2004年修订版，第138页。

提供证据的时限规则。

1. 被告的举证时限。根据《行政诉讼法》第32、43条以及《若干问题的解释》第31条的规定，被告对作出的具体行政行为负有举证责任，应当在收到起诉状副本之日起10日内，提供据以作出被诉具体行政行为的全部证据和所依据的规范性文件。被告不提供或者无正当事由逾期提供证据的，视为被诉具体行政行为没有相应的证据。被告因不可抗力或者客观上不能控制的其他正当事由，不能在前述规定的期限内提供证据的，应当在收到起诉状副本之日起10日内向人民法院提出延期提供证据的书面申请。人民法院准许延期提供的，被告应当在正当事由消除后10日内提供证据。逾期提供的，视为被诉具体行政行为没有相应的证据。复议机关在复议过程中收集和补充的证据，不能作为人民法院维持原具体行政行为的根据。被告在二审过程中向法庭提交在一审过程中没有提交的证据，不能作为二审法院撤销或者变更一审裁判的根据。原告或者第三人提出其在行政程序中没有提出的反驳理由或者证据的，经人民法院准许，被告可以在第一审程序中补充相应的证据。

2. 原告或者第三人的举证时限。原告或者第三人应当在开庭审理前或者人民法院指定的交换证据之日提供证据。因正当事由申请延期提供证据的，经人民法院准许，可以在法庭调查中提供。逾期提供证据的，视为放弃举证权利。原告或者第三人在第一审程序中无正当事由未提供而在第二审程序中提供的证据，人民法院不予接纳。人民法院向当事人送达受理案件通知书或者应诉通知书时，应当告知其举证范围、举证期限与逾期提供证据的法律后果，并告知因正当事由不能按期提供证据时应当提出延期提供证据的申请。

三、行政诉讼的证据规则

（一）提供证据的规则

1. 人民法院有权要求当事人提供或者补充证据。《行政诉讼法》第34条赋予了人民法院要求当事人提供或者补充证据的权力。

2. 当事人有向人民法院主动、及时提供证据的权利与义务。

3. 在行政诉讼过程中，专门性问题应当由法定的或指定的鉴定部门鉴定。

4. 《行政诉讼证据规定》还规定了各种类证据的提供规则①。

---

① 见《行政诉讼证据规定》第10~15条的规定。

（二）调取证据的规则

调取证据是行政诉讼法赋予人民法院的重要程序性权力，它既体现了行政诉讼的职权性，又是解决当事人举证困难的司法救济方式。

1. 法院的取证规则。《行政诉讼法》第34条赋予了人民法院调查取证的权力，人民法院有权向有关行政机关以及其他组织、公民调取证据。最高人民法院《若干问题的解释》第29条规定有下列情形之一的，人民法院有权调取证据：

（1）原告或第三人及其诉讼代理人提供了证据线索，但无法自行收集而申请人民法院调取的。

（2）当事人应当提供而无法提供原件或者原物的。

《行政诉讼证据规定》第22条规定涉及国家利益、公共利益或者他人合法权益的事实认定的，涉及依职权追加当事人、中止诉讼、终结诉讼、回避等程序性事项的，人民法院可以调取证据。

2. 当事人的取证规则。在诉讼过程中，被告及其代理人不得自行向原告和证人收集证据。对于原告或第三人的取证活动，《行政诉讼证据规定》第23条规定，原告或者第三人不能自行收集，但能够提供确切线索的，可以申请人民法院调取下列证据材料：

（1）由国家有关部门保存而须由人民法院调取的证据材料。

（2）涉及国家秘密、商业秘密、个人隐私的证据材料。

（3）确因客观原因不能自行收集的其他证据材料。人民法院不得为证明被诉具体行政行为的合法性，调取被告在作出具体行政行为时未收集的证据。

（三）出庭作证规则①

1. 凡是知道案件事实的人，均有出庭作证的义务。

2. 不能正确表达意志的人不能作证。

3. 当事人申请证人出庭作证的，应当在举证期限届满前提出，并经人民法院许可。

4. 有下列情形之一，原告或第三人可要求相关行政执法人员作为证人出庭作证：

（1）对现场笔录的合法性或者真实性有异议的。

（2）对扣押财产的品种或者数量有异议的。

（3）对检验的物品取样或者保管有异议的。

---

① 《行政诉讼证据规定》第41~46条的规定。

(4) 对行政执法人员的身份的合法性有异议的。

(5) 需要出庭作证的其他情形。

5. 证人出庭作证时，应当出示证明其身份的证件。

6. 证人应当陈述其亲历的具体事实。

（四）质证规则

行政诉讼的质证是指在法庭的主持与当事人的参加下，对当庭出示的证据进行相互对质辨认、质疑和核实的证明活动。行政诉讼的质证规则主要有以下几点[1]：

1. 证据应当在法庭上出示，并经庭审质证。

2. 经合法传唤，因被告无正当理由拒不到庭而需要依法缺席判决的，被告提供的证据不能作为定案的依据，但当事人在庭前交换证据中没有争议的证据除外。

3. 涉及国家秘密、商业秘密与个人隐私或者法律规定的其他应当保密的证据，不得在开庭时公开质证。

4. 当事人申请人民法院调取的证据，由申请调取证据的当事人在庭审中出示，并由当事人质证。

5. 当事人应当围绕证据的关联性、合法性与真实性，针对证据有无、证明效力以及证明效力的大小，进行质证。

6. 对书证、物证和视听资料进行质证时，当事人应当出示证据的原件或者原物。

7. 对被诉具体行政行为涉及的专门性问题，当事人可以向法庭申请由专业人员出庭进行说明，法庭也可以通知专业人员出庭说明。必要时，法庭可以组织专业人员进行对质。

8. 法庭在质证过程中，对与案件没有关联的证据材料，应予以排除并说明理由。

9. 在第二审程序中，对当事人依法提供的新的证据[2]，法庭应当进行质证；当事人对第一审认定的证据仍有争议的，法庭也应当进行质证。

---

[1] 《行政诉讼法》第31条、《若干问题的解释》第31条以及《行政诉讼证据规定》第35条的规定。

[2] "新的证据"依据《行政诉讼证据规定》第51条的解释是指：①在一审程序中应当准予延期提供而未获准许的证据；②当事人在一审程序中依法申请调取而未获准许或者未取得，人民法院在第二审程序中调取的证据；③原告或第三人提供的在举证期限届满后发现的证据。

（五）认证规则

行政诉讼的认证是指在举证、质证的基础上，经过对证据的审查核实，对证据的证明效力及是否能够作为定案依据进行认定的诉讼活动。主要包括对证据的审查和对证据证明效力的认定两个环节。

1. 审查证据。人民法院应当全面、客观地审查各种证据，这一工作包括以下五个方面的内容：

（1）审查证据的来源。主要是审查证据的来源是否真实可靠。

（2）审查证据的形式。对证据形式的审查主要是审查证据是否具备法定的形式。

（3）审查证据取得的方法。主要审查证据是否通过合法的途径取得，如果取得证据的途径不合法，法院将不予采用。

（4）审查相关证据之间的关系。主要是审查相关的证据之间是否存在着矛盾，如果相关证据之间是一致的，并且能够形成一个完整的证据链条，该证据才具有证明力，否则尚须进一步判断核实。

（5）审查证据的内容。主要是对证据的三个基本特征进行审查：真实性、客观性与关联性，从而确定与判断证据的证明力。[①]

2. 认定证据。相关的内容可以参见《行政诉讼证据规定》第63~73条，主要包括了正面认定的情形与排除情形。

第六节　行政诉讼程序

一、起诉和受理

（一）起诉的概念及条件

行政诉讼的起诉，是指公民、法人或其他组织，认为行政机关的具体行政行为侵犯其合法权益，向人民法院提出诉讼请求，要求人民法院行使审判权，依法保护自己的合法权益的行为。

根据《行政诉讼法》第41条的规定，提起行政诉讼，应当具备以下条件：

[①] 具体内容可参见姜明安主编：《行政法与行政诉讼法》（第二版），北京大学出版社、高等教育出版社，2005年版，第531页；张正钊主编：《行政法与行政诉讼法》（第二版），中国人民大学出版社，2004年版，第432~436页。

1. 原告是认为具体行政行为侵犯其合法权益的公民、法人或其他组织。认为他人权益受到具体行政行为的侵犯或认为非具体行政行为侵犯其合法权益的，不能提起行政诉讼。

2. 有明确的被告。公民、法人或其他组织提起行政诉讼应指明哪个行政机关的具体行政行为侵犯了自己的合法权益。

3. 必须有具体的诉讼请求和事实根据。公民、法人或其他组织在起诉时，必须向人民法院提出自己的理由、具体的要求和事实根据。起诉除须有具体的诉讼请求外，同时还要有相应的事实根据，包括其权益受到侵犯的事实情况与证据等。

4. 起诉的案件属于人民法院受案范围和受诉人民法院管辖。

（二）起诉程序

1. 起诉期限。

（1）直接起诉的期限。公民、法人或者其他组织直接向人民法院起诉的，应当在知道作出具体行政行为之日起三个月内提出。"知道"是一种法律上的推定，即不管行政管理相对方实际上是否知道有关行政机关的行政处理决定已经作出并侵犯其合法权益，只要客观上存在知道的条件和可能就作为知道对待。由于当事人主观上的过错，应当知道其权益受到行政机关具体行政行为侵害的，人民法院就将按诉讼时效期间计算，超过三个月的，视为放弃起诉权。三个月的期限规定属一般规定，如果法律、法规对直接起诉期限另有特别规定的，依据法律、法规的特别规定。

（2）经复议后向人民法院起诉的期限。公民、法人或者其他组织向行政机关申请复议的，复议机关应当在收到申请书之日起两个月内作出决定。法律、法规另有规定的除外。申请人不服复议决定的，可以在收到复议决定书之日起15日内向人民法院起诉；复议机关逾期不作决定的，申请人可以在复议期满之日起15日内向人民法院起诉。法律另有规定的除外。

原告起诉以及人民法院审查起诉期限时应注意下列问题：

第一，行政机关作出具体行政行为时，未告知相对方诉权或者起诉期限的，其起诉期限从相对方知道或者应当知道诉权或者起诉期限时计算，但从知道或者应当知道具体行政行为内容之日起最长不得超过两年。

第二，行政机关的具体行政行为，含有两项或两项以上不同的处罚或者处理内容，相对人根据不同的法律、法规都可以起诉的，起诉期限应当按照相应的法律、法规的规定，分别计算。人民法院对未超过起诉期限部分的起诉予以受理；对已超过起诉期限部分的起诉不予受理。

第三，行政机关根据两个法律、法规作出的一个具体行政行为中，只有一项处罚或处理内容，如果两个法律、法规规定的起诉期限不一致，当事人起诉时，只要未超过其中最长的起诉期限，法院应予受理。

第四，相对人因不可抗力或者其他特殊情况耽误法定期限的，在障碍消除后的10日内，可以申请延长期限，由人民法院决定。不可抗力是指当事人不能预见、无力克服或者无法预防的情况，如地震、水灾、战争等；其他特殊情况是指由于不是当事人主观过错而耽误了期限的正当事由，如交通断绝、重病住院、交通事故身受重伤等。对此，相对人应当向法院提交证明存在不可抗力或者其他特殊情况的事实以及不可抗力或者其他特殊情况消除的时间的证据。

2. 起诉与行政复议。

（1）起诉与行政复议的关系。法律、法规规定，公民、法人或者其他组织对具体行政行为不服，必须先经复议，对复议决定不服，才能向人民法院起诉。未经复议或者在复议过程之中的，人民法院不予受理。

法律、法规未明确规定必须先经过复议的，公民、法人或者其他组织选择复议的，正在复议过程之中，人民法院不予受理。

（2）法院在审查是否经过复议时应当注意的问题。

第一，法律规定当事人不服具体行政行为，可以向人民法院起诉，也可以申请复议并由复议机关作终局裁决的，当事人选择了申请复议，就不能再向人民法院起诉。如果当事人既提起诉讼又申请复议的，以先收到有关材料的机关为当事人选择的机关；同时收到的，由当事人选择。

第二，行政机关就同一事实对若干人作出具体行政行为，根据法律规定，当事人对具体行政行为不服，可以申请复议并由复议机关作终局裁决，也可以直接向人民法院起诉的，如果一部分人选择申请复议，另一部分人仍可以依法向人民法院起诉。

第三，法律、法规规定对具体行政行为不服，必须经过复议才能向人民法院起诉的，如果行政机关在复议决定中追加被处罚人，对追加被处罚人的裁决视为复议裁决，被处罚人不服，可以直接向人民法院起诉。

第四，法律、法规中只规定对某类具体行政行为不服，可以申请复议，没有规定可以向人民法院起诉，而行政诉讼法规定可以向人民法院起诉的，当事人必须先经复议，才能向人民法院起诉。

第五，行政机关就同一事实对若干人作出具体行政行为，根据法律规定，当事人对具体行政行为不服，可以申请复议，对复议决定不服再向人民法院起诉，也可以直接向人民法院起诉；如果一部分人向人民法院起诉，另一部分人申请复议，应经过行政复议，再向人民法院起诉。

（三）起诉的方式

起诉应以书面方式提出，即向人民法院递交起诉状，并按被告人数提出副本。起诉状要求写明以下内容：

1. 当事人情况。包括原告的姓名、性别、年龄、民族、职业、住址；原告是法人或者其他组织的，要写出其名称、性质、代表人的情况；要写明被告行政机关的全称、地址、法定代表人的情况。

2. 诉讼请求。即请求人民法院撤销、变更具体行政行为，要求判决行政机关履行职责、判决行政赔偿、判决确认某种事实等具体要求。

3. 诉讼请求所依据的事实和理由。包括纠纷形成的事实，双方争执的焦点，提出诉讼请求的理由及法律根据等。

4. 有关证据情况等。

（四）受理的概念和程序

行政诉讼的受理，是指人民法院对原告的起诉行为进行审查后，认为起诉符合法律规定的要件，在法定期限内予以立案；或者认为起诉不符合法律规定，决定不予受理的行为。

人民法院对符合起诉条件的起诉，应当在7日内立案；对不符合起诉条件的，应当在7日内作出不予受理的裁定。受诉法院在7日内不决定立案受理，又不作出不予受理裁定的，起诉人可向上一级人民法院申诉或起诉。上一级人民法院认为符合受理条件的，应予受理；受理后可以移交或指定下级人民法院审理，也可以自行审理。以上期限的计算，从受诉法院收到起诉状之日起计算；因起诉状欠缺责令原告补正的，从人民法院收到起诉材料之日起计算。

（五）起诉与受理的法律意义

起诉与受理具有以下法律意义：

1. 行政诉讼案件的成立。起诉和受理意味着法院具有了对行政案件的审判权，同时意味着法院应履行解决行政纠纷的义务。

2. 原、被告取得相应的诉讼地位。从法院决定立案开始，起诉人即取得了原告的诉讼地位，作出被诉具体行政行为的行政机关成为诉讼的被告。双方开始享有法定的诉讼权利和承担法定诉讼义务。同时，其他与案件相关的证人、勘验人、鉴定人等也取得或可能取得相应的诉讼参与人的诉讼地位。

3. 诉讼时效中断，审理期限开始计算。

二、第一审程序

（一）审理前的准备

1. 审判组织。审判组织，是指法律规定的法院内部具体进行行政审判活动的组织。法院组织法和行政诉讼法规定，我国行政审判的组织有行政审判庭、合议庭和审判委员会。

行政审判庭是法院内部的审判机构，由庭长、审判员及书记员组成，负责处理本院管辖的行政案件的日常审判事务。

合议庭是行政审判的基本组织，由审判员组成合议庭或由审判员和陪审员组成合议庭，以少数服从多数原则对案件进行合议处理案件。合议庭中由一名审判员担任审判长，审判长由法院院长或行政审判庭庭长指定，院长、庭长参加合议庭时由院长或庭长担任审判长。依照法律规定，合议庭由三人以上的单数组成。

审判委员会是法院讨论重大疑难案件及本院的其他与审判有关问题的审判组织，由审判委员会委员组成，院长主持，以少数服从多数原则作出决定处理案件。

人民法院对行政案件立案后，应及时组成合议庭，确定案件的主办审判员，开始案件的审理活动。

2. 通知被告应诉和发送诉讼文书。人民法院应当在立案之日起 5 日内，将起诉状副本发送被告，通知被告应诉。被告应当在收到起诉状副本之日起 10 日内向法院提交作出具体行政行为的有关材料，并提出答辩状。法院在收到被告提交的答辩状之日起 5 日内，将答辩状副本发送原告。被告不提交答辩状的不影响法院审理。

3. 调查收集证据。在审查诉讼材料的基础上，法院可以根据需要决定进行调查和收集证据，决定是否要求当事人补充证据，决定是否对专门性问题进行鉴定以及是否采取证据保全措施等。

4. 确认、更换和追加当事人。根据诉讼材料进一步确认原告、被告、第三人的资格，发现不具备当事人资格者应更换或追加新的当事人。

（二）开庭审理

1. 庭审准备。庭审准备活动主要有：

（1）传唤当事人和通知其他诉讼参与人。法院确定开庭日期后，应在开庭 3 日前用传票传唤当事人出庭参加庭审，并以通知书通知诉讼代理人、证人、鉴定人、翻译人员等到庭参加诉讼活动。

（2）张贴公告。人民法院公开审理行政案件，应在开庭3日前发布公告。公告内容包括：案由、当事人姓名或机关名称、开庭时间和地点。公告一般张贴在法院门前的公告栏内。

2. 庭审。开庭审理前，由书记员查明当事人和其他诉讼参与人是否到庭，并将结果报告审判长，然后向全体到庭人员及旁听人宣布法庭纪律。接着审判长宣布开庭并核对原告、被告和第三人的身份，宣布案由，宣布审判人员、书记员名单，告知当事人有关的诉讼权利和义务，询问当事人是否提出回避申请，审查诉讼代理人资格和代理权限。

庭审活动一般包括法庭调查、法庭辩论、合议庭合议和宣判四个阶段。

（1）法庭调查。法庭调查是法庭在诉讼当事人和诉讼参与人的参加下，核实和审查证据，查明案件事实和应当适用的法律。

法庭调查先由原告宣读起诉状，被告进行答辩，双方当事人陈述。原告陈述主要应说明其合法权益受到具体行政行为侵害的事实和过程，被告陈述则主要应论证自己所作出的具体行政行为是合法的，并对之予以举证，提出具体行政行为的事实根据和法律、法规及其他规范性文件依据。

行政诉讼的法庭调查通常先由当事人陈述，然后传证人到庭作证，或宣读证人证言。法庭在告知证人的诉讼权利和诉讼义务后，由证人向法庭提供证言。对证人的证言，双方当事人及其诉讼代理人均可提问并质证，但须经法庭许可。当证人确有事由不能到庭时可以宣读证人证言，但此种证人证言同样应在法庭经由双方当事人质证。

法庭调查在当事人陈述和证人作证后，接着由法庭出示书证、物证和视听资料，宣读鉴定结论、勘验笔录和现场笔录。当事人提交法庭或法庭收集的书证、物证均应当庭展示，由当事人阅读查看和征询他们的意见；视听资料则应当庭播放演示。双方当事人及其诉讼代理人亦可对之提出意见。此外，法庭还应当庭宣读鉴定结论、勘验笔录和现场笔录，对这些证据同样应由当事人、诉讼代理人提出意见。

法庭调查的目的是审查证据。合议庭在法庭调查中，可以要求当事人提出和补充证据。当事人在法庭上也可以补充证据和提出新的证据。

（2）法庭辩论。法庭辩论是当事人、第三人及其诉讼代理人就案件争议事实和如何适用法律论证自己的观点和反驳他方的观点和论据活动。法庭辩论在法庭调查的基础上进行。当事人在辩论中发言顺序一般是：原告及其诉讼代理人发言；被告及其诉讼代理人发言；第三人及其诉讼代理人发言。第一轮辩论结束后，进入第二轮辩论，相互辩论的时间和次数由法庭确定，既不可限制当事人的辩论权利，又不可使当事人重复自己的观点和主张。

法庭辩论终结后，由审判长依照原告、被告、第三人的顺序依次征询各方最后意见。

在法庭辩论中，法庭如发现新的事实或当事人提出了新的证据，需要核查的，由审判长决定停止辩论，恢复法庭调查或延期审理，待事实查清后再恢复法庭辩论。

（3）合议庭合议。法庭辩论结束后，审判长宣布休庭，由合议庭组成人员进行合议。合议庭成员对当事人提出的证据、事实，应适用的法律、法规等，提出处理意见，以少数服从多数的原则决定判决意见。评议过程应当记入合议笔录，由合议庭组成人员在合议笔录上签名。

（4）宣判。当庭宣判的，由审判长宣布合议庭评议的判决意见，并告知判决送达日期；定期宣判的，由审判长宣读判决书，并当时送达判决书。宣判一律公开进行。

（三）撤诉与缺席判决

1. 撤诉。撤诉，是指原告在人民法院作出判决或裁定前申请撤回起诉或者法院根据原告的行为推定其是放弃诉讼的行为。

撤诉有两种情况：

（1）原告申请撤诉。在行政诉讼过程中，当法院受理案件以后，判决或裁定宣告以前，原告向法院申请撤回诉讼，法院审查同意后，可准许其撤诉。例如，被告改变原具体行政行为，原告同意后撤诉。

（2）按撤诉处理。在行政诉讼中，原告并没有明确表示撤诉的意思，但由于其在诉讼中消极的诉讼行为，法院可推定其放弃诉讼，此种撤诉也称"视为申请撤诉"。例如，原告经法院两次合法传唤无正当理由拒不到庭，或者虽到庭但未经法庭同意而中途退庭的，法院可以按撤诉处理。

原告申请撤诉或法院视为撤诉的，经法院准许，终结诉讼。原告申请撤诉，法院不予准许的，诉讼继续进行，如原告拒不到庭，法院可以缺席判决。

2. 缺席判决。缺席判决是在法院开庭审理时，当事人一方经法院合法传唤无正当理由拒不到庭，法院继续审理并经合议庭合议后作出裁判的诉讼制度。

缺席判决适用于下列情况：一是被告经合法传唤无正当理由拒不到庭或到庭后未经法庭准许中途退庭的；二是原告虽申请撤诉但法院不准许，其拒不到庭，或原告未申请撤诉，但经法院两次合法传唤，仍拒不到庭的。

三、第二审程序

行政诉讼的二审程序,又称上诉审程序,是指第一审法院作出裁判后,诉讼当事人不服,在法定期限内提请上一级法院重新进行审理并作出裁判的程序。

（一）上诉和受理

1. 上诉。上诉,是指当事人不服第一审法院作出裁判,在法定期限内向上一级法院提出请求,要求重新进行审判的行为。一审当事人提起上诉,经二审法院审查,认为符合法定条件而决定受理,即开始二审诉讼程序。

诉讼当事人对一审法院的判决或裁定不服,可以在法定期限内提起上诉。一审的原告、被告和第三人均有权提起上诉。一审裁判后当事人均提起上诉的,上诉各方均为上诉人。一方当事人提起上诉的,该当事人为上诉人,未提起上诉的对方当事人为被上诉人。共同诉讼中的一人或一部分人提出上诉,提出上诉的人为上诉人,与上诉请求相对立的各方均为被上诉人;与上诉请求利害关系一致,未提起上诉的其他当事人仍处于原审诉讼地位。

提起上诉的当事人应当提交上诉状,上诉状应载明上诉人、被上诉人的基本情况,上诉的事实和理由以及上诉的诉讼请求,并依当事人的人数向法院提交上诉状副本。

上诉状应当通过一审法院提出,一审法院在收到上诉状及副本后,连同诉讼卷宗材料一并送交第二审法院。当事人直接向第二审法院提起上诉的,第二审法院应当在5日内将上诉状移交原审法院。原审法院收到上诉状后,应当在5日内将上诉状副本送达其他当事人,对方当事人应当在收到上诉状副本之日起10日内提出答辩状。原审法院应当在收到答辩状之日起5日内将副本送达当事人。原审法院收到上诉状、答辩状后,应当在5日内连同全部案卷和证据报送第二审法院。已经预收诉讼费的,一并报送。

2. 上诉的受理。二审法院收到上诉状后,经审查认为,诉讼主体合格,未超过法定的上诉期限,应当予以受理。对不符合上诉条件的,裁定驳回上诉。

3. 上诉的撤回。上诉人在第二审人民法院受理上诉后至作出第二审裁判前,可以向第二审人民法院申请撤回上诉。撤回上诉应当递交撤诉申请书。撤回上诉是否准许,应由第二审人民法院裁定。

（二）二审的审理

二审法院审理上诉案件应首先组成合议庭。合议庭应当全面审查一审法院的判决或裁定认定的事实是否清楚，证据是否充分，适用法律是否正确，诉讼程序是否合法，审查不受上诉人上诉范围的限制。

行政诉讼二审的审理可分为书面审理和开庭审理两种形式：

1. 书面审理。二审的书面审理适用于一审裁判认定事实清楚的上诉案件。二审法院对一审法院报送的案卷材料、上诉状、答辩状、证据材料等，经审查认为事实清楚的，可以不开庭审理，一般传唤当事人进行询问，通过书面审查后即可作出裁判。

2. 开庭审理。二审法院开庭审理的程序与一审相同。主要适用于当事人对一审法院认定的事实有争议及适用法律有争议，或认为一审法院认定的事实不清、证据不足等情形。

（三）二审的裁判

二审法院经过对案件的审理，应根据具体行政行为及原审判决的不同情况，作出不同的判决或裁定。

1. 维持原判。认为一审认定事实清楚，适用法律、法规正确的，判决驳回上诉，维持原判。

2. 依法改判。认为一审判决认定事实清楚，但适用法律、法规错误的，应依法改判；对原判认定事实不清、证据不足的，也可以查清后改判。

3. 发回重审。认为原判认定事实不清，证据不足或违反法定程序可能影响案件正确判决的，应裁定撤销原判，发回重审。原审法院应当另行组成合议庭进行审判。当事人对重审案件的判决、裁定，可以上诉。

四、审判监督程序

（一）审判监督程序的概念

行政诉讼审判监督程序，是指法院根据当事人的申请、检察机关的抗诉或法院自己发现已经发生法律效力的判决、裁定确有错误，依法对案件进行再审的程序。再审是法院依法为纠正已发生法律效力的判决、裁定的错误，对案件再次审理的活动。再审分为上级法院的指令再审、提审或本院审判委员会决定再审几种情况。

审判监督程序，对保证案件正确裁判，保护当事人的合法权益，纠正错误，维护法律尊严，具有重要意义。它体现了我国审判活动的实事求是、有错必纠的原则。

（二）审判监督程序的提起

能够提起审判监督程序的主体有：原审法院、上级人民法院、最高人民检察院和地方人民检察院。

1. 原审人民法院或其上级人民法院发现发生法律效力的判决、裁定确有错误的，可以提起再审，进入审判监督程序。原审人民法院提起再审者，应由院长提起，由本院审判委员会讨论决定。

2. 人民检察院认为已发生法律效力的判决或裁定违反法律、法规规定，向人民法院抗诉，从而提起审判监督程序。最高人民检察院对各级人民法院、上级人民检察院对下级人民法院已发生法律效力的判决裁定，发现违反法律、法规规定的，有权向作出生效裁判的人民法院的上一级人民法院提出抗诉，人民法院应当再审。

3. 当事人对已发生法律效力的判决、裁定或调解书，认为有错误的，可在判决、裁定或调解书生效后两年内向人民法院申请再审。对人民法院驳回再审申请的，申请人不服，可向上级人民法院提出申诉。人民法院审查当事人的再审申请后，认为符合条件的，由院长提交审判委员会讨论决定再审。法院作出决定后，应通知各方当事人，并立案审查，进入审判监督程序。

（三）再审程序

按照审判监督程序决定再审的案件，应当裁定中止原判决执行，裁定由院长署名，加盖人民法院印章。上级人民法院决定提审或者指令下级人民法院再审，应当作出裁定，情况紧急的，可以口头通知负责执行的法院或原审法院中止执行，并在口头通知后 10 日内发出裁定书。人民法院审理再审案件，应当另行组成合议庭。再审的案件，原来是一审的，依一审程序审理；原来是二审的，按二审程序审理。依一审程序再审的案件，当事人对再审裁判不服，可以上诉；依二审程序再审的案件，裁判为终审裁判，当事人不得上诉。

五、执行程序

（一）执行的概念与特征

行政案件的执行，包括对行政诉讼判决、裁定的执行和对行政机关决定的执行两种。对行政诉讼判决、裁定的执行，是指人民法院按照法定程序，对已经发生法律效力的行政诉讼判决或裁定，在负有义务的一方当事人拒不履行判决或裁定确定的义务时，依法强制其履行义务的活动。对行政机关决定的执行，是指公民、法人或者其他组织拒不履行行政机关的决定确定的义务，又不在规定的期限内起诉，作出该决定的行政机关依法向人民法院申请执行，人民法院依法强制执行的活动。

行政案件的执行具有以下特征：

1. 执行的法律文书，既包括人民法院对行政诉讼案件的判决、裁定，也包括行政机关的行政决定。

2. 执行程序的提起，既可以由人民法院主动作出，又可以由行政诉讼的当事人提起。在没有提起行政诉讼的情况下，行政机关可以根据法律的规定，在对方当事人不履行行政决定确定的义务时，申请人民法院强制执行。

3. 执行是人民法院行使国家司法权力的行为，该权力是由行政诉讼法和其他法律专门规定的。

4. 人民法院采取的强制执行手段，对公民、法人或者其他组织与行政机关是不相同的。

（二）执行根据

行政案件的执行根据有两大类：

1. 人民法院制作的发生法律效力并且具有执行力的法律文书，包括：

（1）发生法律效力并且具有执行力的行政判决书。

（2）发生法律效力并且具有执行力的行政裁定书。

（3）人民法院制作并发生法律效力的行政赔偿调解书。

（4）发生法律效力并且具有执行力的行政附带民事诉讼判决书和调解书。

（5）发生法律效力并且具有执行力的决定书。

2. 行政机关制作的发生法律效力、具有执行内容、依法可以申请人民法院强制执行的行政决定。

（三）执行程序的提起、受理和执行准备

1. 执行程序的提起。行政案件的执行程序提起方式有两种：

（1）申请执行。公民、法人或者其他组织拒绝履行判决、裁定的，被告行政机关可以提出执行申请；行政机关拒绝履行判决、裁定和行政赔偿调解书的，作为原告或者第三人的公民、法人和其他组织可以提出执行申请；行政管理相对人拒绝履行行政机关作出的行政决定，又不起诉且法律、法规规定可以申请人民法院强制执行的，作出该决定的行政机关可以向人民法院提出执行申请。行政机关根据法律的授权对平等主体之间的民事争议作出裁决后，当事人在法定期限内不起诉又不履行，作出裁决的行政机关在申请期限内未申请法院执行的，该裁决确定的权利人或其继承人、权利承受人在三个月内可以申请人民法院强制执行。

申请执行的期限：申请人是公民的，申请执行行政判决书、行政裁定书、行政赔偿判决书、行政赔偿调解书的期限为一年；申请人是行政机关、法人或其他组织的为 180 天。申请执行的期限从法律文书规定的履行期间最后一日起计算；法律文书没有规定履行期限的，从法律文书送达当事人之日起计算。逾期申请的，除有正当理由外，法院不予受理。行政机关申请人民法院强制执行具体行政行为的期限自被执行的法定起诉期限届满之日起 180 日内提出。逾期申请的，除有正当理由外，法院不予受理。

行政机关申请人民法院强制执行其具体行政行为，由申请人所在地的基层人民法院受理；执行对象为不动产的，由不动产所在地的基层人民法院受理。基层人民法院认为执行确有困难的，可以报请上级法院执行，上级法院可以决定由其执行，也可以决定由下级人民法院执行。

行政机关申请人民法院强制执行其具体行政行为，应当提交申请执行书、据以执行的行政法律文书、证明该具体行政行为合法的材料、被执行人财产状况及其他必要材料。享有权利的公民、法人或其他组织申请人民法院强制执行的，人民法院应当向作出裁决的行政机关调取有关材料。

（2）移送执行。移送执行是指人民法院的审判人员依职权主动将发生法律效力的法律文书交付本法院的执行庭予以执行的诉讼行为。

案件是否需要移送执行，由该案的审判人员根据法律规定，结合案件的实际情况而定。一般说来，下列生效法律文书可以采用移送执行的方式：一是人民法院作出的执行内容涉及国家利益和社会利益的判决；二是人民法院作出的先行给付和诉讼保全的裁定；三是人民法院作出的有执行内容的决定。

移交执行时，承办案件的审判人员应填写移交执行书。经院长或者庭长批准后，连同移送执行的生效判决、裁定或者决定书等交给执行员，必要时将案卷材料一并移交。

2. 执行申请的受理。人民法院受理行政机关申请执行其具体行政行为的案件后，应当在 30 日内由行政审判庭组成合议庭对具体行政行为的合法性进行审查，并就是否准予强制执行作出裁定；需要采取强制措施的，由本院负责强制执行非诉行政行为的机构执行。公民、法人或其他组织申请执行的，参照行政机关申请执行的规定办理。

3. 执行前的准备。执行人员在采取强制执行措施之前必须做好以下准备工作：

（1）了解案情，明确需要执行的事项。

（2）调查了解被执行人不履行义务的原因和履行义务的能力。

（3）指定被执行人履行义务的期限，逾期不履行的，准备强制执行。

（4）如果被执行人正在或者有可能隐匿、转移或者出卖财产的，经院长批准，依法先行查封扣押。

（5）制定强制执行方案，准备强制执行。

（6）填写强制执行证，并报法院院长批准，通知当事人及协助执行的单位和个人。

（四）强制执行措施

1. 对公民、法人和其他组织采取的执行措施。

（1）划拨或者转交、扣留、提取被执行人的存款或者劳动收入。这一执行措施的适用需要银行、信用社或被执行人所在单位的配合，人民法院应向有关单位发出协助执行通知书并附带作为执行根据的法律文书，上述单位必须办理。

（2）查封、扣押、冻结、变卖被执行人的财产。这是人民法院在无法采用上述方法予以执行时，对被执行人财物所采取的较为严厉的执行措施。采取这类执行措施时，必须严格按照法定程序进行。

（3）强制迁出房屋、强制拆除违章建筑或者强制退出土地。

法院在对公民、法人或者其他组织采取强制执行措施时，应注意以下几点：

第一，人民法院在对公民、法人或者其他组织的财产采取强制执行措施时，不得超出被执行人应当履行义务的范围；被执行人是公民的，应当保留被执行人及其所扶养家属的生活必需品和生活必需费用。

第二，人民法院查封、扣押财产时，被执行人是公民的，应当通知被执行人或者他的成年家属到场；被执行人是法人或者其他组织的，应当通知其法定代表人或者主要负责人到场。拒不到场的，不影响执行。被执行人是公民的，其工作单位或者财产所在地的基层组织应当派人参加。

第三，对于查封、扣押的财产，执行员必须造具清单，由被执行人及在场人签名或者盖章后，交被执行人一份。被执行人是公民的，也可以将清单交给他的成年亲属一份。

第四，财产被查封、扣押后，执行员应当责令被执行人在指定期间内履行法律文书确定的义务。被执行人逾期不履行的，人民法院可以按照规定交有关单位拍卖或者变卖被查封、扣押的财产。国家禁止自由买卖的物品，交有关单位按照国家规定的价格收购。

第五，强制迁出房屋、强制拆除违章建筑或者强制退出土地的，由院长签发公告，责令被执行人在指定的期间内履行。被执行人逾期不履行的，由执行员强制执行。强制执行时，被执行人是公民的，应当通知被执行人或者他的成年家属到场；被执行人是法人或者其他组织的，应当通知其法定代表人或者主要负责人到场。拒不到场的，不影响执行。被执行人是公民的，其工作单位或者房屋、土地所在地的基层组织应当派人参加。执行员应当将强制执行情况记入笔录，由在场人签名或者盖章。

强制迁出房屋被搬出的财物，由人民法院派人运至指定处所，交给被执行人。被执行人是公民的，也可以交给他的成年家属。因拒绝接收而造成的损失，由被执行人承担。

2. 对被告行政机关采用的执行措施。

（1）划拨。对应当归还的罚款或应当给付的赔偿金，行政机关拒绝归还或给付的，通知银行从该行政机关的账户内划拨。

（2）罚款。行政机关在规定期限内不履行的，从期满之日起，对该行政机关按日处50~100元的罚款。

（3）司法建议。行政机关拒绝履行判决、裁定的，人民法院有权向该行政机关的上一级行政机关或者监察、人事机关提出司法建议。接受司法建议的机关，根据有关规定进行处理，并将处理情况告知人民法院。

（4）追究刑事责任。执行人员如果认为行政机关拒绝执行判决、裁定的主管人员或者直接责任人员的行为已构成犯罪的，作出书面裁定，经本院院长批准后，移送检察机关。

第七节　行政审判的法律适用

一、行政审判法律适用的概念和特点

行政审判法律适用，是指人民法院在审理行政案件、审查具体行政行为合法性的过程中，具体运用法律规则作出裁判的活动。

广义的行政审判法律适用，不仅包括人民法院对具体行政行为合法性的审查活动，而且还包括人民法院依据法律、法规进行判决和执行的活动。狭义的法律适用仅指人民法院依据法律、法规对具体行政行为的合法性进行审查的活动。本书主要讨论狭义的行政审判法律适用问题。

二、行政审判的法律依据

行政审判的法律依据，是指人民法院在审理行政案件时，所必须依据的法律规范。根据《行政诉讼法》第52条规定，人民法院在审判行政案件时必

须依据的规范性法律文件如下：

（一）法律

这里的法律是指由全国人民代表大会及其常务委员会根据宪法，依照法定立法程序制定的规范性文件。在法律依据的规范体系中，法律的效力等级最高，与之相抵触的下级规范性文件归于无效。

（二）行政法规

行政法规是指国务院根据宪法和法律的有关规定，为领导和管理国家各项行政工作，依照法定程序制定的各类规范性文件。行政法规一般称为条例、规定或办法等。行政法规的法律地位仅次于法律，在全国范围内具有普遍的约束力。

（三）地方性法规

地方性法规是指由省、自治区、直辖市，省、自治区人民政府所在地的市，以及经国务院批准的较大的市和经济特区市的人民代表大会及其常务委员会，根据法律、行政法规和本行政区域的具体情况和实际需要，按照法定程序制定的各种规范性文件。地方性法规不得与法律、行政法规相抵触。地方性法规，只在本地方生效。

（四）自治条例、单行条例

自治条例和单行条例属于民族自治立法。自治条例是民族自治地方的人民代表大会根据宪法和法律的规定，结合本民族的政治、经济、文化特点制定的一种综合性条例。单行条例是民族自治地方的人民代表大会适应当地的民族特点，为解决某一方面的专门性问题而制定的条例。自治条例和单行条例都带有民族特点，在本民族区域内具有普遍的约束力，民族自治地区的人民法院审理行政案件，除适用法律、行政法规以外，还应当适用本民族自治地区的自治条例和单行条例。

三、行政审判中的参照规章

（一）参照规章的含义

《行政诉讼法》第53条规定："人民法院审理行政案件，参照国务院部、委根据法律和国务院的行政法规、决定、命令制定、发布的规章以及省、自治区、直辖市和省、自治区的人民政府所在地的市和经国务院批准的较大的市的人民政府根据法律和国务院的行政法规制定、发布的规章。""参照"是人民法院审理行政案件法律适用的一种新提法。从立法本意上看，参照就是指人民法院在审理行政案件时可以参考、依照规章的有关规定。由于行政规章和法律、法规在性质、内容、制定依据、法律地位、效力等级等方面存在着明显的差异，为了和"依据"加以区别，行政诉讼立法时选用了"参照"这一术语，其实质是赋予了人民法院对规章的"选择适用权"，即法院认为规章合法的就作为适用的依据；如认为该规章不合法则不予适用。行政规章一般对人民法院不具有拘束力，对不符合或者不完全符合法律、法规的行政规章，人民法院有拒绝适用的权力。

（二）行政审判参照规章的一般规则

1. 规章在行政诉讼中的参照地位实际上是法律赋予人民法院在审理行政案件时对规章的选择适用权。人民法院在审理行政案件时，规章对人民法院不具有绝对的拘束力，对于不合法的规章，人民法院有权拒绝适用。

2. 人民法院参照规章的前提是审查规章，通过审查确定规章是否合法，从而决定是否参照和适用。人民法院通过审查，认定规章不合法的拒绝适用，但不能宣布该规章无效，也不能撤销。

3. 人民法院经审查，认定相应规章合法，该规章则具有法律效力，法院在审理行政案件时应该适用，可以在判决中引用。

第八节 行政诉讼的判决、裁定与决定

一、行政判决

行政判决，是指人民法院经过对行政争议案件审理后，对行政机关的具体行政行为是否合法，从实体上作出的审理终结的判断。行政判决，在内容上表现为人民法院对行政争议作出的各种实体处理；从形式上表现为行政判决书。根据不同标准，可以将行政判决分成多种类型。本节主要从审级和不同处理结果的角度进行分别叙述。

（一）一审判决

第一审人民法院经过审理，根据不同情况可以作出以下七种不同处理结果的判决：

1. 维持判决。维持判决，是指人民法院经过审理，认定被诉具体行政行为证据确凿，适用法律法规正确，符合法定程序，作出的维持被诉具体行政行为的判决。被诉具体行政行为必须同时具备以下三个条件，人民法院才能作出维持判决：

（1）证据确凿。证据确凿，是指被诉具体行政行为确认的事实，具有充

分证据证明其真实存在。

（2）适用法律法规正确。适用法律法规正确，是指适用了应当适用的法律法规和具体的条文款项，而且处理的性质、形式和程度等符合法律法规的规定。

（3）符合法定程序。符合法定程序，是指在法律法规明确规定有实施具体行政行为的程序时，作出的被诉具体行政行为严格遵循了法定程序。

2. 撤销判决。撤销判决，是指人民法院经过审理后作出的否定被诉具体行政行为合法的判决。撤销判决分为判决全部撤销、判决部分撤销及判决撤销并责成被告重新作出具体行政行为。人民法院经过审理，认为被诉具体行政行为有下列情形之一的，应作出撤销判决：

（1）主要证据不足。主要证据不足，是指被告向人民法院提交的证据不能证实其所作的被诉具体行政行为所认定的基本事实。主要证据不足实质上就是缺乏事实根据。行政诉讼法以"主要证据不足"作为撤销根据，而未规定把"次要证据不足"作为撤销根据，这是因为，次要证据能够在主要证据的基础上进一步证明案件的事实，但并不影响对整个案件基本事实的认定。

（2）适用法律法规错误。适用法律法规错误，是指适用了不应当适用的法律法规或没有适用应当适用的法律法规。适用法律法规错误，一般有以下几种情况：

第一，应适用甲法，却适用了乙法。

第二，应适用甲条款，却适用了乙条款。

第三，应同时适用两个以上法律法规，仅适用一个法律法规。

第四，应同时适用法律法规的两个以上条款，仅适用一个条款。

第五，应该适用特别法却适用了一般法。

（3）违反法定程序。违反法定程序，是指行政机关实施具体行政行为违反法律法规规定的方式、形式、手续、步骤、时限等程序的明确规定。

（4）超越职权。超越职权，是指行政机关作出的具体行政行为超越了法律法规的授权范围。超越职权主要有以下几种情况：

第一，一行政机关行使了另一行政机关的职权。

第二，下级行政机关行使了上级行政机关的职权。

第三，内部行政机关行使了外部行政机关的职权。

第四，行政机关超出其行政管辖范围。

（5）滥用职权。滥用职权，是指行政机关作出的具体行政行为虽然在其自由裁量权限范围内，但背离了法律、法规的立法目的和宗旨。滥用职权的表现形式主要有：

第一，主观动机不良，明知违法，却基于个人利益、单位利益，假公济私或以权谋私，作出极不合理的具体行政行为。

第二，不考虑相关因素。

第二，考虑了不相关因素。

3. 责令重新作出具体行政行为的判决。判决责令重新作出具体行政行为的判决，一般是撤销判决的补充。人民法院在作出撤销判决的同时，可以作出要求被告重新作出具体行政行为的判决，被告不得基于同一事实和理由作出与原具体行政行为基本相同的具体行政行为。但是，以下两点不属于此类：

（1）人民法院判决被告重新作出具体行政行为，被告重新作出的具体行政行为的事实和理由部分只要改变了其中一部分的。

（2）人民法院以违反法定程序为由，判决撤销行政机关具体行政行为，行政机关依法定程序重新作出具体行政行为的。

人民法院判决行政机关重新作出具体行政行为的，对以下问题应当注意：

第一，人民法院判决被告重新作出具体行政行为，如不及时重新作出行政行为，将会给国家利益、公共利益或当事人利益造成损害的，可以限定重新作出具体行政行为的期限。人民法院判决被告履行法定职责，应当指定履行的期限，因情况特殊难以确定的除外。

第二，行政机关在行政处罚案件中，重新作出的具体行政行为中，能否作出比原具体行政行为更重的处罚，对此法律也未作规定。我们认为，一般不允许重新作出的具体行政行为比原具体行政行为对原告更加不利，特别是行政处罚案件，不应加重。否则，失去了行政诉讼保护公民、法人或其他组织合法权益的目的。

第三，当事人对人民法院判决撤销行政机关的具体行政行为后，行政机关重新作出的具体行政行为仍不服的，可以作为新的行政案件向人民法院起诉。如果行政机关以同一事实和理由重新作出与原具体行政行为基本相同的具体行政行为的，人民法院应判决撤销。

第四，在人民法院未判决责令行政机关重新作出具体行政行为的，行政机关能否重新作出具体行政行为。对此，法律未作规定。我们认为，行政机关在其原具体行政行为被人民法院撤销后重新作出具体行政行为，既是其基于行政管理的需要，也是其固有行政权的内容，行政机关可以依职权重新作出具体行政行为。

4. 限期履行判决。限期履行判决是指被告不履行或者拖延履行法定职责时，要求被告必须在一定期限内履行法定职责的判决。一般有以下三种情况：

（1）符合法定条件，申请被告行政机关颁发许可证和执照，被告行政机关拒绝颁发或不予答复的。

（2）申请被告行政机关履行保护人身权、财产权的法定职责，被告行政机关拒绝履行或者不予答复的。

（3）被诉行政机关没有依法发给抚恤金的。

5. 变更判决。变更判决，是指在行政处罚显失公正时人民法院作出的改变具体行政行为的判决。人民法院判决变更被诉具体行政行为，必须具备两个条件：

（1）必须是实施行政处罚的具体行政行为。

（2）行政处罚显失公正。所谓显失公正，是指具有通常法律和道德认识的人均认为该处罚明显地失去了法律的公正性。主要是：处罚畸轻畸重；同样情节，不同处罚；不同情节，同样处罚；处罚反复无常等。

6. 确认判决。确认判决，是指人民法院通过对具体行政行为的审查，确认相应行为合法或者违法。确认判决除能够作为相对一方提起行政赔偿的根据外，还可用来解决某种法律事实是否存在，某种行政行为对过去、现在或者将来的事实是否具有效力，某种行政法律关系是否存在、是否合法，关系双方当事人在此种关系中有什么权利、义务等法律问题。一般来说，该种判决形式适用于不宜判决维持、判决撤销或判决驳回诉讼请求的行政争议案件。有下列情形之一的，可以作出确认判决：

（1）被告不履行法定职责，但判决责令其履行法定职责已无实际意义的。

（2）被诉具体行政行为违法，但不具有可撤销内容的。

（3）被诉具体行政行为依法不成立或者无效的。

7. 驳回原告的诉讼请求的判决。驳回诉讼请求的判决，是对原告诉讼请求的否定，是对被诉行政行为或不作为的不同程度的间接肯定。一般有以下几种情形：

（1）起诉被告不作为理由不能成立的。

（2）被诉具体行政行为合法但存在合理性问题的。

（3）被诉具体行政行为合法，但因法律、政策变化需要变更或废止的。

（二）二审判决

第二审人民法院审理上诉行政案件后，根据不同情况，可以作出维持原判和依法改判两种类型的判决。

1. 维持原判。维持原判，是指第二审人民法院通过对上诉案件的审理，确认一审判决认定事实清楚，适用法律、法规正确，作出的驳回上诉人的上诉、维持一审判决的判决。一审判决具备以下两个条件，第二审人民法院才能判决维持原判：

（1）认定事实清楚，即一审判决认定的事实清楚，证据充分。

（2）适用法律法规正确，即一审判决作出的处理符合有关的法律、法规规定。

2. 依法改判。依法改判，是指第二审人民法院通过对上诉案件的审理，确认一审判决认定事实清楚，但适用法律、法规错误，或者确认一审判决认定事实不清，证据不足及由于违反法定程序可能影响案件正确判决的，在查清事实后依法改变一审判决。

依法改判有两方面的原因：

（1）一审判决认定事实清楚，但适用法律法规错误。这是二审法院依法改判的一般前提条件。

（2）一审判决认定事实不清，证据不足，或者由于违反法定程序可能影响案件正确判决的。这种情况下，第二审人民法院通常将案件发回第一审人民法院重审。但第二审人民法院认为第一审人民法院由于主观或者客观原因，很难或者不可能查清案件事实，可以在查明事实后直接改判。

（三）行政判决书的内容

行政判决书是记载行政判决内容的司法文书。行政判决书一般包括以下内容：

1. 标题：写明制作行政判决书的法院名称、案件编号。

2. 诉讼参加人的基本情况：姓名（名称）、性别、年龄、民族、职业（职务）、住址（地址）等。

3. 案由、诉讼争议和诉讼理由。

4. 人民法院认定的事实、理由和适用的法律法规以及参照的规章。

5. 判决主文。

6. 诉讼费用的承担。

7. 上诉权（限于一审判决）。

8. 署名。判决书由作出判决的合议庭成员、书记员署名，写明作出判决的年、月、日，并加盖人民法院印章。

（四）行政判决的效力

行政判决在以下情况下发生法律效力：

1. 当事人对一审判决在上诉期内不上诉,自上诉期限届满之次日起生效。

2. 中级人民法院、高级人民法院和最高人民法院对二审案件的判决及最高人民法院对一审案件的判决为终审判决,判决书送达后即生效。

生效判决产生以下法律后果:

（1）人民法院非依法定程序不得更改判决内容;当事人不得就判决所确定的事实重新起诉或者上诉。

（2）当事人不履行判决,人民法院有权依法强制执行。

（3）与案件有利害关系的公民、法人和其他组织应当承认和尊重判决所确定的法律关系,并负有协助执行的义务。

二、行政裁定

（一）行政裁定的概念

行政裁定,是指在行政诉讼过程中,人民法院针对行政诉讼程序问题作出的裁决。行政裁定与行政判决具有同等的法律效力。

（二）行政裁定书的格式

行政裁定书的格式和写法与判决书基本相同,但内容一般比较简单。最后须由合议庭成员以及书记员署名,写明年、月、日,并加盖人民法院印章。

不准上诉的裁定,一经送达,即发生法律效力。准予上诉的裁定,应当写明上诉期限和上诉的人民法院。当事人在法定期限内没有上诉,裁定发生法律效力。依法所作的口头裁定,应记入笔录。

（三）行政裁定的适用范围

行政裁定适用于下列范围:

1. 不予受理。
2. 驳回起诉。
3. 管辖异议。
4. 中止诉讼。
5. 终结诉讼。
6. 移送或指定管辖。
7. 诉讼期间停止具体行政行为的执行,或者驳回停止执行的申请。
8. 财产保全。
9. 先予执行。
10. 准许或者不准许撤诉。

11. 补正判决书中的笔误。
12. 中止执行。
13. 终结执行。
14. 提审、指令再审或者发回重审。
15. 准许或者不准许执行行政机关的具体行政行为。
16. 其他需要裁定的事项。

对于起诉不予受理、驳回起诉和管辖异议的裁定，当事人不服时，有权在接到裁定书之次日起 10 日内向上一级人民法院提起上诉。

三、决定

（一）决定的概念

决定，是指人民法院在行政诉讼期间，对诉讼中遇到的特殊事项作出的处理。

决定在行政诉讼中主要调整人民法院本身与诉讼参与人或者其他人之间的矛盾，或者处理与案件程序有关而与当事人无直接关系的事项。决定同裁定一样，可以采用书面形式，也可以采用口头形式。口头决定应记入笔录。

（二）决定的适用范围

决定一般适用于下列范围：
1. 决定是否回避。
2. 确定第三人。
3. 指定法定代理人。
4. 许可律师以外的当事人和其他诉讼代理人查阅庭审材料。
5. 指定鉴定。
6. 确定不公开审理。
7. 决定案件的移送。
8. 决定强制执行生效的判决和裁定。
9. 对妨害诉讼行为采取的强制措施。
10. 其他不应适用裁定解决的程序问题或者行政审判中发生的法院内部问题。

（三）决定的效力

决定作出后向当事人宣布即发生法律效力。当事人对人民法院的决定不能上诉。法律规定当事人可以申请复议的，复议期间不停止案件的审理和决定的执行。决定发生效力后，如果发现认定事实或者适用法律确有错误，应当由作出决定的人民法院撤销或变更，但不能依审判监督程序再审，也不能通过上诉程序由上一级人民法院予以纠正。

【复习思考题】

1. 如何理解行政诉讼法的概念、特征和原则？
2. 行政诉讼中的举证责任有哪些规定？
3. 行政审判的法律依据是什么？参照规章的含义是什么？
4. 行政诉讼制度在现代行政法制实践中扮演什么角色？
5. 我国的行政诉讼制度存在哪些缺陷？应当如何完善？

【引导案例解析】

《行政诉讼法》第11条第1款列举了七项可诉行政行为后，在第八项又作出概括性受案范围的规定，即认为行政机关侵犯其他人身权、财产权等均可提起行政诉讼。这些行为主要包括：行政确认、行政裁决、行政给付和行政证明行为。火灾认定是行政确认行为，是具体行政行为，属于该条规定的受案范围。最高人民法院的司法解释指出，公民、法人或其他组织对行政主体作出的行政行为，除排除性规定的6种不属受案范围的情形外，均可提起行政诉讼。火灾原因和火灾事故责任认定并未包括在排除性受案范围中。

公安部复字〔2000〕3号批复明确规定，火灾事故责任认定不属于《行政诉讼法》第11条规定的受案范围，那么行政机关的内部批复能否决定人民法院的受案范围？对人民法院受案范围的限制涉及司法权与行政权的关系，应是权力机关的事项，只有法律才能对法院的受案范围加以限制，公安部的批复是超越职权的行为，应没有法律效力。而且加入世贸组织以后的趋势是扩大行政诉讼的受案范围，即除非法律明确排除了司法审查的，其他行政行为均应该接受司法审查而不是仅仅接受行政系统内部的审查。另外，根据《行政诉讼法》第52条、第53条规定，法院审判行政案件以法律、行政法规和地方性法规为依据，对规章可参照适用。四川省人大常委会颁布的《四川省消防条例》第63条规定："当事人对行政机关依照本条例作出的具体行政行为不服的，可依法申请行政复议，对复议决定不服或复议机关逾期未答复的，可依法提起行政诉讼。"该条例为地方性法规，应当作为法院审理案件的依据。公安部公复字（2000）3号批复即使属于部委规章（在实际执法过程中，难以对规章以及规章之外的其他规定加以区分），且对法院受案范围作出限制,与有关的法律法规相抵触,法院有权依法不予参照适用。

【练习案例一】

陆某是经营食品的个体工商户,在一次进货中进了大量的饼干,由于销售情况不好,保管不善,造成大量饼干发霉、变质。陆某眼见将要面临损失,心有不甘,为了减少损失,陆某将变质饼干自行处理后继续出售。饼干售出后,有顾客食用后身体不适,住院治疗,遂向当地县卫生局举报。县卫生局接到举报后,并没有赶到陆某的商店里调查取证,仅根据有关人员的举报,就作出了给予陆某警告并罚款5 000元的行政处罚决定。

陆某接到县卫生局的处罚决定后,认为县卫生局并没有调查取证,就草率地作出了行政处罚决定,属于事实不清,证据不足。陆某据此向人民法院提起诉讼,要求人民法院依法撤销县卫生局作出的具体行政行为。法院将起诉书送达县卫生局之后,县卫生局迅速赶到陆某的食品店调查、取证。在调查过程中,发现了确凿的证据,凭此证据,完全能够对陆某作出上述行政处罚决定。县卫生局据此请求人民法院作出判决,维持被告作出的行政处罚决定。

问题:法院是否应当采信被告行政机关在法院受理行政案件后收集的证据?

【练习案例二】

因农村公交与城市公交发生矛盾,盐城市人民政府(以下简称盐城市政府)先后于2002年8月20日、24日两次召集盐城市及城区的两级建设、交通、公安等部门及盐城市公交总公司(以下简称公交公司)进行了专题会议,并于8月30日下发了盐城市政府第13号《专题会议纪要》(以下简称《会议纪要》)。该《会议纪要》第1条中规定,城市公交的范围界定在经批准的城市规划区内,以城市规划区为界,建设和交通部门各负其责、各司其职;第5条中规定,城市公交在规划区内开通的若干线路,要保证正常营运,继续免交有关交通规费;第6条中规定,在规划区范围内的城市公共客运上发生矛盾,须经政府协调,不允许贸然行事,否则将追究有关方面的责任。吉德仁等四人是经交通部门批准的道路交通运输经营户,该四人营运的线路与《会议纪要》中明确免交交通规费的公交公司的5路、15路车在盐城市城区立交桥(盐城市城市市区与郊区的分界点)以东至盐城市城区南洋镇之间地段的营运线路重叠。吉德仁等人认为盐城市政府的会议纪要决定城市公交免交交通规费，侵犯其公平竞争权，向盐城市中级人民法院提起行政诉讼。请求撤销会议纪要第1条、第5条及第6条内容；请求确认盐城市政府强行中止城区交通局对公交公司违法营运的查处的行为违法。

　　问题：《会议纪要》是抽象行政行为，还是具体行政行为？吉德仁等四人有否具有原告资格？

参考文献

[1] 杨海坤. 中国行政法基本理论 [M]. 南京：南京大学出版社，1992.

[2] 杨海坤. 中国行政法基础理论 [M]. 北京：中国人事出版社，2000.

[3] 杨海坤，黄学贤. 行政诉讼基本原理与制度完善 [M]. 北京：中国人事出版社，2005.

[4] 杨海坤，黄学贤. 中国行政程序法典化：从比较法角度研究 [M]. 北京：法律出版社，1999.

[5] 周佑勇. 行政法专论 [M]. 北京：中国人民大学出版社，2010.

[6] 应松年，朱维究. 行政法学总论 [M]. 北京：工人出版社，1985.

[7] 姜明安. 行政法与行政诉讼法（第5版）[M]. 北京：北京大学出版社，2011.

[8] 王名扬. 英国行政法 [M]. 北京：中国政法大学出版社，1987.

[9] 王名扬. 法国行政法 [M]. 北京：中国政法大学出版社，1988.

[10] 王名扬. 美国行政法 [M]. 北京：中国法制出版社，1995.

[11] 张正钊，胡锦光. 行政法与行政诉讼法（第4版）[M]. 北京：中国人民大学出版社，2009.

[12] 杨解君. 行政法与行政诉讼法 [M]. 北京：清华大学出版社，2009.

[13] 朱新力. 行政法学 [M]. 北京：清华大学出版社，2005.

[14] 杜睿哲. 行政法与行政诉讼法 [M]. 武汉：华中科技大学出版社，2013.

[15] 应松年. 比较行政程序法 [M]. 北京：中国法制出版社，1999.

[16] 关保英. 行政法与行政诉讼法（第2版）[M]. 北京：中国政法大学出版社，2004.

[17] 皮纯协，何寿生. 比较国家赔偿法 [M]. 北京：中国法制出版社，1998.

[18] 应松年. 行政诉讼法学 [M]. 北京：中国政法大学出版社，1994.

[19] 龚祥瑞. 法治的理想与现实 [M]. 北京：中国政法大学出版社，1993.

［20］胡锦光．行政法案例分析［M］．北京：中国人民大学出版社，2000.

［21］罗豪才．行政法学（修订版）［M］．北京：中国政法大学出版社，1999.

［22］胡建淼．行政法学［M］．北京：法律出版社，2003.

［23］方世荣．行政法与行政诉讼法［M］．北京：中国政法大学出版社，1999.

［24］林纪东．行政法［M］．中国台北：（台北）三民书局，1990.

［25］史尚宽．行政法论［M］．中国台北：（台北）正大印书馆，1953.

［26］张金鉴．行政学新论［M］．中国台北：（台北）三民书局，1984.

［27］陈新民．中国行政法原理［M］．北京：中国政法大学出版社，2002.

［28］应松年，薛刚凌．行政组织法研究［M］．北京：法律出版社，2002.

［29］罗豪才．现代行政法的平衡理论［M］．北京：北京大学出版社，1997.

［30］罗豪才．行政法学（21世纪法学教材），北京：北京大学出版社，2001.

［31］罗豪才．现代行政法制的发展趋势［M］．北京：中国法制出版社，2004.

［32］杨建顺，李元起．行政法与行政诉讼法教学参考书［M］．北京：中国人民大学出版社，2003.

［33］胡锦光．行政法专题研究（第二版）［M］．北京：中国人民大学出版社，2006.

［34］胡锦光，莫于川．行政法与行政诉讼法概论［M］．北京：中国人民大学出版社，2002.

［35］张正钊．行政法与行政诉讼法［M］．北京：中国人民大学出版社，2000.

［36］冯军．行政处罚法新论［M］．北京：中国检察出版社，2003.

［37］杨小君．行政处罚研究［M］．北京：法律出版社，2002.

［38］杨解君．秩序·权力与法律控制——行政处罚法研究（增补本）［M］．成都：四川大学出版社，1999.

［39］胡锦光．行政处罚研究［M］．北京：法律出版社，1998.

［40］胡锦光，刘飞宇．行政处罚听证制度研究［M］．北京：法律出版

社，2003.

［41］王连昌. 行政法学［M］. 北京：中国政法大学出版社，1997.

［42］朱新力. 行政法基本原理［M］. 杭州：浙江大学出版社，1995.

［43］罗豪才. 行政法学［M］. 北京：中国政法大学出版社，1996.

［44］杨建顺. 日本行政法通论［M］. 北京：中国法制出版社，1998.

［45］姜明安. 行政法与行政诉讼法［M］. 北京：北京大学出版社、高等教育出版社，1999.

［46］张世信，周帆. 行政法学［M］. 上海：复旦大学出版社，2001.

［47］方世荣. 行政法与行政诉讼法［M］. 北京：中国政法大学出版社，1999.

［48］方世荣，石佑启. 行政法与行政诉讼法［M］. 北京：北京大学出版社，2005.

［49］胡光明，张春生.《中华人民共和国公务员法》释解［M］. 北京：群众出版社，2005.

［50］侯通山. 中华人民共和国公务员法辅导读本［M］. 北京：法律出版社，2005.

［51］徐银华. 公务员法新论［M］. 北京：北京大学出版社，2005.

［52］李牧. 中国行政法总论［M］. 北京：中国方正出版社，2006.

［53］姜明安，张恋华. 政府法制案例分析［M］. 北京：中共中央党校出版社，2005.

［54］应松年. 外国行政程序法汇编［M］. 北京：中国法制出版社，1999.

［55］皮纯协. 行政复议法论［M］. 北京：中国法制出版社，1999.

［56］甘文. 行政诉讼司法解释之评论——理由、观点与问题［M］. 北京：中国法制出版社，2000.

［57］甘文. 行政诉讼证据司法解释之评论——理由、观点与问题［M］. 北京：中国法制出版社，2003.

［58］马怀德. 行政诉讼原理［M］. 北京：中国政法大学出版社，2003.

［59］高家伟. 行政诉讼证据的理论与实践［M］. 北京：工商出版社，1998.

［60］薛刚凌. 行政诉权研究［M］. 北京：华文出版社，1999.

［61］张正钊. 国家赔偿制度研究［M］. 北京：中国人民大学出版社，1996.

[62] 胡锦光. 中国十大行政法案例评析 [M]. 北京：法律出版社，2004.

[63] 应松年. 行政法与行政诉讼法 [M]. 北京：法律出版社，2007.

[64] 皮纯协，张成福. 行政法学（修订版）[M]. 北京：中国人民大学出版社，2012.

[65] 胡锦光. 行政法学概论（修订版）[M]. 北京：中国人民大学出版社，2010.

[66] 胡锦光. 行政法与行政诉讼法 [M]. 北京：高等教育出版社，2007.

[67] 莫于川. 行政法与行政诉讼法 [M]. 北京：中国人民大学出版社，2012.

[68] [英] 威廉·韦德. 行政法（徐炳等译）[M]. 北京：中国大百科全书出版社，1997.

[69] [美] E. 盖尔霍恩，罗纳德·M. 利文. 行政法和行政程序概要（黄列译）[M]. 北京：中国社会科学出版社，1996.

[70] [日] 室井力. 日本现代行政法（吴微译）[M]. 北京：中国政法大学出版社，1995.

[71] [美] 伯纳德·施瓦茨. 行政法（徐炳译）[M]. 北京：群众出版社，1986.

[72] [德] 哈特穆特·毛雷尔. 行政法学总论（高家伟译）[M]. 北京：法律出版社，2000.

[73] [美] 博登海默. 法理学：法律哲学与法律方法（邓正来译）[M]. 北京：中国政法大学出版社，1999.

[74] [日] 盐野宏. 行政法（杨建顺译）[M]. 北京：法律出版社，1999.

[75] [德] 平特纳. 德国普通行政法（朱林译）[M]. 北京：中国政法大学出版社，1999.